《新周刊》2019年度佳作

漓江年选
品质阅读
恒久珍藏

锐

新青年进化论

《新周刊》杂志社　选编

漓江出版社

图书在版编目（CIP）数据

《新周刊》2019年度佳作·新青年进化论 /《新周刊》杂志社选编．—桂林：漓江出版社，2020.4
ISBN 978-7-5407-8868-1

Ⅰ．①新…　Ⅱ．①新…　Ⅲ．①文摘—中国—丛刊
Ⅳ．① C55

中国版本图书馆 CIP 数据核字（2020）第 035165 号

《新周刊》2019年度佳作·新青年进化论
《XINZHOUKAN》2019 NIANDU JIAZUO · XIN QINGNIAN JINHUA LUN

选 编 者　《新周刊》杂志社

出 版 人　刘迪才
策划统筹　符红霞
责任编辑　王成成
责任校对　赵卫平
书籍设计　石绍康
责任监印　黄菲菲

出版发行　漓江出版社有限公司
社　　址　广西桂林市南环路 22 号
邮　　编　541002
发行电话　010-85893190　0773-2583322
传　　真　010-85893190-814　0773-2582200
邮购热线　0773-2583322
电子信箱　ljcbs@163.com
微信公众号　lijiangpress

印　　制　三河市中晟雅豪印务有限公司
开　　本　710 mm × 960 mm　1/16
印　　张　22.5
字　　数　300 千字
版　　次　2020 年 4 月第 1 版
印　　次　2020 年 4 月第 1 次印刷
书　　号　ISBN 978-7-5407-8868-1
定　　价　55.00 元

目　录

1　**2019 生活趋势报告**

4　关于 2019 年的 50 则预言
11　文旅：诗和远方的融合能走多远？
14　AI：少一点计算，多一点人性
17　社交：跟随趣味找到你
19　健身：给有趣的灵魂一副好看的皮囊
23　理财：别想着赚大钱了，专心守卫钱包吧
25　消费：楼下半径 800 米的生活圈
28　文娱：Vlog、竖屏剧会是下一个爆款吗？
30　流行：谨慎看待时尚趋势
33　科技：5G 敲门，一切皆有可能
35　出行：出门天天都坐头等舱

39　**中国人家——70 年家国记忆与日常图景**

43　我们的 70 年，我们的中国故事
47　70 年生活小事记
52　《北京银矿》：打捞 100 万份记忆
56　人类学者阎云翔：回归家庭的新家庭主义崛起
62　艺术家张晓刚：因为画《大家庭》，我才认识了家

68 喂，有人等你回家吃饭
72 亲爱的，我们结婚吧
76 有电视的地方才像一个家

83 低美感社会——我们时代的审美匮乏症
86 廖信忠：重返“宇宙中心”万家丽
91 宋方金：中国为何爱出悬浮剧
96 隋建国：中国人亟须恶补美育课
100 好品位与坏品位的战争
104 人民需要“首席审美官”

107 失落之城——中国城市焦虑症
110 你的城市失落了吗？
114 叶檀：城市之失，失在衰落、失衡与自闭
117 南京：有一点佛系，有一点温暾，有一点边缘
124 汕头：陷入纠结的城市，不再特别的特区
132 沪津汉：“民国北上广”的文艺生活
137 拯救城市指南
141 每座失落之城，其实都是记忆之城

145 睡什么睡，起来嗨
149 24小时之城的夜间社交学
154 每座城市都需要一位“夜市长”
159 觉醒吧，“社畜”与“薪奴”！
163 我会按时睡觉，但不是现在
165 保卫头发
169 那些脱发的年轻人

175 清华大学教授汪民安：脱发焦虑，来自头发上附着太多意义
178 伦敦大学人类学教授艾玛·塔洛：头发的故事，就是这个世界的故事
184 我秃了，也变强了

191 新青年进化论
194 100 年后，我们如何定义青年？
198 年轻的 50 个细节
205 新青年社交人格：不好意思小姐姐，忘了在朋友圈祝你生日快乐
208 无性世代：更多单身，更少欲望
211 弹性工作：办公室不是办公的好地方
213 “青年危机”，是从“青年”被赋予太多崇高意义开始的
218 每个人都可以平等地做梦

221 速成儿童
224 是谁让孩子不像孩子？
229 70 年来，中国孩子做过什么梦？
234 心理学者叶壮：人生不止一条赛道，父母也不必过于着急
239 儿童文学作家殷健灵：没有完美人生，也没有无缺憾的童年
245 没有焦虑的快乐教育，真的存在吗？
249 中国孩子太多课，中国家长太缺课
253 让博士成为博士
257 方可成：读博，让我重新认识世界
262 若读博士，莫问前程

267 游戏化生存
270 游戏即生活，生活即游戏
274 所谓快意人生，就是开挂、氪金、找 bug

279 游戏化生存报告之社交：谈谈情，说说爱，交交朋友
284 游戏化生存报告之性别：不再取悦男人，我就是女王
289 游戏化生存报告之奖励：在氪金的世界里，消费才是王道
293 游戏化生存报告之生死：像苏格拉底那样敬畏生命
298 游戏制作人陈星汉：洞察人性比创造世界更有意思
304 电竞简史："不务正业"的青年偶像们
308 现实面前，人人都是玩家

313 2019现场

316 代购之死
323 风口上的人造肉
328 20万元，登一次珠峰
332 女货车司机的日与夜
341 产科医生田吉顺：产房内外的生死时速
347 重返历史现场，来一次城市考古

新周刊
NEW WEEKLY
2019 年度佳作

2019 生活趋势报告

2019 （图 / 胡晓江）

2019年，稳字当头，稳就业、稳金融、稳外贸、稳外资、稳投资、稳预期，2019年的经济走势是防风险、保增长。

2019年，减税减费，消费升级，实物性的消费已得到基本满足，服务性的消费将迎来一个春天。在新零售时代，高端社区店将焕发生命力，因为它的法宝是：体验！体验！体验！

2019年，5G将带领所有人走进一片充满希望的处女地，智能音箱、AI小秘、生活服务类机器人早已成为非人类工作伙伴和生活伙伴，人脸识别早已不是什么新鲜玩意儿，身体芯片、自动驾驶、量子通信才是真正的黑科技。

2019年，文旅、短视频将成最大风口，算法会利用趣味嗅觉为你配对最合适的朋友和伴侣。2019年，更多的人不是在为房子发愁，而是在为房产税发愁。2019年，更多的人会更热爱运动和健身，以便给有趣的灵魂一副好看的皮囊。

2019年，别活得那么丧，是时候给自己来一点“珊瑚橙色”，提振一下信心。

“当别人贪婪时你要恐惧，当别人恐惧时你要贪婪。”（巴菲特）越是一致看空之时，幸运之神越可能会在前方的某个拐角处等着你。

关于 2019 年的 50 则预言

文 / 谭山山

展望 2019 年，学者孙立平称充满了不确定性，正如徐志摩的诗句——我不知道风 / 是在哪一个方向吹。

1. 2018 年 12 月举行的中央经济工作会议指出，2019 年经济工作的关键词是“稳”：保持经济运行在合理区间，进一步稳就业、稳金融、稳外贸、稳外资、稳投资、稳预期，提振市场信心，增强人民群众获得感、幸福感、安全感。

2. 鉴于中美经贸摩擦、国际地缘政治风险及美国加息引致的资本外流、国内货币政策被迫收紧、经济自身下行压力加大等主要问题尚存，专家们认为，有必要调整我国 2019 年的经济增长目标至 6% 左右。

3. 对于 2019 年的经济预判，普遍的看法是不容乐观。也有专家认为，越是一致看空，越是可以期待，转折就发生在一致看空的时候。

4. 商务部新闻发言人高峰于 2018 年 12 月 6 日表态，“我们对未来 90 天内（对中美经贸问题）达成协议充满信心”。也就是说，最迟在 2019 年 3 月前，中美将达成贸易协议。有专家指出，两国在其他领域仍存在较大分歧，网络安全、地缘政治、技术角力都是博弈的重点。

5. 从外部环境来看，2018 年的热点是中美经贸摩擦，2019 年的热点则将是世贸组织（WTO）改革。

6. 清华大学教授孙立平用两个关键词总结2018年、展望2019年：2018年的形势发展“出乎意料”，2019年在新形势下将面临“高度不确定性”。

7. 野村证券中国区首席经济学家陆挺认为，2019年我国经济政策走势以防风险、保增长为核心。

8. 来自摩根士丹利华鑫证券首席经济学家、研究部负责人章俊的看法：中国消费升级的大趋势没有改变，目前更多的是在升级过程中发生了结构性变化，居民在实物性消费得到基本满足之后开始转向服务性消费。

9. 体验！体验！体验！2019年乃至未来能够立于不败之地的，一定是那些给消费者带来丰富体验的公司或品牌。《2018北京商业发展蓝皮书》显示，55.32%的受访者认为，消费升级是具有更多体验感的非商品领域的消费。

10. 国内外一些权威机构（如穆迪）和专家认为，2019年房价会趋于稳定，稳中有降——当然，也不可能大幅下跌。所以有人说：刚需族可以放心，投资族则可以死心了。

11.《个人所得税专项附加扣除暂行办法》出台，2019年，纳税人将获得实实在在的减税。

12. ofo真的“凉凉”了：在线上排队等ofo退押金的达到1200多万人，以每天能办理1万人的退款计算，全部退完约需4年。但共享单车不会消失，毕竟在大城市它属于刚需。只要能降低运营成本、管理成本，找到盈利模式，共享单车会卷土重来。

13. 数据分析公司Looker首席产品官尼克·加德维尔说，最好像信任医生那样信任AI，因为AI是专家。“2019年将是我们开始接受AI的一年。作为人类，我们不需要完全理解为什么AI会作出某个决定，当我们决定不再问‘为什么’时，系统可能变得更好、更快。”

14. 会安排会议并进行会议记录的AI小秘书，让你觉得AI并非遥不可及。视频会议公司Zoom Video Communications产品主管奥德·盖尔认为，2019年视频会议将成为职场主流，AI驱动的各种智能手段可以提高会议效率和与会者体验。

15. “懒癌”发作的你，除了扫地机器人，还需要炒菜机器人、收纳机器人等服务型机器人来解救——要是有一个集以上功能于一身的机器人家务助理就更好了。智研咨询预测，未来三年家用机器人的市场规模约为112亿美元。

16. 虽然智能音箱在2018年炙手可热，但应该注意到，这可能是科技巨头打价格战所导致的“虚假繁荣”。业内人士认为，目前尚处于智能音箱1.0阶段，第一批百元智能音箱“一定死在沙滩上”。

17. 凯度咨询公司（Kantar Consulting）预测，2019年将是声音技术在营销应用上的爆发之年。智能语音设备（智能音箱、车载智能语音系统等）的渗透率和各种形态的声音技术应用（播客、语音搜索、语音助理等）都会大幅增长。

18. 谷歌推出的智能语音助理Duplex致电发廊、餐馆预约时间，电话那头的人根本没有意识到自己在跟AI对话。此事被视为2018年AI发展的里程碑式事件。业界人士认为，2019年，移动设备上的实时语音生成将与真实人类无法区分。“假”声音有了，“假”视频还会远吗？

19. 可能会出现AI文学——作家阿乙说的“对单个读者阅读倾向（兴趣域、体裁、字数）进行精细的统计与分析，自动生产出适合该读者的专属文学作品”。

20. 好消息则是，作家韩少功认为，人工智能可以代替从前所谓“文匠”那类的工作，但无法产生曹雪芹和莎士比亚。

21. 2019年将是5G商用元年，在中央经济工作会议确定的2019年七项重点工作任务中，加快5G商用是其中一项。5G牌照发放、商用的时间表备受业界关注。

22. 霍金在遗著中担忧，未来富人可以选择编辑他们自己和孩子的DNA，变成拥有更强记忆力、抗病力、智力和更长寿命的“超人”；“没得到改造的人类”可能无法与其竞争，将逐渐绝迹。令人庆幸的是，这事极大概率不会在2019年发生。

2019愿望清单 （图/柴柴）

23. 易凯资本执行董事王斌认为，在医疗服务领域，妇产、儿科、口腔这几个专科还将持续高热，尤其是儿科，未来会吸引更多社会资本进入。

24. 很多人可能还没有意识到“癌症早筛”的重要性，而普未的宗旨是：让普通人花一笔去体检的钱，做一次癌症早筛。2019年，普未的胃癌miRNA检测试剂盒将在亚洲市场进行推广。

25. YY（直播平台）创始人李学凌在手臂上植入一块监测身体指标的芯片，引起广泛关注。芯片植入这一“黑科技”从概念上说并不新鲜，能否大规模普及，关键在于克服对“植入”的恐惧。另外，如果父母选择用植入设备追踪孩子，可能会像《黑镜》那样以悲剧收场。

26. 不出意外的话，太空探索技术公司（SpaceX）和波音公司都将在 2019 年进行太空载人试飞。

27. 哆啦 A 梦果然是最机智的：哆啦 A 梦 2019 电影版的主题是“大雄探月记”，正好与即将到来的探月潮呼应——“嫦娥四号”于 2019 年 1 月 3 日飞抵月球，“嫦娥五号”预计在 2019 年发射；印度的“月船二号”也将在 2019 年升空。

28. 比亚迪董事长兼总裁王传福说，汽车变革的上半场是电动化，下半场将是智能化、网联化。就像在智能手机上可以用各种 App 购物、打车、付钱、叫外卖一样，未来智能汽车会变成“一个长了腿的超级手机”，一声指令，就能帮你完成很多事情。

29. 2019 年，品牌在使用社交 KOL（关键意见领袖）方面将更聪明，从追求流量转为追求质量。为此，品牌会增加对专业 KOL 的投资——他们是特定领域的专家，虽然粉丝量相对较少，但粉丝高度信任他们。

30. 抖音正在内测时长超过 2 分钟的“长”视频。短视频之后，下一个风口会是 Vlog（视频博客）吗，还是竖屏剧、微综艺？

31.“流量明星 + 大 IP= 爆款”公式逐渐失灵，取而代之的，将是“轻量级”IP 和“小”演员（非流量明星）。编剧宋方金认为，2019 年将是影视界的大年，真正的现实主义作品会涌现，电视剧与网剧的对抗、融合更激烈，更具张力与挑战。而只有交锋，才有高峰。

32. 影视、游戏业界都表示，2018 年是挤掉泡沫的一年，这让随之而来的 2019 年成为调整之年、收获之年——泡沫挤掉之后，剩下的都是有生存能力的。

33. 情节烂、结局烂，恨不得给编剧寄刀片？网飞（Netflix）2017 年在儿童节目中试水，推出互动版让观众参与剧情走向后，2019 年则玩得更大：《黑镜》第五季将加入这一互动项目。这当然是针对希望对自己看什么有话语权的 Z 世代。中国同行不了解一下？

34. 深圳晚报社总经理周智琛在《2019 传媒业的 30 个预判》一文中认为，2019 年，纯粹的线上知识付费生意难做、红利不再。IP 的场景化和渠道下沉或将带来新的机会。

35. 花总爆料五星级酒店卫生乱象之后，可以预料的是，在相当长一段时期内，人们恨不得带着整间卧室出行——至少要带床单、枕套、洗漱用品吧。

36. 未来的酒店应该怎么样？也许是阿里旗下的"全球第一家支持全场景刷脸住宿"的菲住布渴（FlyZoo Hotel），也许是提供迷你客房（8.5 平方米）、提倡"你不必为不需要的空间付钱"的 Zip 酒店。

37. 2017 年开出第一家无人餐厅的阿里，号称要在全国开 10 万家无人餐厅；京东也在 2018 年杀入无人餐厅市场。无人餐厅真的是餐饮行业发展的方向？古老的烹饪艺术会不会因此失传？

38. 也许，未来的餐厅根本不需提供餐食，只需提供 AR 设备，消费者就可以在脑海中享受"美味"的一餐。反正，很多人去餐厅不是为了吃饭，而是为了社交。

39. 健身也是社交：除了在朋友圈晒"before&after"图展现健身给自己带来的摧枯拉朽般的变化，还可以通过智能可穿戴设备让健身变成社交。物联网（IoT）趋势下的健身场景是这样的：家中或健身房的运动设备与移动设备互联，及时采集数据并进行分析。

40. 消费更是社交：QQ 广告联手凯度发布《Z 世代青年消费力白皮书》，认为"社交"已成为 Z 世代的主要消费动机。在他们看来，消费不只是获取物质层面的满足，还有着扩大社交圈、自我愉悦、探索存在这些深层情感诉求。

41. 当然，也有人对互联网产品老想着做社交表示不屑："我们不需要社交，不想社交，不爱社交，我们就想像烂泥一样摊平在家里沙发上，开罐带汽儿的，吃点不健康的，看部傻乐傻乐的。"（媒体人王瑞）——丧也是一种需求。

42. AI正在通过算法帮助消费者购物。美国电商平台Stitch Fix对AI的集成应用颇为亮眼：不仅用于风格推荐，还用于时尚需求预测、库存管理，甚至帮助设计师创建新风格。随着算法的不断进步，AI将成为趋势猎人，预测并设计下一个趋势导向。

43. 以巧克力为代表，令人减压、愉悦的“心灵健康食物”（又称慰藉型商品）迎来了巨大商机。根据中国食品工业协会的数据，休闲食品行业年产值2019年将达19925.28亿元。口红也是备受推崇的慰藉型商品。可以说，慰藉型消费时代来了。

44. 文旅融合被视为2019年的大风口。业内人士认为，文旅的融合，为文化产业找到了很好的推广渠道与消费市场，为旅游产业找到了内容生产的源头。

45. 缤客（Booking.com）发布的“2019年八大旅行趋势”显示，私人定制游大受青睐：有73%的中国旅行者希望借助科技的力量定制个人专属旅行计划，71%的中国旅行者期待在旅行中享受专属的旅行服务。

46. 2018年已经停颁诺贝尔文学奖，2019年应该不会——还是有很多人需要这个奖的。只是，请不要再说“诺奖停颁，村上春树怎么办”这样的话了，村上春树真的不在意。

47. 2019年，已故英国歌星艾米·怀恩豪斯将通过CGI（计算机生成图像）技术“复活”，以全息影像的形式进行巡回演出。粉丝们，赶紧展开众筹，让你们的爱豆“复活”吧。

48. 江苏省拟率先立法反对“丧偶式”育儿，被认为具有积极意义。现在的问题是：其他省市会否跟进。

49. 2019年，你需要在更多时候注意“政治正确”。比如，伴侣之间坚持说“请”“谢谢”“对不起”；再比如，不发表歧视性言论——俞敏洪的“女性堕落论”

正是反例。

50. 中国国家男子足球队教练里皮承认将在亚洲杯后卸任。有评论说：“中国男足这座高峰仍然是所有名帅攀登的目标。至今为止，‘无人生还’。”下一个教头，大概率是外教。也许是在微博上跟里皮致意的齐达内？

（以上内容发表于 2019 年 1 月）

文旅：诗和远方的融合能走多远？

文 / 李屾淼

文化需要旅游承载，旅游需要文化元素加持，文旅产业被视为诗和远方的融合，也在重新塑造旅游业的运营逻辑。

西安高中生小玉的家距陕西历史博物馆不过两站地铁路程，但直到 2018 年高考结束后，小玉才平生第一次踏进博物馆大门。吸引她走进博物馆的，是一张把她逗笑的动图，那是个跳舞的唐三彩仕女俑，“动作很魔性”。仕女俑右下角的标签上写着：陕西历史博物馆。小玉当即想到：原来离家这么近，不妨去看看。

这张动图来自一度刷屏朋友圈的“第一届文物戏精大会”。为迎接“5・18”国际博物馆日，国家博物馆携手六大博物馆（湖南省博物馆、南京博物院、陕西历史博物馆、浙江省博物馆、山西博物院和广东省博物馆），打造了这条 H5。有网友评价道，这就是中国版的《博物馆奇妙之夜》。

同样是在西安，一段摔碗酒视频，让营业三年多一直不冷不热的永兴坊和摔碗酒一夜之间成为旅游打卡胜地。2018 年春节期间的 8 天时间里，这里就来了近2万人，体验“排队两小时，捧碗五分钟”。

飞猪副总裁黄宇舟认为，文化需要旅游承载，旅游需要文化元素加持，当前人群因文化导向进行旅游选择的趋势愈加明显。

2018年3月，文化部、国家旅游局被撤销，组建文化和旅游部。有人评论道：“诗和远方终于在一起了。”文化和旅游部的组建，被视为文旅行业迎来爆发的关键节点，就政策层面的重视度来看，文旅产业似乎被视为国民经济增长的一大突破口。

2017年，旅游收入5.4万亿元，同比增长15.1%，占GDP的11.04%。《2018中国旅游大消费投资发展报告》指出，当前中国旅游消费增速已超过社会消费品零售总额增速。目前而言，韩国、日本的年人均出游为8次到9次，欧美国家年人均出游10次以上，而2017年我国年人均出游仅为3.6次，未来发展前景不言而喻。

但文旅产业并非投资人喜闻乐见的那种猪都能随便上天的风口。咨询专家、智纲智库创始人王志纲将做文旅比喻为“养闺女”，需要时间、耐心，悉心培养，项目没有十年八年的积累和打磨，难出成效。黄宇舟认为，文旅并非新兴产业，入行门槛高，投资回报周期长，因此行业发展相对稳定，不大容易投资过热，相反还可能出现拿着钱不知从何入手的情况。

根据中国旅游协会公布的数据，我国58%的旅行者在计划旅行时，更愿意把钱花在“体验”而非“物质”上。国内文旅产业正在由纯观光购物打卡游向深度体验游转变。诸如博物馆、主题公园、特色村镇、康养休闲等高度融合文化元素，强调体验甚于到此一游的项目，正成为下一阶段文旅行业发展的重点。

文旅行业实战营销专家熊晓杰认为，大部分文旅企业已经成形，且产品投资巨大，要大规模调整几乎不可能，营销或将成为文旅企业成败的决定性因素。故宫这类博物馆式景点尤为如此。2017年北京故宫接待游客1670万人次，门票加上解说最贵不过百元出头，且高峰期限流，门票收入增长空间有限；与此同时，故宫文创周边产品销售额达10亿元，佛珠耳机、口红、服饰等热卖，形成新的盈利点。

另外，类似“文物戏精大会”的新媒体传播爆款，以及配合《延禧攻略》《如懿传》《国宝档案》等大热影视剧、综艺节目的营销，也进一步让故宫摆脱古朴严肃面貌，成为新一代网红景点。

中国的主题公园正在迎来收获的季节，且发展前景极佳。全球TOP10主题公园集团中，亚太地区占据三席，均为中国主题公园集团。预计到2020年，中国主题公园市场规模将达120亿美元。在发展初期，主题公园主要靠硬件投入，门票回报的模式已难以为继；目前，其发展重心由硬投入变为软实力经营，致力于打造特色IP。

以长隆欢乐世界为例，大熊猫、国际大马戏、海洋世界等陆续成为长隆近年来最吸睛的标签。长隆的欢乐万圣节、草莓音乐节跨年狂欢等，已成为颇具影响力的品牌活动。近两三年来，长隆频频和一些现象级影视剧、综艺节目结合，逐渐具备了全国性影响力。

另外，方特集团也凭借《熊出没》系列动画片的火爆以及“熊大”“熊二”和“光头强”等角色的人气，有力带动了芜湖方特欢乐世界的动漫旅游产品。漫画IP带动旅游场景的培育过程虽然漫长且充满不确定性，但一旦形成良性生态，将带来丰厚回报。

特色小镇也将是文旅产业的一大发力点。经过多年发展，特色小镇已形成了包括农产、工艺、文创、民俗、体育、康养休闲等在内的众多门类。除了丽江、乌镇这类以环境、传统风貌建筑和生活方式体验为主打的模式，更多功能化的特色小镇逐渐形成品牌。

如陕西袁家村，如今成为“关中印象体验地”，它围绕特色美食风俗，以仿古街道、特色作坊等设置重现古村氛围，营造了关中生活风情。浙江莫干山则是以极限基地为主题的体育特色小镇，主打探索运动、户外休闲、骑行文化等，积极引进高端体育产业，带动生产、生活、生态融合发展。

当旅游成为文旅，项目运营已经不限于固定区域。迪士尼乐园门票收入仅占其总体收入的三成左右，出版、广播、影视、周边、互联网媒体和内容制作等二次销售承担了盈利的大头。熊晓杰认为，迪士尼式全域盈利模式将成为文旅企业的发展趋势和潮流，企业的媒体化很重要——文旅企业自媒体强大与否、内容营销的水平高低，将直接决定企业的成败。再小的旅游点，都需要IP意识。

AI：少一点计算，多一点人性

文 / 邝新华

随着人工智能芯片及物联网的普及，人工智能就像20年前的互联网一样，开始了其全球化渗透。它的最终目的应该是增强我们的人性，而不是减少或取代它。

2018年12月13日，百度发布年度人工智能关键词：机器人、芯片、物联网、智能音箱、自动驾驶、人脸识别、量子计算、无人车、世界人工智能大会、量子力学。目前，比较普遍进入日常生活的人工智能技术有智能音箱、人脸识别以及儿童早教机器人。

2018年，人脸识别技术全面而广泛地渗透中国人的生活。从最早的公安局人脸识别到火车站、机场人脸识别进站、进场，再到各种智能手机的人脸识别开锁、人脸识别支付，类型越来越丰富。后来，滴滴司机强奸事件频发，夜里10点以后滴滴司机接单也要人脸识别了。

智能音箱也许是目前应用得最广泛的人工智能设备，而儿童早教机器人某种意义上就是一款长着腿的智能音箱。BAT（百度、阿里巴巴、腾讯）和TMD（今日头条、美团、滴滴）入局智能音箱抢占下一个流量入口是必然的，有趣的是，很多与人工智能无关的企业都在开发自己的智能音箱：美的智能音箱帮你控制家电，雀巢智能音箱告诉你怎么搭配早餐，喜马拉雅智能音箱帮你读书。

德勤在其2019年科技发展预测报告中称，2019年将有1.64亿台智能音箱以平均43美元的价格出售，创造70亿美元营收，该行业总营收将同比增长63%。

智能音箱可能是最便宜而又最有效收集用户数据的智能设备，其背后隐含着人机交互的一次革命——从键盘输入到语音输入。

2018 年，以微软小冰和讯飞灵犀为代表的语音助手已经渗透每一种智能终端设备。几乎所有的智能手机、智能汽车、智能音箱都有语音交互功能，有一些甚至拥有深度学习能力，不断进化，适应购买它的“宿主”。

人工智能语音助手越来越拟人化，2019 年，我们会看到更多的人工智能新闻主播、篮球解说员和童书转述员。哪天你听到一位网络歌手的精彩演出，请不要惊讶于这是一位人工智能美女。

多语种语音交互技术越来越成熟。我们会在大会演讲现场看到中英文同步讲稿，也可以在华为的手机里用普通话打外国酒店的前台订房，而对方听到的是英语。搜狗和讯飞都推出了翻译笔，据说可以一笔在手，国外游无忧。

知名数字代理商安索帕（Isobar）在其年度报告《增强人性：Isobar 趋势报告 2019》中提出 2019 年人工智能领域的重要特性——增强人性（Augmented Humanity），包括五大趋势。第一个趋势是“不断发展的界面——人与技术的交叉如何变化”。报告称，“语音”将成为营销领域最大的游戏规则改变者，是人与技术的交叉点，使人工智能更容易理解人类的想法。第二种趋势，是人工智能会实时检测人们的身体数据，并分析这些数据，给予人类更多的健康指导。根据统计分析软件 Statistica 的消费者调查，30% 的美国消费者拥有健身可穿戴设备，44% 的人每天使用它们。

美国生物技术企业 Quanterix 首席执行官凯文・赫鲁绍夫斯基说：“2019 年，我们将看到越来越多的健康可穿戴设备进入市场，这些设备能够利用人工智能跟踪高血压等疾病，描绘一幅更全面的个人健康图景。”

高德纳咨询公司（Gartner Group）2018 年 12 月 13 日发布《预测 2019：AI 与未来工作》，指出人工智能的一大趋势是自主智能。其中有五种自主的智能终端：机器人、智能汽车、无人机、家电和虚拟助理。

除了铺天盖地的智能音箱和虚拟助理，中国市场上的无人机和智能汽车也在 2018 年迎来井喷式发展。

极飞科技的农业植保无人机，每小时空中喷洒 210 亩，相当于 100 名劳力，终结了农民伯伯“汗滴禾下土”的艰辛。

互联网造车新势力是智能汽车的扛把子。法拉第未来丑闻百出，奇点汽车也负面新闻缠身，蔚来和小鹏则在 2018 年发布了量产车。自动驾驶还不知道什么时候可以上路，2019 年，自动泊车将成为最拿得出手的智能应用。

泊车不需要你亲自动手，工作也可能不需要你亲自去做了。市场研究公司

Forrester Research 发布的《预测 2019：人工智能》称，2019 年，机器人流程自动化（RPA）和人工智能技术将为 40% 以上的公司提供数字工人，届时，美国约有 10% 的工作岗位被机器人取代。报告显示，2019 年将有 20% 的美国初创公司所雇佣的数字工人超出普通工人，机器人将占据相当于今天 3% 的工作岗位。

不管这是一个最好的时代还是最坏的时代，总之，这是已经回不去的时代。随着人工智能芯片及物联网的普及，人工智能就像 20 年前的互联网一样，开始了其全球化渗透。而它的普及速度比互联网快，因为有云。

德勤在其报告中称，2019 年使用人工智能的公司中，有 70% 将通过云服务获得 AI 功能，有 65% 将使用云端开发服务来创建 AI 应用。到 2020 年，内置人工智能的企业软件和云端人工智能开发服务的普及率，将分别达到 89%、83%。

云计算公司 Zuora 首席执行官兼创始人左轩霆（Tien Tzuo）说："人工智能平台正在把地球上的每一件人造产品都变成互联智能产品。今天，你可以看到这种趋势正发生在交通和消费电子产品领域，汽车、电动踏板车、洗衣机、咖啡机、恒温器等都是如此。很快你就会看到这种趋势在任何领域出现，甚至桌子、椅子、地板、墙壁、衣服都是如此。"

高德纳《预测 2019：AI 与未来工作》称："最终，技术和思维将发展到这样的程度——人们将数百种边缘设备（从计算机到汽车）连接起来。"

2018 年，华裔科学家李飞飞在半年内陆续卸任谷歌云 AI/ML 首席科学家、斯坦福大学人工智能实验室（SAIL）主任——正是 SAIL 创始人创造了"人工智能"这个词。辞职后的李飞飞主持了一个"以人为本的 AI 项目"（Human-Centered AI Initiative，即 HAI），她提出：人工智能的最终目的应该是增强我们的人性，而不是减少或取代它。她在一次演讲中说道："我们必须考虑其（人工智能的）社会影响力、哲学和伦理的含义。人工智能是一个全新的领域，作为一个科学家，我也诚惶诚恐。"

社交：跟随趣味找到你

文 / 苏静

为了突破“个人主义绝境”，人们正在进入一种全新形式的社会连接——与移动互联网更加紧密，与精神更加紧密。

“You touch my soul.”（你打动了我的灵魂）……2018 年 11 月 24 日起在北京今日美术馆展出的“爱的艺术：亲密”影像展，再现了英国艺术家翠西·艾敏的经典系列《承诺爱你》，若干手写体英文短句在屏幕上闪现又迅即消失，循环往复，好似一只无形的手将某种感情重复书写。从观展者角度来看，这些闪光的短句是某种爱的讯息，简单、私密但又明确、强烈，同时也极其脆弱，断电即逝，说到底只是一些数字讯号。

这些数字讯号究竟意味着什么，触碰灵魂的又是什么，二者之间有着什么样的关系？关于这些问题，不同的人会有不同的感受。对于拥有过千万用户的匿名社交平台 Soul 及其用户而言，通过“灵魂”找到投缘的网友甚至恋人，可能意味着一种全新的生活方式。2018 年，Soul 成为青年社交中最引人注目的 App 之一——9 月 1 日，系统故障导致其用户无法登录，“soul 登不上了”上了微博热搜榜。在这款以“跟随灵魂找到你”为口号的 App 上，即便是工作日的白天，实时在线用户也经常高达数十万人。

“现在的年轻人，是为了社交而社交，无须任何话题作连接。”“85 后”、社交应用创业者吴锡坤一年多前曾以社交功能需求为由，面向不同地区的近 400 名“95 后”“00 后”手机用户，进行了一轮在线问卷调查。他发现，绝大部分年轻人认为社交应用仅需具备匹配、聊天、表情、轻展示等功能，“尽可能保持简单、直接，维持更少的交集，是越来越多年轻人进行社交活动时的主要诉求”。

在 2018 年引起关注的 Soul、一罐等匿名社交平台均有类似特点，两者均不支持使用真人头像，也没有稳定昵称。Soul 的用户在注册时会被引导参加一系列趣味测试，随后被分到不同的“星球”。用户可以选择特定的星球去寻找朋友，也可以通过实时语音连线陌生人，不管哪种方式，系统总会为你匹配一个用户，并显示你们的匹配程度，尽量促成你们进行下一步的交流与联系。一罐的匿名性更高，在其核心的“闪聊”功能区，用户之间只能通过文字交流，每开启一次新对话都可以变换身份，不能关注、搜索和转发，也不会被关注和搜索。对话框是你与另一名用户在 App 内的唯一联系，关闭对话框即永远失去联系。

这样的模式完全区别于以往社交平台的“增强连接”诉求，但符合一罐的调性——“在没有人认识我的地方，你才能真正认识我。”

知名设计师杨明洁 2018 年在某论坛上曾表示，我们所处的世界，互联网技术正在悄无声息地改变着我们，就像一种“新重力”，它无处不在又让人习以为常。他感慨技术的发展提升了效率，却减少了人和人之间真实的接触和情感交流。为此他很疑惑：“人工虚拟、效率、自然、真实情感之间，究竟是怎样的关系，未来究竟怎样发展？”

来自互联网行业的观察展示了最新适应这一变化的群体：“95 后”。2018 年，中国互联网络信息中心（CNNIC）发布的第 42 次《中国互联网络发展状况统计报告》显示，即时通信和社交作为基础应用中较为重要的部分，用户规模保持平稳增长；社交应用移动化、全民化趋势增强，逐步成为网民消费碎片化时间的主要渠道，其中“95 后”产生了极大的社交需求。酷鹅用户研究院的《泛娱乐社交一代：“95 后”社交行为洞察报告》也指出，“95 后”使用社交产品在娱乐消遣、讨论兴趣话题、拓展交际圈等方面的诉求突出，43% 的“95 后”使用陌生人社交应用。报告称“‘95 后’使用陌生人社交产品的诉求主要是扩大交际圈和排解孤独”，因为熟人关系链社交无法满足他们的交往诉求。

用线上狂欢排解孤独感的极致代表出现在 2018 年年末。12 月下旬，ZEPETO 中文版“崽崽”在中国全网上线。这款韩国应用在功能上并无实际性技术突破，与曾红火的“脸萌”或 QQ 秀如出一辙，都是建立虚拟形象进行线上社交。只不过，“崽崽”多了一个拍照识别面部特征的步骤，视觉体验上则更立体化、拟人化，还结合时下社交用户的需求，提供制作表情包、拍视频、与同平台的名人或朋友合照等功能。换言之，你可以沉浸在一个理想化的虚拟社交空间，不仅名字、身份可以虚构，就连身体都能虚构。它们不像游戏角色那样限定在特定的语境中，而是带着你的个人痕迹，以头像、表情包等形式介入你的现实社交。

学者戴锦华用“个人主义绝境”来形容网络时代宅男宅女所面临的处境。她说“宅”“宅生存”带来了前所未有的个人自由，让我们避免了很多人与人之间似乎无法避免的宿命式悲剧境况，但自由的“宅人”又前所未有地被束缚在“全球的物流系统、电商系统、金融资本”等经济结构之中，人们像吊在树上的一个个小小的蜂巢。“人类是高度社会化的、组织化的”这一事实并未改变，于是人们需要借助各种渠道，“艰难地试图建立亲密关系，进而由此修复我们对各种社会连接的需求”。

“爱的艺术：亲密”中还有个“未来剧场”，通过呈现五位中国艺术家对于爱的探索与思考的相关作品，反思网络、科技、跨文化交流等现象对亲密关系的形塑作用。其序言认为，“在科技飞速发展的当代，满足情感需求的方式不断升级，背后却是无法消解的阶级、性别差异”，因而需要探索“爱与亲密在当代的全新形式”。

健身：给有趣的灵魂一副好看的皮囊

文 / 詹腾宇

2019 年，中国健身行业将从“缓慢的前 20 年”转到“飞快的未来 20 年”。

不少人对“健身”仍抱有刻板印象：深蹲撸铁跑步机，增肌节食惨兮兮；健身传单路边派，年卡一晃都过期。健身知识、私教课程与营养补剂市场一度零散混乱，健身被吐槽门槛高、花费贵、收效不明显，健身与不健身的人分野明显，互不相容。

事实总是与刻板印象有出入。2014年国务院46号文件《关于加快发展体育产业促进体育消费的若干意见》的长尾效应仍在延续，泛运动热潮不断，新兴项目如健身、瑜伽、普拉提、马拉松、攀岩、潜水和冰雪项目等正流行，成为如唱K、逛街、美容般人们乐于参与的生活方式。

其实没太多愿望，世界变成什么样都可以（图/冷志文）

健身无疑是这股浪潮中的典型代表。青橙科技发布的《2017—2018健身行业白皮书》显示，2018年，中国健身房以每天50家的速度飞快增长。知名健身自媒体人陈柏龄预测，健身行业将在2019年迎来一轮重要洗牌，大型的、普适性强的、内容服务更好的连锁健身中心将会存活。垂直媒体Gym Square则对未来信心满满："中国健身房正成为像餐厅和便利店一样的基础设施，向更多人群居住的地方靠近。天时、地利、人和。健身行业过往20年或许漫长，但未来10年，必然是健身行业的最好时代。"

上海体育学院与美国运动医学学会（ACSM）共同发布的《2019中国健身趋势》显示，国内前五的健身选择趋势为力量训练、减重运动、私人训练、团体训练和健身工作室。此外，在《2019中国健身趋势》与《2019全球健身趋势》同时位居前列的还有自重训练、HIIT（高强度间歇性训练）、团体私人训练、瑜伽、户外运动以及柔韧性和灵活性滚轴/筒等。一些职业运动员专属的力量训练法（如泡沫轴滚压）开始为普通人所用，帮助其进行康复性训练。

《2019全球健身趋势》中排名第一的可穿戴设备，在《2019中国健身趋势》

中未见踪影。尽管可穿戴设备在国内讨论广泛、产品众多，但还未有效地在运动中普及。流行的高科技产品如 Apple Watch，也很难在多维数据的记录分析中发挥理想作用。

超级猩猩联合创始人刻奇对此表示："运动穿戴往年名次的下降，我判断还是应用场景的落地问题。更通俗一点来说，就是不痛不痒的功能太多，但真正高频刚需的需求太少。"他预测，可穿戴设备如果要有效地应用于健身，要解决与运动课程深度结合、运动产品生态链构建两个问题。

从《2019 中国健身趋势》《2019 全球健身趋势》中，可以看见目前国内外共同面临的健康及健身问题：久坐、肥胖、缺乏专业指导、受场地器材影响较大、特殊人群和特定场合的健康需求尚未被重视。相较于国外，国内在一些细分领域更需挖掘，比如老年人健身课程、出院后干预、认证健身专业人士和工作场所的健康促进等潜在市场。

Gym Square 则认为，两份报告当中的"真趋势"无疑是团体训练与自重训练，两者都非常符合目前国内健身行业的现状及用户核心需求。国内的主流健身连锁品牌超级猩猩、Shape、乐刻运动、XONE 和 24Kick 主打团体训练课程，而 Les Mills 莱美等团操课 IP 也对中国用户相当重视；自重训练则更适合国人的心态与状态，从健身运营者的角度可以有效减少成本、提升坪效，而从用户角度来看同样是低成本、低门槛的选择，未来无器械训练将会更加流行。

说到无器械训练，不能不提 Keep。这款以内容起家的网红 App 从线上火到线下，在 2018 年完成高盛领投的 D 轮 1.27 亿美元融资，线下店 Keepland、智能硬件 Keep Kit 相继面世，并与威斯汀酒店达成战略合作协议，在酒店各个空间融入运动场景。Keep 创始人王宁在"2018GGV 变革 + 大会"上说："家用场景和城市场景，是 Keep 为用户服务的两大场景。"

健身的本质是教育而非销售与服务，内容将是第一核心——无论线上还是线下，无论强调器械使用还是自重训练。Gym Square 认为，2018 年健身圈最重要的新闻，是中国最大的连锁健身房之一威尔士健身被 LVMH 旗下基金 L Catterton Asia 收购。这标志着威尔士健身过去消耗中国健身市场红利、销售导向的运营机制，或许会发生本质变革，完成从收割市场到培养市场的转变，强调服务和内容。中国健身将从"缓慢的前 20 年"转到"飞快的未来 20 年"。

普通消费者的观念也在产生变化。人们不再单纯追求增肌减脂甚至应对比赛，更少目的性，更重参与感。中间态的"健身入门产品"将成为主流，"可持续”成为健身人群的第一诉求，“年卡销售”的接受度进一步降低——看看你的身边有多少“办了卡不去练”的朋友。本质的原因不是没时间，而是课程缺乏吸引力。

优质健身产品都应该能回应“好教练难找、新手难入门、费用太贵、补剂太繁杂”这四大问题。因此，高品质的课程、服务和私教团队毫无疑问是重要的，团课则将成为稳定的主流。徒手、轻器械项目和战绳、TRX、Boxing、Barre 等健身方式均为团课利器。至于高阶用户——他们总能知道怎么解决自己的锻炼需求，并到 Crossfit 等知名健身赛事秀肌肉。

瑜伽也是健身的一个重要趋势，它更适用于偏向保守、安静的女性健身者。超级猩猩集团培训发展总监张雪认为，身心齐修是健身的终极目的：“各类运动中，外部探索是为了身体坚实，内部探索是为了智性稳定，最终最深入的探索是为了更契合时代人文需求发展，而瑜伽恰好立于这两者之间。”

健康饮食是一个容易被忽略的点，但它的重要性毋庸置疑。据欧睿国际统计数据，2018 年，中国运动营养市场整体规模为 3.29 亿美元；预计到 2023 年，可达 8.59 亿美元。中式低脂料理“独食难肥”创办者伍意文认为，即便“三分靠练七分靠吃”是健身圈内的共识，但许多国人对健康饮食的了解，可能比健身器械还要陌生。中式烹饪重油重盐，西式健康餐缺少米饭的淀粉补充，普通健身者又不会自己调配健身料理。即便不健身，至少也要多尝试健康饮料和健身代餐，这也是广义健身的一种。

健身是当代人的自我认知方式与重要的社交选择，轻度化、大众化、普适化是健身行业的进化重点。当行业门槛降低、参与人群专业度和投入度提高，会得到愉悦的契合。制订合适的健身方案并吸引更多人投身其中，可以提升中国人的体魄与面貌。在健身行业、资本、参与者的共同努力和不断优化下，无论是 2019 年还是更远的未来，“这是健身最好的时代”不会是空话。

理财：别想着赚大钱了，专心守卫钱包吧

文 / 李岫淼

2019 年，不宜一夜暴富。赚大钱的想法先放一放，我们还是谈谈如何让手里的钱不要变得更少。

很多人迫不及待地想送走 2018 年，因为 2018 年财运的确不佳。受宏观经济调整和贸易争端的影响，2018 年跟钱有关的消息，大多不是好消息。

股市受多重利空因素影响，2017 年年底刚有起色的慢牛行情终止，2018 年上证指数最低跌至 2480 点，与 2018 年年初相比，最大跌幅近 30%。

在“房住不炒”的指挥棒下，房地产市场管制保持严厉态势。北上广深等一线城市的交易量明显萎缩，价格甚至还发生微跌；二线城市的楼市热度也在退烧；在“棚改”（棚户区改造）政策的刺激下，三四线城市房价一度翻番，但 2018 年 10 月政府购买棚改服务模式取消，房价预期大打折扣。

虽然房价上涨得到了有效控制，但房租的上涨相当猛烈，特别是资本介入租赁市场后，部分房产中介高价收房，导致房租快速上涨，让年轻人的生活压力倍增。

P2P 产品接连爆雷，高收益、低风险和高流动性的神话破灭。与整体经济关联相对较小的数字货币也呈现颓势，比特币价格蒸发 80% 以上，其他数字货币也出现了不小的跌幅。

轰轰烈烈的共享单车公司如今风光不再，摩拜低价卖给了美团，ofo 则爆出资金链断裂、遭供应商起诉等坏消息，迟迟等不到押金退还的用户，在 ofo 总部前排起了长队。

中美经贸摩擦给全球经济蒙上阴影，人民币因此承压，逼近 1 美元兑 7 元人民币大关。

2018年有两家明星企业赴美上市，一家是拼多多——以卖杂牌便宜小商品著称，人称下一个淘宝；另一家是趣头条——一个内容并不出彩，却能让用户赚点小钱的资讯App。

宏观经济仍处在转型期，经济形势仍面临许多不确定性；贸易摩擦虽然得到一定的缓解，但随时可能卷土重来，对国内经济的负面影响还没有完全显现；美元加息的过程仍在继续，人民币还将面临贬值压力；股市处于制度性变革期，增量资金入市也需要时间；楼市的调控政策放松还是收紧，房产税是否会落地，同样难以预料。

“在别人贪婪时恐慌，在别人恐慌时贪婪。”2018年的结尾并不风光，仍有人对新的一年抱有期望，认为这将是布局未来的好机会。不过，对于大多数人而言，更为迫切的是守卫钱包，为资产保值而战。

资深传媒人肖锋表示，2019年不要想着增值，如果出现一个看上去特别有赚头的增值机会，那很可能是陷阱。

无论从管理层释放的信号，还是从市盈率、市净率来看，2018年股市已经接近底部，有迹象表明海外资金和养老金逐渐流入，2019年A股市场又将迎来科创板，加上熊市已经运行了三年多，有不少人认为这是入场的好时机。在肖锋看来，2019年股市或有因临时状况带来的回升，但支撑一次总体大牛市的结构性因素仍未出现。财经评论人周俊生也指出，如果没有大的利空出现，达到2600点附近的底部或许没有意外，只是见底并不等于一定会出现上扬行情。

截至2018年11月底的数据显示，上证指数2018年的跌幅超过22%。1994年、2001年和2011年出现过类似跌幅，次年均未出现明显反弹，甚至还有继续跌的可能。如果历史经验仍管用，那么也很难指望2019年的股市能成为理财破冰的机会。

肖锋建议，条件允许的话，贵金属、美元外汇和美股资产都是不错的投资选择，“美元直到2022年都将强势”。但最有效的保值手段仍然是房子——“不一定涨，但反正也不敢跌。”

对于刚需族而言，2019年似乎是不错的房产入手时机。调控下的市场相对低迷，购房的选择、议价空间都比较大。若调控力度持续，对于拥有多套房产的群体，肖锋和周俊生均建议，即使房产税不会来得太快，及时出手，减少房产管理成本，也是一种明智的选择。

国家统计局数据显示，2018年上半年，全国居民人均可支配收入增速为8.7%，为2001年以来的次低增速。居民收入增速预期放缓，会进一步影响居民消费能力和预期，转而消费价格相对低廉并能带来较强满足感的商品，“口红效应”似乎在起作用。大块支出和消费在减少，但文娱、零售、旅游业等服务类消费的表现良好，人们更愿意花一些小钱来提高生活质量。

同样被看好的还有教育培训行业，人们在投资教育、投资未来上向来不吝啬。从事留学培训的邓老师透露，无论从业务量还是从整体的行业数据来看，教育培训和留学并未过多受经济形势的影响。

个税改革的各项措施若落实到位，或将在一定程度上释放消费力。但肖锋认为，更大的挑战来自个税、社保新规推高人力资源成本后可能带来的就业压力。钱少一点，大可以花少一点，但如果人们都在担心可能到来的裁员，消费方式将会进一步趋于保守。

当然，如果没有熊市，也就无从谈牛市。无论对于行业还是人，2019 年似乎都将是个自我整理、提升，为未来做准备的时间点。毕竟在熊市里熊着不丢人，等牛市到了还熊着那就没救了。

消费：楼下半径 800 米的生活圈

文 / 马刺

把商品和店铺从虚拟的屏幕端搬到城市街头，互联网大厂迈出了重塑消费行为的第一步。社区店的走红，则反映了人们对时间成本越发重视。

寸土寸金的纽约曼哈顿 SOHO 社区在 2018 年秋天迎来了新租客。全球电商巨头亚马逊打定了主意，在春天大街（Spring Street）上竖起了一座“Amazon 4-star”的招牌，开店售卖线上平台获得四星及以上评级的热销产品。

这不是亚马逊的首次线下开店尝试。此前，Amazon Books 书店和 Amazon Go 杂货店于 2015 年、2016 年生根发芽。Amazon 4-star 的出现是亚马逊的又一探索。

它相当于一个精选店，有玩具、家电、书籍等，品类多样，且都是“四星俱乐部”成员。每个商品都被清晰标注了 Prime 会员收藏的次数、平均星级以及浏览量。

只有被万千网友点赞认可的商品，才会出现在这家实体店里。这让线上与线下的场景互动成为可能。接下来，人们的消费重心将回归实体店？ 2019 年，复古可能是电商的新趋势。

电商对实体零售的兴趣越来越浓，它们与实体市场开始握手言和。阿里拉拢大润发，腾讯联手永辉，来自不同空间的卖家仿佛突破了次元壁，纷纷结合起来“搞事情”。

当线上进入稳定期，互联网佼佼者集体转战线下，催生新物种。2018 年年初，当当选址重庆，开设了首家线下书店。同时段，正面 PK 盒马鲜生的京东 7FRESH 在北京高调开业，采用“超市 + 餐厅 + 菜市场”的运作模式，仅试营业期间，7FRESH 的日均客流量就达 1 万人次以上。

马云提出的“新零售”概念得到落实。2018 年 4 月，全国首家天猫国际线下实体店在杭州开张，让职业代购瑟瑟发抖。而新一批崛起的互联网企业瞄准线下店面，不仅卖东西，更侧重于品牌体验。2018 年 6 月，生活方式分享平台小红书在上海开设了首家实体店铺，成为“小红薯”们的聚集地。

网易也找到了新的载体——严选酒店，寝具、洗护和家居均来自严选商城，实现了“所用即所购”，也打造了 24 小时沉浸式体验空间。之后，网易又开发了民宿产品“严选 HOME”，希望在 2018 年开设 100 家线下店。

把商品和店铺从虚拟的屏幕端搬到城市街头，互联网大厂已经开始了重塑消费行为的第一步。它们还都有开小店的梦，苏宁小店、京东小店、天猫小店……从商业街再到住宅区，是时候关注更紧凑的社区生意了。

麻雀虽小，五脏俱全，这些社区店像全能的小区管家，熟食、生鲜、日化、洗衣、维修、宠物、药房、开锁、家政、快递、ATM、彩票、充值、兼职……它们把居民的日常生活给“包圆”了。7-Eleven 便利店创始人铃木敏文曾写道：“我所理解的经营在于方式方法，核心因素是产品的品质和服务的内容，与店铺规模的大小并无直接联系。”不起眼的社区小店即将咸鱼翻生，以“曾经对我爱搭不理，今后让你高攀不起”的气势跨入 2019 年。

社区店的走红则反映了人们对时间成本越发重视。花一个多小时去趟大型超市，不如重新关注你楼下半径 800 米的生活圈。

餐饮店也来到了社区里。星巴克在广州番禺开了全国首家社区体验店，第一次走进居民住宅区，之后又将这种模式复制到了成都的社区。为了讨好常住人口，发展街坊生意，星巴克社区店不仅提供送餐到桌的服务，还在店外安置了宠物牵引绳挂钩、宠物床和宠物饮水区——连你遛狗的机会都不放过。

麦当劳早已提出社区门店的概念，积极与恒大合作，企图将“M 记”的醒目标识挂进恒大的小区。餐厅离你的生活圈越近，你的消费欲望就越强烈，这门生意经瞄准的是小区周边巨大的潜在消费市场。西贝莜面村创始人贾国龙把西贝的社区店类比为香港茶餐厅，“只有 50 平方米，可以坐下来慢慢吃”。

当然，大型商业中心的项目建设不会就此止步，但星罗棋布的购物中心也稀释了客流。人们被商场多年塑造的“圈养式”消费习惯，遭到社区店铺“散养式”消费的冲击。

作为“成人日托中心”的大型商场也在谋求转型，不再只是珠宝手表、服装鞋帽、电子产品和餐饮当道。你能察觉到，蹦蹦床、波波池、电玩城、早教空间、亲子乐园、儿童摄影、儿童服装和职业体验馆已经强势入驻，儿童主题的配套商业体逐渐改写人们的消费比重。年轻的家长们重视孩子的教与乐，也希望在遛娃和逛街中得到平衡。

未来一年，体验式消费将继续在商场里变着花样发展，从“老派”的抓娃娃机到如今的迷你 KTV、自动榨汁机、共享按摩椅和无人照相亭，奇趣、便捷和智能体验还将层出不穷。快闪店也轮番出现。2018 年圣诞季，Facebook 与囊括服装、生活方式、食品和美容等领域的 100 多个品牌合作，在美国境内的 9 家梅西百货开设快闪店，蹭了一拨线下热度。

文化消费也不甘示弱。人们对精神生活需求的提高让商家继续开展文创方面的尝试。画室、琴室、DIY 烘焙坊、木作空间、礼品店、动漫周边、生活美学和创意市集全面开花，甚至在不少商场，你会发现艺术的介入，人气画展与大型装置越来越频繁地出现。

国家统计局的数据显示，2018 年上半年，全国居民人均消费支出 9609 元，扣除价格因素，实际增长 6.7%。消费对经济增长的贡献率达到 78.5%，比 2017 年同期提高了 14.2 个百分点。但 2019 年的市场将迎来更精明的消费者，人们的消费可能会更加理性。“网红”效应式微，趋于饱和的茶饮店和健身房也到了洗牌时刻。人们试图改掉去网红餐厅拍照打卡而不是去吃饭的毛病，也逐渐意识到“办卡并不能减脂”的残酷真相。

新的消费观念中，养生、健康与环保因素越级式提升，停止供应一次性吸管和杯盖得到越来越多连锁餐饮商家的官宣，订购使用塑料包装的外卖也会继续增加食客的罪恶感。

品牌形象将更明显地左右消费者的购买决策。全球市场研究咨询公司英敏特（Mintel）的报告指出，52%的中国消费群在广告中会注重品牌伦理。再加上社交媒体的推波助澜，各大品牌在做推广时将更加谨慎，避免重蹈D&G的覆辙。

文娱：Vlog、竖屏剧会是下一个爆款吗？

文/钟慧芊

下一个风口是什么？这是中国文娱产业从业者的共同疑问。我们热切于寻找下一个引爆点，它意味着热钱，也意味着机会，更意味着希望和野心。

“寒冬已经来临，春天还有多远？”

从业者普遍认为，2018年是中国文娱产业的“寒冬期”。这是内部和外部各种因素交错的结果：资本退潮、税收监管、版号停发……前路崎岖，但这不代表在寒冬期就必须裹足不前。

2019年，头部IP影视剧蔚然大观，《长安十二时辰》《九州缥缈录》《全职高手》《庆余年》《古董局中局》《斗破苍穹》等扎堆上架，2017年大热的《人民的名义》和《白夜追凶》年内都将推出续集和衍生作品，似有打造剧集IP宇宙的势头。

优酷、爱奇艺、腾讯视频（优爱腾）2019年将继续推出偶像养成真人秀节目，但当前的问题是：偶像太多，粉丝是否够用。嘻哈、街舞、机甲、电音等垂直类亚文化综艺节目仍然是各大平台的看家本领，与此同时，《幸福三重奏》《野生厨房》等慢综艺节目成为各家新宠。

国内新番动画已进入付费观看时代，日本动画公司也愿意为中国市场提供中配版，进行本地化尝试。在经历了一整年版号停发的沉寂后，手游行业或将打造更多带有独立气质和中国味儿的新游戏。

从弹幕、直播到短视频，还有昙花一现的直播答题，都曾被视为风口。那么，下一个风口是什么？这是中国文娱产业从业者的共同疑问。我们热切于寻找下一个引爆点，它意味着热钱，也意味着机会，更意味着希望和野心。Vlog和竖屏剧是目前较受瞩目的两名种子选手。

Vlog是video blog的简写，直译可称为“视频博客”。从命名上你就可以猜到，它诞生其实有些年头了。但Vlog在2018年枯木逢春，从星星之火蔓延开去，有了燎原之势。

我们很难定义Vlog的精神气质是什么。时间长度丰俭由人，内容主题随心所欲。它既有日常生活的碎碎念，也有蒙太奇剪辑组成的意识流。但从众多Vlog中，我们还是可以总结一些共同特征：真实非虚构，不是情景剧表演；有一个相对丰富的场景转换（即转场）；故事剧本、镜头语言、配乐格调、剪辑技巧向电影看齐。“故事才是最重要的。”知名Vlogger凯西·奈斯塔特（Casey Neistat）强调，流畅的叙事才是Vlog的根本。

但这也是Vlog自身的软肋。高门槛注定Vlog只能依靠Vlogger的个人才华来把控。Vlog在国内刚刚兴起时，头部Vlogger是冉发财、王晓光、井越、flypig；现在，Vlog俨然成了越来越多年轻人的新宠，但头部Vlogger依然是冉发财、王晓光、井越、flypig。

一闪、VUE、猫饼等App原来的定位是视频剪辑，在转型为Vlog内容平台后，它们试图以运营手段降低Vlog的内容生产准入，简化Vlog的内容生产步骤。尽管如此，Vlog还是难以形成规模效应，仍属于小众圈层内的自娱自乐。

在短视频领域内，海外的YouTube、网飞，国内视频网站平台三巨头优爱腾，甚至单独占山为王的B站，现在都在试探一个“新物种”——竖屏剧。

诚如字面所言，竖屏剧，就是竖着拍、竖着看的剧集形态。2018年年底，爱奇艺上线了“全网首部竖屏微网剧”《生活对我下手了》，主演是网红喜剧演员辣目洋子，马丽、包贝尔等客串，口碑、风评持续走好。腾讯新产品“yoo视频”则以“全网第一竖屏剧场”为口号，向第一梯队的抖音发起挑战。B站旗下公司哆啦哔梦也宣布，将推出竖屏动画《垂直世界》。

竖屏剧被各大视频网站视为争夺短视频市场的“王炸”。《生活对我下手了》制片人张健在接受媒体采访时表示，竖屏剧是“短视频的迭代”。《生活对我下手了》在拍摄的画面形式上就直接体现了这种“迭代”——比一般素人手机自制的短视频来得考究，但和传统的剧集截然不同。

主演辣目洋子就抱怨过，自己在拍摄过程中会出现掌握不好动作幅度的情况，不知道什么时候就会溢出画面，因为竖屏的画面构图没有办法让多个人物同时入镜。竖屏对演员的肢体动作语言要求更高，而横屏更擅长特写表情和细节。

电影史上也多有用不同画幅呈现特定时空背景、真假虚实状态、人物角色情绪的例子，但对于竖屏剧而言，这种变化更近乎一种对拍摄 / 播放的媒介本体论的思考。

我们已经有了竖屏观看的漫画形态“条漫”、商业品牌的 H5、长图营销创意，这些都不过是在近几年间发生的。媒介因应特定条件而产生技术可供性（affordance），这意味着，竖屏可能对剧情内容的表达造成限制，但也可能重塑为一种依赖于竖屏空间的审美趣味，甚至生产出一套专属于竖屏的新的镜头语言。

《2018 年中国网络视听发展研究报告》指出，短视频应用已迅速占领了年轻用户市场，热门短视频应用用户规模达到了 5.94 亿，30 岁以下网民对短视频的使用率已经达到了 80%。短视频领域仍是兵家必争之地，而未来能否催生一种新文化、新审美、新趣味，则是各家引领风骚的决胜要素。

极有可能发生的情况是：2019 年不会有一个能激起全社会关注讨论的流行文化热点，甚至可以说，文娱行业能否安然度过寒冬也是一个未知数。正如约瑟翰 · 庞麦郎那句歌词：“时间，时间，会给我答案。”

流行：谨慎看待时尚趋势

文 / 叶丹颖

只有那些准确反映时代精神或有勇气“自我颠覆”的品牌，才能成为赢家。推动自我颠覆的主要力量有两个：年轻消费者对新奇事物的偏好，以及数字技术、社交媒体的进步。

继 2017 年的“草木绿”、2018 年的“紫外光色”之后，潘通（PANTONE）发布了 2019 年的年度流行色——珊瑚橙（PANTONE 16-1546）。潘通执行总监莱亚特丽斯·艾斯曼指出：“我们向往良好的人际关系与愉悦的社群互动，而乐观的珊瑚橙总能振奋人心。”

人们发现，得到“官宣”的“珊瑚橙”，正是霸屏了过去一整年的“锦鲤色”。尽管这个颜色充满元气，并自带治愈能力，但对于黄皮肤的亚洲人来说，珊瑚橙却显得不太友好。“白皮显白，黄皮显黄，黑皮显黑。”“大面积穿在身上，简直是灾难。”微博上不乏诸如此类的吐槽。

《精品购物指南》新媒体运营总监文豪 Van 认为，珊瑚橙的确比较挑人，因此，他更倾向于将珊瑚橙的单品作为搭配中的点缀。“我可能会买珊瑚橙的领巾、帽子、包、袜子，它们都是非常实用的。如果你买了一件珊瑚橙的大衣，明年可能就不会再穿了。”

流行色只是我们观望时尚趋势的一部分，更多的流行元素，往往藏在每年秋冬、春夏的时装秀中。时尚评论人、商业顾问冷芸在其知乎电子书《吃瓜群众的时装周围观指南：一小时修炼你的时尚 Sense》中提道：“时装周，正是推动这些流行元素最重要的平台。每年时装周，专业人士总能从 T 台上各大品牌公司推出的产品中观察并总结出它们在设计上的共性。”

在文豪 Van 看来，各大品牌秀中出现了复古的潮流——路易威登延续了科技化、未来感的风格；香奈儿呈现了松散、不修腰的剪裁；古驰保留了上世纪七八十年代的泡泡袖、宽垫肩；普拉达有很多斗篷式的外套，还运用了大量蝴蝶结……此外，不少包款有着利落的线条，反映了更简洁、更实用化的趋势。

复古，某种程度上反映了人们对当下现实的不满。“习惯了被大数据、KPI 追赶的人们，还没有挣脱现实的束缚。全球经济低迷，也势必带来大家对以前纸醉金迷的怀念和追逐。生活已经如此丧了，我们就穿得更花枝招展点吧。”这是资深时尚自媒体人冯颖彬的看法。

在她的观察中，霓虹将成为 2019 年具有强烈存在感的元素。“除了因为难驾驭、可以引起轰动，还有一部分隐藏原因，那就是大家现在都爱配色配到鬼五马六（粤语，意为花里胡哨）的超级英雄。想想评分 9.6 分的《海王》里那套黄配绿的铠甲，它可能不是时尚，但肯定是趋势。”

2018 年 11 月 29 日，BoF 时装商业评论与麦肯锡联合推出的《2019 年度全球时尚业态报告》称，2019 年将是由技术、社会原因和信任问题相关的消费转变以及地缘政治、宏观经济事件可能造成的破坏共同影响的一年。只有那些准确反映时代精神或有勇气“自我颠覆”的品牌，才能成为赢家。该报告指出，推动自我颠覆的主要力量有两个：年轻消费者对新奇事物的偏好，以及数字技术、社交媒体的进步。

摒弃市面上大多数香水喜欢打的“斩男”噱头，2018 年，古驰邀请 15 位来自世界各地、有着不同创作风格的女性艺术家，让她们以插画形式表达对古驰全新推出的一款香水 Gucci Bloom Acqua Di Fiori 的初印象。这些插画围绕女性成长、友谊、成熟等话题展开，并被当作广告大片发布在 Instagram 上。

奢侈品牌与艺术家的合作，成为时尚行业越发常见的现象。市场营销和分析平台 Launchmetrics 首席执行官迈克尔·贾伊斯在接受《女装日报》采访时表示，现在行业已经处于网红营销的尾期，接下来的四五年，网络 KOL 的影响力将接近饱和，品牌会倾向于寻找更为真实可信的代言人。

这种转变，反映了品牌的理性回归。文豪 Van 说：“我们看到不少网红，包括时尚 KOL，他们为了对一篇内容进行维护，数据往往真假参半，从粉丝、点赞数再到读者留言，都有可能是不能告知的秘密。”

“消费者关心社会和环境问题”亦是 BoF 时装商业评论与麦肯锡此次公布的“2019 年时尚行业十大趋势”之一。“求生欲很重要。‘政治正确’这个词如今不限于上层建筑，而成为各个行业的准则，时尚行业也不能例外，参见 D&G 事件。”冯颖彬分析称。

此前，普拉达因纽约曼哈顿专卖店展示的一款标价 550 美元、全身黑色并配上鲜红色厚唇的挂件玩偶，而被认为种族主义意味十足，陷入舆论旋涡。随后，Prada SpA 集团宣布全面下架与其最新推出的 Otto（猴子）卡通形象相关的产品，因为该形象被指与历史上诋毁黑人的种族主义漫画非常相似，涉嫌种族歧视。

尽管每一年年末都会发布下一年度的时尚行业趋势，但冷芸提醒，我们必须谨慎对待“趋势”二字。任何一个趋势，在将理念转化为结果时，都需要一段漫长而痛苦的过程。

在她看来，时尚的本质是欲望。商家为了赚取更多利润，会通过各种营销手段以及产品设计，制造各种“欲望”。比如，女性希望变得更美、希望不与社会流行脱节，这些愿景诱导消费者不断消费时尚产品。

“‘欲望’是相对于‘需求’而言的。对于绝大多数人来说，每年真正需要的衣服其实是极其有限的。我们执着于买买买，其实仅仅因为我们‘想要’更多新衣服。”冷芸说道。

科技：5G 敲门，一切皆有可能

文 / 钟慧芊

作为下一代移动通信系统，5G 虽然尚未投入大范围商业服务，但围绕其展开的博弈已经开始布局。

告别 1G、2G、3G、4G，欢迎来到 5G 的世界。

作为下一代移动通信系统，5G 虽然尚未投入大范围商业服务，但围绕其展开的博弈已经开始布局。

对普通消费者来说，5G 最直观的服务体验莫过于更快的网速：最高理论传输速度为 10Gbps，远高于目前 4G LTE 的 1Gbps。2018 年 12 月 5 日，成都开通了全国首辆 5G 公交车。技术人员实测，在时速 40 公里的公交车上，5G 的下载速度已达 2.4Gbps。

高速率也带来大流量和低时延，过去我们在网上冲浪时遭遇的卡顿、延时、缓冲都将成为过去。打开视频，我们可以轻松选择最高档位的蓝光画质而不用缓存下载。玩抖音、快手，我们可以直出（视频拍摄后没有经过调色修改，直接发出）精致而不用害怕自带土味质感。团战开黑，我们也不再担心自己掉线害队友，只需关心自己和队友谁才是真的菜。

不过，若将 5G 视为现有网络的优化或延伸，则可能低估了它的拓展空间。自 20 世纪 80 年代以来，每一次通信技术的变革，都激起了相关产业的剧烈回响。从电话通话到短信、彩信、彩铃、WAP 再到 App、手游、短视频，这种加速感越加明显。

芬兰运营商Elisa已推出全球首个5G移动套餐，每月资费标准为50欧元(约人民币400元)，可无限量使用流量。中国的三大运营商也极可能在2019年内推出5G手机，并在2020年正式投入商用。

值得注意的是，电信运营商长期以来依靠语音和流量的经营模式，正在变得乏力疲软。彼此间的商业竞争拉低了流量单价，更高的速率又难以转化为更高的利润，经济学人智库（EIU）预测，2019年电信行业收入将略有下降，从2018年的1.2万亿美元降至1.18万亿美元。

而落实到应用终端这一边，各大手机巨头也跃跃欲试。一加已确定在欧洲率先推出第一台商用5G手机；vivo执行副总裁胡柏山在接受媒体采访时表示，5G手机会带动手机市场整体洗牌，“手机已经是一个少数人的游戏，新巨头冒出来的可能性较小”。

《财富》杂志对5G手机的意见反而显得保守：“你真的想要在2019年推出的5G手机吗？与前几代无线网络技术刚推出的时候一样，刚刚推出的5G网络将让5G手机的早期使用者感到十分不爽：电池续航时间变短，信号接收时断时续。大家最好还是耐心等待吧。苹果首部5G iPhone据说会在2020年年底推出。”

运营商和智能手机厂商的变化还只是新一代移动通信系统所引发的常见事项。5G技术最大的可能性在于，它将重塑现有通信技术的基础。当5G像水、电等基础设施一样触手可及时，科幻电影中的许多设定距离实现就只有一步之遥。

比方说无人驾驶。无人驾驶要求汽车从探测到反应的时延严格控制在10毫秒以内，若要实现自动驾驶汽车秩序井然地穿行马路的图景，稳定、量大的网络传输处理不可或缺。

又比方说AR和VR。“要实现令人身临其境的VR和AR，必须提高现有的网络速度。用户操作按键或转头行动之时，移动网络必须做到立即响应。”高通公司（Qualcomm）高级工程副总裁杜尔加·马拉蒂（Durga Malladi）说道。

再比方说可穿戴设备和物联网。在现有的网络条件下，可穿戴设备和物联网都是因为走得略微超前而迅速“过气”的概念产品。想象一下，全球所有传感器互相连接交换数据，然后传输到云端让人工智能进行深度的学习、判断、预测，形成“具身性”的数据感知，其商业价值将是难以估计的。

更多应用正在开发的赛道上，远程医疗、无人机、直播、云计算、机器人、智能家居、校园服务、材料工业、电网管理、公共安全……

5G正迈开步伐，即将成为我们信息生活的基础设施。据商业咨询公司德勤的统计，自2015年起，中国便投入资金支持5G通信建设，已建成通信基站35万座，是同一时段内美国的10倍，规模、技术水平均在世界范围内处于领先位置。

在即将到来的2022年北京冬奥会上，5G技术也将得到大范围的应用示范。现场观众通过人脸识别进入会场，园区内装有AR设备，让观众能随时随地获取园区导览和赛事解说。场外观众则可以选择通过VR设备感受现场氛围。运动员及教练使用无人机、传感器进行数据采集并实时分析，为赛事竞技提供重要参考。

德勤公司预测，2020年至2035年期间，全球5G产业链投资额预计将达3.5万亿美元，其中中国约占30%。与此同时，5G技术在交通、能源、制造、教育、医疗、消费、休闲娱乐等下游行业的应用，销售额将达12万亿美元，触发传统商业模式演进甚至颠覆性的重塑。

5G正在让万物互联变成现实，但它更像游戏中的辅助奶，配合人工智能、传感器、无人机、VR/AR、控制系统，确保各项技术有机耦合，以发挥最大输出。

不过，科幻影视剧里井井有条的社会系统，往往因为某一组数据、某一种算法出现了偏差而陷入全面性的灾难。《黑镜》第三季《全民公敌》那一集中，杀人的机器蜂是被劫持后实施犯罪的，而它们之所以能精准地追击某一个目标，底层技术就是传感器和通信传输。

如果我们只乐于看见技术一往无前，那么，当技术失控时，做什么都晚了。

（以上内容发表于2019年1月）

出行：出门天天都坐头等舱

文/冯嘉安

未来，人们会花更少的时间在路上，但会花更多的时间在车上。汽车不仅是高效的代步工具，还是移动的娱乐空间。

新能源汽车已经不是新物种，但新能源汽车的逐步普及，带来了未来驾驶方式和出行方式的改变。放眼当下，“绿牌车”还只是偶尔出现，人们没能深切感受新能源汽车的势不可挡。但数据可以说明一些问题：国际能源机构发布的《2018年全球电动汽车展望报告》指出，2015年以来全球电动车存量快速增长，2015年超过100万辆，2016年接近200万辆，2017年超过了300万辆，其中40%的存量来自中国。

经过几年的酝酿，国内新能源汽车市场2018年呈现跨越式的发展；与此同时，传统汽车产销量出现了萎缩。2018年，中国汽车市场迎来了近30年来的首次负增长。中国汽车工业协会的数据显示，2018年1月至10月，汽车产、销量分别为2283万辆和2287万辆，比2017年同期分别下降0.4%、0.1%。

新能源汽车的表现则异常抢眼。2018年12月11日，中国汽车工业协会公布了2018年11月汽车产销数据：新能源汽车销量为16.9万辆，同比增长37.6%；新能源汽车产量为17.3万辆，同比增长36.9%。总体来看，2018年补贴政策从6月正式实施，经过6月到8月的调整，新能源汽车产销数据维持高增长态势。2018年全年，新能源汽车销量超120万辆。

过去一年，越来越多的城市实行限牌、限行政策，新能源牌照成为“双限”时代下更多车主的选择。尽管目前新能源汽车用起来还有各种不便捷，但总比望穿秋水也不能上牌的燃油汽车强。不过，在北京，拥有新能源车牌也并非易事。北京市小客车指标调控管理中心的数据显示，2018年6万个个人和单位新能源指标的年度配额已用尽，同时，新能源车申请者已破39万人。39万人，光排号就得排到8年之后。也就是说，你想在北京买到一辆新能源汽车，可能要等到2026年。

有人说，对于新能源汽车的相关各方来说，2019年都将是不同寻常的一年：对于小鹏、威马、蔚来等造车新势力来说，2019年将是大规模交付的一年；对于国内传统汽车厂商来说，2019年是能拿到政府补贴的最后一年；对于国外汽车厂商来说，2019年是即将大规模进入中国的一年。

不出几年，新能源汽车将遍地开花。未来，车主不必在加油站大排长队，只需一个晚上，第二天就能“喜提”一辆电量全满的爱车；车主也不需惦记着半年换一次机油、每2万公里换一次火花塞，新能源汽车的保养也许会像手机更新系统那么简单……这些都是驾驶习惯的小改变，而更大的变化会在不久的将来出现。

未来，更智能的车载系统将率先出现在新能源汽车上。例如配备虹膜读取功能的仪表盘，能通过驾驶者的眼球指令来更换仪表信息。

未来，玻璃后视镜将在汽车两端消失，取而代之的是体积小巧、风阻系数更低的流媒体智能后视镜，比之传统玻璃后视镜，可视范围将大幅提升。

未来，汽车将是一座可移动的电影院，将汽车停在安全的地方，挡风玻璃即可变为一个影音大屏幕，为乘客提供震撼的视听体验。

未来，新能源汽车将实现模块化，车主可以根据需求，像玩乐高一样“拼”出当天需要的汽车。例如情侣出行，只需一辆两座微型车；一家人出行，可以“拼”出一辆七座 SUV；如果需要搬运货物，可以“拼”出一辆皮卡。由此，可以实现空间和能耗的最优化。

未来，车载无人机将是汽车的标配。驾驶者可以让无人机像孙悟空一样，先飞到前方为自己探路，确定没有危险再通过；或者利用无人机来实现全景式行车记录，自驾归来后就能自动生成一部航拍大片。

未来，高于限速 120 公里的超级高速公路将出现。此外，能够实现一边驾驶一边充电的光伏高速公路也会给新能源汽车的出行带来便捷。

未来，自动驾驶将与 5G 技术和 AI 技术结合，提供一系列更接近人工驾驶安全程度的自动驾驶解决方案。这意味着，未来汽车与驾驶不再画上等号，汽车会变成一座智能移动私人头等舱。

在过去的理念中，汽车生活给一小时生活圈带来无限可能——它为解决城市核心区域与近郊、中心与副中心的通勤提供了便捷。但未来，一小时生活圈之大，也许会超越当下人们的想象。

2018 年举行的第十二届珠海航展上，中国航天科工集团有限公司正在研发的高速飞行列车首次亮相。高速飞行列车定位于下一代交通工具，利用磁悬浮技术与地面脱离接触消除摩擦阻力，利用近真空管道线路大幅降低空气阻力，并以强大的加速能力和高速巡航能力实现超高速运行。

在真空管道理想状态下，高速飞行列车的理论时速可达 4000 公里。现在客运飞机时速一般为 900 公里，高铁时速 400 公里。比之高铁，高速飞行列车运行速度提升了 9 倍；比之民航客机，则提升了 3 倍多。这意味着，自南至北，从广州到北京，只需半小时。届时，整个中国都将处于“一小时生活圈”内。

未来，当技术的发达使得巨大空间距离被压缩在极短时间内，也许“出行”概念将会消失，人们不需考虑出行所带来的时间成本——正如互联网缩短信息传递的时间，整个地球突破了空间的限制，变成了一个村落。

新周刊
NEW WEEKLY
2019 年度佳作

中国人家
——70 年家国记忆与日常图景

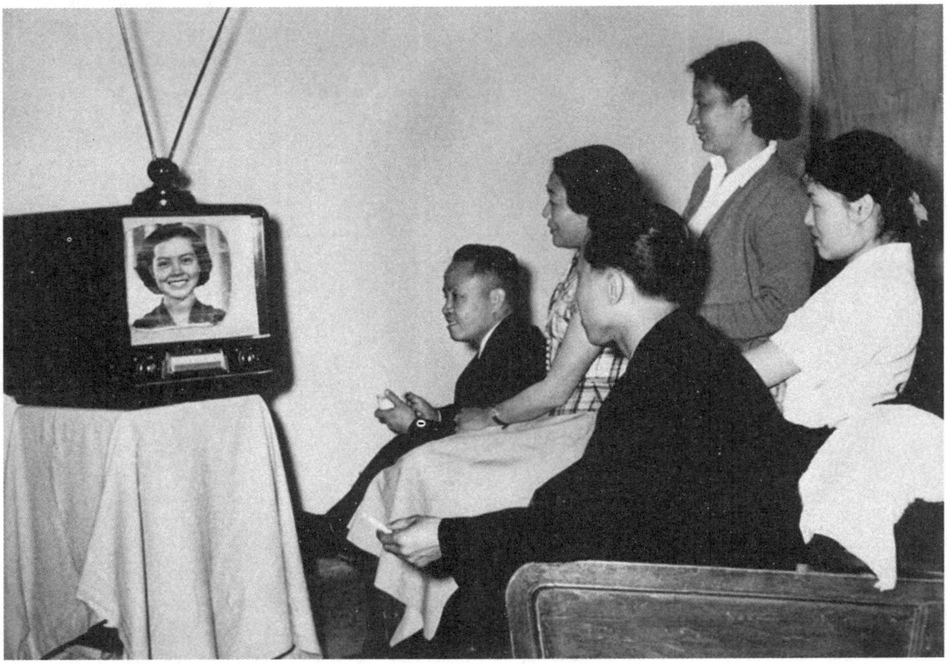

1958年9月2日，北京电视台（中央电视台前身）正式开播。在这之前，有4个月的试播期。试播期间，每周播出两次节目，每次两至三小时

《说文解字》曰："家，居也。"

传统上，中国人对家庭的念想是安居、乐业、繁衍、生息。家之所在，即是归宿。过去70年间（1949—2019），中国人家庭的概念、结构、格局均已被改造、迭代、更新。

家是社会最小的单元，在大时代里，每一个中国人都热爱生活，都想过好自己的小日子。这，就是中国人家的日常。

70年间，中国普通人家的每一处细微变化，凝成了这个国家的巨大变化。每一户人家的衣食住行，即是这个国家的血脉冷暖。

家的结构在改变：从四世同堂到三口之家，再到空巢老年和空巢青年分居两地饱尝寂寞。不同时代拍下的全家福，人数不同、成员不同、地点不同，心情也不尽相同。

家的格局在改变：客厅、厨房、卧室、阳台、卫生间等生活空间在70年间变化良多——从单一功能到具备强烈的设计感与个性，从建筑空间到反映中国人情感与行为的平台。

家的概念在改变：从"买来的才是家"到"租来的也是家"，从"一群人才是家"到"一个人也是家"——家不只是实体，更是感情的凝聚和提炼。

家与家之间的联系在改变：从串门、电话到视频，从同处一地、异地，再到家族成员遍布全球的"日不落家"。联系的频密不再取决于地理距离，而是心理距离。

家的共娱方式在改变：从"抢电视"到"一人一台电视"，再到"一人一个屏幕"；从所有人都玩到一起，到所有人都玩不到一起。

家的归属感在改变：从过去"以家为荣""以家乡为荣"，到现在"以自己所认同的地方为荣”。心之所在即为家。

中国人家，在70年间有了进化——从“只能这样”到“远不止这样”，从“如此便好”到“相信会更好”。变化不只在于结构、格局、概念、联结、习惯、沟通、归属感，更在于数代人生活方式、生活理念的革新。而无论怎么变，家所蕴含的爱、包容和不可替代感，永远不会改变。

我们的 70 年，我们的中国故事

文 / 谭山山

中国是一个很大很大的故事，有无限的可能。我只能用很小很小的细节，来讲述它。——刘香成

1948 年 12 月 28 日，法国摄影师布列松拿到了编号为“京外字第 671 号”、允许他在中国采访和拍摄的记者证。在这张由中华民国外交部情报司签发的记者证上，布列松的名字被写成“卡白兰荪”，并注明“壹月内有效”。此时的布列松刚到北平，即将开始他长达 10 个月的中国之行。

“人与历史的遭遇，历史不知道，人也未必知道。”一位艺术家如此描述布列松与 1949 年的相遇。在这个对中国来说至关重要的年份，布列松用他惯用的徕卡 35 毫米相机，记录了政权更替之时的中国：在北平，国民党征召的新兵正在列队，而一位看上去不知所措的老人尝试在队伍中寻找自己的儿子；在南京，第一批入城的解放军士兵席地而坐，对面是好奇地围观他们的南京市民；在上海，市民们举行了庆祝上海解放的大游行。1954 年，布列松将这份珍贵的影像档案结集出版，书名为“One China to the Other”，即“从一个中国到另一个中国”，意味深长。

1958 年，也就是“大跃进”运动全面展开的年代，布列松应邀再次来到中国。和之前那次中国之行一样，他不仅记录历史图景，也记录中国人的日常：他注意到北京街头竖立着天津公私合营大众化橡胶厂生产的 54-4 型双钱牌帆布鞋的巨幅广告牌；在北京至沈阳的列车上，他发现餐车所供应的餐食价格在 5 角至 1 元 2 角之间，多数旅客并没有选择在餐车进餐，而是趁停车间隙在站台匆忙吃点东西；他还拍下了人们第一次见到电视机的那一幕，画面最左侧那个人只拍下

了小半边身子，但他指向电视机的那只手分外显眼，这就是布列松最擅长捕捉的“决定性瞬间”。而他的记录，为我们留下了关于那个年代的记忆。

“中国是一个很大很大的故事，有无限的可能。我只能用很小很小的细节，来讲述它。”这句话来自华裔摄影师刘香成。刘香成的照片以擅长捕捉中国人日常生活中的细节著称，在一次采访中，他解释道：“不管用文字还是图片，去描述这么复杂的整体‘中国’的时候，我常常觉得力不从心，就好像徒手去抓一条鱼。所以要表述这么大的一个故事，还是要回到最小的细节。”

正是这些很小很小的细节——可能来自像布列松、马克·吕布这样的大师拍摄的照片，可能来自普通人拍摄的家庭照（比如法国摄影师苏文收集整理的《北京银矿》），可能来自文学、影视作品及各种出版物（比如安东尼奥尼的纪录片《中国》），可能来自艺术作品（比如艺术家张晓刚的《血缘－大家庭》系列），等等，构成了这70年来的中国故事。

“家，是中国人心中唯一的城堡”

荷兰摄影师罗伯特·凡德·休斯特（Robert Van Der Hilst）感知中国的方式，是进入中国人的家庭。

1990年，休斯特得到了一个在上海的拍摄工作，这也是他第一次来中国。他很快爱上了这座城市和它的人民。“上海是一个能靠步行去感受的城市，道路旁的绿树在春夏季郁郁葱葱，老派上海人穿着睡衣与邻居们坐在树下喝茶闲聊。”此后，他多次回到上海，在大街小巷闲逛，拍下所见到的一切。让他吃惊的是，尽管他在不断地拍人拍景，但没人干涉他。

有一天晚上，他随意地拍摄了正在唱卡拉OK的一家人。第二天，这家人把他请到家里，做了一桌好菜接待他。随着他在上海定居，对中国的了解越来越深入，他意识到，“家”在中国和西方有着截然不同的含义——“家，是中国人心中唯一的城堡”，因此，要真正了解中国人，就必须进入他们的家。

2004年，时年60岁的休斯特开始了他的拍摄项目。项目持续了6年。在6年间，休斯特一共走访了中国20多个省份的2500多个家庭。起初，拍摄中最大的障碍是他不会说汉语，只能通过翻译和被拍摄者交流；拍得多了，他有了心得：“用眼神、用情感、用我的感受来交流。”

休斯特在拍摄时只会用到相机和三脚架，连灯光都不打。在按下快门之前，他会耐心地进行观察和测量，了解房子里的陈设、装饰及主人生活的痕迹。接着就是等待，等待正确的光线和适当的情绪，直到那时他才会按下快门。

“我被摄入镜头的中国家庭流露的强烈好奇心、极大的热忱和友善所感动。每次在他们家里，我还会感受到他们的决心、勇气和意志力。在我看来他们只有一个行进的方向，那就是前进。”2010年,《中国人家》(*Chinese Interiors*）出版，休斯特对中国家庭的关注暂告一个段落。为《中国人家》写序的是作家余华，他在序言里引述了休斯特的话，并表示自己在休斯特的作品里看到了“从内心出发，抵达表情的尊严”。

休斯特的照片中，余华印象最深的是这样一张：墙上贴着一幅人物目光坚定的肖像画，作为背景的桌子上摆着四个闹钟。余华想借此提醒人们，在中国翻天覆地的变化之后，“还有很多中国人的生活，只是从一个闹钟到四个闹钟的进步”。

“人人都在生活，都在追求着一份东西”

王安忆是公认的日常生活审美化的代表作家之一。她对都市的书写始于20世纪70年代中期，也就是她在小说《考工记》中所说，“生活又有了兴味”的时候。王安忆在1981年发表的《庸常之辈》，主角是回城知青何芬，她本分平实，有一份全无浪漫气息的爱情。然而，“人人都在生活，都在追求着一份东西”，即使庸常如何芬，也有非做成不可的事，那就是全力以赴把自己的婚事办好。

正如学者张旭东所分析的，王安忆的小说有一种超出阶级和社会盛衰变迁的特性：世俗日常生活的精致与繁杂瓦解和抵消了历史的震荡和它的“宏大叙事”。

发表于1995年的《长恨歌》，则是王安忆日常生活书写的巅峰之作。《长恨歌》主角王琦瑶的人生始于1946年当选为“上海小姐”第三名，之后，她经历了新中国的成立、“1957年的冬天，1965年的夏天”“1976年的历史巨变”以及改革开放等重大历史事件。不过，这些重大历史事件只是小说的背景，王安忆着力描绘的，是王琦瑶如何在平安里过她的平凡但不失精致的小日子。

王琦瑶是上海女性的代表。“在那个严重匮乏生活情趣的年头里，她们只需小小一点材料，便可使之焕发出光彩。她们一点不比那些反潮流的英雄差劲，并且她们还是说得少，做得多，身体力行，传播着实事求是的人生意义和热情。

在20世纪60年代末到70年代上半期，你到淮海路来走一遭，便能感受到在那虚伪空洞的政治生活底下的一颗活泼跳跃的心。”(《长恨歌》)

“有人说我的小说‘回避’了许多现实社会中的重大历史事件。我觉得我不是在回避。我个人认为，历史的面目不是由若干重大事件构成的，历史是日复一日、点点滴滴的生活的演变。譬如上海街头妇女着装从各色旗袍变成一式列宁装，我关注的是这样一种历史。”在谈及《长恨歌》时，王安忆回应自己对日常生活的关注，“因为我是个写小说的人，不是历史学家也不是社会学家，我不想在小说中描绘重大的历史事件。小说这种艺术形式就应该表现日常生活……我觉得无论多么大的问题，到小说中都应该是真实具体的日常生活。”

70年，我们的中国故事

回望这70年，对它进行全面盘点是一种方式，从某一个特定节点或角度切入也是一种方式——比如自己出生的年份，以及这一年发生了什么大事、什么人说了什么金句；又比如，研究一下为什么有那么多人叫“国庆”“建国”，也是一个有趣的角度。

你肯定认识很多个“国庆”:歌手蔡国庆、孙国庆，当当网创始人李国庆（顺便说一句，“李国庆”重名率实在是太高了，因为媒体人李国庆提早一步在微博上进行了实名认证，当当创始人李国庆只能在自己名字前加上公司名称）等。

“建国”也为数不少。2009年，新中国成立60周年，央视财经频道策划了一个名为“我是建国我叫国庆”的系列报道。根据央视财经频道从全国身份证号码查询中心拿到的数据，截至2009年年底，全国一共有98万人叫建国，有42万人叫国庆；叫“建国”“国庆”的人，以60年代出生的居多，其中“建国”有29万人，“国庆”有9万多人。有趣的是，这些叫“建国”“国庆”的人，绝大多数并不是10月1日出生的。有了这样具有标志性意义的名字，他们的人生就此与“建国”“国庆”这样的国家大事建立了永不磨灭的连接。

千千万万人的命运、千千万万人的个人史汇集在一起，就构成了国家的命运、国家的历史。

我们的70年，即是我们的中国故事。

70 年生活小事记

辑 /CC

70 年的生活小事，是见证，是洪流，是史诗，是爱恨交加，是一言难尽，是草蛇灰线，是螺旋上升。对个人而言，人生无小事。

1949 年 9 月 27 日　中国人民政治协商会议第一届全体会议一致通过：中华人民共和国的国都定于北平。自即日起，北平改名为北京。

1950 年 5 月 1 日　《中华人民共和国婚姻法》正式实施。这是新中国成立后制定的第一部法律，确认了一夫一妻、男女权利平等、保护妇女和子女合法权益等原则。

1952 年 5 月 8 日　中央人民政府内务部和出版总署联合通报，把“额菲尔士峰”正名为“珠穆朗玛峰”。

1954 年 3 月 20 日　中国自制巨型客轮下水，该船名为“民众号”，为当时最大的川江客轮。

1955 年 3 月 24 日　天津市轻工业局 4 名工人以局里拨发的 100 元经费，试制出第一只国产手表。

1958 年 3 月 17 日　中国第一台电视机“北京牌”试制成功。电视发送设备也于北京研制成功并开始试播，揭开了中国电视工业的发展序幕。

1958 年 9 月 2 日　中国第一座国家电视台北京电视台正式开播。

1959 年 8 月 31 日　北京工人体育场建成，这是当时中国最大的综合性体育场，同年第一届全国运动会就在这里举行。

1964 年 10 月 2 日　大型音乐舞蹈史诗《东方红》在北京举行公演。

1977 年 12 月 10 日　中国恢复自“文革”开始后被废除的高考制度，共计

570多万名考生走进考场。

1978年4月27日　日本指挥家小泽征尔率波士顿交响乐团来到中国演出，这是自“文革”后首个来访的外国交响乐团。

1979年3月15日　上海电视台播出了中国改革开放后第一条外商电视广告雷达表（RADO），配有英文解说、中文字幕。

1979年3月19日　法国服装设计师皮尔·卡丹率领12个外国模特在北京民族文化宫走秀，“时尚”一词正式进入中国人的日常生活辞典之中。

1980年9月25日　中共中央发表公开信，为了控制人口，提倡一对夫妇只生育一个孩子，强调晚婚晚育。

1980年12月11日　温州人章华妹拿到了改革开放后中国第一张个体工商业营业执照，中国开始承认个体经济的合法地位。

1981年1月8日　新中国第一则征婚广告：“求婚人丁乃钧，男，未婚，四十岁，身高一米七。曾被错划为右派，已纠正。现在四川江津地区教师进修学院任数学教师，月薪四十三元五角。”

1981年12月11日　中国内地第一场托福在北上广三地同时开考。

1983年2月12日　中央电视台直播第一届春晚，李谷一是春晚第一位正式登台的歌手。

1983年5月27日　来自中科院研究生院、中国科技大学、复旦大学、华东师范大学和山东大学的共计18名研究生获得博士学位，他们是新中国成立后第一批自主培养的博士。

1983年7月8日　新中国第一只股票由深圳市宝安县（今宝安区）联合投资公司向社会公开发行，每股10元。

1984年5月7日　国务院发布《中华人民共和国居民身份证试行条例》，并定于1989年10月前发放完毕，在全国范围内使用。

1985年3月6日　中国第一场选美比赛“羊城青春美大赛”决赛在广州举办，共选出五男五女为“羊城之星”。

1985年5月19日　中国足球国家队在世界杯预选赛遭到淘汰。愤怒的中国球迷砸坏了北京工人体育场附近的电话亭、汽车，事件被认为是中国足球暴力的开端。

1986年5月9日　歌手崔健在北京工人体育场的舞台上演唱了歌曲《一无所有》。

1986 年 9 月 13 日　中国女排在第十届世界女子排球锦标赛上以 3∶1 击败古巴队，成为第一支获得五连冠的球队，女排精神成了中国 80 年代的时代符号。

1987 年 9 月 14 日　北京计算机应用技术研究所与德国卡尔斯鲁厄大学的研究小组共同起草了中国第一封电子邮件。

1987 年 11 月 12 日　肯德基在中国大陆的第一家餐厅在北京前门正式开业，这是当时世界最大的肯德基快餐店，可容纳 500 人同时用餐。

1987 年 11 月 18 日　中国首个蜂窝式公用移动通信网在广东开通，“大哥大”因为其昂贵的价格和不菲的使用费而成为身份的象征。

1987 年 12 月 1 日　中国首次以公开拍卖的方式有偿转让国有土地使用权，深房公司以 525 万元拍下土地，后与外商合作建成深圳第一个商品房小区东湖丽苑。

1988 年 2 月 23 日　张艺谋导演的《红高粱》获第 38 届柏林电影节最佳影片奖——金熊奖。

1989 年 5 月 5 日　邮电部在中国分两步实施邮政编码，即既写寄件人又写收件人的邮政编码。

1990 年 4 月 21 日　《正大综艺》开播。节目集合了相声、小品、杂技等多种娱乐形式，是 20 世纪 90 年代中国家庭每周六必定收看的电视节目。

1990 年 8 月 20 日　中国大陆兴建的第一条高速公路沈大（沈阳至大连）高速全线开通。公路全长 375 公里，被誉为“神州第一路”。

1990 年 10 月 8 日　中国大陆第一间麦当劳在深圳市罗湖区东门商业步行街开业，创下当时全球麦当劳的单店当天营业额和顾客光临数量的新纪录。

1990 年 12 月 19 日　上海证券交易所正式运营，当天上市的 8 家公司被后来人称为“老八股”。

1991 年 4 月 15 日　“希望工程”开始实施，旨在动员更多人参与，让贫困失学儿童享有受教育的权利。

1991 年 7 月 25 日　长城、故宫、北京人遗址、秦始皇陵、莫高窟五处古迹被列入世界遗产。

1992 年 6 月 1 日　中国人民银行在全国范围内发行一元、五角、一角硬币。

1993 年 3 月 23 日　中国第一家性用品商店“亚当夏娃保健中心”在北京开业。

1993 年 5 月 24 日　陈凯歌导演的《霸王别姬》获第 46 届戛纳电影节最高奖——金棕榈奖。

1994年3月26日　马来西亚零售商百盛进入中国大陆，超市出现在中国。

1994年4月20日　中国通过一条64K的国际专线，全功能接入国际互联网，中国互联网时代从此开启。

1994年11月12日　第一部进口好莱坞大片《亡命天涯》在中国大陆上映，最后以2500万元创造了第一个票房奇迹。

1995年4月14日　中国工商银行与上海航空公司合作发行中国第一张联名信用卡——牡丹上航联名卡。

1995年5月1日　中国在全国范围内正式开始实行一周双休制。

1997年5月1日　虎门大桥通车。大桥主跨为888米的钢筋梁悬索桥，跨径排世界第15位；辅航道桥是270米连续钢结构桥，居同类桥型世界第一。

1998年3月6日　中国第一笔电子商务成功交易，这是中国大陆第一次网购。

1998年7月8日　互联网用户的中文名称被确认为“网民”。截至2019年6月，中国网民规模达8.54亿人。

1999年9月3日　中国首届“72小时网络生存测试”开始，受试者被要求只借助互联网与外界交流，满足生存需要，最终有11人通关，1人被淘汰。

2000年7月1日　药品“伟哥”进入中国，深圳市人民医院是第一家将“伟哥”用于临床治疗的医院。

2000年8月17日　三峡库区首批移民搭乘轮船抵达上海崇明。三峡大坝是目前世界最大的混凝土水力发电工程。

2001年10月7日　中国男足在世界杯外围赛十强赛连接击败阿联酋、阿曼、乌兹别克斯坦、卡塔尔队提前两轮出线，首次进入世界杯决赛圈。

2002年6月16日　北京蓝极速网吧被恶意纵火，发生重大伤亡。事件发生后，国务院出台规定整顿网吧管理。

2002年7月4日　西气东输工程全线开工，工程全长约4000公里，年输气量达120亿立方米。

2003年6月7日　高考时间正式从延续20多年的7月7日、8日、9日提前至6月7日、8日、9日。

2004年7月15日　国际足联主席布拉特宣布，世界足球起源于中国。亚足联秘书长维拉潘随后宣布淄博是世界足球发源地，并向淄博市颁发足球起源地纪念杯和证书。

2004年8月15日　中国“绿卡”制度正式实施。这是获得在中国永久居留资格的外国人在中国境内居留的合法身份证件。

2004 年 8 月 27 日　刘翔在雅典奥运会上以 12 秒 91 的成绩夺得男子 110 米跨栏比赛冠军，创造了中国田径新的历史。

2005 年 4 月 26 日　《魔兽世界》在中国大陆正式公测。

2006 年 5 月 15 日　人民币兑美元的中间价首次“破 8”。

2006 年 9 月 1 日　新修订的《义务教育法》正式实施，该法规定“国家将义务教育全面纳入财政保障范围”。

2008 年 8 月 1 日　中国第一条 350km/h 级别的铁路——京津城际铁路正式运营。自此，中国进入高铁时代。

2008 年 12 月 15 日　海峡两岸全面启动海运直航、空运直航、直接通邮，1979 年《告台湾同胞书》中的两岸“三通”设想成为现实。

2009 年 1 月 7 日　工信部正式发放 3G 牌照，拉开了智能手机和移动互联网时代的大幕。

2009 年 8 月 14 日　新浪微博内测开始。凭借邀请 KOL 入驻的策略，新浪微博用户得到爆发式增长。

2009 年 11 月 11 日　淘宝网举行打折促销活动，开启了中国网络购物狂欢节。

2010 年 1 月 4 日　电影《阿凡达》在中国大陆上映，中国电影院进入 3D 时代。

2010 年 1 月 15 日　江苏卫视相亲类综艺节目《非诚勿扰》开播，节目在情感之外设置了一些社会议题，因而引发热议。

2011 年 1 月 21 日　微信 1.0 版本正式发布。如今，微信日活跃用户量已超过 10 亿，深刻地影响着中国人的生活方式。

2011 年 6 月 30 日　第十一届全国人大常委会表决通过修改个人所得税法的决定，个税起征点将从 2000 元上调至 3500 元。

2012 年 7 月 13 日　《中国好声音》首播，在中国电视历史上第一次真正实现了制播分离。

2013 年 6 月 13 日　余额宝正式上线，成为全球最大的货币基金。

2014 年 1 月 27 日　微信推出微信红包功能。从当年除夕到大年初一，仅两天就有超过 500 万用户参与抢红包，平均每分钟有 9000 多个红包被领取。

2014 年 5 月 3 日　网络神曲《小苹果》在网上发布。

2015 年 6 月 8 日　中国银联宣布在全国银行正式开通 ATM 跨行转账业务，

限额为每台5万元。

2015年10月29日　中共十八届五中全会决定全面开放二孩政策，以应对人口老龄化问题。这是继2013年“单独二孩”政策后又一次人口政策调整。

2016年1月4日　沪深两市早上开盘即迅速跳水，至13时13分，沪深300指数跌幅达到5%，触发A股史上首次熔断。

2017年7月27日　电影《战狼2》在中国公映，该片由吴京自导自演，总票房为56.787亿元，至今仍然为中国影史票房第一。

2019年1月3日　“嫦娥四号”探测器在月球背面成功着陆，并传回了首张月球背面影像图。

2019年7月23日　中国花卉协会通报国花调查投票结果，牡丹共获得288747票，占总投票人数的79.71%。

《北京银矿》：打捞100万份记忆

文/宋爽

外国人看见这些照片不仅会想到中国，还会想到自己的生活和家庭，所以《北京银矿》是广义上的人性的群像。

2009年，法国人托马斯·苏文（Thomas Sauvin）在北京北五环的一个垃圾场里发现了“金矿”，10年来，他在这里回收了100多万张被废弃的底片，这些底片全部来自1985年到2005年间的北京普通人家。时至今日，苏文“看了一遍又一遍、处理、编号并编辑”了其中的80万张。这些被丢弃的记忆被逐渐还原，苏文将之命名为《北京银矿》，勾勒出改革开放后的时代巨变。

10年过去，苏文已经忘了第一次看到这些照片时的感受，他认为，这100多万张底片的共通之处就是“真挚”。

“人们和家人、朋友拍照片的时候，没人会考虑艺术性。这些照片拍摄的初衷都是好的，就是用来凝固美好时光。几十年过去，当它们阴差阳错地被装在一个个布满灰尘的塑料袋里，并最终交到我手中时，已经不单单是私密时刻的留念。庞大的数量让性质发生了改变，让这些照片从某个人的记忆变成了集体回忆。”

《北京银矿》的广受欢迎不仅仅是博人们一乐，或者简单的怀旧。在海量的照片中，个人生活成为国家历史的一部分，苏文曾经在采访中表示：“这些底片关于出生、死亡、爱，也关于工作和闲暇。这也是为什么人们得以在这些画面之中确认自己的身份。”反过来，一个国家的变迁在每个人的生活中展现得如此具体而鲜活，也令人感慨。

天安门广场、坐在椅子上的麦当劳叔叔、玛丽莲·梦露海报、烫头、蛤蟆镜、红嘴唇、花裙子、石景山游乐园、喜宴……在编辑过程中，苏文发现人们生活中的“一致性”慢慢浮现：拍摄对象中心构图、上镜必备冰箱、扶栏眺望。“我只负责观察，但看了很多年以后，会发现有趣的事情自己就已经发生了。最初它只是隐匿在一张张碎片之后，但随着时间流逝就会凸显。”

20世纪80年代，冰箱开始进入普通家庭，和冰箱合影突然变得炙手可热。为了全方面展示冰箱，这些照片的拍摄者不约而同地选择了竖着拍。“我发现，至少在北京，人们在3年的时间里不停地做这件事情。后来冰箱没那么火了，也就没人拍了。”

新娘在喜宴中向来宾派发香烟，脸上难掩喜悦
（图 / Thomas Sauvin）

另一方面，梦露海报也引起了苏文的注意。在他看来，“文革”刚刚过去10来年，一个代表西方资本主义的美国女明星在中

国人家里的墙上屡屡出现，让人感到不可思议。

苏文对于诸如此类的“奇闻轶事”很感兴趣，在他看来，从这些细微之处，足以洞察一个国家的经济发展以及普通人的思想变迁。

在苏文看来，一致性的形成首先来自时间和地点。“这些底片通通来自北京，而且大多是北京人拍摄的。底片来自1985年到2005年是有原因的：20世纪80年代普通家庭刚开始有相机，而到2005年之后，数码技术逐渐替代了胶片，照片就越来越少。这样的边界感赋予《北京银矿》更多的时代色彩。”

八九十年代的中国，处于改革开放初期，市场经济尚未繁荣，多样性有限，使得无数家庭仿佛克隆一般，照片中经常出现同款水壶、床单、海报、杯子和衣服。某种程度上，物质匮乏反倒给这些影像赋予魔幻的色彩，无数陌生家庭看着一样的电视、穿着一样的衣服、去同一个景点，却过着截然不同的人生。

除了物质层面的一致，人们在行为举止上也呈现出惊人的相似性。整理照片的过程中，苏文发现了中国式摆拍大法：挺胸抬头、直视镜头、保持微笑。直到现在，当“1、2、3”响起时，每个人都会默契地说着“茄——子”。

“这些照片充满矛盾感。一方面每个人都是摆拍的，缺乏灵活性，看上去就像设计好的一样；另一方面，这带来完整与和谐的感觉。因为摄影师不是陌生人，而是亲人、朋友，所以拍摄对象在拍照过程中非常放松，这一特质在当代摄影和纪实摄影中几乎不会存在——摄影师和拍摄对象之间是有距离的，被拍者甚至惧怕摄影师。所以这些家庭照所带来的观感很复杂。”

苏文表示，法国人更倾向于“抓拍”：“比如人们忙活自己的事情时拍一张，眼睛并不望向镜头，显得更自然随意，这在法国人眼里更像一张好照片。我也想过中国人更喜欢摆拍的原因。法国作为发明摄影术的国家，在整个20世纪中人们都在接触摄影，所以拍照这件事再正常不过。但对于中国人来说，在那个年代拍照充满新鲜感，所以人们更激动，拍的时候也更正式。”

从1999年到现在，苏文断断续续地在北京度过了他人生中三分之一的时间。20年过去，很多事情变了，还有一些则永远没变。“我刚来的时候，给别人介绍我是法国人，人们马上会说法国是个浪漫的国家，总统是希拉克，最好的球员是齐达内。现在我和大街上的人聊天，他们可能一个月前刚从巴黎回来，还在蓬皮杜看了展览。这是很大的变化。但是，中国人的传统家庭观念、朋友间的友谊，还有火锅，这些和1999年没有区别。”

“我是法国人，是一个外国人，做《北京银矿》既有外国人的好奇心，也有对北京的爱。我从没想过做其他城市，因为我没有兴趣，这一个项目我已经做了10年，有生之年估计还会一直做下去。再让我去做别的城市、再去找一堆海量的底片，我可能会疯掉。”

《北京银矿》让西方普通民众对中国的刻板印象被打破。“大部分外国人所看到的中国影像无非是这个国家的异域风情：公园里穿着白色中式服装打太极的老人、少林寺的中国功夫、万里长城等。这是一个极端，另一个极端就是中国的环境污染和腐败问题等。”

一对双胞胎姐妹穿着相同的黄色套装在家中合影（图 / Thomas Sauvin）

然而，《北京银矿》和这些都没关系，它所展现的是一个日常的中国。苏文表示，很多外国人觉得这些照片“超乎想象”。“西方人以为中国人都是热爱工作、不喜欢玩玩闹闹的那种。结果通过照片发现，照片中的人们很自然，很有幽默感，他们开怀大笑、举杯畅饮，享受生活、友谊和家庭带来的快乐。”

这些朴实的生活照传达的是某种人性相通、放之四海而皆准的特质。“外国人看见这些照片不仅会想到中国，还会想到自己的生活和家庭，所以《北京银矿》是广义上的人性的群像。”

最近这一年半，苏文专注于编辑北京世界公园的照片。“公园之大，世界之小，风景名胜，尽收眼底”，世界公园的宗旨，就是给足不出户的中国人打开一扇看世界的窗口。

“当时大部分中国人还没有那么多钱出国旅游，所以政府建造了世界公园，供人们娱乐消遣。这里云集了全世界最著名的建筑和风景名胜，会给游客提供假护照，还会贴心地帮你盖章。世界公园自1993年10月营业以来，无数北京人蜂拥而至。那时人们已经有相机了，所以在这里留下了大量照片，他们在假比萨斜塔下伸出手，在假泰姬陵前留影。千禧年前后，越来越多的中国人有了出国旅游的机会，他们再也不用在假名胜前拍照，而是在真正的凯旋门前留影。”

人类学者阎云翔：

回归家庭的新家庭主义崛起

口述／阎云翔（美国加州大学洛杉矶分校中国研究中心主任） 采访／卢楠

中国社会的个体化缔造了新型的、工具性更强的人际关系，但这种个体化并不全然以“我为我而活”的形式呈现，当更多的责任与风险纷至沓来，回归家庭成了一种新趋势。

阎云翔20世纪80年代在哈佛大学攻读博士学位时，他的导师凯博文（Arthur Kleiman）曾对他开玩笑说：“云翔，请你不要再写下岬村了，但是你要不断地回去。”

1971年，17岁的阎云翔拿着2角钱的站台票，从老家山东省德州市临邑县偷偷登上北上的列车。几番辗转躲藏之后，他被位于黑龙江省会哈尔滨以南50公里处的下岬村接纳。在此后的8年中，他务农，考民办教师、代课教师而不得，并因为没钱为村中的婚丧嫁娶活动随礼而羞愧。

正如黄村之于林耀华、凤凰村之于葛学溥，在下岬村的特殊经历，成为阎云翔研究中国农村社会的线索以及他的著作《礼物的流动》《私人生活的变革》所探讨的核心命题的来源。从1989年起，不断重返下岬村亦成为贯穿其学术生涯的行动。

从阎云翔论文集《中国社会的个体化》（2009）出版至今，中国农村被经济腾飞与新科技革命的浪潮裹挟，持续经历巨变。从“城市融不进，老家回不去”的农民工到以土味、雷人视频强势占领短视频平台的“农村网红”；从时常见诸社会新闻报道的“天价彩礼”“光棍村”到许多返乡笔记结尾处的“农村凋敝”

感叹，传媒中可见的农村图景日益复杂。显然，农村已不再是遗世独立的、“世外桃源”般的所在。

阎云翔依然保持隔年访问一次下岬村的习惯，但他渐渐将观察国人生活方式的视角由农村扩展到更为广阔的领域。他发现，中国社会的个体化缔造了新型的、工具性更强的人际关系，但这种个体化并不全然以“我为我而活”的形式呈现，当更多的责任与风险纷至沓来，回归家庭成了一种新趋势。

以下为阎云翔的口述——

前段时间，我看了一部叫作《小欢喜》的电视剧。它是围绕三个家庭展开的，其中有个角色是北京某区副区长季胜利，为了照顾生病的妻子，他选择回归家庭，强烈要求退居二线工作。最后，妻子的病好了，他还得到了升迁。越过如此皆大欢喜的结局，我发现了一个有趣的现象——以家庭为重成为国家层面肯定的价值观。

剧中，季胜利的儿子说：“我的愿望就是我们一家人可以永远在一起。”在当下许多年轻人看来，无论面对什么挑战、付出什么代价，“不分开”都是可妥协的底线。

个体与家庭：从“反家庭主义”到“新家庭主义”

在20世纪50年代初推行的社会主义改造当中，传统大家庭属于重点改造对象。与此同时，集体主义价值观倡导遇到事业和家庭的冲突时应该毫不犹豫放弃家庭，舍小家保大家。于是，我们会发现那时以干部、技术人员、知识分子为代表的体制精英夫妻分居率特别高。对于他们而言，长期身处异地或者不和自己的子女待在一起，并不是个问题。

过去10到15年中，我对自己提出的一些结论做出重要修正，便与这个有趣的现象有所关联。在《中国社会的个体化》中，我提到了个体的崛起，包括个体主观意识和权利意识的不断增强、欲望的合法化、自我发展在人生中被赋予越来越高的比重，以及年轻一代有越来越强的表达个性和愿望的冲动，等等。

但事实上，“我为我而活”“我即我存在的目的”“我必须以自己选择的道路生活”式个体主义同中国的文化土壤及现实存在冲突。具体而言，自20世纪80年代以来，国家通过一系列制度性改革，将更多责任放在了个体身上。当人民公社与单位体制瓦解，建立在其基础上的种种福利和保障在市场经济语境下逐渐消失，自我发展、自我实现与不可预测的风险成为一枚硬币的两面，甚至在独自应对挑战、承担责任方面，还带有一些不可选择的、强制性的“一刀切”意味。

这也涉及我作出的另一个修正。以前谈论中国家庭生活的变化的时候，我提到了父权被削弱，大家族开始让位于小家庭，夫妻的自主性、独立性日益凸显，这些在20世纪90年代中期表现得非常充分。然而，当个体必须以一己之力探索由陌生人组成的、充满不确定因素的社会时，家庭反而成为最可靠的资源、最值得信任的保险机制，重要性急剧攀升。

无论是城市青年动用父母资源或财产找工作、买房，还是通过考学、读书改变命运的农村青年为了赡养家人，不得不选择稳定性高而非有助于自我实现的工作，我们多少都能看见代际依附的紧密化。但这种从“反家庭主义”到“新家庭主义”的转变，其实是整个现代社会的特点。在强调思想独立、选择自由的同时，越发精细的劳动分工、越发纵深的发展恰恰决定了个体不可能从真正意义上独立，因为其衣食住行的任何细节都由别人提供，正如扫除实现理想的障碍需要多方面的帮助。

于是，独立和自由的背后，其实纠缠着相当复杂的支持网络：来自农村的父母倾其所有供子女读书，是为了让他们改善人生境遇，找到好工作；兼具理想与能力的子女走上工作岗位之后发现，要想在城市拥有一份不错的事业，他们拥有的资源远远不够，只能求助父母，通过两代人的共同努力维持基本指标。从情感意义而言，父母对子女的依赖也在增强，这就是为什么“空巢”会成为一个社会问题。总而言之，当所有人都想实现自己定义的理想生活状态，就会愈加清晰地感受到手头资源的缺乏，不断争取资源并求助的过程中，就愈加不能独立，如此循环往复。

现在要判断一个人发展得成不成功，你可以看看他办事、摆酒的时候请了多少没有亲属关系的客人

只有弄清以上的基本问题，我们才能将目光转向农村，因为农村的变化和中国社会的这种宏观变化是无法割裂的。公众倾向于认为这70年来中国私人生活的起点是20世纪70年代末的改革开放，而我则在《中国社会的个体化》一书中指出，个体化是个连续性的过程。

换言之，个体化事实上发轫于新中国成立后前 30 年的集体化时期，后者的重点在于将个体从传统的社会组织中解放出来，这个“破”的过程是在文化和政策层面上全面展开的。在这之后，女性与青年的话语权不断提升，这些都可以看作推进个体化的有利因素。

说到底，国家推进社会改造的目的，就是把个体先变成各种集体的成员，即把他们从千千万万个亲缘组织、家庭组织中拿出来，重新嵌入社会主义大家庭的框架。当这一步完成之后，国家又通过经济改革从个体生活中逐渐撤离，降低了集体对个体的那种既是束缚又是保障的影响，个体就获得了更多人生选择方面的自由空间。从这个意义讲，新中国成立，前 30 年和后 40 年对于促进个体化的作用是同等重要的。

不过在后 40 年当中，我们还发现与这一进程相关的新型人际关系现象。以农村为例，可能有“天价彩礼”，或者拥有一定权势的人通过婚丧嫁娶甚至摆“无事酒”敛财。这分别是家庭内部和公共生活中的典型例子。

彩礼的高涨我以前解释过，实际上是代际财产转移的一种形式，即年轻一代通过结婚提前支取他们认为应该从父母那里继承的家产。但到了现在，这种提前支取愈演愈烈，变成一种代际剥削，年轻一代尽可能掏空父母的钱包。父母为筹备年轻一代的婚礼，甚至可能欠下债务。

从中我们可以发现，一方面，从集体中独立出来的年轻人越发熟知如何维护自己的权利，争取自身发展的各种有益条件（但他们往往忘记尊重他人与自身对等的权利，也忘记承担相应的义务）。除非是在特别穷苦的情况下必须留一笔钱为家里的男孩娶媳妇，新娘的父母很少截留彩礼，那么彩礼事实上就成了新娘的私房钱，或者说小两口的安家费，这使得新娘在要彩礼时特别有动力。另一方面，彩礼还具备父母情感投资的色彩，等于说那种无条件的孝顺文化崩塌以后，代际能不能保持良好的人情关系成为父母能否获得养老保障的条件之一，子女也会因此而自我说服：“反正你们将来也得靠我们养，现在多要点儿是应该的。”

而摆酒的实质，则是“过去送出的礼物要找到合适的方式收回”，譬如你可以通过给父母祝寿，把之前参加别人婚礼的份子钱要回来。在一个流动性比较低的村子，大家在随礼方面心中都有一杆秤，因而可以维持相对的平衡，唯一吃亏的可能只是那些没有小孩或人口比较少的家庭。但当这种共同体因为城乡流动的增加变得越来越不稳定，当许多人搬走并不再回来，办事、摆酒、收礼就成了越来越工具化的理性行为。而在权势加持的情况下，积极随礼会被认为办事聪明，不随礼则意味着将来会遭到报复或被边缘化（至少很多老百姓认为有这种可能性），这就使得酒席成为权力拥有者敛财的手段。

在传统文化中，每个人的人际关系网络基本上是稳定的，就是以家庭和亲属关系为基础，不会增长多少。但是在一个市场化的社会中，人际关系网络的扩张成为一种有意识的追求，因为这意味着社会资本的增加，可供“薅羊毛”的对象选择越来越广泛。所以现在要判断一个人发展得成不成功，你可以看看他办事、摆酒的时候请了多少没有亲属关系的客人。

总而言之，“天价彩礼”“摆酒敛财”虽属于毫不相关的范畴，但我们能从中得到一个普遍性的结论，即改革开放 40 年以来，人情文化、人际关系网络仍然非常重要。在改革开放初期，不少学者曾经假定，随着市场经济的发展，随着个体进入流动状态，有机会和更多陌生人接触，人情文化、人际关系网络的重要性会降低。现在证明这个预测是错的，所以很有意思。

“农村凋敝”有煽情色彩，而“融不进，回不去”对于所有移民而言都是一致的

越来越多的农村青年正在通过短视频网站成为“网红”。这一通过自媒体毫无门槛地表达自我的颠覆性变化，是这三五年值得关注的现象。它究竟会对农村社会产生什么样的影响，我目前没资格评论，因为我不确定在没有利益驱动的情况下，还有多少人愿意以出位的方式表达自我；而那些土味、雷人的表达，究竟有多大部分是内心的真实写照，而非出于吸引眼球、获取流量的动机？

不过“农村网红”的存在至少证明了一点——当技术发展到一定程度时，每个人自我表达的愿望都会得到实现。因为技术缩小了人与人之间的等级差异，也将曾经不知道彼此存在但处于相同生活状态、拥有相同想法和审美的人联系在一起。作为受过良好教育的知识分子，你大可嘲笑“农村网红”拙劣、低级、不择手段，但你无法否认自己和他们拥有如出一辙的表达欲。

与此同时，“农村网红”所带来的“城乡接合部审美”也引发了广泛的议论。有人觉得这意味着带有主体意识的亚文化的崛起，也有人觉得这不过是对城市文化的不成功模仿。我将它看作城乡差别，或者说所谓“城乡高下心态”的一个体现。这背后自然有户籍制度的作用，但不可否认的是，现代化进程确实是以城市化的形式表现的，这就是为什么发展中国家多少都被追赶心态笼罩，并

在各个层级上体现出来。我们能看到的是农村青年模仿城市青年、小城市向往大城市，那么大城市向往什么？还记得90年代的时候动不动就说看我们这儿建了多少高楼，越来越像香港了，其实香港也不过是“水泥森林”吧，但“国际化大都市”所具有的范本意义还是不一样的。

然而追赶也好，竞争也罢，你会发现实现发展的渠道越来越雷同，有关美好生活的想象越来越扁平，变成千军万马过独木桥，只有一条路可走。城乡之间的人口流动是单向度的，社会资源和劳动力越发向城市集中。于是我们不时听到“农村空心化加剧”“城市会在未来彻底吸纳农村”的声音，前些年接受采访时，也有记者提到，很多非虚构作品也好，返乡笔记也好，都在惋惜“农村凋敝”。

我的判断是，先看看这些文字出自谁之手，答案是城市人，或者一些出身农村但后来受过良好教育、不再生活在农村的人。换句话说，他们是站在农村外面为所谓“凋敝”唏嘘。他们觉得，如果没有那么多人“逃离”，留下来的不只是老人，就能实现繁荣，同时竭力维持着世外桃源的想象，好让他们在城市的嘈杂之外保留一个精神寄托。这其实是带有煽情、夸大色彩的，同时也不大公平。事实上，年轻一代如果发现更好的个人发展机会，是可能去任何地方的，包括返乡，正如一些老人会进城去和子女同住，给他们带孩子，我觉得不应该下过于绝对的结论。

对于农民工群体“城市融不进，农村回不去”的尴尬境地，我也有不同看法。我觉得如果户籍制度有所改革，流动到城市的农村人口就可以实现真正意义上的“落脚城市”，农民工也就是正常的移民群体。而他们心理、文化层面上的挑战，对于所有的移民而言都是一致的。

以我自己为例。我1986年到美国，现在待了33年了，从来没有觉得自己融入这个国家，同时我也发现自己越来越难以“回到”中国。这和“城市融不进，乡村回不去”的农民工有多大区别呢？有时候我觉得愿意移民的人本身是要具备一定心理素质的。我具备比较强大的对多元文化的包容精神，所以反而不那么需要认同，不那么在乎融入，而是彻底地享受多元文化所提供的丰富资源和自由选择的生活状态。或者说，我觉得处于一种中美文化中间地带也是全球化时代独特的认同。假设没有户籍制度的束缚，新移民“回不去，融不进”的心理状态到底有多么“尴尬”便值得讨论。我认为这是处于全球化时代的我们多少都要面对的新常态。

艺术家张晓刚：

因为画《大家庭》，我才认识了家

采访 / 孙琳琳

我是通过画家庭成功的艺术家，也是画母亲的艺术家，可能正因为缺失，我才会坚持画这些。通过艺术，我认识了家庭这个概念；而不是说我有了家庭，才用艺术把它表达出来。

艺术家张晓刚的《大家庭》系列，是中国当代艺术的标志性作品。其中尖脸、细眼、面无表情的人物形象，最初来自他的母亲的老照片。这个形象他画了20年，也聊了20年，直到今天依然不过时。

以家庭为背景的艺术创作很多，张晓刚的《大家庭》之所以能成为经典，是因为他比大多数人多做了一步——他提炼出一个形象，来源于自己的母亲，并形成了一个社会化的、具有人类学价值的主题。

以下是张晓刚的口述。

老照片：她是我的母亲，也是那个时空里打动我的一个年轻人

1993年，我回家探亲，看到母亲的两张老照片。一张是穿军装的，一张没穿。那时她二十出头，短头发、花衬衣。那会儿没有彩色照片，就是黑白照片上色。那种颜色是假的、主观的，不是我们在学院学的外光颜色。

我觉得这样的照片特别好看。为什么？可能跟当时的文化背景有关。那时我特别烦看写生的东西，因为觉得那是过去时代的、试图接近自然的观念，我们受印象派色彩的影响太大了。古典画家凭肉眼去看，看到什么就画什么；印象

派提炼出肉眼看不到的真实。到了我们这一代，这些工作已经完成，我们还能做什么？我想表达内心感受到的东西、主观意识里的色彩和形象。

那两张照片是20世纪50年代拍的，当时我母亲还没有结婚。我们看到的她都是母亲的形象，甚至是一个比较老的形象。看到这张照片的时候，我一下子就觉得时空变了。她是我的母亲，也是那个时空里打动我的一个年轻人。

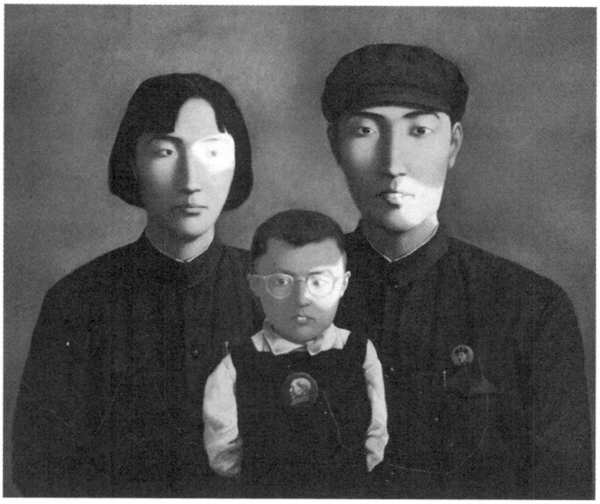

血缘－大家庭：全家福1号 （图／张晓刚）

母亲生在20世纪30年代，读了高中，后来参加革命，所以身上既有民国文化熏陶出来的某种气质，也有革命青年的理想状态，气质和现在的人不一样。我看到民国时期的一些照片，那些人物都有这种气质。当时照一张相不容易，所以要把照片当绘画来对待，必须在上面修版。那会儿的美学在照片、月份牌、炭精画上都有所体现，也是今天看不到的。

我第一次画我母亲是1993年在昆明的时候。那时我有一年没画画，突然有了点感觉，就问毛旭辉借了画室开始画。先是画了两幅肖像，第三幅就画了一张我和我母亲。画上的母亲是她老年的形象，画的背景里有一台电视机，正在播放一张老照片，就是她年轻时的照片——不是画的，而是贴上去的。这张画是我母亲第一次出现在我的作品里。

之后我又在《红婴》上用了一次母亲的照片。还有一张，我和年轻时的母亲在同一个空间里出现，那张画现在收藏在日本福冈美术馆。这一年我还画了一张四个年轻人的合影，以我母亲的形象作为主角，后面站了三个年轻男人。

回到重庆以后，1994年，我画了第一张全家福，画上有我父亲、母亲和大哥。我大哥小时候眼睛有一点斜视，所以那个斗鸡眼完全是我大哥的样子。

我一直想把母亲的照片好好画一次，于是，2018年，我照着她的军装照又画了一次。其实后来我很少直接照着照片画。我研究母亲的形象后，慢慢调整出一个我认可的形象，以后再画就基本不看照片了。到后来我画的根本不是母亲，而是一个人类的形象，不分男女。

父亲：他工作很忙，经常出差，在我们生活中严重缺席

我的神经系统更多地遗传自我妈，敏感、细腻、情绪化。而有些对人生的态度，可能潜移默化地受我爸的影响：自律、冷静、与世无争。

我爸是西南联大的学生，读了两年开始搞地下工作，参与领导了“一二·一”运动。后来他到云南边疆发展滇桂黔边纵队，新中国成立后回到云南省委工作。我出生在昆明，4岁时我爸调到西南局工作，我们一家就跟着他到了成都。

我从小就没有家的概念，感觉家人一直很有距离感，很少交流。我们家四个儿子，父亲要养活一大家子，肯定很烦。加上我妈妈有病，他回到家就希望什么都不要发生，安稳最好。我记忆中他工作很忙，经常出差，在我们生活中严重缺席。

我清楚地记得，1969年，我父母的工作就停下来了，两个人分别去了不同的学习班。西南局把我爸爸安排在汶川的山里，妈妈则在四川大学学习。后来的三四年时间里，就没人管我们兄弟四个了。父母委托隔壁当过我们保姆的阿姨照看我们，每个月给她15块钱。她有时帮忙做做饭，但我们主要是在学校和大院的食堂打饭。我从10岁开始所有的衣服和被子就都得自己洗。没人帮你，但你一下子就长大了，成熟了。

因为我们家的特殊情况，组织上同意我妈妈每个星期六回来住一晚上，星期天下午走。每到星期六下午，我就等啊等啊。特殊年代，感觉家都不是家了。

我初三时，西南局解散了，我父亲在成都待得心灰意冷，决定回云南。他想着云南有很多学生、部下、同事，环境可能会好一点，结果另一派掌权，他从此被冷落。回到昆明后他等待分配工作，我们全家在招待所住了一年多。

革命年代，儿女情长是被排斥的。我爸是那种不会说什么、很冷漠的形象。长期以来，我跟我爸说话，都是并排坐着，各自看着前方说话。或者我说话时他看我，他说话时我看他，没有眼神接触。

我们身体接触也非常少。我跟我爸有身体接触，印象中只有一次。当时我可能还不到7岁，他出差回来看我一个人在家玩，就带着我去了一次人民公园。那天我开心死了，他买了吃的给我，还用手拉着我，那是我记忆很深的一次肢体接触，也是唯一的一次。后来我再拉着他的手，就是2015年他去世前在医院里了。

直到自己做父亲以后，我才理解我爸。到他晚年，我跟他关系好了，经常可以比较深入地交流。我爸也会给我写写信，谈一点他和我妈的事。

母亲：生病我还挺高兴的，有母爱，有家庭的感觉

其实七八岁的时候我就觉得我妈不太正常。比方说她会自言自语，一会儿说话一会儿哭，通宵不睡。我们兄弟之间也会私下讨论：怎么回事？她今天怎么突然就发脾气？很不理解。我大哥年龄大一点，他说："我觉得她有病。"

一直到我 10 岁，我爸去学习班的头一天晚上，把我们几个叫去。那天晚上的情景我记得太清楚了，他说："你们进来，给你们说件事。"我们站在他面前，他坐在那儿说："明天我就走了，以后你们的生活就自理了，有一件事要跟你们说一下，你们也应该知道。"然后他就说我妈有精神病，让我们多让着她点儿，不要在意她发脾气。

从那一分钟开始，我一下子就觉得自己是大人了，要照顾另一个人。原来你还是小孩，还渴望父爱、母爱，从知道妈妈有病开始就不会去渴望那些东西了，对家庭的理解也发生了根本改变。

"文革"时，她发作得厉害，那会儿也没什么药。后来我问我爸，为什么不把她送到医院去？他说你们不知道，精神病人如果送到医院里就完蛋了，他舍不得。她会间歇性地发作，但还没有疯狂到完全丧失理智，平时看起来还是个正常人。

我妈特别爱我，在我小时候经常跟我说话。有一次我在那儿躺着，她过来跟我说"你爸是个坏人"，我问为什么，她就跟我说爸爸怎么怎么坏。一个小孩完全没有判断力，以后我看我爸就会这样去想。直到后来知道她是病人，我才理解是怎么回事，但这个东西已经慢慢地影响了我。

我妈是一个病人，是一个生活能力很弱的人，我一直有一种要照顾她的心理。她出去见老朋友，最喜欢让我带她去。我也不说话，就陪着她，听她们聊，一起吃饭什么的，再带她回来。这是我比较舒服的一个事，她也会觉得舒服。

她最爱我，可能因为我跟她相像。从小她老在别人面前夸我，尤其在兄弟之间老夸我。我小时候身体不好，老生病。能感觉到母爱的时候，就是小时候生病的时候。生病还挺高兴的，有母爱，有家庭的感觉。比如半夜突然发烧，父母赶快送我去医院，打针、吃药，完了又可以不上学，就在家里享受最好的

待遇。后来我眼睛不行，睫毛倒长，住院做手术后回来调养。那会儿最受宠了，太幸福了。

信件：她给我的信比我回她的多一倍，差不多三天一封

我的记忆中，父母对我没有肉麻的慈爱，也没有很高的要求，只要有吃有住有穿就可以了。有时候父母也会关心我，问一些事情，但说不上两句我就烦了。14岁以后，我就基本不听他们的了。

但上了大学以后，受教育多了，读书多了，慢慢地就会从人性的角度去想这个问题。所以才会有1986年到1996年，差不多10年时间，我一直跟我妈通信。我爸说你有空多写信，她最喜欢读你的信。我在家里充当了我妈的一个发泄口，我编很多故事给她，我怎么怎么好，等等。我妈反复看，她给我的信比我回她的多一倍，差不多三天一封，用的都是革命的语言。

我从信中能读出她发病了。她会给学校写信反映情况，领导收到信吓一跳，以为我写信回家告状。我一边跟学校解释，一边赶紧写信给她，甚至有时候得骂她两句："不要再给我们学校写信了！你再写信，我就跟你绝交。"她吓坏了，就不写了。我也得经常给她写信，只要有一段时间不给她写信，她就觉得我出事了，就要写信到处去告。她太孤独了，没什么朋友。

我妈这个病一直困扰她，到后来她吃很多药，把身体都吃垮了，发病的频率也越来越高。到了晚年，她基本上没有什么正常语言，东一句，西一句，很难与她正常交流。

2010年她走的那天，我哥哥打电话说："你赶快回来一趟。"他说妈妈吃着饭突然一倒，就没有知觉了，打120送到医院就已经上管子了。我赶到昆明，在重症病房陪了她三天三夜，希望她醒过来说一句话，但她没醒。

拔管子那天，我是第一次感觉人有灵魂，感觉从我妈妈身上有一个灵魂走了，一瞬间人的颜色就变了，有一种生命的东西一下子就没有了。对她来讲，可能是个解脱，她一辈子活得太惨了。

家：他真的把床拆了，腾空了一个房间给我

我们读书学习，父母没有操过心。大学毕业，我求我爸用一下关系帮我找

个工作，他也不找。我毕业回家，行李他都不准我打开，让我分配到哪儿马上就搬走。

当年我家有四间房：我父母占两间，一间卧室一间书房；我和我二哥睡在客厅，床边就是桌子，也是吃饭、写作业的地方；另外还有一间留给我大哥回来住。父母的两间房，从来不让我们进，他们一出门就把房门锁上。我们进去都是因为有事，基本上是挨训。

我们从小养成的习惯，就是他们的房间从来不进，进去一分钟就赶紧出来，那是他们的空间、他们的领地。我们家只有弟弟可以随时进父母的房间，我们一般不会进，有事就在门口喊一声。

家里房间多了以后，我爸就说给我一间单独的小房间，我才第一次享受到有私人空间的待遇。但我不爱回家，回了也是假期一结束就走。

后来我给他们买了房子，但一切都按照他们的习惯来，我回家还是觉得是去以前的父母家。他们就在他们的房间里看电视，我们见面就是在客厅吃个饭，然后他们回到他们的房间把门一关，我也回到我的房间把门一关，互相不来往。

我女儿出生以后，每回从成都回昆明，他们都希望我住家里，但我还是习惯带着孩子住酒店。

1995 年，我一个人回昆明，说要在外面找个地方画画，就不回家了。父母很着急，我爸第一次说你就在家里画。我说家里没地方，他说我给你腾一个房间行不行？然后他真的把床拆了，腾空了一个房间给我。我在那里画画其实很难受，留在那里完全是为了满足他们。父亲的态度转变了 180 度，我有点儿不习惯，又有点儿感动。我在那画了三张大画，就是参加 1996 年在德国波恩举办的“中国！”展的那三张。

《大家庭》：画全家福的时候，我内心的角色是那个小孩

1997 年，我画了一张画，是《大家庭》系列的。我想画三代人，中间应该坐着一个老人，但我画不来，怎么看都不老。后来我就再也没画过老人，而是画社会化了的小孩。我以一个父亲的心态选择画一个小孩，但是在画的过程中又进入一个小孩的心态来体会这个世界。画全家福的时候，我内心的角色是那个小孩，不是父亲。

2012 年，我又回到家庭主题，但不是为了画一种形象，而是想画两代人之

间的关系，所以画了母亲和儿子、父亲和女儿。画面的感觉就是用小孩的眼光去看大人，那是一种对权威的仰视，所以父母在比例上被画得很大，而小孩很小，形成一种紧张感。

我的画里没有其乐融融，画面氛围跟我从小体会到的家庭气氛是一致的。我们在家情感交流很少，已经不会表达情感了。我妈走的时候，我以为我会哭，但其实并没有。直到我爸走了，我们把父母合葬，那天我觉得他俩真的走了，才第一次流泪。

我是通过画家庭成功的艺术家，也是画母亲的艺术家，可能正因为缺失，我才会坚持画这些。通过艺术，我认识了家庭这个概念；而不是说我有了家庭，才把它用艺术表达出来。

别人老说，你太不容易了，为了艺术信仰克服困难。说实话，我没有这种感觉，我不是在坚持什么，而是在艺术的世界里自得其乐。如果有一件事能代替绘画给我带来的这种快乐，我可能会放弃绘画，但是目前为止还没有。艺术对我来讲就是治病，我不做艺术，可能早就疯掉了。

喂，有人等你回家吃饭

文/苏静

餐桌是中国人最重要的社交场合之一，餐桌上的变化见证中国人在物质与精神上的变与不变。

同样是以“吃面”作为主题的小品，1984年陈佩斯在央视春晚表演的《吃面条》，“吃”的是用海碗装的打卤面，不提佐料配菜，反复表演吃面，强调的是食物分量；2016年宋小宝在辽宁卫视春晚表演《吃面》，吃的是标价“180元”的辣味海参炒面，侧重讽刺近年出现的“天价”食物，并凸显辣味的流行，揭示海鲜食材平民化、日常化的消费趋势。一个题材，两种不同的表演方式，反映的是过去几十年间中国人餐桌的飞速变化。

“洋快餐”曾经是国人餐桌上充满新鲜感的美食

直至 20 世纪 80 年代，中国大部分地区仍在用粮票采购主食原料。为了解决国人吃饭问题，国家于 1955 年推行粮票，1958 年提出“以粮为纲”的方针，城市实行按月定量凭证、凭票供应粮食。之后一二十年内，各种商品票证陆续流行：除了粮票，油票、奶票、酒票、肉票、蛋票、糖票、豆制品票、蔬菜票等成了家家户户的餐桌供给来源和市面的“硬通货”。1993 年，国家出台《关于加快粮食流通体制改革的通知》，宣布取消粮票和油票，自此，粮票等票证渐渐淡出人们的生活。

中国人的餐桌供应从匮乏到充足的同时，餐饮市场也逐步丰富起来。20 世纪 80 年代末 90 年代初，海鲜大餐与洋快餐成了最时髦的餐饮方式。1992 年 5 月 11 日，北京王府井大街有了高档港式海鲜大餐——香港美食城总店一楼海鲜大厅正式开业，餐厅共有 150 个座位，来自香港的总厨师亲自掌勺，餐厅服务员均受过专门培训。

如今随处可见的肯德基、麦当劳，在那个年代更是中国食客争相“打卡”的潮流店。

1987 年，肯德基北京前门店开张，这也是中国大陆地区的第一家西式快餐连锁餐厅。开业 3 个月，平均日销售额达 4 万多元，每日卖出炸鸡 1300 只，为全世界 7700 家肯德基连锁店之首。在老北京人的印象中，当时肯德基门前排队的盛况不亚于八达岭，很多来京旅游的人特地去店门口留影纪念。每逢礼拜天，还有人在店内举办婚礼。

3 年后，麦当劳在中国大陆地区的第一家店于深圳开门迎客。当时的影像资料显示，开业仪式极具中国风味，不仅有舞狮队伍贺新，点睛、采青等动作也一样不落。进餐厅的食客按照当时的流行吃法享用汉堡：先小心刮掉芝士层，然后吃牛肉饼，再吃生菜，最后就着可乐吃掉最外面的面包片。

这两家快餐店初入中国时的支付方式同样有时代特色。肯德基前门店起初设有外汇券支付窗口，因为顾客多为外宾；麦当劳则是内地唯一能用港币或人民币支付餐饮的西式快餐店。

中国人的餐桌从家庭走向餐厅，再到外卖

当代中国人的餐桌从家庭走向外部“堂食”，其实是在市场化餐厅兴起之前就流行过的事。1958年8月中共中央通过《关于在农村建立人民公社问题的决议》，作为人民公社建立的一项不可或缺的新生事物，出于进一步解放劳动生产力的愿景，公共食堂应运而生。

当时人们对公共食堂的理解是：“吃饭不要钱，老少尽开颜；劳动更积极，幸福万万年。”到1958年年底，全国共办农村公共食堂340多万个，在食堂吃饭的人口占农村总人口的90%。

潮流总是风水轮回转，最近十来年，中国人的餐桌逐渐由外转内，外卖替代了食堂、餐厅。互联网数据中心（DCCI）于2019年春季发布的《网络外卖服务市场发展研究报告》显示，我国在线外卖市场发展迅速，成为餐饮业中越来越重要的新业态；2018年我国在线外卖收入约4712亿元，占全国餐饮业收入的10.6%，较上年提高了3个百分点，较2015年提高了9.2个百分点。

外卖送上中国百姓餐桌的历史可以追溯到20世纪90年代。1993年，当时还是国营粮食部门职工的江苏人蒋建平在社会下海大潮中办起了快餐公司。他承包了常州一家老年公寓的食堂，一边为老年人供餐，一边做起电话订餐的外卖业务。1997年，丽华快餐进入北京市场，并逐步建立供应链和物流系统，随后扩张到十几个城市，成为中国规模最大的外卖公司，并且理念超前，比肯德基、麦当劳的中国区餐厅更早提出并实现“30分钟送达”的外送服务标准。

餐厅亦随着时代而变化。2012年以来，机器人主题餐厅在北京、合肥、长春及成都等多个城市落地，成为商家吸引顾客的新鲜招数；2017年，全国首家无人智慧餐厅在上海市闵行区吴中路1688号的W Square诞生，店内没有点餐员、纸质菜单和收银员，顾客用微信扫描桌上的二维码，进入点餐界面，点餐付款，随后根据手机通知，在取餐处输入密码即可从取餐柜中取到餐食。

餐桌上吃的不仅是美食，还有人情味

和英国人对天气的关注程度一样，吃是最能引起中国人共鸣的话题。这不

仅是因为饮食的变化是中国人生活品质逐步升级的见证，更因为食物是中国人感情的重要承载者。相比于西方人，中国人在感情上含蓄内敛、不善表达，于是在这个流传“民以食为天”说法的国度，食物便成了人们感情的表达出口，餐桌则成为中国人最重要的社交场合。

家的味道是中国餐桌的重要主题之一。李安的电影《饮食男女》用一系列家宴镜头表达了家庭关系：大厨老朱年岁渐长，每个星期做一桌丰盛的菜肴成了他对儿女关照的表达方式；后来朱家人的支离破碎与破镜重圆也是在家宴的被打断与恢复中体现。影片中老朱杀鱼宰鸡的场景，引起很多人对“家的味道”的怀念与共鸣。

“我们所说的家的味道，其实都没有太多的包装制作，无非是家里人早上到菜市场买来最新鲜的食材做出来的。早上菜市场里的菜已经很新鲜了，家里人却还恨不得掐头去尾地精选一番，买菜回来以后，用最简单的油盐酱醋炒一炒，却变成了我们最难忘的味道。”从歌手转型美食企业家的林依轮在其著作《别让美食与爱擦肩而过》中写到，很多人享用美食的出发点是为了和家人朋友一起吃一顿饭，在这类人心中，相聚的珍贵远远高于味觉的精细，他们偏好家常菜，是因为那些食物里包含了家人做菜时的场景。

吃对中国人意义重大，婚丧嫁娶、悲欢离合都离不开一顿郑重的聚餐，可以说，餐桌上有中国人的亲情、友情、爱情、家国情。

西南少数民族聚居地区至今流传一种名为簸箕宴的传统宴席，开餐时，各种特色餐食被盛在大簸箕内，大家围坐在一起，用手抓着吃饭。在当地，无论是节日、婚嫁、会宴，都必备簸箕宴待客，以表达对节日的喜悦和对客人的尊敬。

中国餐桌上还反映了社会的流动。在深圳福田区，经营湖南攸县菜的餐馆相当有名，就因为“攸县的哥”的聚集。20 世纪 90 年代初，大量攸县人涌入深圳，形成了石厦、皇岗、新洲等众多聚居区，深圳的士圈子里有个说法——2010 年以前，深圳的士行业中攸县的哥约占四成。

如同南下的攸县的哥们，流动的中国人为他们所到之处带去了属于自己的烟火气，有了家乡味，他们的日常不再是孤独的旅程。

亲爱的，我们结婚吧

文/李屾淼

今天仍有一些地方，没办过婚礼的夫妻在亲朋邻里看来就不算夫妻。一些问答咨询网站上甚至出现这样的问题：办了婚礼但没领证，我们算夫妻吗？

毋庸置疑，婚礼在中国社会有着普遍意义。通过一个仪式，将婚姻关系公之于众，一个人从人生一个阶段过渡到另一个阶段，社会与个人身份获得新的定义，成为有妇之夫或有夫之妇。

婚礼，一个具有社会意义的仪式，在社会发生变化时也会发生变化。70年来人们生活水平、生活方式的变迁，也在千千万万场婚礼上点滴体现。

50年代："四个一工程"

1950年5月1日，首都20多万群众参加了庆祝劳动节的游行，《中华人民共和国婚姻法》也在这一天正式实施，成为新中国的第一部法律。它被毛泽东称为"普遍性仅次于宪法的根本大法"，展现了政府全面改造社会、消灭封建遗毒的雄心。《婚姻法》第一章第一条明确规定："废除包办强迫、男尊女卑、漠视子女利益的封建主义婚姻制度。实行男女婚姻自由、一夫一妻、男女权利平等、保护妇女和子女合法权益的新民主主义婚姻制度。"

《人民日报》社论将《婚姻法》的精神总结为："推翻以男子为中心的'夫权'支配。"由此，人们对于婚姻的认知开始经历全面的破旧立新，婚礼习俗也自然发生重大改变。国家初创，还在打仗，物质资源贫乏，喜事一切从简是主流。八抬大轿、锣鼓喧天的迎亲场面变得极其少见，女人嫁到夫家，距离近的话就直接走过去。根据《贵州日报》报道，劳模冯德玉结婚时便是“与相好女友们结伴出行，踏着泥水到秦家去”。距离远的，则会用上自行车或者三轮车。

此时尚未有婚假一说，婚事大多在下班后举行，当晚结束，次日若不是休息日还要继续上班。加上条件所限，婚宴一般就设在新婚夫妻的住处，不会办很大，顶多在食堂多打两个菜，包顿饺子，准备几斤水果糖和花生发放给来宾，买饮料和酒就算比较奢侈了。

大多数情况下，50 年代的婚礼上来宾不会也没条件包红包，但也不会空着手来。送的礼通常为日用品或简单的食品——脸盆、热水瓶、毛巾、水果、饮料等。至于结婚照，大多在照相馆拍一张双人黑白照或者干脆不拍——当然没有婚纱，婚纱作为西方资产阶级生活方式的一部分已被摒弃；喜庆的红色衣服在黑白照片里也显不出来，一身干净的普通衣服即可，军人或工人往往会选择穿制服。

更不存在婚房，夫妻结婚后的私密空间，要么是家里的一个房间，要么是职工宿舍。但人们也不能空着手结婚，凑一套日常生活用品是普遍做法：双人床、热水瓶、脸盆、痰盂——它们被戏称为“四个一工程”。

60—70 年代：“26 只脚”和“三大件”

人们生活依旧清贫，但物质条件相比新中国成立初期已经有了明显改善。结婚时骑自行车接亲，或者骑车到新家成为常事。自行车虽然仍是奢侈品，但已经相当普遍，实在没有的，借一辆也不难。

算得上婚宴的仪式开始出现，菜品更丰富，桌上会出现更多的肉菜，条件好的地方或家庭，酒水、零食、瓜果的供应也会更充足。

一套大致的标准流程已经形成。找个能说会道的朋友做主持人，流程包括介绍夫妻恋爱经过、请领导讲话、请家长讲话、宣读结婚证书等。彼时婚礼现场最经典的环节，便是新娘和新郎当众吃一个悬吊在空中的苹果，夫妻意外碰上嘴唇的一刻，被视为婚礼高潮。唱歌跳舞闹新房的情况也越来越多，总体而言较此前更为丰富、热闹。

条件更好了，新婚夫妻的装备明显有所升级，按当时流行的说法，结婚时要“上的确，下的确，房中要有 26 只脚”。“上的确，下的确”指新人要穿一套的确良上衣以及裤子，“26 只脚”即新房中床、办公桌、茶几和靠背凳等家具的支脚加在一起有 26 只，有些更讲究的地方可能需要 36 条腿或 48 条腿，这便称得上像样的婚房了。60年代中期以后，甚至有少部分农民用养猪养鸡等家庭副业所积攒的钱，为新人盖新房。

进入70年代，参加婚礼的亲友团很可能已经能在新婚夫妇家里看见以“三大件”或“三转一响”为代表的一套新婚彩礼。手表、自行车、缝纫机三个能转的，加上收音机这个能响的，基本可覆盖当时最为流行的生活方式。也不一定全都要有，但总得有个一两样，或者打点折扣，换成布料、皮鞋、呢子大衣等。

国货名牌在这一时期已经深入人心，上海牌手表、西湖牌缝纫机、永久牌自行车成为顶级配置——永久牌自行车由于意头好，往往是首先置办的物品。

80—90年代：婚纱、车队、宴席

彩色照片在80年代尚未成为寻常事，但花点钱拍个彩色婚照已经成为结婚标配。一开始新人拍照穿的还是新买的漂亮衣服，在胸前贴大红花，没过多久人们就玩厌了，瞄上了一种古老的新花样——西式婚纱礼服重出江湖，进入万千夫妻的结婚照里。

进入90年代，婚纱照全面升级，人们不再满足单调的规范夫妻合影，开始换不同的衣服、摆不同造型、选择不同的布景拍一整套婚纱照，专业的婚纱摄影服务应运而生。新的化妆产品和技术，也让照片里的新人变得更好看。

很快，迎亲不用机动车就已经不好意思见人了。即使在条件相对落后的农村，迎亲起码也要开个拖拉机，而在发达地区，轿车迎亲兴起。80年代拥有私家车的人是极少数，一般人家会选择租用或借用单位的公车。到了90年代，租用的轿车从夏利、桑塔纳、捷达转为一水黑的奔驰、宝马等豪车，档次越来越高。婚车用鲜花、彩带进行装饰，数量也从最早的几辆上升到十几辆，可以装下整个亲友团。

婚礼宴席的规格越来越高，地点开始从住处向高档星级酒楼、宾馆转移。肯德基、麦当劳等西式快餐店作为西方流行生活方式的代表，一度令年轻人趋之若鹜，有人甚至在那里办婚礼。一场宴席的价格早已不是最早的几十几百元。到了90年代末，星级酒店的一场婚宴价格已达数千元。婚宴上的菜式口味和服务是人们关注的重点，同时吃不完造成的浪费也越来越严重。

庆贺新人随礼，再送脸盆、热水瓶显然已经不大合适，但在商品高度丰富的时代送什么又成了难题——还不如直接给钱。红包的数额不断变大，有研究大致估算过，80年代婚礼人均份子钱为20元，90年代达到50—100元，再往后更是只多不少。

“三大件”的说法时不时仍会出现，但含义已经完全不同。80年代可能是电视机、洗衣机和冰箱，90年代则可能是彩电、影碟机、音响。最早富起来的一批人，可能已经开始购置私有产权的新房。

21世纪的婚礼：更敢花钱，也更喜欢玩花样

现在的新人更有钱、更敢花钱，也更喜欢玩花样。

户外婚礼、仿古婚礼、纯西式婚礼、海底婚礼、空中婚礼、裸婚、旅行结婚等越来越多的结婚形式被新人们接受。豪车队接亲已经稀松平常，为了留念，请专业摄影摄像记录婚礼全过程逐渐成为通行做法。用车接亲已经无法满足一些人的天马行空，交通工具包括但不限于花轿、仿真皇家马车、热气球、直升机等。

婚纱照的选景也变得更多姿多彩，影楼的布景若不够用，且有点闲钱，甚至会带队到外地乃至境外的旅游胜地实景拍照。近些年法国的旅游旺季，巴黎铁塔下或普罗旺斯的薰衣草田里，随处可见拍婚纱照的中国新婚夫妇。

婚纱也在悄然发生变化，穿婚纱不再是必然选择，不少人选择中式礼服，或者干脆在一场婚礼上换不同风格的服装。

婚礼变得千头万绪，让很多人觉得难以应付，希望能有人帮忙操持这些破事，于是包含整套婚礼解决方案的婚庆策划服务出现，为更有钱也更有想法的新人提供更具多样性的婚礼仪式流程。专业团队的介入，让婚礼形式变得更加丰富多彩，借助色彩、音乐、鲜花、装饰等手段，给新人带来更加独特的体验。

互联网的出现也促使婚庆服务业越来越成熟。主持人、化妆师、摄像师等逐渐被婚礼策划师、婚礼督导师、婚礼顾问、新娘秘书等替代。婚庆服务机构也从过去简单化、低端化、模式化的初级服务阶段进入日趋专业化的婚礼文化创意领域。

消费也相应增加，婚照、婚庆服务、服装、宴席等，加起来显然不是小数目。根据2017年婚恋网站公布的数据，每一对新人平均用在婚礼上的开销达7.6万元。2017年中国婚博会专业机构的统计显示，北京新人在结婚上的

平均花费（不包括婚房、装修）达25万元，这相当于北京平均工资两年多的总和。

当然，婚礼再怎么花钱，也无法跟新人即将入住的那个婚房相提并论。

有电视的地方才像一个家

文/钟慧芊

20世纪80年代，电视开始走进中国人的家中，它给中国家庭带来的变化，伴随着商业化环境、个人主体意识的改变，从而让中国人重新审视集体和个体之间的关系。中国家庭对电视机的每一次摆放和打量，体现了国人对娱乐方式和媒介变迁的态度。

世界上第一台电视机由英国工程师约翰·洛吉·贝尔德于1925年发明，但直至20世纪80年代，电视机才“飞入”中国寻常百姓的家中。

从80年代的金星牌、牡丹牌CRT电视，到90年代的纯平电视，再到千禧年出现的背投电视，一直到今天的平板电视，电视从小变大、从重变轻、从黑白变彩色、从模糊到4K高清、从声音沙哑变杜比立体。我们创造了电视，而电视塑造了我们的生活。

80年代末，电视成为中国人的家庭生活和文化生活的中心，有学者高度评价电视之于中国人的意义：“电视的崛起和成功使我们不得不对它的形象和地位进行认真的评估。”不过，长久以来，我们更习惯于将目光倾注在电视的文本意义上，其物质的一面却鲜有人问津。

2008—2009年，当时还是威斯敏斯特大学博士候选人的袁艳回到武汉，为她的毕业论文进行田野研究。她选择了高王村和吴家湾这两个毗邻的城中村进行观察，希望探讨“农民工”是如何自下而上地创造出游离在市政规划之外的城中村的。

“城中村不同于城市。城市里的大多数区域是由市政部门规划出来的，这样一种整体的基础设施的开发，代表着一种自上而下的引导力量。而城中村恰恰是一个被遗忘的地方，它内在的空间结构、人们在城中村内部的生活方式，都很少受到地方政府的规划的影响。”

但是，这种独一无二的地方性是如何形成的？袁艳认为应该将视角聚焦在城中村农民工的日常媒介使用：“没有媒介技术的日常生活是不完整的。我希望去理解日常生活实践和地方性的关系。”

《新周刊》：新中国成立的70年间，电视对中国家庭而言意味着什么？电视的物质性在这个问题中具体表现在什么地方？

袁艳：电视在中国家庭空间中扮演的角色可能不亚于其内容给中国人的记忆带来的影响，从某些方面来说，这种影响甚至可能更加长远。就我个人的经历来说，我已经很多年不看电视了，家里也没有电视。但当我最近要装修房子时，设计师听说我们家客厅没有电视后就感到犯难。我相信，现在很多人也不一定看电视，但他们仍然习惯于用电视机决定中国家庭的客厅中心。

电视在家庭空间内的特殊性并不会因为大家看电视少了而消退。我们要从这个角度来理解电视和中国家庭的关系，电视不仅是传输节目和信息的工具，更是一种制造空间的技术和力量。

汉语的“家”字，“宀”代表房屋的屋檐，下面是一头猪。在原始社会中，人们把野生环境中的猪纳入家中，驯养它，把家里的一部分空间贡献给它。这样一种相互驯化的过程构成了“家”。

“家”这个空间的建构不是固定的。我们和外界事物也是一种驯化的过程：将外部的自然事物纳入我的空间，它为我提供安全感，我为它提供归属感，双方是相互驯化、构建的共同存在。这个过程同样发生在现代社会，只不过古代社会里，驯化更侧重自然与人的关系，而在今天则反映为人与技术的关系。

我是站在人与技术相互驯化的角度来观察电视是如何一步一步帮助我们建构家庭的。这个驯化的过程不只发生在孤立的个体、家庭和孤立的技术之间，还嵌入中国70年翻天覆地的社会变革之中。从这个观察点出发，电视实际上从来不是自然而然就属于中国人的家庭空间的。它现在被认为是我们客厅的必要条件，纯然是历史变迁的结果。这种历史变迁的结果要从整个中国的社会背景中探求原因。

随着90年代的住房制度改革，家庭收入提高之后，更多的家庭买得起电视了。中国家庭的住房结构也发生了变化。随着社会的个人化、核心家庭越来越处于主流地位，每一个家庭的客厅成为一个小家庭的中心。

这既是历史的偶然，也是特殊的中国社会发生在家庭层面上的社会变迁的产物。

从物质性的角度来讲，电视为农民工提供了不确定状态下的一种“在家”的感觉

《新周刊》：中国家庭和外国家庭遭遇电视的过程有什么不同？

袁艳：绝大多数美国家庭初次遭遇电视，发生在城市城郊化的过程中，也就是两次世界大战期间。尤其是二战刚刚结束之时，美国很多中产家庭搬去郊外，这些家庭的女主人基本上是全职家庭主妇，远离城市中心的娱乐和社交空间，但电视弥补了这方面的空缺，让她们在家中就能够得到娱乐上的满足。

越南战争期间，很多人走上街头支持反战，很大程度上是因为战争新闻第一次透过电视直接进入人们的家庭空间，越南战争也因此被许多学者称为“客厅战争”。人们第一次在自己家的客厅中看到血淋淋的战争场面，他们不能接受这种情况，因而激发了后来的反战运动。

中国普通家庭在20世纪80年代开始接受电视。当时正值改革开放，电视给中国家庭带来的变化，更多是伴随着商业化环境、个人主体意识的改变，家庭成为相对自主自立的空间的过程而发生的。

《新周刊》：你提到电视机是中国家庭重要的组成部分，你研究的城中村的情况是怎样的？

袁艳：在中国家庭中，电视好像理所当然地居于客厅中央，但是这种想象在城中村受到了挑战，因为其居住环境不允许人们这么做。电视机被放置在客厅中央的位置，反映的是一种公共空间和私人空间的独特关系：电视机被摆放在公共空间和私人空间的一个临界点、过渡点上。

首先，很多城中村的房子内根本没有一个显眼的客厅；其次，农民工的生活

和工作经常是融合在一起的，农民工的公共空间和私人空间的结构发生了变化，导致电视不被摆放在通常想象的客厅。没有固定的位置，可以摆在任何地方：挂在墙上或者放在床头、柜台上、橱窗里、餐桌旁。

电视机呈现了游牧民族一般的状态。电视必须顺从农民工在城中村独特的居住条件和生活习惯。

《新周刊》：电视是怎样帮助农民工建构他们的家庭空间的？

袁艳：从物质性的角度来讲，电视为农民工提供了不确定状态下的一种“在家”的感觉。他们更倾向于购买二手电视，倒不完全是因为它便宜，而在于它可以轻松地进行转手和买卖。对于一般家庭来说，他们会通过购买电视来表达他们对居所相对长久的归属感；而对于农民工来说，二手电视让他们获得一种相对灵活的地方归属感。

我做研究的时候发现，电视可选的品种有限，无非就是尺寸大一点还是小一点的问题，当然只要价钱合适，他们能接受的尺寸肯定是越大越好。

定居和迁徙这两种力量一直存在张力，而电视则是这种张力的产物

《新周刊》：传播学者戴维·莫利也曾经指出电视机除了它原来的功能，还被赋予了其他附加价值。在你看来，人们希望赋予电视机什么附加价值？

袁艳：戴维·莫利说的就是中国传统农村家庭，但他这句话的意思是不同的家庭空间、不同的社会结构，电视会呈现或适应不同的家庭空间的状态，它的摆放方式以及它周边的物品会呈现不同的方式。

如果按照这个思路理解，城中村里电视的摆放方式就和北方农村完全不一样。在农村，堂屋承担着陈设祖先牌坊的功能，祖宗的灵堂有时候也设在那里。有人会把家庭合影放在那里，代表整个家族的一种强烈的延续感。

但在我的田野调查中，我发现城中村的农民很少会把家庭合影和电视放在一起。在某种程度上，他们既要创造对城中村的家的归属感，又不能真的把这个地方视为自己永恒的家。他们并不认为这个“家”将是他们今后家庭血脉记忆的重要环节，所以他们不会把电视和家庭合影放在一起。

农民工处于一种定居和迁徙的流动状态之中。或者说，定居和迁徙这两种力量一直存在张力，电视则是这种张力的体现。这样一种矛盾又充满张力和冲

突的状态，是农民工在城中村居住的主线。

《新周刊》：除了电视，他们在客厅还会添置什么家电或家具？

袁艳：首先你要想象那个环境，基本上我调查的农民工家庭里都没有一个正儿八经的客厅。很多时候就是卧室、客厅或卧室、餐厅，基本上是在同一个空间里边。

一般农民工家庭想安顿下来，感觉收入足够支出了，首先想到的第一个电器就是电视，其次是比较普遍的洗衣机、冰箱等日常生活必需品。这说明，电视的确拥有能够让人感到在一个地方安顿下来的符号价值。我观察了 30 多户农民工家庭，家家都是这样，这时候就会感觉到，电视机的确具有超越功能的独特意义。

现在手机在农民工生活中的地位超过了电视

《新周刊》：城中村的农民工现在对于电视还是这么渴求吗？现在手机的功能已经这么强大了，电视在今后的中国家庭将扮演什么角色？

袁艳：很遗憾，我调查的城中村已经不复存在了。从经济的角度来说，现在买一个手机可能比买一台电视更划算。但对很多农民工来说，电视曾经帮助家庭创造了在城市定居的感觉，那么这种感觉能不能通过手机来实现呢？我认为是值得观察的。

我个人的判断是，现在手机在农民工生活中的地位超过了电视。手机实际上糅合了日常娱乐、接收信息、和远方的亲人朋友联系等功能，我们可以设想，也许手机更有利于农民工进行跨地域的身份建构，让他们不拘泥于生活和工作的城市。

不过，电视不一定会因为网络的兴起而衰亡。也许看电视这件事可以找到替代物，只要中国家庭的结构没有被打破，那么到目前为止还真找不到一种媒介手段能够代替电视。

人们不一定要通过收看电视才能获取娱乐和信息。一直以来，电视在中国家庭中始终承担着团结家庭成员的功能。看电视的习惯渐渐式微，的确可能导致家庭成员的交流减少；但反过来说，如果家庭成员依然需要共同陪伴，虽然从内容上说已经没有优势，但电视作为一种家庭空间和结构性因素的存在还有其意义。

家庭是既独立于社会又不完全个人化的私人领域，而中国传统伦理格外强调家庭成员的团结、一致性，这是中国核心家庭的结构。未来也可能诞生新的媒介，替代电视扮演团结家庭成员的功能，但那个东西是什么，它产生了吗？这些问题还未有答案。

至少到目前为止，中国人还是这样觉得：一个大屏电视放在客厅中间，就是家庭财富和地位的标志。

新周刊
NEW WEEKLY
2019 年度佳作

低美感社会
——我们时代的审美匮乏症

《哭泣的女人》(1937)，毕加索作品，现藏于伦敦泰特美术馆

“今天中国的文盲不多了，但美盲很多。识字的非文盲倒往往有不少不分美丑的美盲！”（吴冠中）

比文盲更可怕的是美盲，“没有审美力是绝症，知识也解救不了”（木心）。

在这个低美感社会，许多中国人患上了审美匮乏症，它的十大病征表现为：丑形象、土味家居、奇葩建筑、非人街道、塑料设计、网红脸、伪古风、广告有毒、抖式快感、文化雾霾。

是谁，修建了这些奇葩景观？是谁，设计了这些奇葩街道？是谁，复印了这一张张网红脸？是谁，拍摄了这些土味视频和有毒广告？又是谁，拍出了这一部部烂片烂剧？

审美烂，到底是怪掌握审美话语权的人烂，还是怪被动审美的人烂？这是个问题。

在审美这件事情上，中国目前最大的问题是没人真正为美负责，从城市、学校、公司到家庭，人民需要恶补美育课，人民需要“首席审美官”。

“人生有四种境界：欲求境界、求知境界、道德境界、审美境界。审美为最高境界。”（张世英）

只有拥有审美力的人，才能活出人的样子，真正品尝到人生中最甜的那部分滋味。

没有人不热爱美好生活，美好生活的本质其实就是“美生活”。

廖信忠：重返“宇宙中心”万家丽

文/廖信忠

“你知道我最欣赏你写的哪句话吗？‘走进万家丽，就如走进中部地区成功男人的梦境中。’”黄总这样对我说。

黄志明（以下简称“黄总”）的家在万家丽广场边上的一栋楼里。狭义来说，他家在这栋被称为“小将军楼”的四层楼房里，被森林包围；广义来说，万家丽路与荷花路交叉这片地，都是他家地界。

小将军楼两面是高墙，另两面以水塘隔开。他领我们走到池边一亭台，忽然轰隆隆响，电动铁桥从亭台下缓慢延伸而出，连接到对岸。他走上桥，如同一个骑士从城堡里跨过护城河，走向他的领土。路人指指点点——住附近的人都知道，他就是万家丽集团董事长黄总。

当晚，我和视频博主史里芬在万家丽广场11楼文化大观园的杰出湘商馆里，看了好几墙面的湘籍知名商人。史里芬突然冒出来一个疑问：“湖南真是个群雄割据的地方，但黄志明似乎攻击性不是很强？”

事情是这样的：年初我写了篇公号文章《长沙万家丽广场三天两夜硬核深度游》，介绍这奇葩商场，火了。当后台有人留言“我是万家丽黄志明，邀请您全家来万家丽品尝湘菜，了解真正的万家丽文化”时，我压根不当一回事——那人用的是古装小说封面那种二次元头像，我的第一反应是：有人在恶作剧吧？！

然后，这场火貌似越烧越大。越来越多自称万家丽员工的人试图与我联络，我忍不住回了其中一个美女发来的私信。哦！这下搞清楚了，那个古风二次元头像的ID真的是黄总本人，他确实想邀请我去万家丽“交个朋友”。

我不知道“交个朋友”这四个字分量到底有多重，也许重得我无法承受，也许只是客套说辞。于是，我也客套地拒绝这一交友邀请。接着的第二次、第三次邀请，我都拒绝了。

春节后，史里芬发了题为《宇宙文综总复习圣地在长沙》的 Vlog，万家丽算是彻彻底底地火了。黄总正式发函，再次邀请我与史里芬访问万家丽，这次的说辞变成了“诚邀您全家来我公司及家里做客，当面致谢”。

在万家丽陷入 Matrix 世界

我的第二次万家丽之旅与第一次相仿，依然以震惊开始。从我下车起，就有成群貌美的酒店员工等候，向我问好；走向电梯，又有貌美的员工问好；我被她们簇拥入电梯，到 20 楼，电梯门一打开，还是同样的问候方式——让我想到很多年前我到大连某学校演讲，一进礼堂，两侧八名礼仪队的高挑美女娇滴滴地齐喊“老师好”，而我竭力保持风范，目不转睛。

那么多年过去了，想不到我依然表里不一。长长的廊道里，每隔几米就有员工向我问好，我努力克制自己，嘴角不要过于上扬，直到进入房间。我有礼貌的微笑保持到关上门前的最后一瞬，之后立刻倒抽一口气——哎呀妈呀，简直老鹿乱撞！

黄总的酒店用的是最高档的材料，呈现了一种超浮夸的风格。年轻人看了大都会晕眩，但如果用来招待父母大概会很有面子。

我和史里芬作为此次邀约的“要客”，自然住进窗外是宇宙中心、正对着“金光闪闪三面佛”的高级套房。

万家丽整栋建筑格局呈“口”字形，黄总言必提及“世界最大单体高层建筑”“世界最大的鼎”“世界最大的印章”。我发现酒店服务员腿都特别长，不知是否经常在长长的廊道小跑的缘故。现在我一出房门，仍然搞不清要走哪个方向。毕竟，只要第一步走错方向，就必须绕整个“宇宙”一圈，消耗约 25 大卡的热量。

酒店的服务，送整盘点心、水果都还算正常，不过事情慢慢朝另一个方向发展：每次只要我们一出房门，哪怕是 10 分钟，回到房间，原本乱丢的衣服、拖鞋、书本等一定被整整齐齐地放回原位，简直就是魔法屋，或者陷入了 Matrix 世界，不断被重启。史里芬甚至怀疑，是不是有人专门“监控”，我们一出房门，马上冲进去收拾——有那么一瞬间，我产生了被霸道总裁宠溺的错觉。第三天我回房，看到桌上留了张便签："尊敬的廖先生：您好！今天清您房间时，未经您的同意，帮您把放在卫生间台面的内裤洗了，晾在浴巾架上了……祝您：居住愉快！天天开心！"一想到写着漂亮字体的那双手帮我洗了内裤，我……

黄总要做的是千年建筑、文化建筑、作品建筑

这几天黄总只要没事就找我们去谈话，我们则基本上在这栋楼里待着，随时待命。某晚有朋友载我们出去喝一杯，史里芬竟然松了一口气。朋友的车驶上由万家丽集团冠名、纵贯长沙南北的万家丽高架桥，我们仍然有种逃不出黄总手掌心的感觉。

黄总精力旺盛，一谈就谈两三小时。我们基本上只能发问，没有发表意见的余地。他从创业谈到万家丽文化、担任全国人大代表时的经历以及中国未来的发展；他对传统文化的理解，有一套自成体系、闭合且自洽的逻辑。

"你知道我最欣赏你写的哪句话吗？'走进万家丽，就如走进中部地区成功男人的梦境中。'"他这样对我说。

有一天我跟黄总提到前一晚我去了谢子龙影像艺术馆。（谢子龙为老百姓大药房董事长，爱好摄影。谢子龙影像艺术馆一楼展示谢董的拍摄作品，是长沙的网红拍照地。）他的回应是："嗯！我也去过，那又是另一种风格了。"

我恍然大悟。这群改革开放后挖到第一桶金，一路拼杀，被年轻一辈戏称为"土老板"的企业家，他们所积累的财富大都用于圆梦——把自己心里所想的、要表达的尽情发挥，贯彻自己的审美主张，将自己的人生哲学具象化。他们才不管别人怎么说，通俗点说，就是"有钱是可以为所欲为的"。

千年建筑、文化建筑、作品建筑，就是黄总的梦。

黄总的长沙口音，我大概只能听懂八成，他描绘的大部分宏图我都忘了，但当讲到为什么要建万家丽广场时，他变得特别激动："我建这个楼，搞规模最大、价格最低、质量最优的作品建筑，要改变我们过去建筑只是产品的观念，而现在是作品建筑的时代。中国就是长期搞短命建筑，几十年又是一批房奴，一辈子都在还按揭，你说我们国家的年轻人有心力去搞发展、搞创新吗？我们怎么跟国外比呢？我要改变这个现状！"

我承认那一刻，心里被震动了……一秒。

在黄总的构想中，万家丽广场要按"千年建筑"的质量标准来建，"两个

一百年，要从建筑开始！”他要把这栋楼打造成样板建筑，以宣示用低价格也能造出好建筑。“你按揭刚搞完，房子成了危房又要拆了，能搞两个一百年吗？”他越说越愤怒。

长期搞实业、搞建材的经验，塑造了黄总对房地产的观念。一方面，黄总很低调。万家丽原址几十年前是他老家的自留地。创业后，他不断拿地，默默扩张，但不少长沙本地人对黄总还是有些看不上，觉得万家丽原本是乡下地方，只不过等了几十年市区终于发展到这里。另一方面，黄总又很高调，在人大会议上像战士一样提了许多犀利的意见。他兴冲冲地拿出记载着他十年全国人大代表生涯的一本书——《境界——寻找一个时代的思想属地》，指点我们翻到某页：“你看，推动农村土地市场化、打破70年产权、催生《社保法》，都是我优先提出的。所以，盖一百栋房子，还不如推动一部真正对百姓有利的法案！”

“你通过调侃我吸粉，我一笑置之反而把你当上宾”

黄总亲自带我和史里芬走遍整栋楼，先到28层“世界最大空中机场”，接着走过金碧辉煌的宴会大厅，一直解说到地下工地。他说要让我们认识“真正的万家丽文化”，希望把所有东西一次性塞给我们，就如同这栋楼，把他想表达的理想全部塞进去，简直就是甲方最纯粹的审美理想。我的眼睛几乎没有喘息的机会。

“这一切都是有系统的，不是随便盖盖。”这是他讲得最多的一句话。

万家丽有《境界》可供进行文本研究，有宏大华丽、仪式般的殿堂，有各种毫无意义、纯粹只为了展现伟大本身的细节，以及数不清的符号学寓意镶嵌其中，完全足以写一本《万家丽密码》。我甚至认为，可以成立一门名叫“万学”的新学派。

黄总聊起他的儿子——万家丽现在的总经理黄晓丹，说他是“长沙最年轻的政协委员”。我和黄晓丹聊得不多，知道他负责集团的战略规划和百货部门。黄晓丹指着一幅双子造型的大楼建筑夜景效果图说，集团计划在旁边的一块地上建新大楼，与现在的商场互补，至少也要引进威斯汀等级的酒店。他说自己毕业后在上海恒隆广场工作过几年，我顿时陷入“王子远赴他国隐姓埋名”的玛丽苏文脑补之中。

我们聊到茶颜悦色这家湖南原生的茶饮网红店，几乎每个湖南朋友都告诉我，一定要去喝一次。但每回我路过，总是有人在排队而提不起兴趣。黄公子吩咐旁边的人几句，仅仅五分钟，一名茶颜悦色的员工提了两个箱子进来，气喘吁吁地，打开箱子后现场冲茶，熟练地挤上奶盖、撒上干果，一杯网红茶奉了上来——我嘴角抽动，双手几乎是颤抖着接过这杯茶。

黄夫人出奇地朴实，并没有在集团内担任什么职务。当我在院子里看到她提着袋子出门时，以为是他们家的阿姨。我们在聊天时，夫人在一旁切苹果、剥柚子，递给我们。

黄总生活很简单，每天清晨5点多起床，从三楼家里走到二楼办公室开始工作，7点半开第一个会，8点半开第二个会；中午饭后睡午觉，晚上8点半再开一个会，12点左右睡觉，日复一日。他不休息，身边的人也不敢休息，但如家臣般追随他20年的员工多的是。

让我意外的是，黄总不喝酒，宴席里喝的都是核桃汁。那几天每次吃饭他必定给我夹腊鱼："这就是你偷拍的我家屋顶的那个腊鱼。"他的秘书们太美，为了保持风范我努力不乱瞄，只有当黄总帮我夹菜时才敢借机将怒放的心花笑出来。

离开长沙那天早上，黄总请我们过去。原来他对新媒体传播产生了兴趣，反过来请教我们的意见。他们过去从没意识到新媒体带来的影响有那么大，甚至明显能看出有些措手不及。这一回，我和史里芬轮番提意见，倒是黄总不断提问。

黄总肯定知道我和史里芬多少在调侃他，只不过带来的效益够大，也就没什么关系了。他一再重复那句话："请你们来，真的是交朋友。以后如果有什么需要宣传的地方，还请找更多网红朋友过来玩。"我心想，这种公关都能做案例了——你通过调侃我吸粉，我一笑置之反而把你当上宾，亲自给你讲解、带你玩——能做大的实业老板果然气度都不一样。

两次的万家丽之旅，都不太真实，最终只剩浮光掠影的蒙太奇片段，魔幻而朋克。

两天后，黄总开了微博，剧情继续朝出乎意料的方向发展。

宋方金：中国为何爱出悬浮剧

口述 / 宋方金　采访 / 罗屿

当大量资本涌入影视业，专业人才资源被摊薄，加之人心浮动，影视作品开始变得假大空。影视剧中的人物，不是被车祸、疾病折磨，就是住着他根本住不起的房子。在剧组里，谁的腕儿大，谁就拥有修改剧本的话语权，以至于很多影视作品都像一出整容事故现场。

编剧宋方金常说，自己这些年参加一些影视活动、颁奖晚会，在后台时一般不敢抬头，因为根本认不出谁是谁，生怕把张三叫成李四。“以前主要是女演员长得像，现在一些年轻男演员也越来越像。”

相比于修正自己，宋方金觉得“演员朋友们有时候对修改剧本更有兴趣”。2009年后，大量资本涌入影视业，“搞屠宰的、开饭馆的、搞能源的、搞旅游的，甚至卖火腿肠的都来了”。“演员朋友们片酬暴涨，兴高采烈地掌握了局面，不拍戏的时候改自己，拍戏的时候改剧本。在我们这块神奇的土地上，有钱就等于有权力，有权力就等于有能力。”

在这样的风潮下，影视业大规模生产出了怎样的作品？“大家也都看到了，特别像一出整容事故现场。”在宋方金看来，演员是影视行业的终端，从演员们的脸的变化中，不难看出影视业变化的端倪。

自己攒个本子就开始做导演，这成了如今影视业的常态

改革开放后第一批红起来的女明星，比如李秀明、刘晓庆，都是圆脸。那种“家庭范儿”的圆脸，是那个时代的审美主潮。至于男演员，流行的是

国字脸。男演员们并不喜欢被称作“奶油小生”，大家都想像高仓健那样英武伟岸。

到了20世纪80年代末90年代初，圆脸、国字脸的审美风潮渐渐退去。男演员中，取而代之的是葛优、陈佩斯这样的“丑星”。再之后，孙红雷这种浑身带着“痞帅”气质的演员开始走红。至于女演员，90年代最红的是巩俐、周迅、赵薇、章子怡……她们通过各自的特质把角色留在了银幕、荧屏上，也留在了观众心里。

2000年后，情况不同了。2004年，影视行业升级为影视产业。不要小看这一字之差。影视行业生产什么？生产作品。影视产业生产什么？生产产品。从作品到产品，影视业开始流行大干快上。也正是从那个时候起，演员开始流行整容。为什么？因为产品生产速度加快，人心浮动，每个人对利润的需求加大。

5年之后的2009年，是影视业的另一个重要时间节点。当年影视业中小公司创业板被打开，上市的大幕一开，钱像洪水一样涌入。在审美上的直接体现是，影视作品开始假大空了。

为什么？因为钱有了，人没了。

曾经，张艺谋的剧组，可以找到国内最好的摄影师、美术师、灯光师、录音师……2009年以后，张艺谋也找不到了。一方面，这些人每天都有干不完的活。原来他们拍完一部作品要休息两个月，看看有什么好剧本；2009年以后，他们往往还没下戏，下部戏就接上了。另一方面，无论摄影师还是美术师、灯光师、录音师，手下得有人吧。但是钱涌入后，这块的资源也被摊薄。有的人本来是摄影助理，去做摄影师了；而本来是摄影师的人去做导演了。

在好莱坞，一个人可以一辈子做摄影师、做美术师或其他工种，他可以不断升级，收入也很好。但我们的剧组里只有导演和演员赚得特别多。这就导致人心思变。摄影师、美术师、灯光师会想：既然市场这么多钱，也有人找我做导演，我为什么不做？于是很多人自己攒个本子就开始做导演，这也是如今影视业的常态。

前一天还在给人装修房子，第二天就到剧组做美术了

专业人才没有了，影视剧的审美必然会被架空，就像本该是古墓里的瓶子，偏偏摆在了影视剧主人公的客厅里。因为这个美术师没有历史知识，也没有研

读剧本。很多人前一天还在给人装修房子，第二天就到剧组做美术了。冯小刚每次拍电影都被气得摔坏几十个对讲机。所以一个真正具有某方面审美的人，是不敢看影视剧的。比如马未都，他从来不看历史剧，因为一看全是 bug，瓶子摆得不对，墙上挂的画年代也都是错的。

如今我们每年生产 900 部电影（不包括网大），按常理至少应当有三五部佳作。但是没有。至于电视剧，可以说 2010 年是中国电视剧最后一个黄金年代。2010年至2015年的这5年里，只有《媳妇的美好时代》《甄嬛传》《悬崖》《琅琊榜》四部现象级作品，非常萧条。这和我之前提到的影视公司上市、人才资源被摊薄密切相关。

就是从那个时候起，出现了大量草台班子拍的作品。我有个好朋友在电视台负责购买审片。审片有两个维度，一是内容审定；二是技术审定，就是看声音对不对，画面有没有穿帮，等等。他说原来每年审几百部片子，偶尔能碰到一部技术上不过关；现在呢，大部分不过关。

如果用盖房子做比喻，这就是钢筋出问题了。因此最先要改变的，就是基础性人才的缺失。很多业内人士提出，应建立蓝领影视剧学院。就是说，哪怕剧组推轨道的人也要有审美，拍一场舒缓的戏，轨道就要推得有韵律。

说到影视审美，绕不开于正的名字。从《宫》系列到《大汉情缘之云中歌》，于正的审美可用“高光亮丽”形容：光要亮，衣服要艳，拍摄时没有明暗调子对比，就是大白光铺上去，再给人加一点滤镜，也就是美颜一下，所有人物都是不真实的。

于正的“高光亮丽”风靡一段时间后，2015 年侯鸿亮团队的《琅琊榜》播出，一经对比，观众发现原来有更高级的东西。之前我曾批评于正的审美比较低端，他在微博上回应，说自己也能做高端的，但他知道观众要什么。我回他，如果审美像开汽车挂挡，有一挡、二挡、三挡、四挡，他呢，挂的就是倒挡。

2015 年侯鸿亮直接把于正打趴下，于正苦苦思索多年想咸鱼翻身。去年的《延禧攻略》让他小翻了一把。于正找到了一套以素色为主的美学，走到了“高光亮丽”的反面。

于正有个难兄难弟叫郭敬明，两人不光在抄袭上是难兄难弟，在审美上也如此。《小时代》前四部共 17 亿元票房，成本不到 1.5 亿元，在商业上可以说很成功。此后，郭敬明拍了一部《爵迹》。之后，他就绝迹了。《爵迹》为何口碑惨败、票房惨败？因为它体现的是一种空洞虚假的审美。如何形容这种审美？

剧中人一上街就能遇见自己的男朋友和闺蜜好了，这在现实中几乎是不可能的。创作者不顾真实的生活情境，强行给人物灌输一些生活观念，所以这些人物只能是玩偶一般的存在。

中国电视剧的主人公总是住着他/她住不起的房子，这是审美的绝症

总结起来，最近这些年，我们的影视剧尤其是电视剧，基本处于一种悬浮状态。所谓悬浮分为两种，一种是在内容上过于追求粗暴、过大的因果关系。巧合啊，车祸啊，疾病啊，打怪升级啊，轮番上阵。

还有一种悬浮，是制作上的悬浮。比如道具方面，剧中主人公在一处房子住了20年，他家的门怎么可以像新的一样？有时候可能门做旧了，但是锁、门把手却没有相应做旧。10个剧组中可能有9个剧组不会追求这种细节性审美，而细节性审美是一个作品的生命力。

我们电视剧的主人公总是住着他/她住不起的房子。这是审美的绝症啊，因为制作者违背了真实感。我们看日剧，主人公该住什么房子就住什么房子，该挤地铁就挤地铁。再看中国的电视剧，还有拍挤地铁的戏吗？为什么没有？一是因为剧组认为拍摄难度大；二是剧组觉得不好看，他们觉得让一个人物进入他所应该生活的场景不好看。于是我们经常看到在一个空旷地带，主人公一招手就来了一辆出租车。这种拍法，会让编剧的心滴血，甚至感觉悲凉。可以说，目前中国90%以上的编剧没有话语权，常常是投资方予取予夺，或者剧组谁腕儿大，谁就可以随意修改剧本。

作为编剧，我去谈剧本时，很多公司会告诉我："放心，观众不在乎这些细节。"观众怎么可能不在乎自己看到的作品是真实的还是虚假的？他们只是没办法计较，因为他们是被动的。但现在观众多了一个途径：吐槽。然而有些无耻的创作者却把观众的吐槽当作热度。这就导致观众、创作者、制片方形成了一个合谋，"谋杀"了好作品。

好作品被"谋杀"，这件事最悲哀的地方在于什么？在于没有人出来认领这个损失。观众觉得，我骂了、出气了，所以释放了；制片方觉得，反正我挣钱了；播出方觉得，有收视率就行了。然而事实是，所有人都在损失。多年之后，这个损失会越来越大。当新一代观众成长起来，他们看不到好作品了，他们会以为我们的影视剧就是这样的空洞和虚假。

他们不会知道，我们也有过一个黄金时代：我们有《雍正王朝》《康熙王朝》；我们有反映婚姻困境的《围城》《中国式离婚》；我们有非常活泼的家庭伦理剧《媳妇的美好时代》；我们有表现移民拼搏精神的《闯关东》；我们有不抛弃、不放弃的《士兵突击》，有一个令人难忘的许三多……曾经，我们百花齐放，有警匪剧、家庭伦理剧、军事剧……然而现在就剩下一个大 IP，这些 IP 剧还主要聚焦在玄幻和挖坟盗墓上。

在虚浮空泛的大环境下，影视人员会丧失对作品的敬畏之心

我们亲手毁掉了我们的黄金时代。那些优秀的编剧、导演其实都还在，但为什么他们再也制作不出当年那样的好作品？因为所有人都在挣扎。这很悲哀。就像编剧兰晓龙，他的三部代表作品《士兵突击》《生死线》《我的团长我的团》都创作于 2009 年以前，兰晓龙现在还在努力地写，不是他的编剧能力降弱了，是这个环境没有让他再写出好作品的可能，这就是我所说的“谋杀”。

兰晓龙被“谋杀”了，有一批好演员同样也被“谋杀”，因为我们这个时代没有和他们匹配的好故事。甚至现在被大家热捧的小鲜肉，同样也是受害者。他们被虚浮空泛的审美带跑了，他们以为这样就是成功，他们不知道这种审美是可以复制的，他们随时可能被取代。

对小鲜肉而言，巨大的利益在四周滚动，他们怎么可能静下心来塑造角色？陈道明他们当年拍《围城》，10 集可以拍一年。这在现在是不可想象的。现在的演员经常这样发通告：某演员在拍摄中手指被割破，但仍继续坚持；某演员在寒冷的雪地上穿着单衣表演……

他们不知道，这不叫职业高度，这叫职业底线。这是演员本来就应当做的事。大家知道陈道明怎么演戏吗？第一，陈道明一到剧组，戏服不下身，因为他要让衣服跟自己产生熟悉感。第二，陈道明在任何一个剧组，当导演喊“cut”时，他就会站在一旁背词，等着拍下一条，从不坐下，因为他要保持对角色的那种感觉。这就是敬业。当年，并不是只有陈道明这样做，大环境如此。我们现在的演员，脸带来了，但脑子没带来，心也没带来。来了之后先看词，只看自己的词。但演戏是演人物关系，所以有时候对方说什么，他真的反应不过来。

我曾和编剧汪海林一起提出一个词：审美安全。就是说，在虚浮空泛的大环境下，个体可能会丧失讲故事的能力；在这个环境下成长起来的影视工作人员，

会丧失对作品的敬畏之心。要知道，如何在这个巨变的时代找到不变的东西，然后附着在巨大的变化载体上给别人看，是创作者的一种能力。而现在，拥有这种创作能力的人太少了。

或许需要一段时间才能逆转目前这种局面，但目前环境终究是向好的。这两年，《人民的名义》《我的前半生》《大江大河》《我不是药神》《地久天长》等现实题材作品的回归和受到关注，意味着影视行业正在回暖。这两年，我们眼见热钱退潮，大 IP 失灵，剩下的都是真正热爱影视行业、热爱讲故事的人。正所谓“重整河山待后生”。西方有句谚语——绳在细处断。我们只有把各处细节的审美做好，讲好我们自己的故事，做好我们本民族的文化输出，才能真正打造一个文化盛世。无论影视业多么产业化、工业化，故事从创作本质而言都是一门手工艺术。我们是讲故事的人，我们要在故事中构建人类的尊严，发现人性的真相，探究人生的黑白。这是我们的宿命，也是我们的使命。

隋建国：中国人亟须恶补美育课

采访 / 孙琳琳

虽然大家已经进入现代生活了，有了房子、汽车、冰箱等，但对艺术居然还没有什么认识。中国人在艺术方面缺少教育和启蒙，美术教育里没有对现代艺术的正面对待。

审美不完全是视觉问题，它是社会发展状态的反映。对于这一点，雕塑家的感受最为直接。在艺术家群体中，雕塑家是与公众日常生活关系最密切的一群人，自 20 世纪 50 年代以来，各大美院雕塑系就不断接受委托，为全国各地创作城雕，大到人民英雄纪念碑，小到街心公园的装饰，雕塑影响了社会空间，反过来也受到审美潮流的塑造。

雕塑家隋建国生于20世纪50年代，他在80年代开始艺术创作，经历了中国社会审美演变的全过程。他大学毕业时参与的“孔庙”修复，做中央美院雕塑系主任时主持的“抗日群雕”，这些都是“写实的”，是集体劳动的成果。1997年，他与展望一道为西柏坡博物馆创作了《五大书记像》，同年创作了当代雕塑《中山装》，后者成为他最广为人知的当代艺术作品与个人符号。

2007年开始，隋建国开始了他时间跨度最长的公共艺术创作《偏离17.5度》，他将1.2米见方的锈铁立方体按正南正北坐标逐年放入上海浦江华侨城内，形成与社区总体规划轴线偏离17.5度的矩阵；2014年，他的《盲人肖像》受邀进驻纽约中央公园费德曼广场。

30年来，从写实到前卫，隋建国为不同公共空间创作了众多不同类型的作品。面对今天种种社会审美与流行，他又有何反应？

第一问：你在上海与纽约的城市空间都有公共艺术项目，两地居民对作品的反应有什么不一样？

答：2018年最新的一块锈铁立方体，放在浦江华侨城办公区后面连锁酒店的绿化区域里，这算好的位置。2012年还是2013年那一次，已经放到一位业主的院子里了，后来业主觉得风水有问题，强烈要求移出去了。

一个生锈的立方体确实既不实用也不美观，当时我这么设计，是为了追求它的最单纯化，让它与周边的自然物和人造物区别开。假设有一个观众突然看到，就会问为什么，看到铁块上面的字以后，也许他会有兴趣去寻找相关的矩阵，这时艺术就出现了。

《偏离17.5度》将现代城市和传统居住方式进行对比，它是一个艺术项目，但解决的不完全是审美问题。如果遵循自然节约能源是美，那我也提示了这种美。

而放置在中央公园的《盲人肖像》，纽约人甚至不用看标牌，就知道眼前的作品一定是从中国来的。他们会很自然地想到大都会博物馆的中国文人石、罗丹的泥塑，甚至培根的绘画，这些理解是从小接受美育的结果。

第二问：中国人为何看不懂现代艺术？

答：都说艺术跟生活无关，其实生活中的现代元素都是先在艺术里出现的，然后再从金字塔尖往日常生活里下沉。

虽然大家已经进入了现代生活，有了房子、汽车、冰箱等，但面对艺术时居然还没有什么认识。这是因为现代艺术乃至当代艺术作为一种新的文化品种，跟主流意识形态有不协调之处，政府在这方面不愿意做推广普及工作，使之跟老百姓完全隔膜。中国人在这方面缺少教育跟启蒙，美术教育里没有对现代艺术的正面对待。

第三问：你怎么看有些城市进行街道建筑立面改造和强制统一店铺招牌的事？

答：中产阶层已经接受了现代艺术，但政府层面还没有。把门面都统一了，那是最简单化的处理方式。高速路上的有些标语口号，和老百姓的日常生活毫无关系。

现在的很多领导都是精英，他也知道民间的老招牌很漂亮，但就是懒政思维，如果是自己家的事，他们绝对不会这么干。比如去年北京拆广告牌的事，全世界也没人这么干，被叫停是必然的。

第四问：当代中国式审美的问题是什么？

答：我给你举两个例子。

美国SOM建筑设计事务所总设计师去年来工作室拜访我，他说很苦恼，一家中国公司邀请他设计了一座大厦，但是在装修的时候，老板一定要把一些庸俗的符号放进去。他不能理解：你既然喜欢我的设计，为什么最后要把它改得面目全非？

我也遇到过一个单位，一定要通过人找到我，我说你们知道我的作品长什么样吗，然后把作品图发给他们看。真看了之后他们就说不想要这个了，要写实的。他们要的就是纪念碑式的作品。

第五问：你怎么看国内随处可见的奇葩建筑、雕塑与景观？

答：县城风就是着急，就是希望尽快见效。

人类文明所有成果都是慢慢积累的，没有一件事是短时间强制能做成的。急功近利，质量就会打折扣。本来要推敲很久的设计，赶个国庆就建成了，一开始能拖就拖，拍脑袋定了以后恨不得两天就做成。

在正常社会，这些都会慢慢调节。“绿水青山就是金山银山。”原来乡镇企业唯一的办法就是搞低端工业，现在的乡建，艺术家和知识分子介入多了，思路也变了。

第六问： 2019年3月，美版 *Vogue* 在 Instagram 上发布了一张细眉塌鼻的中国模特的照片，有人说美，有人说丑，引发强烈争议。你怎么看中国脸？

答： 这里面好几重关系。西方人喜欢亚洲面孔，尤其是越南脸。确实，这种脸跟欧洲人差别是最大的。这是他们的梦，老的梦。

过去，中国人崇尚面若银盆（《红楼梦》中如此描述薛宝钗），因为那时候即便皇宫里也是点蜡烛的，要是脸不大，看不见细节。今天聚光灯下要是大圆脸，那就什么都没了。

现在的女明星都是章子怡那种小脸，因为演戏要打光，小脸审美就是在这个光线下形成的，是机器过滤后的视觉，丰满一下子就失效了，大家都不知不觉被改造了。

中国人跟着这种审美走了，不能怪中国人，这一切其实都是媒介改变造成的，从蜡烛到聚光灯，从肉眼到机器，这些变化导致了人对长相的感知的变化。

第七问： 你怎么看大妈审美？

答： 在西方也是一样的，西方老太太也追求鲜艳喜庆，一定要找个花丝巾围上。

知识分子都穿得比较素，也许是因为他们要超越生命的表面，因为他们相信生命是悲剧性的，不愿意追求生命的绚烂。

第八问： 今天古风为何又重新流行？

答： 古风是一个潮流。一个民族、一个文化集体，当它获得自信之后，为了确认自身，首先是回头寻找自己的传统。但这只是其中一个动作，如果它不再回一次头而朝向未来，这个文化集体是没有希望的，这个事是确定无疑的。

任何一个集体、一个族群，都是由于外来的刺激而打破长期形成的同质化。生命力一定是向外的，植物虽然不能脱离土壤，但一定是向着太阳的。

我觉得一个民族，从一般意义上来说，能丰衣足食就很棒，如果说还有一个梦，还想引领世界潮流，你不面向未来，不对自己提出新的目标是不可能的。

其实中国历史上所有的复古都是为了开新，复古是迂回，关键是要开新。复古是一个步骤而已，要不然就变成食古不化了。

第九问： 这些年中国城市的审美发生了哪些变化？

答：从内部来看，容易产生批评的眼光。其实这40年来还是在慢慢进步，虽然中间会有各种逆流和挫折，整体还是在进步。

很多城市和私人企业在购买雕塑的时候是很负责、很有眼光的。上海就特别慎重，陆家嘴要做公共艺术，方案很多年都没确定。

好品位与坏品位的战争

文/钟慧芊

好品位稀缺，坏品位畅销，这是我们社会的基本现状。

区分好品位和坏品位的标准仍然存在价值，但在此之前，怎么界定品位、如何介入讨论，都是需要预先阐发的问题。

关乎“中国式审美/品位/格调/趣味”等关键词的讨论在中文网络世界已经是永不止息的“月经话题”——一旦提及，基本上都免不了被群嘲、讨嫌、唾弃、厌恶的命运。

“直男审美”“爸妈审美”“甲方审美”“土豪审美”这些高频词都是常年的审美重灾区，现在“土味”“硬核”“朋克”“士绅化”也进入话语场，并被交叉感染。它们就像薛定谔的猫，被注意到的一瞬间便即刻坍塌。

我们下意识地认为区分好品位和坏品位的标准仍然存在价值，但在此之前，怎么界定品位、如何介入讨论，都是需要预先阐发的问题。

这个时代的坏品位

好品位稀缺，坏品位畅销，这是我们不得不坦承和面对的基本现状。坏品位已然渗透入生活的每一个旮旯，成为当代审美的症候。

视觉上的坏品位还算容易辨认：喜气洋洋的大红大黄大绿，全程复读机一般狂轰滥炸的洗脑式营销，黑乎乎又金灿灿的画面背景……

广州番禺某出租屋屋主莫先生的画作，背景是番禺某个城中村（图 / 阿灿）

文化心理上的坏品位则面目模糊：语言专家表示网络用语粗鄙低俗，“对汉语的纯净和美感造成伤害”；广州地铁安检人员拦下哥特风妆容和 lo 娘打扮的女性，唯恐“奇装异服”伤害大众心理……

一场关于品位的战争正在打响。人人都试图占据审美制高点，肃清坏品位的存在。不过，这里还涉及另一层问题：当街道、招牌、logo、广告、店铺开始争先恐后地堆砌雷同的美学符号和美学语言，视觉上的好品位就不可避免地要向文化心理上的坏品位滑坡了。

微信公号“好奇心研究所”认为，“士绅化审美病毒”就是当下品位之惑绕不开的尴尬。《裸城》作者莎伦·佐金则认为，士绅化的过程是地方政府和商业体联手的结果，这种政府和社会资本的伙伴关系（Public-Private Partnership，简称 PPP）以种种手段改造社区，从而实现它们主导的审美翻新。

木桌、纯白马赛克瓷砖、爱迪生灯泡、黄铜、花砖、宜家 Eames 椅、开放式置物架、Kinfolk、标语墙纸、筒装射灯、裸露的天花板……消费主义通过复制粘贴这些元素，生产出一间又一间外观相似的咖啡馆、精品店、餐厅、民宿。

同样地，所有标榜自己的国风美学、生活美学、皇家美学、感官美学、消费美学，要么是孤芳自赏，要么是掩耳盗铃。我们陷入了本雅明在《机械复制时代的艺术作品》中讨论的审美困境。

士绅化审美 VS 土味文化

“士绅化审美病毒”在全球散布的同时，土味文化却在中国本土被重新发现。正是因为士绅化审美和土味文化在公共话语场的并置，才激化了今天我们关于品位的争执。

像康德、休谟这样的古典哲学家一直强调美是普遍的、共通的主观体验，不过在言必称后现代的今天，在英式没品笑话、4chan（著名网络社区，英文世界亚文化梗的重要发源地）、“小贱贱”死侍、丧尸、异形、《南方公园》、《瑞克与莫蒂》式的恶趣味流行泛滥的今天，类似的判断已经有点不合时宜了。

我们的审美趣味已经风格化、圈层化、弹性化，不同的美学体系对应不同的品位入口，不同的审美趣味自然也对应着不同的思维规则。

微信公众号“X博士”发布的《底层残酷物语：一个视频软件的中国农村》成为朋友圈爆款时，人们批评其内核审丑、猎奇、消费农村。但现在，又有谁敢断然否认自己没有看过@土味挖掘机的微博，然后发自内心地笑出声？

在批评者眼中，“土味”代表的是乡野、粗鄙、低俗、原始、平庸；而在扬弃者心中，这反而是自我表达和自我赋权的本真感受。这种有趣的转移即是对当下中产阶层审美的一次反崇高的祛魅和抵触。

好品位抑或坏品位不但是美学问题，也是政治问题。对土味内涵的阐释和争夺就是一次政治行为。你可以指控土味文化审美缺失、娱乐至死，我也可以贬斥网红风的士绅化审美过分美化、千篇一律。

乍看之下，土味文化和士绅化审美互相对抗、分割、断裂。但恰恰相反，正是两者的角力，才共同构成了其表现在审美上的投射。它们即是硬币的两面，解密当代生活的现实冲突、阶层区隔和社会焦虑，如同美学家翁贝托·艾柯在《丑的历史》中所说：“美与丑的对立已不再有任何审美价值，丑和美两者都是可能的选项。”

机器生成时代的品位

如果说审美或审丑没有绝对的阶序之别，那么问题来了：为什么我们仍然能自觉地判断某些属于坏品位的范畴？或者说，什么才是“真·好品位”？

“父母风”装修风格是不是土炸天？Netflix的《爱、死亡和机器人》看着是不是嗨到爆？对以上两个问题的答案都持肯定态度的朋友请听下一题：试从美学风格上辩解二者的歧异。

一边是欧式古典、奢华宫廷、田园碎花、红木家具、蓝天白云，一边是涂鸦、故障艺术、蒸汽波、霓虹灯、朋克、末日废墟；一边是古典、封建、前现代，一边是解构、未来、后现代。

事实上，尽管后者所对应的美学风格迥异，但其内核趣味却是同构、规律和成体系的，所有这些元素都可以统一在某一种审美秩序上，以表现具体和自身的经验、感知、理解。品位不是一种纯粹的、功能性的技能或技术，这就是前者犯下的错误。

日常生活审美化，审美日常生活化。美学范式被打包销售，捏脸、滤镜、美颜、液化之后，人人都可以“阿凡达”成 emoji（表情符号）、猫耳、眼镜、森山大道。AI 工具，让人用涂鸦的方式生成以假乱真的国家公园，合成人脸且完成像素级换脸。艺术作品一键生成，然后速朽。

来和机器生成时代打声招呼吧。然后，让我们将目光放回现实、基础、物质上，重新了解什么是现代、变化、革新，才有可能进一步判断品位的好坏优劣。

品位的权力游戏

审美价值的多元取向并没有完全弥合世界的偏见。相反，单纯以中性的态度来体验美或丑时，我们反而会落入犬儒主义和虚无主义的陷阱。

“说花美就会有人说‘也有不美的花’。预想到会有这种抱怨于是写‘既有美丽的花也有不美的花’。这已经是废话了。让所有人都认同的文字称不上表达。表达需要勇气。”日本作家铃木光司写道。

品位映射社会，社会也在借品位输出道德观、价值观。这是围绕品位的权力游戏。

在坐标轴的正方向上，是日本女性抗议职场强制性穿高跟鞋、维密大秀一年比一年惨淡的收视率、宣扬“真实的美”的大码模特；在坐标轴的负方向上，是短视频平台的“低俗内容”荼毒大众、西方的东方主义审美辱华。

审美被道德化，好品位抑或坏品位的判断演变成某种话语权力的争夺。就美版 *Vogue* 模特风波，《新京报》新闻评论员陈迪评论道：“当西方时尚界都有人愿意欣赏‘非西方审美’的华人面孔时，如果国人的反应，竟是拿着很可能由西方文化霸权潜移默化而成的‘大眼’审美标准丈量自己的同胞，那又有何异于捡起外人的武器伤害我们自己呢？”

如果我们只顾沉浸在这种单一的靓丽形象的美学范式之中，我们的品位终将窄化、驯服和萎缩。而毫无反思地一再复制、传播这种符号及其构成模式，我们也成了这种审美霸权的帮凶。

而在上述事件之后，美版*Vogue* 4月刊请来了Angelababy（杨颖）参与拍摄封面，这是不是又遂了我们的意愿？

品位是一棵树，枝丫横生，有主干有旁枝。但品位不是火车，不是所有人都要走一条路，不是谁跑最快谁落在最后。

姜文说得好："就好比一个人的头发，你先给我把头发长全了，咱们再讨论弄什么发型好看，别就三根头发，还在谈梳中分还是偏分，而且经常还经过讨论，为了梳成中分，再拔掉一根头发，就剩两根头发，自己美滋滋的，以为是个繁荣好看的发型。"

现在，我们讨论品位的问题也是同样的处境。要不，我们当即拿起镜子看看自己的发型？

人民需要"首席审美官"

文／宋爽

从城市到街区、小区、园区、校区、商场、办公室、家庭，人民都需要"首席审美官"，为美把关，为美负责。没有人不追求美好的生活，而美好生活从本质上来说其实就是"美生活"。

在审美这件事情上，中国目前最大的问题是没人真正为美负责。李泽厚将中国文化概括为"乐感文化"，其最大的特征便是对实用理性的追逐。他在《实用理性和乐感文化》中指出："乐感文化的不足导致中国人整体耻辱感、罪恶感的缺乏。"无耻感则无美感，人民需要首席审美官。首席审美官的首要职责便是让人在审美上知耻。很大程度上，不知道什么是丑，就无从谈美，不认为丑是可鄙的，就不会追求美，这让我们的生活一步步走向粗鄙化。

没有人不追求美好的生活，而美好生活从本质上来说其实就是“美生活”。英国哲学家斯宾塞在 1861 年出版的《教育论》中，探讨了审美文化对人生的重大意义。

在斯宾塞的审美理论中，审美文化在日常生活中“应当占有至高的地位”，原因是“很大程度上审美文化是产生人类幸福的因素”，审美的目的在于“创造一种健康的文明生活”。

某种程度上，斯宾塞充当的正是首席审美官的角色，他宣扬美的重要性、美和我们的关系，甚至不惜用功利性——“美能够使人幸福”去鼓动人们注重美感。

如果我们的生活中有首席审美官，那么很多尴尬就可以避免。比如外在景观——我们的城市、街区、招牌、雕塑、广场甚至私人空间，若有审美，这一切就不会以一种要么杂乱无章要么整齐划一的简陋形象出现，店家的招牌将不再以“西红柿炒鸡蛋”作为主打配色，城市雕塑的粗制滥造也会被杜绝，而办公室不再是一个令人垂头丧气、没有生机的所在，“父母牌恐怖家装”也会大幅度减少。有了审美，我们的个人形象也将大幅度提升：令人不忍直视的网红脸，啤酒肚隐藏在三天不换的格子衫里，贫嘴、秃顶、缺乏童心的油腻中年人形象，都将得到改善。

在文化修养方面，好的电影、音乐、文学、戏剧这些关乎精神生活的审美领域为我们提供极大的帮助。叙事差、人物差、五毛特效的电影将不再会因为几个流量明星而霸占排片量；作家不必为名人推荐的腰封奔波，而是靠内容说话。

然而以上的一切，都只是审美匮乏的症状，不是病因。对于首席审美官来说，没有什么比精神层面的审美更需要被提及和反复强调。

在北京大学开设并讲授美育课程的蔡元培认为，美育对人行为的塑造具有重要意义：“人人都有感情，而并非都有伟大而高尚的行为，是由于感情动力的薄弱。要转弱为强，转薄为厚，有待于陶养。陶养的工具，为美的对象，陶养的作用，叫作美育。”教育家、思想家陶行知在《乡村教师》创刊宣言中引用了穆罕默德的一段话：“假如你有两块面包，你得用一块去换一朵水仙花，因为面包是身体的粮食，水仙花是灵魂的粮食。”陶行知认为，中国人生活中的道德程度过低，和日常生活中缺少美感有关：“美的良知一旦焕发出来，比之道德自觉与发现功效是强得太多了，美就是一步到位的道德。”

事实上，对美的感知直接作用于人的精神层面，从道德和行为上提供约束和判断力。不论中西方，审美判断力都是一个人的核心价值体现。而知识也是审美体验的基础。马克思在《1844年经济学哲学手稿》写道："对于不辨音律的耳朵说来，最美的音乐也毫无意义……囿于粗陋的实际需要的感觉只具有有限的意义……忧心忡忡的穷人甚至对最美的景色都没有感觉；贩卖矿物的商人只看到矿物的商业价值，而看不到矿物的美和特性。"没有知识，就很难感受到美——二者之间相辅相成，因此，文盲、美盲通常需要一块儿救。

新周刊
NEW WEEKLY
2019年度佳作

失落之城
——中国城市焦虑症

失落之城 （图 / 陈艺全）

今天，中国的城市很焦虑。

它们的焦虑在于“我要成为中心”，总想获得“大湾区”“国际之都”“中心城市”“一线城市”“新一线城市”“都市圈”“自贸区”等光鲜标签的加持，总想成为国际金融中心、消费中心、科创中心、文化中心，总想成为活力之城、时尚之城、幸福之城、动感之城、魅力之城、宜居之城、创新之城、人文之城、生态之城、科技之城、艺术之城、设计之城……

它们希望有人，有钱，有 GDP，有摩天大楼，有大广场，有大剧院，有世界 500 强，有 BAT，有 LV，有五星级酒店，有马拉松，有电影节、音乐节、艺术节，有车展、经贸展、科技展……希望有电影拍我、有小说赞我、有歌曲唱我。

然而，有欲望之城，才有失落之城。

城市的兴衰再正常不过，急着抢人也并不丢面子，今天的失落之城，明天可能就是崛起之城、复兴之城。

不要嘲笑任何一座失落之城，因为在这些城市的背后，总有一群人，把它们看作“我的城”——一座带有私人体温的温暖之城、记忆之城。

你的城市失落了吗?

文/谭山山

城市如同人，有着不同的际遇：有的城市很耀眼，有的城市很低调；有的城市在扩张，有的城市在收缩；有的城市在崛起，有的城市略失落……它们的起起落落，也正在改变着中国城市的格局。

鹤岗人万万没有想到，自己的城市会跟随这样的表述回到大众的视野：“东北四线城市”“（房价）白菜价”——据称，3月鹤岗商品房均价为1240元/平方米，其中某兴建中的小区周围房价为300元/平方米，一套320平方米的复式高层只要15万元。

在历史上，鹤岗并非无名之辈——虽然那已经是100年前的事。1918年，鹤岗煤炭矿业有限公司成立，鹤岗开始了第一口煤矿的开采，人口也开始大量流入。当年，鹤岗和鸡西、双鸭山、七台河并称黑龙江“四大煤城”。如今，煤炭资源开采殆尽，鹤岗的人口也出现了负增长：根据第六次全国人口普查的数据，2010年鹤岗常住人口为105.86万人，从2010年到2017年，全市常住人口减少了约5万人。也因此，2011年，鹤岗被列入全国第三批资源枯竭型城市，而在《全国资源型城市可持续发展规划（2013—2020年）》中，鹤岗被列为衰退型城市。

在全国，像鹤岗这样的衰退型城市还有很多。《全国资源型城市可持续发展规划（2013—2020年）》列入的衰退型城市一共67个，黑龙江“四大煤城”中，除了鸡西，其余三个都未能幸免。

城市如同人，有着不同的际遇：有的城市很耀眼，有的城市很低调；有的城市在扩张，有的城市在收缩；有的城市在崛起，有的城市略失落；有的城市风头正盛，有的城市风光不再；有的城市雄心勃勃，有的城市踟蹰不前……它们的起起落落，也正在改变着中国城市的格局。

兴衰起伏，是城市的宿命

城市的发展，历经扩张、进化、兴盛、衰败、被遗忘、消亡等阶段。消亡之后，有些城市就此沦为永久的废墟，供后人缅怀；有些城市则在废墟上筑起新城，迎来重生。

苏格兰生物学家兼社会学家帕特里克·格迪斯（Patrick Geddes）认为，一个城市的兴亡过程有五个阶段：首先出现的是 Polis（套用了古希腊"城邦"的名称）——一个年轻的城市；下一步发展到 Metropolis——一个庞大而健康的城市；然后发展到 Megapolis——一个过大而不健康的城市，且倾向于自大狂；然后是 Parasitopolis——一个寄生城市，吸取着全国的生命液；最后变成 Pathopolis——一个近死之城，充满疾病，日益萎缩，趋向死亡。

以罗马为例，公元前 2 世纪中叶，罗马的人口就达到了至少 50 万；到了奥古斯都成为皇帝的时候（公元前 27 年—公元 14 年），罗马已经成为一个拥挤的城市，城里人口约 100 万——所有人都要吃要喝，多数还得由国家掏钱，给他们分配免费谷物。据统计，罗马每星期需要 5000 吨粮食。要供养整个罗马，唯一的办法就是从外地甚至外国运来补给——比如，罗马军队在公元前 146 年征服了迦太基，这使得罗马不仅获得了北非地区的农产品，还得到了迦太基所控制的西西里、撒丁岛和西班牙的农产品。这样一个寄生城市，注定走向衰落。

为此，爱德华·吉本在《罗马帝国衰亡史》中写道："罗马的衰落是不适当扩张的必然结果。繁荣催熟了腐烂；伴随着征服范围的扩大，毁灭的因素也在叠加；并且，一旦时机合适或者发生偶然事件，撤掉了虚假的支撑，这个庞大的结构就会在其自身重量的压力下坍塌。"

兴衰起伏，是以罗马为代表的历史文化名城常见的发展轨迹。在我国，可以类比的例子是南京。2017 年，南京大学历史学系教授胡阿祥在一场题为"南京历史与文化"的讲座中指出，"兴衰起伏，是南京最大的特点"。南京历史上被多次毁城，第一次就是"六朝古都"被毁。从 212 年孙权改秣陵为建业到 589 年，有六个朝代建都南京，经过这 370 多年的建设，南京成为南朝诗人谢朓所描述的辉煌的城市——"江南佳丽地，金陵帝王州。逶迤带绿水，迢递起朱楼"（《入朝曲》)。589年，杨广统隋军攻陷时称建康的南京，把皇宫、民居、寺庙通通荡平，“六朝古都”从此化为废墟，只留存在后人的诗句里——“一国兴来一国亡，六朝兴废太匆忙。”(郑板桥《六朝》)

“明星城市”只占极少数，绝大部分城市是背景板般的存在

研究机构中国指数研究院认为，要判断城市兴衰，绕不过三大维度：首先是人口。人口的聚集是城市竞争力的最直接体现。其次是交通。交通是连接城市的纽带，也为城市发展输送人流、物流。再次是产业。产业是决定城市兴衰的根本，不同产业的选择导致城市发展结果迥异。

关于人口的聚集效应，美国城市问题学者理查德·佛罗里达在著作《你属哪座城？》(*Who's Your City*)中有这样的描述：“我们查看地球夜晚的卫星图片，把明亮的地区称作一个超级地区。全世界有40个超级地区，它们占世界人口的17%，但经济产出占全世界的三分之二，技术革新占全世界的90%，它们是全球经济的推动力。美国有10到12个这样的地区，很多国家只有一个。”

这就是年轻人在“逃离北上广”后又相继返回的原因：要想做出一番事业来，你的选择其实并不多。《你属哪座城？》提供了这样一组数据：世界上10个超大城市住着近4亿人，占世界人口的6.5%，但是贡献的技术专利占到总量的57%。

也就是说，站在主流舆论场的“明星城市”其实只占极少数，它们的光芒太过耀眼，以至于剩下的绝大部分城市沦为背景板般的存在。比如说，杭州近年来表现耀眼，于是有人担心，上海会不会沦为“环杭州城市”(或曰杭州的“附属城市”)？

是不甘心，因此努力上进以求逆袭，还是安于现状，过自己的小日子？本来这并不是非此即彼的选择，但在成功学统摄一切的氛围下，城市似乎只剩下一个选择，那就是：上进！上进！上进！它们希望有人、有钱、有GDP、有摩天大楼、有大广场、有大剧院、有世界500强公司、有BAT、有LV、有马拉松、有电影节……这些能显示城市有竞争力、有活力、有魅力的光鲜标签，它们通通都想要。

一旦不能实现，它们的失落感会分外强烈。它们害怕没有热度、没有流量、没有人为自己谱写歌曲(就连石家庄都有一首《杀死那个石家庄人》)、没有出

现在电影里（《风中有朵雨做的云》上映，朋友圈点赞最多的一篇影评题为《广州不在文学里》）……总之，就是害怕没有存在感。

而曾经辉煌的城市，很有可能还会带有一种鲁迅笔下的“破落户”的心态：“他先世也许暴发过，但现在是文雅胜于算盘，家景大不如意了，然而又因此看见世态的炎凉，人生的苦乐，于是真的有些抚今追昔，‘缠绵悱恻’起来。一叹天时不良，二叹地理可恶，三叹自己无能。”

城市追求增长是主流，但也要警惕收缩

和鹤岗同时进入大众视野的，还有一个词——“收缩型城市”。国家发改委4月8日发布的《2019年新型城镇化建设重点任务》中，首次公开提及“收缩型城市”，指出“收缩型中小城市应瘦身强体”。

“收缩型城市”（shrinking cities）的概念最早由两位德国学者于1988年提出，2004年，收缩型城市国际研究网络（Shrinking City International Research Network）沿用这一术语，并将之定义为“人口规模在一万以上人口密集的城市区域，面临人口流失超过两年，并经历结构性经济危机的现象”。

目前，在中国，就衡量收缩的人口基数、收缩的时间年限和人口规模等问题，学界并未达成共识。被引用得较多的数据来自两位学者：清华大学建筑学院特别研究员龙瀛认为，在2000年到2010年间，中国有180个城市的人口在流失，三分之一的国土人口密度在下降；首都经济贸易大学副教授吴康则称，2007年至2016年间，中国有84座城市出现了“收缩”。

有论者总结了收缩型城市的四种类型：一是资源枯竭导致的收缩，也就是鹤岗这一类；二是产业变迁导致的收缩，比如东北的一些重工业城市；三是偏远城市的收缩，这些城市，既不靠近港口，又不靠近中心城市和大城市群；四是大城市周边的收缩，由于虹吸效应的存在，周边城市人口不断向核心城市涌入。

清华大学建筑学院副教授黄鹤在论文《精明收缩：应对城市衰退的规划策略及其在美国的实践》中，以位于美国俄亥俄州东北部的小城扬斯敦为案例，说明“精明收缩”策略如何实施。扬斯敦曾经也因矿业的发展而兴起，之后面临衰退，人口也持续减少，2010年时人口只有8万，是高峰期的一半。扬斯敦改造城市的前提，最重要的是承认自己是一个“较小的城市”（想想中国的城市，不管大城小城，都热衷于建设、扩张），具体做法则是：在全市范围内对城市空间

环境进行清理；拆除一些废旧建筑并改造成为绿地；与俄亥俄交通部门进行协商，发展优化城市环境的项目……这些案例，值得中国城市借鉴。

叶檀：城市之失，失在衰落、失衡与自闭

口述 / 叶檀　采访 /Junitaille

曾预言“中国最无前途的十大城市”的叶檀认为，我们时代的失落之城，大致可以分为三种类型：产业衰退型、虹吸抽空型和文化封闭型。

三年前，我写了一篇《我眼中最无前途的十大城市》，在网络上引发了巨大争议。现在我想谈谈我们这个时代那些失落的城市。

按我自己的习惯，每次去一座城市，都会去那里的步行街和售楼处看看，我会关注那里的人流量，还会看看当地的建筑，是不是在翻修老建筑，是不是又在平地起高楼。

一个很有意思的案例是贵阳。我十几年前去过这座城市，当时的感觉是比较落后的西部省会城市，但几年前我再去的时候，发现这是一座充满活力的城市。苹果、华为、腾讯这样的大企业，都把大数据和云存储中心放在贵阳，这不仅能带动第三产业的高速发展，还能吸引人才。但我觉得更有意思的是，这座城市为了摆脱旧有的城市印象，采取了一种“委曲求全”的发展模式。什么意思呢？我托朋友打听了一下，原来，贵阳规定，市内进驻的大型数据中心，给它们的电费价格是 0.35 元 / 千瓦时。

大家都知道数据中心是“电老虎”，光是电力成本，就占了那些高科技企业数据中心总成本的 60% 至 70%，而贵阳能拿出这样的低价、实惠价——甚至可以说是“跳楼价”，去吸引企业和人才，我觉得这样的城市是没有理由在未来失落的。

我觉得所谓“失落之城”，大体能分成以下三种情况。

第一种情况，因为支柱产业的衰败引发城市发展降级，由此让城市感到“失落”。计划经济时代的老工业基地，一旦到了市场经济时代，会无法顺利完善产业链并完成产业转型。比如长春，它本来是中国的物流中心节点，是黑龙江、吉林区域的粮食和重工业中心。但市场经济是资源决定配置，处在一个流动的市场区间里，所有要素都不是固定静止的，所以我们会感觉沈阳在经济发展和曝光度方面比长春表现得好一些。如果立足东北，把东北的资源辐射到全国，那么沈阳肯定是首屈一指的中心城市，地缘优势决定了它既能辐射南方城市，又能承接起胶东半岛。

但沈阳的情况并不比长春好多少。我看过《钢的琴》，也知道《铁西区》《艳粉街的故事》这几部纪录片，还去过铁西区现场调研。但这些文学和艺术作品的曝光，并不能说明沈阳的城市文化和底蕴就比长春、哈尔滨、大同这些城市更丰富，因为文学、艺术作品都是妙手偶得的，并不具备普遍的样本性。

所以衡量一座城市是否失落，经济实力依然是最重要的指标。经济上、数据上有了底气，一切街区、巷道、工厂和发展模式，都有可能成为城市发展的亮丽印记。开埠前的上海也没什么存在感，但经济起来以后，资源和人才也就汇集在这里了。没人会说上海很失落、很单调，城市生活很无聊，因为文化的丰富性和经济的多样性成正比。

第二种情况，城市受“虹吸效应”影响太大，导致它的光环被临近的中心城市剥夺了。这一方面，没有哪座城市能出石家庄之右。

我之前在盘点最无前途的十大城市时，把天津看作城市“虹吸效应”的一个样本。因为离北京太近，它被首都虹吸了大部分资源，所以我认为它是最没有存在感的直辖市。现在我想说的是，石家庄也许是中国最失落、最没有存在感的省会城市。

石家庄距离北京 300 公里，它可以说是最悲催的省会，因为一直被北京这座巨无霸型的中心城市当作卫星城，更何况自身还没什么有特点的产业集群。研究一下数据你就会发现，石家庄这座城市，无论是从首位度还是区位度来看，数据方面都是很难看的。我觉得它是一个被虹吸的落寞城市。

但并不是所有临近一线城市的卫星城都会像石家庄一样，资源和人才被虹吸，到最后，几乎被外界遗忘。这就又谈回中国三大都市圈发展模式的老问题了。我说过，北京周边穷邻居，上海周边富亲戚。和创造、扶持“富邻居”的长三角、珠三角相比，北京就像一根巨大的吸管，它在鲸吞各类资源，所以位于北京周边的城市很悲催，它们只有一个发展目标，那就是保证首都能落实发展目标。

借失落的石家庄，我也想呼吁一下，其实未来京津冀是大有可为的。因为一旦得到均衡发展，它可以形成“北京—雄安—石家庄”的“铁三角组合”。这三座城市在地缘上构成了一个三角形，能够带动方圆200公里之内的城市、村镇互助发展。

第三种情况可能比较特殊：因为地方文化色彩过于浓烈，导致城市发展格局受限。这方面典型的例子是汕头。汕头虽然是改革开放之后的经济特区之一，但它的格局和视野一直受限。我去过几次汕头，觉得这是一个文化封闭性极强的地方，拉帮结派现象很严重，地方势力和关系网络也是盘根错节，所以这里的外来移民很少，这和深圳截然相反。

但我不担心汕头的发展，因为这座城市迟早会摆脱失落感的，理由就是它应该会慢慢被沿海的深圳影响。这不是一座适合落脚的城市，但我认为它会在一定时间内摘掉“失落之城”的帽子。

有人最近问我，这几年很多城市都在抢人，你怎么看待这些城市上演的“抢人大战”？是不是只有那些吸引不到人才的城市，那些所谓失落之城，才会祭出“毕业落户”“按揭打折”这些招数？

我觉得其实城市去抢人也是有门槛的。你分析一下，西安、郑州、武汉、长沙甚至兰州，这些城市以省会为主，过去城市主导者的思维模式是，土地是驱动城市发展的唯一资源，所以一度拼了命地发展房地产。

现在人们的思维模式变了，他们知道，人其实是一种不可忽视的资源。但这种“抢人”也是一种动态平衡，不是说你抢人了，你这座城市就丢面子了，而是你对人才的需求面是否和城市发展、扩容的空间相匹配。举个例子吧，北京提出2035年前人口控制在2300万的目标，上海也对人口数量严防死守，甚至精确到了“未来20年内只能增加75万人口”的地步，而那些自然收缩型城市、那些资源型城市，就算落户和就业政策放得再开，也很少有人愿意去。

所以也可以这样说：“抢人大战”是一些城市摘掉“失落”面具的绝佳机会，但并不是所有失落之城都具备“抢人”的资本，这是中国城市发展的规律，也是中国城市彼此较劲的特性。

南京：有一点佛系，有一点温暾，有一点边缘

文 / 卢楠

矛盾贯穿于南京的过去与当下。对拥有2600年历史的南京而言，"去"与"留""继承"与"抛弃"之间的取舍，似乎已经成为一项长期挑战。

一座高约12米的毛泽东铜像，以盘旋交错的巨型管道为背景兀自矗立，高筒烟囱不间断喷出浓烟，像挂在阴沉天空中的几块云朵。与南京许多年代久远的社区类似，铜像正对的街道两侧种满法国梧桐，与之相随并一路绵延的，还有大规模清拆后建起的围墙。

近半个世纪前，这条因南化公司（南京化学工业有限公司）西厂门而得名的街道，是长江以北"地标"般的存在。"从西厂门到电影院，国营商店一家挨着一家。解决基本生活需求，绝对绕不过这段路。要过得有滋有味，走完这段路也就足够。"但对于现年64岁的许亚非而言，直击灵魂的那种"热闹"，是早班工人们挤在热气腾腾的小吃店门口，排队购买豆浆、油条、烧饼，再集体涌入生产区的场面。

1976年，许亚非以回城知青的身份进入南化公司工作。彼时，南京重工业正经历迅猛发展，即使在国民生产遭遇政治风波冲击的大背景下，比重仍从1965年的57%上升到1970年的71%，在江苏一马当先，"华东石化中心"的面貌也日渐成形。南化公司、南京钢铁厂、南京热电厂沿江组成占地面积约83平方公里的工业矩阵，区名"大厂"来源于南化公司前身、近代实业家范旭东1934年创办的化工企业永利铔厂拥有的那个耀眼头衔——"远东第一大厂"。

2018年，演员徐峥在这里演绎了《我不是药神》中最催泪的一幕——"长街送别"，西厂门和已被撤销行政区划的"大厂区"这才在长期沉寂后，又迎回

了短暂的高光时刻。只是，当附属于南化公司的生活设施开始在影视剧中频繁重现新中国成立初期至改革开放前的中国城市场景，它自身也被列上搬迁名单，为江北新区建设腾出土地。

西厂门与南化公司的沉浮，成为南京近40年城市变迁轨迹的一个缩影。

谁的南京

与人交谈时，在南京扎根近65年的郭克礼仍会不自觉地流露出天津乡音。他是南化公司的前总经理，在南化公司复杂的籍贯谱系中，“天津塘沽”一度是科学技术的代名词。

2019年4月29日，南京明城墙武定门。这段在上世纪50年代初被拆除的城门附近，分布着夫子庙、瞻园等著名景观（图/沈煜）

“天津有个永利制碱厂，和永利铔厂一样，都是范旭东旗下的企业，所以那里过来的技术人才非常多。范本人来自湖南，在美国学的企业管理，公司的财务口、管理口就成了湖南人的天下。然后就是‘福建帮’，侯德榜的老乡，他们一般主攻机械。而具体到实践工作，通常会交给安徽人、南京人做。”

以籍贯为脉络，20世纪50年代初的南化公司几乎囊括了中国近代化工业的半壁江山。在化工部下达“把华东七省一市管起来”的指示之后，来自南化公司的设备、技术和专业人才开始如新鲜血液般奔流于大江南北，既扮演兰州、吉林、太原三大化工区的坚强后盾，又与西北戈壁腹地中的神秘核试验重镇“404”保持紧密联系。

得益于雄厚的无机化工底子，南化公司因为能够提供质量上乘、生产流程简易的工业原料而备受瞩目，“一个培训师傅背后常常跟着七八个从各省前来‘取经’的学徒”。随着对外援助大幕的开启，这座偏居长江下游的化工企业，又成为阿尔巴尼亚、越南争相模仿的范本。

郭克礼还记得，20 世纪 50 年代，普通四级工程师月收入为 201 元，是地方生活困难补助的近 25 倍；凭票任意购买鸡蛋的福利，令刚刚体会过战后初期“一人一周一只鸡蛋配给”的来访的英国工程师瞠目结舌。

许亚非则把别在工作服上的南化公司圆形徽章类比为“信用卡”，因为以此作为凭证，可以在南京的任一商店赊账；用本厂出产的化肥，可以换回以车皮数计量的丰县苹果、砀山梨和黄岩蜜橘；而在自家单位的礼堂提前观赏新上映的电影，更是稀松平常的体验。

“但是归根结底，感情也好，自信也罢，都还是针对企业而言的，和地方没什么关系。毕竟，如果没有南化，长江北岸也许至今都还是些芦苇滩。我当时在几个分配去向中选择南化，也是看重它‘部属企业’的重要地位。”许亚非说。

提及作为大国营企业的南化，许亚非倾向于将其描述为一个“除了飞机、监狱什么都不缺”“从摇篮到坟墓全部照顾周全”的“独立王国”。他认为这里是中国化工业版图的一个重要中转站，而不是专属于南京城的荣耀。

南化与南京之间若即若离的关系，或许可以追溯到贯穿这座城市历史的“本土”与“外来”之争。南京在外界想象中呈现的含混、分裂面貌，也多少与之有关：从“江南佳丽地，金陵帝王州”到“博爱之都”，它数次被裹挟于时代变迁的激流中，自带端庄、厚重气息，却又因为本地人俚俗、粗疏、懒散的“大萝卜”做派招来“包邮区”的广泛吐槽。列出十位以上曾在此处生活的名人并不是件难事，但所有对南京进行的“本土文化”“本土生活方式”式勾勒，却永远无法精确到衣食住行和言谈举止上。

抛开南京介乎南北之间的地理位置不谈，南京大学中文系教授、作家余斌将这种矛盾解释为南京从“六朝古都”时代开始，就长期作为行政中心的产物——“好比晚清、民国时的名流要员，只是出于履职的考虑，才会把宅子置于南京，关起门来过的还是原汁原味的家乡生活，娱乐交际则全放到 300 公里以外的上海租界。如非必要，城南的市井天地对于他们而言，几乎等同于平行空间。”

换言之，尽管以“包容”著称，但南京却更像一个盘子而非熔炉，人口流动带来的移民与“土著”并置其中，形成了泾渭分明的两个世界。当千差万别的观念和礼俗互相碰撞时，掌握社会、文化资本的前者，又往往对后者形成绝对碾轧。

“以‘宁汉合流’和‘南京解放’两个重要历史节点来看，移民往往以军人、政府官僚、科教文卫从业者的身份入驻，与本地居民相比，反而拥有更高的社会地位。在物质匮乏的年代，从家属院林立，自来水、煤气、抽水马桶一应俱全的城西文教区走向秦淮河畔的古老街区，优越感是油然而生的。”

余斌认为，南京因此反复经历着在中国其他城市颇为罕见的支离状态——“土著”迅速边缘化，移民却不断掌握并书写、诠释着这座城市的话语权，由后者建构的文化想象在时间长河中不断叠加，反而塑造了属于南京的身份认同。

“就像《儒林外史》中提到的‘菜佣酒保，都有六朝烟水气’，无非还是出自客居文人的评论，本地‘土著’是否认同、理解都还另说，却已经成为外界诠释南京人气质的最关键依据。”

崭新的废墟

城市规划专业教师刘伟尝试推开一扇漆色崭新的红木门，但他没有成功。部分飞檐与廊柱露出院墙，那是一座戏台，透过雕花石窗，还能看到未经修剪的草木疯狂生长。街对面稀疏散落着几处被仿古墙面连接起来的青砖瓦房，出入的人不多，显得很安静。

拜发达的锦缎产业和湖南会馆的凝聚力所赐，这条名为“钓鱼台”的老巷曾是一处繁华所在，并拥有南京最密集的明清建筑群。在2016年的一篇社会调查手记中，刘伟记录了属于它的最后时光：“在四处拉扯的拆迁横幅标语和永不停歇的高音喇叭声中，世代在这些老街巷中生活的人们在最后一片局促的空间和时间中洗衣、做饭、去菜场，在街角打‘八十分’。不由地联想到法国电影《黑店狂想曲》，世界末日前的人们仍然在努力维系每一天的正常生活。”

如今，这条老巷所处的中华门西地区被两个高端住宅项目统摄，粉墙黛瓦交织而成的巨大社区网络四分五裂，生活气息亦随之消失。

“大量仿古建筑修建起来，旨在形成风光带，吸引高端企业入驻。但因为定位与现实条件存在差距，它们的命运大多像这座戏台，完工之后便处于烂尾状态，一直被‘晾’着。”刘伟说。

在刘伟为低年级学生安排的城市调研计划中，浦口火车站、中山码头、中华门西地区总是雷打不动的目的地。前两者是近代南京的起点，后者连接起可以追溯到“复社”“东林党”时代的人文传统，经由长江、城墙、秦淮河和贯穿东西的一系列微小丘陵的牵引，一座城市的空间结构已经足够生动立体。

在刘伟的理解中，历史要素与自然要素高度贴合，又曾被1929年“首都计划”系统规划过的南京城，本身就拥有类似音乐旋律的严谨、工整美感。从“北京西路—颐和路”沿线窄小的街巷与林荫大道间的呼应，到傍晚在五台山体育中心弹奏古典吉他的老伯，可以时时刻刻感受到人与城市的对话。刘伟特别提到，老伯用生疏手法反复练习的巴里奥斯成名之作《大教堂》，正是他在课堂上向学生反复播放，用以帮助他们想象传统西方建筑结构的曲目。

只不过，“闲杂人等不得入内，发生问题，后果自负”的封条，逐渐成为刘伟这些年最常见证的“对话”。他清楚地记得浦口火车站周边几片街区的变化：那些从萧条破败的里弄走出来请他喝茶的老人最终被集体迁走，空荡荡的民国建筑整饬一新，甚至加上铁皮屋顶，随后被闲置近十年之久，透出“类似尸体的腐臭味”。

2009年，时任故宫博物院院长单霁翔考察安品街、熙南里改造工地现场时，曾提出严厉批评：“历史文化街区的保护还要保护老民居、原住民及当地非物质文化，不能只保护个体文物建筑。”但在南京，像浦口火车站那样被刘伟称为“崭新废墟”的奇观随处可见：当修建于2005年的河西奥体中心因疏于维护而“老态毕露”，号称“亚洲最大”的青奥体育公园体育馆随后便迅速落成；长江沿岸出现颇具设计感的市民公园，却因为城区改造导致的“人口真空”未及填补而终日门庭冷落；城南待拆旧街区的木结构明清建筑以数倍速衰败、破损，出于“任何维护措施最终都将被清零”的考虑，居民、官方纷纷对其采取放任态度。

“维护、活化一定是比推倒重建更节省成本的选择，却是一项平衡空间与人的精密工程，更考验治理者的智慧。只可惜，舆论将目光全部投向江北、河西，对待老城区发展，手段就自然简单粗暴了些。”

类似的命运同样落在南化公司头上。相比于集成电路、大数据、智能制造、信息安全、“互联网+”等一系列即将由江北新区孵化的新兴产业，化工业意味着“过去”而非“未来”，加上不容乐观的污染问题与2010年以来陆续发生的几起爆炸、泄漏事故，从西南、正北、东北方向，对南京形成合围之势的化工企业开始变为“包袱”。

2017年，南化公司称将从当下所处的大厂片区彻底搬出，迁至南京化学工业园。江北新区公示的一份规划也显示，原本属于南化公司的化工用地将被文化、服务设施和综合公园取代。

但搬迁与“抛弃”有本质区别。南京相关官员此前在接受媒体采访时表示：“且不论‘国字头’的大化工企业不受南京市的管控和约束，就说庞大的搬迁费用哪里来？南京一年的城建投入不过几百亿元。”

“资金、用地、人员安置都是具体的问题，搬迁也远没有想象中简单。之前说往沿海地区转移，搬到连云港去，那会不会又给当地带来环保问题呢？说到底，回避不是办法，还是得积极治理，该投入的资金、技术都少不了。因为不比利税大户带来的切实收益多，化工企业腰杆不硬，说话没人听，出了问题又立马关停，或者干脆砍掉，那最后化工在国民经济中就有个缺口，毕竟老百姓的衣食住行都缺不了它啊。”郭克礼坦言，企业的自主权和能力毕竟有限，免不了要求助于专业部门、研究机构解决问题，而统筹的职责，最终还是要靠政府。

对拥有2600年历史的南京而言，“去”与“留”、“继承”与“抛弃”之间的取舍，似乎已经成为一项长期挑战。摇摆不定、全局感欠缺的城市规划折射出有关定位的迷茫状态，正如有媒体曾对南京作出的总结：“因为大拆大建，历史遗存几乎荡然无存；城市定位摇摆不定，却没有一个给外界留下印象。”

难褪的长衫

许亚非自称南化公司“最早去南方看外面世界的人”。

1985年，许亚非作为中层干部，被南化公司派到广东交流学习。从跳槽去蛇口工业区寻找机会的原上海“大单位”职工到1960年代末偷渡香港而后发迹的“初中毕业生”，这些人让他看到了人生的多种可能性，虽然他始终对此“持保留态度”。

邓小平南方讲话后，许亚非开始为运作合资企业事宜频繁往来于南京与深圳之间，“不问出身，唯才是用”的大环境和当地开始采用的灵活薪酬制在他的心里激起微澜——但也仅仅停留于微澜。

“那时候背靠着‘公家’，工作与生活状态都非常稳定，觉得没必要去冒风险。而且已经结婚了，胆量和冲劲是一回事，责任又是另一回事。”许亚非说。

他最终拒绝了深圳一家企业聘用他做经理的邀请。这段未能实现的出走，与此后他在国有企业改制过程中遭遇买断工龄的经历，构成了一个激变时代的两翼。许亚非本人并不后悔曾经的选择，但他难以释怀的是：“为企业奉献了一辈子最好的时光，甚至把它转化为一种信仰、一种精神寄托，到头来却感觉被抛弃了。”

许亚非站在十字路口上的20世纪80年代，南化公司也在面临类似的挑战。精心培育的乙烯项目独立为扬子石化公司使其大伤元气，更重要的是，面对改革开放后遍地开花的化工企业，南化公司原先引以为傲的“总指挥棒”地位逐渐失灵。

与之形成对应的是，南京在1982年第一次被挤出全国城市经济总量前十位。南京大学长江产业经济研究院院长刘志彪曾表示：“南京发展相对滞后的真正原因，与没有把握好江苏发展的两次重要机遇有直接的因果关系：第一次是1984年后乡镇经济的异军突起，第二次是1992年后迅猛发展外向型经济。”

当邻近城市苏州、无锡以这两次机遇作为引擎，迅速凭借民营企业和外资实现崛起，曾经高度倚赖重工业、大企业的南京却在经济追赶的竞赛中陷入“船大难调头”的境地，一度因为江苏GDP头两把交椅被前者占据而被冠名“苏小三”；当同为“包邮区”省会城市的杭州从“双创”大潮中收获“数字经济摇篮”“科创天堂”等一系列新名片，在高新技术企业、独角兽企业、科技服务收入占规模以上服务业比重几项指标方面只占前者半数的南京甚至未被纳入G60长三角科创走廊，众多高校与科研机构蕴藏的潜力一直无法发挥。频繁更换领导班子，也让它难以贯彻具有延续性的转型计划。

江苏省社科院教授、企业与公共管理研究中心主任叶克林此前曾表示，南京这座城市历史上就是国家部委所属企业、大院大所、军方重量级企业及其研究机构、国家重点院校集聚所在，也是江苏省委、省政府诸多机关和不少省属大型企业集团的总部驻地。在改革开放之前，南京是“条块分割”的计划经济体制根深蒂固的堡垒之一，发展受多方力量牵制，“大院经济”“围墙意识”特征突出。

“文化底蕴厚重，体制存在感强，让南京人更看重‘斯文’‘体面’，反而难以‘脱下长衫’。它更习惯于接受某种源于外部的、自上而下的力量的塑造，却与冒险、拼命、奋不顾身、主动出击保持距离，而这些又恰恰是企业家精神的必备元素。”

“南京在变化面前时常显得不够敏感，多少与之有关。”余斌承认，即使20世纪80年代初的南京高校普遍笼罩在解放思想和自主启蒙的氛围中，但对标发生在北京的那些真正意义上的“翻天覆地”，饥饿感还是太过强烈。

刘伟恰恰欣赏南京的“不变”。1994年，本科二年级的他从南京大学浦口校区“班师回朝”，两个坐在食堂弹唱《斯卡保罗集市》的学生，成为他留在鼓楼本部的第一段深刻记忆，“宿舍窗口经常会传出歌声，《白衣飘飘的年代》和《冬季校园》，丝毫没有夸张”。

2004年，刘伟在江苏文艺台兼职主持一档颇受年轻人欢迎的音乐节目。那年，节目献礼毕业季的例牌演出“告别的年代”在东南大学礼堂举行，节目单上有由张嘉佳作词的歌曲，一个化名“陈小二”的眼镜青年则在台上默默弹了一晚上吉他。如今，刘伟会在黑板上写下眼镜青年的两首代表作《热河》和《山阴路的夏天》的歌词，作为学生们触摸南京的线索。

刘伟觉得，一种“热爱艺术与体育，关注无用之事”的纯粹传统，始终在市井深处藏着的百年老校中生生不息，就像母校门前他时常散步的汉口路和青岛路，仍基本上是原来的样子。

也是出于类似原因，余斌会以更辩证的态度审视南京的种种“不争气”：无论一度被他写文批判为“好懂难听，赤裸裸没遮掩”的南京话，还是整座城市弥漫的“温暾水”气息。

“企业家精神欠缺些，文化、道德获得的待遇就会宽容友好些，‘反智’就不会成为习惯；公共生活不足，个体固然无法通过结成圈子辩论、发声、行动而及时把握潮流，却获得了保持独立思考、不被同化的空间。之所以会如此，是因为城市本身就是一个结构复杂的有机体，所谓正确与错误、崛起与迷失，不过是其内部各种元素此消彼长的作用罢了。”余斌说。

汕头：陷入纠结的城市，不再特别的特区

文/詹腾宇

如果汕头没有“著名侨乡、知名港口、经济特区”等头衔和先入为主的印象，

只是一个名气不大的粤东海滨小城，料想不会引发如此多的期待、质疑与遗憾，而它重现辉煌的路子，可能也会更低调平顺一些。

在外地人眼中，汕头这座城市也许只剩下“吃”了，潮汕话对此倒是说得直白：“存个食。”

任何在网上搜索过“潮汕”的朋友，都会达成如下共识：汕头是吃货天堂、潮菜中心、小吃圣地。在这里，牛走不出外边，海鲜活不过一天，随处是既可充饥更能解馋的粿、粉、面。潮菜自成一派，寡淡制法里有不可多得的真味，而在卤渍之中，更能体味岁月的延绵与悠长。只要你愿意寻觅，总能饱足于某个香味漫溢的小店或街头，打上一个混杂海味与米香的悠长之嗝：“真是不虚此行啊。”

就像汕头美食家张新民所说的那样，“潮汕人说起别的，存在感都不太高；说到潮菜和工夫茶，其他地方的人都得仔细听”。采访当天，张新民在位于汕头市海滨路的潮菜研究中心招待法国米其林一星餐厅 yam'Tcha 的女主厨 Adeline Grattard 一行，后者对潮菜的精巧与考究赞不绝口。

吃之外的汕头往事

“吃”成了当代汕头最重要的城市名片，几乎没有之一。“为吃而来”当然是对城市软实力的极高礼赞，却也映衬了其他方面的平庸——相比于独到而强势的饮食文化，汕头的经济发展不尽如人意：2018 年，汕头 GDP 总量排在广东省十名开外，只相当于第一名、同是首批经济特区的深圳的十分之一。

汕头特区被戏称为“特别会吃的地区”。所有的机巧匠心，似乎都只留在“好（hào）吃”之上。

本地人不满家乡的颓靡，这点让外地人不解，而这些不满与不解，来自两个对潮汕地区的标签化印象：其一，潮汕人素以聪明、灵活、擅经商闻名，富商遍布全球，为什么本地反而发展缓慢？其二，汕头贵为改革开放初期五大经济特区之一，理应诸事先试先行、大步前进，怎么最后沦为了一座普通的四线城市？不仅看不见志气与锐气，一些传统优势（如港口与侨胞）都给丢了？韩山师范学院潮学研究所的黄挺教授认为，汕头的衰败与失落多是历史遗留问题造成的。

1978年，时任广东省委书记的吴南生顶着压力上书中央，力推汕头加入经济特区之列，意图重现这座城市1922年的辉煌——彼时，汕头全年资本总额达5768.4万元、贸易额近7亿万元，是开埠以来最风光的时刻，也是生于1922年的吴南生对家乡最美好的印象之一。黄挺猜测，潮汕人“回报家乡”的强烈意愿、再现辉煌过往的动力，是吴南生力主将汕头纳入首批经济特区的主要原因。

吴南生当时的观点是，汕头“对外贸易有良好传统，在外华侨多、资金多”，如能集结在外潮人的力量，有效吸引外资，应该大有可为。末了，吴南生还向中央进言：“汕头地处粤东一隅，万一失败了，影响也不大。”可惜的是，吴南生设想中的良好传统、预期优势未能实现，最后的一句无心之语却一语成谶。

但汕头整体地理位置并没有想象中优越——历史上它就是南蛮之地，被称为“省尾国角”，与中原地区联通不足，活动范围一直不大。汕头虽有开埠设港的优势，且汕头港素有“中国唯一有一点商业意义的口岸”（恩格斯）的赞誉，但因为多次错失发展良机，最终迷失于“货物少、航线少、集散乏力”的现实，至今未能扭转颓势。

近40年来，汕头在经历设立特区、经济非正常高速增长、大潮汕分拆、反复重新定位等“折腾”后，总体复归平淡。这让“好脸”又好强的汕头人倍觉可惜，也辜负了当年全力扶汕头上马的政界先贤。据交通运输部公布的2019年第一季度统计数据，汕头的货物吞吐量为730万吨，集装箱吞吐量为28万吨——省会广州的这两项统计数据是14208万吨、528万吨，深圳则是5740万吨、605万吨。虽然汕头港被列入“一带一路”15个重点建设港口之中，但要想迎头赶上，难度还真不小，而要想再现20世纪八九十年代与广州港、上海港位列全国前三的辉煌，则更是难上加难。

“迷途的孩子”

同为特区，但汕头与其余三市的定位不可同日而语：深圳毗邻香港，珠海紧挨澳门，厦门与台湾隔海相望。出于国家层面的战略考虑，强调其作为“国家窗口”的示范性，这三座城市的区位与政策优势更为突出。此外，深圳与厦门是副省级市，汕头仅为地级市，权限不足，优势也只剩下“数量众多的海外潮人及外资”，但从投资意愿到项目落地的转化，从唤起乡情到换来真金白银，还得做点实事，费些功夫。不过配套服务跟不上甚至懒政导致的侨商投资意愿不足，恰恰又是汕头为人诟病的一个方面。

海外潮人大都乡情浓厚，讲究回馈乡里。但他们的身份毕竟是商人，投资讲究回报，即便个个怀揣赤子之心，掏钱时免不了掂量一番。回乡捐款 100 万元修路盖楼？没问题，光荣。回乡投资 100 万元建厂办实业？先等等。无论从商业还是行政角度看，不投汕头而转向珠三角或其他回报率更高的地区，这种看法再正常不过。

海外潮人赚得再多、捐得再勤，唯 GDP 论的人是看不见的，所以哪怕汕头有藏富于民的传统和不低的消费力，有美食产业也有讲究吃喝的底气，但城市建设总是无法像美食一样，在综合各种元素后汇聚成一股力量。

在商言商的本质，是遵从行业规律与规矩，按照这个逻辑，传统的潮汕人情社会应该让步于规律，但 20 世纪 90 年代汕头的一些负面事件，也间接影响了一批海外潮商的投资信心。

在经历了走私、制假、买批文等非正常经济发展方式之后，1995 年的查税风波让汕头的政策优势几乎消失，投资环境愈加恶劣。“汕头后来的发展背离了中央设置特区的意图，它就像一个迷途的孩子。”广东省社科院经济学教授丁力曾这样总结。

其实，汕头本可以另辟蹊径并施其所长。早在 20 世纪 90 年代，便有人建议汕头效仿瑞士卢加诺，打造以“康养、宜居、高端医疗服务”为核心、配合美食及气候优势的新型城市体系，成为消费型的宜居城市，满足全国甚至全世界的健康旅游与养老需求。理想中的汕头，足以成为香港或深圳的“大后方”“疗养院”。

这种设想相当超前，在当时甚至如今的中国都很少见。后来因种种原因，这一方案被搁置，汕头只能在工业立市、港口立市、引进高新企业、拼房地产的路线中动摇变换，最终在 GDP 排行榜中泯然众人。

此外，汕头一把手大都任期不长，除建市后首任市委书记林兴胜（1983 年至 1993 年在职），余者任期大都不过三年，这种频繁更换主官的现象，造成了施政思路不统一、长远规划难以持续等问题，看得见的政绩与看不见的长远未来相比，答案显而易见——类似“打造康养宜居城市”这种前人栽树、后人乘凉的城市规划只能被搁浅。

缺乏特区文化精神的汕头，重新开始的起点已与普通三四线城市无异，但不少人依然愿意对它有“特区”的期待，黄挺就对汕头的未来依然乐观：“汕头还是会慢慢发展起来，它始终还是一个消费型城市，不像工业城市，人走光就垮了。说实话，现在汕头人口剩下三分之一，这三分之一的人光做旅游都发财了——但政府又不会这样做，要找一些生活跟城市发展之间的平衡，而维持平衡，是每个城市共同面临的问题。”

重归“潮汕新区”之辩

实际上，汕头本可以从更高的起点，或者说更合适的起点出发，比如以“潮商市”或者“潮汕新区”的形态在中国版图上出现。包括受访者在内的许多老一辈潮汕人，都痛心于20世纪90年代初大潮汕被拆成了三个地级市。拆分之后，原有的地区聚合优势变成互相掣肘的困局，浓厚乡情多遭尴尬。李宏新在《1991：潮汕分市纪事》中提及这段让人扼腕叹息的往事：潮汕三市一分，汕头失去了中心枢纽地位，各地形成的地方保护主义反而更强。侨商也很难办。本来都是大潮汕地区亲切的“家己人”，结果变成各有籍贯属地的外人；团结本是潮汕特色，但此后便被迫各自经营、各求生路。

当年的“重新合并”，或许在当下看来是个更合理的选择——若能合并，景观文物、风土人情保存最为完好的潮州负责文旅，揭阳、普宁着力发展工业，潮阳、潮南主攻轻工业与小商品市场，汕头专心商务，大潮汕地区可以更趋近资源共享、各具特色的目标——但以目前情况看，合并几乎不可能：各自为政的后果，是潮汕三市的经济实力都排在广东省中下游。

汕头、潮州、揭阳三市及下辖区县，文化同宗同源，语言习俗与生活方式相近，这些地方的人都有很强的集体认同感。这也就是为什么外地人总觉得潮汕人经常显得自豪，甚至过于自豪——“李嘉诚是我们潮汕人”“工夫茶是我们潮汕的”之类的说辞背后，是“潮汕人民一家亲”的大家族心态。

黄挺认为这种认同感之强甚至能超越国界，“比如全球潮汕人的联合组织叫国际潮团，潮汕人在外从来不说‘我是广东潮汕人’。把潮汕这个概念放到整个世界里去理解，会更好地了解潮汕人的心态和状态”。

潮汕人会做生意，这是共识。但具体说来，头脑过分灵活、船开到哪生意就做到哪的潮汕人，更擅长的是在货品交易中赚取差价，四处“倒货”。他们普遍不擅长或者逃避做实业，很少有潮汕人自己培养的品牌，因为没有人愿意“下苦功”。

潮汕人为什么不愿意“赚慢钱”？潮汕语言学家林伦伦认为，原因可能出自潮汕人文化性格里并存的优点和缺点：“潮汕人敢到世界任何地方拼搏挑战，又有感恩回馈的特点，比如赚钱养家、在自己村里盖学校修桥铺路搞医院，把家乡的生活也带好了，但是很少人会想在家乡搞一个品牌，他会觉得搞起来太辛苦。”

黄挺认为，潮汕人爱破坏规矩、自立规矩的传统，起源于靠海生存的历史：渔民收成不定，除了要够拼还要够狠，抢和偷都是正常的事情，因此边界意识也很模糊。

“有一个流传很广的段子：二三十年前潮阳做假的中华烟，老板被抓时这样为自己辩解——‘我们的中华比上海的中华还好抽，你凭什么抓我们？’对潮汕人来说，‘做到比真的还好’比‘真不真’更重要，把质量做好就等于诚信，税收、品牌这些条条框框跟我有什么关系？”这当然是潮汕假货横飞的一个极端案例，但其中反映的思维方式遗留至今，仍在不同地方影响着汕头人的行事风格。

相较于“被遗忘”，林伦伦更愿意用“被忽略”来形容汕头的现状。时至今日，无论是对于投资者、创业者还是务工者，无论是对于本地人还是外地人，汕头都成了一座容易被忽略、被遗忘的城市：仅从广东内部看，珠三角有更成熟的产业集群、供应渠道、学术环境、创业条件和职业机会。林伦伦在潮汕的两所高校分别担任过副校长、校长，对此感触极深：大学引进科研人才之后，几乎所有的保障都难以跟上——大到学术交流、科研成果的落地转化，小到引进人才的居住和子女教育，都很难满足需求。

闯还是留?

留在汕头享受安逸富足的生活，还是到更艰难但更广阔的平台拼搏？这是摆在汕头年轻人面前的一道难题。

对待生活时，潮汕人有两种不同的观点：一种是勇于外出开拓、不甘寄人篱下，“积累了一点本钱就必须自己开个店”；一种是小富即安、善于享受的淡然。

过去，林伦伦主张学生尽量到外面闯，但现在他能理解为什么越来越多人选择“留在汕头”：当下的汕头适合过闲适的慢生活，且提供了宗族、家庭与文化的保护壳；一线城市或国外则充满机遇与挑战，但能让人在痛苦中提升自我。

居港媒体人、专栏作者杨不欢的态度是，离开家乡看世界，不一定能理所当然地成长，但想成为一个“视野广阔的人”并摆脱出生地的限制，得以改变的原因，“是错位与抽离带来的孤独和流离感，是身份重置时面对的认同迷茫，是那些跨地域生活必须面对的所有特殊痛苦”。

杨不欢觉得汕头近些年发生了很多细微但令人欣喜的变化，比如一些从一线城市移植而来的网红打卡店、创意作坊、有文青气质的小店、水准不错的Livehouse不断出现，而政府对这些改变城市文化氛围的新生力量抱以宽松态度，这让她除了对小公园的眷恋之外，多了一些回家的兴致。

小公园广义上包括以中山纪念亭为中心的周边地区，是汕头老城中心、汕头人的乡愁所系，是20世纪30年代繁华时代的载体，“番客”（出国谋生的老一辈潮汕人）对家乡最忠实的记忆。那些随时间剥落表皮的骑楼（被大量拆除之前是全国最大的骑楼建筑群）、被雨篷和电线切割的旧房子、横跨各种阶层的住户、围绕在小公园旁的博物馆（如汕头开埠文化陈列馆、侨批文物馆等），让这片区域留存了这座城市最丰盛的记忆，但后来因为居住人群混杂、内部私自改造严重，政府启动了重新修缮的计划。

直到近些年，小公园改头换面，并以新晋网红的形象招徕游客。不习惯于这种风格或看过当年繁华原貌的人，会在后人新刷的墙面旁、高悬的长串灯笼下、面带欢欣的如织游客里沉默。他们印象里的小公园和老汕头，似乎不该是一个外壳类似厦门中山路、潮州牌坊街，内核却又偏向广州永庆坊的地方。

“修旧如旧”早已无从谈起，“追新成新”又有强行网红之嫌，虽是一种重新开始的方式，但它确实是建立在消灭某种坚固回忆的基础之上。

如今，节假日里游人如织的小公园与远渡重洋的番客、老汕头居民印象中的小公园已完全不同，后者代表昔日荣光，前者代表今日修修补补的现实。缺少资金、产权混乱、新老建材不黏合与翻新后的功能性不足，让这份回忆更难修补得漂亮。

小公园街道的一面墙上，有一幅题为《汕头欢迎你》（*Welcome to Swatow*）的插画，Swatow是威妥玛式拼音法的“汕头”，发音与潮汕话近似，但普通话里的“Shantou”更有味道，听起来更像Swag-town，而热爱潮汕文化的人相信，汕头本该是一个很swag（swagger的缩写，指嘻哈里的一种潮范儿）、很有范儿的地方——大海、潮语、潮汕性格、团结精神与故乡情结。

这些自豪被写进了歌词里。潮语说唱团体“一指”（A Finger）一直为潮汕发声，在古意盎然的潮汕文化中增添新意，在本土青年群体中影响巨大。团体许多成员在汕头土生土长，以家乡和潮汕人的身份为傲，因此他们的第三张专辑取名为《海墘个孥仔》（海边的孩子）。他们的歌词能激荡在外潮汕人的心弦：“外口人觉得阮大有名气生活滋润 / 一日无所事事哩有变趁着够下钱 / 我在刻苦个时候恁哩全部睇毋见”（《潮汕人在广州》），强调潮汕人自立、养家、光宗耀祖的执念和勇气；“番客伊人爱转来过年……此团正是咱大家真正个家，欢迎转来”（《番客》），写尽番客们游子思归、潮汕家族情谊之深厚。

“一指”团体可以灵活穿梭于潮汕话、普通话和粤语的韵脚之中，这种创作很大程度上展现了在外潮汕人的多样性：他们的母语是最为珍视的潮汕话，从小在学校用普通话，长大后到广州学会了粤语，在潮州八音、粤语的九声六调和普通话的阴阳上去中，寻找不同文化融合的妙处。他们不只宣传潮汕本土文化，还找到了一条便于外人理解潮汕的文化路径。杨不欢表示：“我为什么一定得是某一个地方的人？或者我能不能同时是很多个地方的人？正是这种亦远亦近的抽离感，让我不再用人们约定俗成的地域标签来定义自己。所以，我想我找到了面对身份错位时真正的平衡。”

杨不欢认为，在潮汕人的迭代之中，代际更迭的影响远大于地域区隔。毕竟在这些年里，世界变化速度之快超过了所有人的想象。虽然“50后”“60后”的父辈大多数仍恪守潮汕传统价值观，比如男性本位、男权主义、宗族观念、人情社会，但随着年轻一代不断与外界融合、改变、产生更广泛的影响，家乡变得更好只是时间问题。

“汕头”与“汕头人”也开始指向不同的内涵，前者指的是多年来徘徊不定、失却锐气的粤东沿海城市，后者则更广泛地代表了一个留存了潮汕人智慧、创造力与开拓精神的年轻群体。无须全盘接受甚至讨好生活地区的文化，也不用受限于出生地的文化背景，带着潮汕文化中美好积极的那一面开始新的人生，这是在外汕头人延续潮汕文化的方式，也是未来潮汕文化能够在不断迭代中去芜存菁，以更好形式流传的关键所在。

汕头也许再难重现20世纪80年代至90年代初的高速增长，也不再是富庶或小资的代名词，但它正在慢慢回归发展常态。现在的它或许只剩下繁盛的饮食文化与淡淡的失落，但未来不会止步于此。

沪津汉："民国北上广"的文艺生活

文／罗屿

民国最繁荣的三座城市不是今天的北上广，而是被誉为"十里洋场"的沪津汉。从上海、天津和武汉的历史中，我们可以找到民国文艺青年的生活点滴。

1928年1月，已在文学界小有名气的沈从文离开北京前往上海发展。然而，沈从文并不喜欢上海的生活。他说住的地方"塌而霉、塞"，而他自己就像一个被资本家敲诈的"文化工人""写作机器"。

与仍保持着某种乡土性的北京不同，上海这个按照西方模式建立起来的现代都市，让从湘西走出来的沈从文有些水土不服，甚至让他产生了强烈的恐惧感与危机感。最初卖文为生的他总为书店故意拖欠稿费而苦恼，他上门讨要酬劳，面对对方软硬兼施的拖欠、赖债，他常常无言以对；受胡适赏识在上海中国公学谋得讲师一职后，第一堂课，他因太过紧张，大脑空白，众目睽睽下在讲台上默默站了10分钟……

当年那个自卑又自傲的沈从文，像极了如今只身闯荡"北上广"的年轻人。彼时的上海，是人人向往的梦想之都。它和天津、武汉同为民国时代中国三大经济中心，甚至有人将它们称作"民国北上广"。

作为近代中国最大的通商口岸，上海总是得风气之先

据说当年沈从文去书店讨薪不成，会在夜幕降临时，一路走回自己逼仄的住所。在他看来，路灯照耀下的苏州河总是泛着惨淡的光。

对大多数人而言，那时的"东方巴黎"上海，是绚烂的、让人眩晕的。小说

《子夜》开篇，茅盾写道："太阳刚刚下了地平线……暮霭挟着薄雾笼罩了外白渡桥的高耸的钢架，电车驶过时，这钢架下横空架挂的电车线时时爆发出几朵碧绿的火花。从桥上向东望，可以看见浦东的洋栈像巨大的怪兽，蹲在暝色中，闪着千百只小眼睛似的灯火。向西望，叫人猛一惊的，是高高地装在一所洋房顶上而且异常庞大的霓虹电管广告，射出火一样的赤光和青磷似的绿焰：Light，Heat，Power！"

除了满街闪耀的灯光，作为近代中国最大的通商口岸，上海总是得风气之先，煤气、自来水、电话、电车、空调等西方新事物，样样都让初来上海的人感到晕眩。

上海的摩登，也让其他城市无法企及。复旦大学第一届女生、沪上名媛严幼韵，每天穿着在自家绸布庄量身定做的旗袍，开着车牌号为"84"的别克私家车上学，所有男生为之倾倒，称她"84号小姐"；另一位名媛唐瑛，则被称作民国的可可·香奈儿。她经常一天换三套衣服，早上是短袖羊毛衫，中午是旗袍，晚上是西式长裙。香奈儿五号香水、菲拉格慕高跟鞋、赛琳时装、LV包包，对她来说也都是日常用品。

堪称民国版*Vogue*的《玲珑》杂志把唐瑛当成社交名媛的榜样，鼓励旧时代女性要见多识广。1931年创刊于上海的《玲珑》，被张爱玲称作"女学生们几乎人手一册"的时尚教科书。除了教人美容、美体，《玲珑》还致力于改变当时女性的思想。比如在杂志刊发的《这时代需要哪一种女性》一文中，作者就提出时代女性的新标准应是"有能力、有思想、能够劳动"，这样的女人才会"拥有强健的体魄、新颖的思想……结婚不要妨碍前程"。

电影《马路天使》用开头极短的时间，表现了上海的特质：这座城市有霓虹灯、舞厅、大上海影戏院、百货商厦，还有跑马场、远东饭店、沙逊饭店、中国银行、基督教堂……看电影、喝咖啡、逛公园、荡马路，只是普通人日常生活的"标配"，如果想显得更为时尚，至少还得会跳舞、会游泳、会打网球、会打高尔夫……

从一片几乎被遗弃的沼泽，一跃发展为远东最大都市

25岁那年，沪上公子邵洵美写了一本《小姐须知》。彼时的他从剑桥留洋归来五年，和青梅竹马的表姐结为夫妻也已四年，膝下有一男一女两个孩子。他

写诗、作文、翻译、办出版，拥有自己名下的时代出版公司，业已接手《时代画报》的投资及制作。

在邵洵美看来，《小姐须知》是“一部小姐的圣经”，“读之一切女子的恐慌都迎刃而解了”。且不说邵洵美对自己作品的定位是否准确，书里的一些“金句”，即便在今天读来，也足以提醒那些沉浸于“爱情偶像剧套路”中不可自拔的女性。比如：“你自己以为自己是林黛玉时，那么来的贾宝玉也一定是冒牌”“假使一个男人要你同他去做仙人，那么他便是预备着要生了翅膀将来可以远走高飞”“爱一个专模仿外国电影上男主角一举一动的现代青年，不如直截爽快去爱一个外国人好”“不要自己以为自己是童话里的公主，也不要以为来找你的便是童话里的太子”……

邵洵美的朋友圈，也是上海滩文艺圈。林语堂、茅盾、老舍、郁达夫、鲁迅、巴金……这些文坛大家，全是他的座上宾。在《生活的逻辑：城市日常世界中的民国知识人 1927—1937》一书中，作者胡悦晗提到上海知识人的日常交往，主要在作为私人空间的家庭以及作为城市公共空间的茶社、酒楼与咖啡馆等场所展开。

写作《小姐须知》时，邵洵美还不认识自己的情人项美丽。那个本名蜜姬·哈恩的美国女孩，要到1935年才登上锈迹斑斑的“秩父九号”蒸汽邮轮船，穿过刀刃一般的河海交界线，到达长江口。

身为作家的项美丽，留下了不少关于民国上海的文字。比如她写万国艺术剧院，“那里举办过音乐会、讲座、辩论会，偶尔还有戏剧。音乐会上演奏的是俄国或德国的曲目，也有其他国家的；辩论会讨论最具争议性的主题，比如‘中国的计划生育’（有三位天主教教士参加了这场辩论，辩论的结果出人意料）；那里还有非常出色的戏剧表演，特别是全部由中国人出演的《王宝钏》”。

与为疗情伤远走他乡的项美丽不同，很多西方人来到上海是为了发财——彼时上海外贸交易额几乎相当于汉口、天津、广州等其他六大港口的总和，西方银行的中国总部也全都设在上海。

作为最早的开放口岸，上海从一片几乎被遗弃的沼泽一跃发展为远东最大都市。

中国女性走出家门接受新学教育，某种程度而言始于天津

天津是当时华北唯一的进出口贸易口岸。洋货经由天津源源不断输入，华

北、西北、东北等地的土特产也由天津输出海外，这使天津成为华北最大的进出口物资集散地。作为重要的通衢之地，英、法租界当局均在天津海河西岸建造了码头，以利外轮直接停靠。各国洋行、轮船公司、银行、保险公司等纷纷来津设立机构，从事通商贸易。

民国时的天津不仅经济发达，也是最早发展现代化教育的城市之一。设在天津大栅栏的“民众教育馆”，既宣扬忠孝仁爱、信义和平，也倡导卫生科学常识，劝告人们每天漱口刷牙定期沐浴，不食生冷变馊的物品，开窗呼吸新鲜空气，儿童每年接种牛痘以防天花麻脸……由教育家严范孙提倡、林墨青主办的“广智馆”，既展览历史文物，也介绍当时的新兴事物，比如电报通讯、纺织作业的生产流程。

中国女性走出家门接受新学教育，某种程度而言始于天津。1906 年开设于天津的北洋女子师范学堂，是中国最早的女子师范学堂。在《天津最早的女子学堂》一文中，作者富文蘅这样记述自己亲历的课堂景象：“上课除主科外，最吸引人的是体育课。过去大门不出、二门不迈的姑娘们，整齐列队，首先按女教师的口令进行走步、编队、穿梭般地变换队形；然后做徒手操或器械操；器械有：哑铃、棍棒、藤圈等。还分拨打球，有排球、篮球、垒球、司令球等。有时是练集体舞，随着歌声变换舞姿。二三十年代的女孩子能有这样的体育活动，在天津可以说是首屈一指的。”

天津也是彼时中国文化演出的重要阵地。在《租界往事琐记》一文中，在天津生活了近百年的张澜生追忆了自己当年看过的马戏、魔术。他记得 1936 年“世界著名丹麦大魔术家邓脱博士先后在英租界平安电影院和法租界光明电影院演出，有个叫‘理发馆的秘密’节目……邓脱把泡沫剂涂到女演员头上，用剪刀慢慢替顾客修剪头发；在悦耳的音乐声中突然一声巨响，台上灯光刹那一闪，然后再看坐在椅子上的竟是邓脱，穿白大褂的理发师变成女演员。明知是假的，但是手法之快不能不令观众折服”。

“南有上海，北有天津”，天津凭港口之便、交通之利，开创了与上海鼎立的中国近代经济“双城记”时代。

货到汉口活，戏到汉口红

文化演出的丰富与否是衡量一个城市繁荣程度的重要指标，同为“民国北上广”的武汉，与其他二城相比毫不逊色。

20世纪二三十年代，武汉共建有二十余处戏院和游艺场。人们酷爱看戏，看戏也是一种社会时尚，这种时尚在汉口尤盛。据说当年程砚秋到汉口演出，只见戏院外马车、汽车、包车排得密密层层，大舞台的包厢座位在五六天之内就已被预订一空。很多时候，与汉口一江之隔的武昌民众，冒着风浪也要赶到汉口看戏。戏院老板不吝投资，改进观剧环境。

《汉口丛谈》一书中提到，老板们不仅引入电灯、电扇等现代设备，在道具布置上也大花功夫：长乐戏院“所制机关布景，构造幻奇，仅灯彩布景费约需二千元上下，内容丰富之一斑也”。戏院内“另设有糕饼房、小卖部、锅炉房（发电照明）”，以招徕观众。当年的一句俗语，可以概括汉口演出市场的繁荣——“货到汉口活，戏到汉口红。”

从“货到汉口活”这句，也可看出汉口在当时全国城市中的经济地位。汉口依长江、傍汉水，“水道之便，无他埠可比”。1861年汉口开埠，其后京汉铁路贯通，给汉口的城市发展带来极大的机遇。清末日本驻汉口总领事水野幸吉曾评说：“与武昌、汉阳鼎立之汉口，贸易年额一亿三千万两，夙超天津，近凌广东，今直位于清国要港之二，将近而摩上海之垒，使视察者艳称为东方芝加哥。”

民国初年，孙中山在《建国方略》中提到：“要把武汉建成纽约、伦敦那样繁华的国际性大都市，让它成为东方的芝加哥。”为此，武汉被设立为中国历史上第一个直辖市，整合原本的武昌、汉口、汉阳三镇，鼎立在浩浩长江水之间，气势磅礴，得名“大武汉”。作为政治革命的中心，民国汉口的租界商贾云集，各大码头满是往来货轮，隔岸的汉阳更是拥有当时全国最大的军工厂，而轻工业则有织布局、制革厂等，数量居全国首位。

一百年不多，九省通衢的大武汉如今已不在一线城市之列，天津也逐渐让出了“北方中心”的宝座，“民国北上广”只有上海还保持着曾经的辉煌。但当年沪津汉文艺圈的荣光，仍然让今日的文艺青年心向往之，并美其名曰“民国范儿”。

拯救城市指南

文 / 宋爽

城市的命运从来不是恒定的，它的建设需要智慧、细节和胆识。

城市的命运从来不是恒定的，它既可以拔地而起，盛极一时，也不免会一脚踏空，走向万劫不复。一个城市的好坏，从方方面面都可一窥究竟。不论是利兹通过高科技手段创造的“自愈型都市”，还是罗马打响的“垃圾防卫战”、古根海姆博物馆创造的毕尔巴鄂奇迹，抑或是日渐衰败的“犯罪之城”芝加哥，城市的建设，需要智慧、细节和胆识。

利兹：抚平城市伤痕

利兹和英国许多其他城市一样，存在着严重的道路坑洞问题，从 2014 年至 2017 年间，利兹报告的道路坑洼数量超过了 1 万起。

这些看上去不起眼的路面坑洼带来了众多隐患。2018 年 6 月英国慈善骑车协会委托开展的一项调查显示，超过一半（56%）的人表示，如果道路上的坑洞少一些，他们会更愿意选择骑车出行。英国交通部的数据则更令人担忧，从 2007 年到 2016 年，道路坑洼使得 22 名骑自行车的人死亡，368 人严重受伤。

据英国《每日电讯报》消息，利兹大学、伦敦大学学院（UCL）的研究团队已经与利兹市合作，探索如何用无人机和 3D 打印来修复道路裂隙。英国工程和物理科学研究理事会（EPSRC）为此拨款 420 万英镑（约人民币 4120 万元）给利兹大学研究团队，研发能修理街灯、水管和路面坑洞的机器人。

研究人员希望借助无人机对道路进行扫描，及时发现破损和裂缝，而另一批无人机则通过3D打印技术，将沥青喷射到“患处”，以防产生更大的路面破损。伦敦大学学院教授马克·麦道尼克在报道中介绍这种技术的优点：“修复过程非常简单，无人机落在裂隙上，修复完成后再起飞。全程只需要一分钟。”而目前，进行一次道路修复不仅需要实施禁行、调集人力物力，还会造成环境污染。也正是出于这样的原因，市政府不愿意对道路进行及时修复，以至于坑洞面积扩大，情况越发严重。

目前，研究团队拟研发三种机器人，即“感知及修复”设施、“攀爬及修复”设施和“火灾预防”装置。修复和检测目标涵盖道路、电线杆、路灯、地下管道和线缆。

这项计划极具野心。利兹大学土木工程系教授菲利普·柏内尔创造了“自我

描绘公元59年庞贝城圆形剧场内观众吵架情景的壁画。昔日的王朝盛世，我们现在只能通过零碎的记载进行想象

修复城市”的概念，期望将利兹打造成人类第一座高科技自愈式都市——道路由自愈型高分子材料建造，以神经系统网络作为监控，自助机器人自行维修，无须人类介入。

其中，如同人类皮肤可以抚平伤口，自愈混凝土利用细菌分泌方解石修复道路坑洞；在各类建筑物上“栖息”的机器鸟会自行飞往受损的街灯和坠落物；这些自动导向装置将充当城市体内的白细胞，形成免疫系统。预计到2050年，英国所有城市都将拥有“自愈”能力。

罗马：解救垃圾围城

罗马的城市垃圾处理问题由来已久，街头垃圾遍布，蚊虫老鼠遍地，招致众多海鸥、野生动物侵入罗马市区。另一方面，罗马基础设施严重老化，道路坑坑洼洼，隐患严重。

2018年新年之初，在经历了圣诞和跨年两大节日之后，罗马遭遇了史上最严重的垃圾灾难，街道上的垃圾堆积多日却无人清理。为了尽快解决数量惊人的垃圾，罗马市长拉吉希望意大利环境及国土部能够出面协调，并呼吁罗马周边地区帮助罗马走出垃圾处理困境。

但显然，拉吉的呼吁没能得到重视。同年10月27日，数千民众走上罗马街头聚众抗议。一名抗议者称：“这是一个无序的城市，没有规矩，没有社会凝聚力。”还有人说：“我们如今被垃圾淹没，动弹不得。”

多年以来，罗马的垃圾清理生意一直由当地黑手党接管，但当政府大力扫除黑手党之后，清洁工因无法忍受长时间劳动而罢工，致使罗马垃圾遍地。

《纽约时报》罗马分社总编辑杰森·霍洛维茨这样描述罗马的垃圾景观：“这座城市长久以来佩戴的桂冠正在慢慢枯萎。如今，罗马从各个方面冲击着人们的感官，此地不仅有奔放的美景，还有满溢的垃圾箱。它们就像腐臭的珊瑚礁，在城市的每条街道上冒出粉色、蓝色还有黄色的垃圾袋……绿意盎然的公共花园本是罗马的肺部，现在也呈现一派末日景观：流浪汉睡在滑梯上，黄色的警示胶带圈出倒下的树木，就像犯罪现场一样。在野猪横行的土地上，害虫从齐腰高的杂草中悄悄爬过。”

为了缓解“垃圾危机”，罗马市政府大力推行垃圾分类回收政策，将城市垃圾归为五大类——玻璃、塑料/金属、生物垃圾、纸类以及一般废弃物，并实行上门回收或者定点回收；另外一些地区则在街道边设置不同颜色、形状的垃圾箱，由居民将废弃物投入对应回收箱，再由专人统一回收。

此外，忍无可忍的罗马人自发开展了一系列拯救罗马的行动，比如去街上捡垃圾，去台伯河打捞汽车零件。杰森·霍洛维茨则对自己乱停摩托车收到罚单“感觉不错”，毕竟这是规范化的开始。正如愤怒的抗议者喊出的口号“罗马受够了”一般，这座城市的居民已经开始自救。

毕尔巴鄂：用古根海姆为艺术加分

对于毕尔巴鄂这座曾经辉煌的港口城市而言，古根海姆博物馆无疑是从天而降的礼物。这座城市曾经繁盛一时，一度是西班牙最重要的工业城市以及欧洲的钢铁和造船业中心，却在20世纪初期，因为铁矿开采殆尽走上下坡路。

1997年，被誉为“狂飙突进的全球化运动的文化标本之一”“世界上最伟大的解构主义建筑”的古根海姆博物馆落成，随即引发了一场海啸般的艺术狂潮。每年，数以百万计的政客、艺术家、建筑师、商人、游客、历史学家、电影业涌进这座失业率高达人口四分之一的衰败工业小镇，并促成了金融、房地产、餐饮等一系列产业的复兴。

博物馆总耗资为12.7亿美元（约合人民币108亿元），建成的第一年，就有130万名参观者造访，区域经济活动因此增加2.1亿美元，当地政府将其中的3000万美元收入囊中。

据估计，博物馆建成5年后，给当地带来的经济收入约为1.68亿欧元，相当于为本地新增了4415个就业机会。仅仅用了6年时间，博物馆启动项目的资金便全数收回。现在，每年仍有上百万游客造访这座外形奇特的博物馆。毫不夸张地说，毕尔巴鄂的再度辉煌完全归功于古根海姆博物馆，而这次成功的拯救行动也被誉为“毕尔巴鄂奇迹”。

芝加哥：下一个申请破产的美国城市？

一个城市既可以起死回生，也可以跌入低谷，作为风之城（Windy City）、巨肩之城（City of Big Shoulders）、劳动之城（The City That Works）、芝加哥公牛队的老家、麦当劳和波音公司的总部、侃爷的故乡，曾经威风凛凛的芝加哥，如今和底特律不分伯仲，成为美国另一个破产之都。

2015年5月12日，三大评级机构之一穆迪投资者服务机构（Moody's Investors Service）下调芝加哥债务评级为“垃圾”级，这表明，芝加哥的财政危机正在恶化。美国财经网站“Zero Hedge”刊发的《下一个申请破产的美国城市是哪个》一文指出：摩根大通根据美国主要城市年支付债务、养老金及退休金占全年预算的比例来进行排名，结果芝加哥位列榜首，其60%以上的税收都被用于偿还债务与支付养老金。

芝加哥已经不是第一次陷入此般低谷。1871年，著名的芝加哥大火将其主要城区付之一炬，重建之时，正赶上著名的“柯立芝繁荣”时期，极短的时间内，芝加哥迅速崛起，成为美国重要的金融、科教和工业基地。

现如今，和扶摇直上的旧金山、休斯敦相比，芝加哥已经老态龙钟，休斯敦拥有的公司总部数量已远超这座老牌都市。从2010年开始，美国工业复苏，休斯敦制造业的就业率增长超过17%，而芝加哥基本上是原地踏步。

虽然经济发展节节败退，但芝加哥的犯罪率却居高不下，被称为“犯罪之城”“谋杀之都”。根据警方的统计，仅2016年一年芝加哥就发生4300余起枪击案，762人成为枪下冤魂。虽然芝加哥的人口平均犯罪率并不是最高的，但这城市枪杀案和受害者总数居美国各大城市之首。此外，黑帮横行、种族冲突、高失业率和衰败的经济环境，都让芝加哥的犯罪率居高不下、雪上加霜。这座美国第三大城市似乎正在悄然离场。

每座失落之城，其实都是记忆之城

文/Junitaill

不要嘲笑任何一座被称作尴尬之城或失落之城的城市，因为在这些城市的背后，总有一群人，把它们看作温暖之城、记忆之城。

在2018年出版的摄影集《阳台》中，作家帕慕克的目光对准了伊斯坦布尔那些被遗忘的角落。从博斯普鲁斯海峡的入口到停在清真寺顶尖的雏鸟，从高窄窗户、宽屋檐到那些凸窗和窄烟囱，每一幅画面都写满了日常的琐碎，却在不经意间泄露这座城市的另类光芒。

伊斯坦布尔是一座名副其实的“失落之城”。奥斯曼帝国瓦解后，世界似乎早就忘记了这座横跨亚欧的千年古都，这正是伊斯坦布尔的尴尬与失落：在现代都市的词典里，伊斯坦布尔还不够格挤进去；而在古韵旧城的名册中，这座城市也因为积极拥抱全球化热浪而间接被“除名”。

和伊斯坦布尔一样，中国的很多城市也面临尴尬与失落并存的困境，用经济学家叶檀的话来说，产业衰退型、虹吸抽空型与文化封闭型的发展思维和模式，让“失落之城”留在了当今的中国城市版图里。当然，“伊斯坦布尔式失落”也存在于中国城市之中：那些主动扔掉城市底蕴、迎合大都市发展逻辑的城市，确实是名副其实的快进之城、尴尬之城、失落之城。

但正如帕慕克所言——“我对伊斯坦布尔有多大的恨，我就对这座城市有多深的爱”，在所有对失落之城恶语相向、冷嘲热讽、含沙射影、百般刁难的城市人里，有相当一部分是居住在失落之城的居民。他们居住的旧楼墙体上爬满青苔，被外地人看作“脏乱差”的典型；他们买菜经过的工业区被媒体诟病为“旧时代遗物”或“发展绊脚石”；他们周末造访的城市新区被城市观察家称为“空城”或“鬼城”；他们所在的城市，难以望一线城市项背，又不甘于在三四线的界定边缘徘徊，到头来被外界忽视、被舆论抛弃、被公众遗忘。

或许可以这样说：每一座失落之城的背后，总有一群批评它但打心底心疼它的城市人。这就像只要有空就对伊斯坦布尔的高速城市化发牢骚的帕慕克所说的：“伊斯坦布尔的‘呼愁’是全城共同感受且一致肯定的东西……源于城市历史的‘呼愁’使他们一文不名，注定失败……当主人公退避到自己的世界，当他未能表现出足够的决心或胆识，而是屈服于历史及社会加在他身上的环境时，我们才拥抱他们，同时整个城市也拥抱他们。”

有些人迫切希望拥抱城市，哪怕他所在的城市只是一座失落之城，比如帕慕克之于伊斯坦布尔。而有些人透过泛黄照片找到的故乡，甚至连失落之城都算不上。作家毕飞宇就曾回忆承载自己记忆的那个“地方”——江苏省兴化市大营乡陆王村的杨家庄。

“杨家庄当年像原始部落一样，墙是泥做的，房顶草做的，做饭生火烧的是草，当年也没有电，没有任何机器。从出生到童年，我都是在农村度过的。我父亲是教师，我跟随父亲是城镇户口。我是个地道的乡下人，但乡亲们却不认我，他们认为我是‘城里人’，但我又长期生活在农村，对城市也没有什么感觉。所以，我一只脚踩在农村，一只脚踩在想象中的‘城市’。这样的成长经历让我自豪又自卑，两头都落不到实处，只觉得处处和别人不一样。”

那是一座不可描述的假象之城。当那些生活在二三线城市的人面对“自贸区”“都市圈”和“一线城市”等字眼暗自神伤时，总有一些甚至连“城市”的门槛都够不上的穷乡僻壤在被主流舆论抛弃。与那些曾经辉煌、如今衰败的失落之城相比，这些地方更偏远也更寂寥，但这并不妨碍它们成为一群人心中的温暖之城、记忆之城。

所以，不要嘲笑任何一座被称作尴尬之城或失落之城的城市，因为在这些城市的背后，总有一群人，把它们看作温暖之城、记忆之城。

新周刊
NEW WEEKLY
2019年度佳作

睡什么睡，起来嗨

19 世纪是西方美发工艺迅猛发展的时期，多样化的发型、职业理发店、假发等盛行，这一阶段可称为西方发型的成熟期

夜活力，是城市活力的重要表征。

“一个地区夜晚的灯光亮度和它的 GDP 成正比。”（戴维·威尔）

18 小时城市变为 24 小时城市，是夜间经济 1.0；从买买买、吃吃喝喝到感官娱乐，是夜间经济 2.0；从碎片化经济到区块化经济，是夜间经济 3.0。

在中国，每十块钱有六块钱是在晚上花掉的，夜间经济带集中在“哈尔滨—北京—成都—腾冲”这条线以东，尤以北京与东南沿海最为活跃。为推动夜间经济发展，包括伦敦在内的许多欧洲城市，甚至专门设立了“夜市长”。

今天的中国人，正从睡不着、睡不好变成不想睡。不想睡的理由是有剧要追、有小说要看、有天要聊、有游戏要打、有班要加、有夜宵要吃、有歌要听、有运动要做……“熬最晚的夜，缺最多的觉，越晚越嗨的作息搭配睡不饱的你。”

年轻人，不要报复性熬夜，也千万不要相信什么“睡什么睡，起来嗨”，真正的自由，不是想熬夜就能熬夜的自由，而是不想熬夜就能不熬夜的自由。

每天，有 2.5 亿中国人在为脱发而烦恼。

“第一批‘90 后’已经秃了”，比起上一代人，中国人的脱发年龄整整提前了 20 年。

从青年到中年，从男人到女人，从企业家、风险投资人、白领到程序员，在新闻 App、时尚杂志、发廊、商场、电梯间，全民陷入一种拯救头发的叙事之中。

“头发没了，我们身上的某种气质或许就会遭遇社会性死亡，大家可能会感到羞耻、尴尬、失去自信甚至过度自卑。”（艾玛·塔洛）

每一根脱落的头发都饱含着无法逆转的绝情和悲悯，脱发代表了一种对生活力不从心的焦虑和恐惧，以及一场失控的生活危机。

头发是生长于身体之上的植物，它沉默着，没有快感，也没有痛感。“头发是人身上最具可塑性的东西，也是最具象征性和表现性的东西……对头发的一种拜物教式的关注迷恋不是一时的心血来潮。在今天，在我们这个时代……身体崇拜使这种迷恋引向头发，符号崇拜则使这种迷恋引向头发的造型。”（汪民安）

脱发的焦虑，来自头发附着了太多意义。其实，人生中有太多比脱发更需要关注的问题，譬如睡不着、爱无力、空心病、拖延症、错失恐惧症、社恐、过劳肥、选择困难症、初老症、KPI焦虑症。

如果结局一定是秃，那么，让它秃去吧，记得送自己一句：“我秃了，也变强了。”

24 小时之城的夜间社交学

文 /Junitaille

中国城市之变，始于夜间经济（Night-time Economy）之变，而夜间经济在中国的风向标，则是不断随时代和社会发展变迁的各色夜宵。中国城市之变，始于夜宵之变。

当英国首相鲍里斯·约翰逊还是伦敦市长时，他在 2013 年对伦敦即将开通的 24 小时地铁线做过一个预测：伦敦地铁夜线的开通，可以为伦敦 2000 名市民提供稳定工作，有望在未来带来 3.6 亿英镑的经济收入。

一条“消夜线”撑起伦敦城的夜间经济。有网友调侃，与被“消夜线”改变的伦敦相比，被夜宵改变的中国城市，则走出了一套独具中国特色的“夜间经济模式”。

不同于闪烁在阿姆斯特丹的霓虹灯、遍布曼海姆街头的啤酒主题夜店，以及堆满伦敦城的戏剧、演唱会和夜场足球，中国城市在夜间的灵魂，是种类各异但又足够齐全的各色夜宵。上海财经大学旅游管理系主任何建民认为，在全球化浪潮席卷现代城市的进程中，中国城市通过夜宵实现了某种意义上的“守旧”，也完成了都市形象和人情关系的革新。

“中国城市之变，其实在某些维度上，始于入夜后的夜宵之变。”

没有谁天生是永恒的国际大都市，也没有谁注定了要做所谓“城市后花园”

1998 年，成都迎来了翟永明的白夜酒吧。从此，入夜的成都不再被单一的

"鬼饮食""冷啖杯"和"麻辣烫"填充，而是有了更多在酒杯碰撞后关于文学、音乐和艺术的争论和思考。

在随笔集《以白夜为坐标》中，翟永明提到了成都夜间经济在20世纪90年代末的一次悄然转变："90年代，成都酒吧很少，公共空间除了茶馆，就是餐馆。有一次，我和一个从香港回来的、从头到脚穿着上万元三宅一生品牌的成都女孩，挤在一家'苍蝇馆'吃两元钱一碗的凉粉。我一直担心，凉粉的作料沾到那件'三宅一生'的衣服上。"

翟永明认为，麻辣烫 + 凉粉或火锅 + 冰粉的搭配虽是成都夜宵文化的核心，但并不能道尽成都这座城市的夜间风貌。"这座城市不仅有火锅、串串和麻辣兔头，还有入夜后能安挽心绪的文学、咖啡和芝华士。"

这是夜宵文化浸入城市肌体过程中一次悄无声息的自我重新定义。这绝不是"东风压倒西风"式的城市运动，也不是非黑即白般的替代性变迁。撕掉川剧、茶馆和苍蝇馆子标签的成都，用一种柔软又舒缓的方式，培育出了白夜酒吧、名堂式的"夜宵2.0战场"，在拓宽"夜宵"这个词的语境、意境和情境的同时，也赋予成都在"市井城市"之外的更多可能性：文艺城市、小资城市、多元城市。

翟永明筹办白夜酒吧时，还在央视拍纪录片的陈晓卿第一次去了广州。90年代一个夏天的午夜里，他和电视台的朋友一起踏进了广州一家本地酒楼，发现酒店门口摆满了蛇笼。"我当时对广州的感觉是：这地儿一入夜就充满'三气'。"

他说的"三气"，指的是广东夜宵的人气、匪气和烟火气。

"新鲜的猪大肠盛上来了，所有人开始张大嘴，咽口水，周围的背景也绝了，坑坑洼洼的路面，破破旧旧的街道，一家看似不起眼的大排档，就这么撑起了一百来号人对猪杂粥的探索欲望，这种感觉太奇妙。"在接受《新周刊》采访时，陈晓卿回忆起每次来到广州必去的那家位于番禺的猪杂粥大排档。

陈晓卿对广州美食的印象，停留在名蛇宴、砂锅粥以及一只只站在岭南夜宵"风口"上的烤乳猪的阶段。但入夜后的广州，却在近些年完成了一次关于夜宵食材的"城市蜕变"：根据美团在2019年6月发布的《小龙虾消费大数据报告》（以下简称《报告》），过去一年，全国用户在美团平台共消费约4.5万吨小龙虾。与传统观念里的江苏、浙江等传统"小龙虾大省"不同，2018年，广州以520万斤小龙虾的成绩独占鳌头，成为"小龙虾第一城"。

如果说蛇（宴）、（烤）猪和虾蟹（粥）这三类物种定义了旧广州的夜宵江湖，那么小龙虾则更像那个外来的搅局者，它延续了岭南文化里对稀有物种的天然好奇心，在融汇天南海北的各色烹制方法后，造就了一个夜宵界的新广州：一个摘下“低调务实做生意”面具的广州，一个乐于分享“双手戴套剥龙虾”新形象的广州。

和广州一样，夜宵在食材上，也就是在“吃什么”方面的变迁和转型，是对既有城市形象的一次次反抗，也让现代意义上的城市概念变得多元且立体。所以我们在谈及东北夜宵时不仅想到烤串，谈到兰州时不仅想到拉面，谈到西安时不仅想到肉夹馍，谈到上海时不仅想到小笼包……如果把中国各城市比作在校生，夜宵则提供了一种更宽泛、更普适的评价标准：冷锅串串和咖啡蛋糕可以融合，麻辣龙虾和砂锅粥也能够并存。在一个不再简单以“优良中差”作为唯一标准的夜宵美食评价体系里，没有谁天生是永恒的国际大都市，也没有谁注定要做所谓“城市后花园”。

“特色夜宵配搭便捷移动终端”这种组合，以一种全新方式，颠覆甚至重塑了都市人的饮食习惯

“只有过了晚上 10 点，走到街头，才可以发现一个城市的真滋味。”2003 年，美食作家小宽这样评价夜宵在城市的地位。

但他或许不会在今天重复这样的话了，在这 16 年的时间里，夜宵已经随着通信方式和城市格局的改变，发生了空间位移上的种种转变。

这是夜宵在撕碎一座城市的旧有标签之后，在另一个维度对城市进行的另类赋能。何建民认为，以外卖形式被送出的夜宵，在这个过程中起到了至关重要的作用。DCCI 互联网数据中心发布的报告显示，截至 2018 年 6 月，中国有 45.4% 的网民使用过外卖服务，外卖用户规模达到 3.6 亿。

“‘90 后’和‘60 后’的消费需求肯定不一样。我是‘60 后’，在上海，我们‘60 后’‘70 后’最欣赏的餐厅是绿波廊，那是接待尼克松和西哈努克的高档场所。但我觉得‘90 后’不在乎这些，他们性情更自主，与其坐在高档会所里等着上菜，还不如躺在沙发里，只要用手指划动屏幕，就有人给你送来烧烤或者小龙虾。”

以小龙虾为例，《报告》显示，2018 年美团平台消费的小龙虾交易额是 2017 年的 4.3 倍，2019 年前 5 个月的小龙虾交易额，已经达到 2018 年全年交易额的

77%——然而吃小龙虾的旺季在6月才刚刚到来。

2017年，歌手汪峰在参加博鳌亚洲论坛时表示，在中国，音乐行业的年产值，比不过吃货们喜爱的小龙虾。“中国电影行业2016年收获400多亿元，音乐行业仅有90亿元，而小龙虾则是1500亿元。”的确如此，美团的相关数据显示，2017年，小龙虾门店数量比2016年多了将近10万家，增长率95%；2018年小龙虾门店数量又比2017年多了超过14万家；而截至2019年5月，美团上收录的小龙虾门店数量相比2018年多了近5万家。

何建民表示，小龙虾经济学之所以深入人心，是因为“特色夜宵配搭便捷移动终端”这种组合，以一种全新方式，颠覆甚至重塑了都市人的饮食习惯。

这是一个被移动终端支配的饮食产业链条，也是一种和以往完全不同的夜生活方式。从大排档、沿街食肆、本地酒楼到家的转变，这是一次被移动互联网主导并支配的用餐地点大转移。在流量、风口和5G抢占头条的移动互联网时代，用餐者的地点在悄然转变，而供餐方也在这个过程中，和城市发生空间的某种互动。

当一些口碑好、热评高的网红店铺在城市里走红时，你会发现，其实它们提供给都市人就餐的空间极其有限，这便是一种风行于现代城市的“小店模式”：面积小、房租低、员工少、口碑好。

在许多店主看来，店铺运营模式在接入移动技术后，就像在店铺的肌体内安了块干电池。现代城市的新兴饮食习惯，让不少店铺的订单量飙涨，店主们这时则往往会选择“做减法”，缩减店铺面积，把门面做小，不和城市公共领域争空间，因为他们知道，时下的城市饮食新潮流其实并不以单一店铺面积论英雄。

何建民认为，这种小店以移动终端的配送为基础，用节缩店铺面积的方式让人气在短时间、小范围内聚拢，“所以你会看到，很多这种店铺门前都排了长队”。这不仅促进了街道的人气和凝聚力，还在一定程度上释放了市民本该拥有的城市空间，以堂食为主的商圈，也逐渐转向以市民为主的生活圈。

这种通过与互联网移动端发生“共振”，并进行实体店“自我压缩”的方式，或许就是释放稀缺公共空间的一种城市建设新路径。这些店虽小，但可能成为都市生活圈的“下一代门店”；这条路长且曲折，却是城市主政者、店铺经营者和都市居住者必须走的路。

“一座城市中最有活力的地方，就是那些格外稀缺的城市公共空间。”简·雅各布斯说，当智能互联以科技传递的手段改变城市人的饮食习惯，当沿街店铺开始以“新‘食’用主义”为基准，控制店铺面积时，那些寸土寸金的公共空间得以释放，这时我们眼前出现的，必然是一座座最有活力的城市。

最新锐的“夜宵社交学”，能放下人情世故，消弭尔虞我诈

策划大师王志纲曾在一次关于一天 24 小时如何分配的演讲中，谈到了中国人的酒桌文化：“晚上肯定要应酬，各方面客户都来找你。中国人讲究‘民以食为天’，于是又花了 3 小时在饭桌上交流和切磋。”

丹麦哲学心理学家索伦·克尔凯郭尔说过，“大多数人在追求快乐时急得上气不接下气，以至于和快乐擦肩而过”。这种应酬式的人际关系，暗合了中国近 30 年来的某种普遍社会心态：在酒楼内、在包厢里、在饭桌前，谈的是生意订单，谈的是时间效率，谈的是世道人心。

但最新锐的“夜宵社交学”，却能放下人情世故，消弭尔虞我诈，化尴尬气氛为友善融洽，变公共应酬为私人聚会。

何建民以“社交利器”小龙虾为例，剖析这个以“开机不嘬虾，嘬虾不开机”自居的“社交利器”，近 10 年来如何在中国城市社交场域刮起一场“革新风暴”。

“有人调侃，当小龙虾碰上地球上最会吃的中国人，它的下场是‘没有一只小龙虾能活着逃出中国’。中国社会的心态在变，城市人的生活观也在变。过去 10 年里中国社会的高速发展，让多数‘90 后’和‘00 后’更向往私人定制的用餐方式。”

“过去中国人的社交主流心态是：哎呀，我不得不出门应酬，我好累啊。”何建民说。他认为，现在这种心态依然存在，但城市不同阶层的人群之间，交往形式开始出现多样化趋势，“现在的新世代会说：‘要不去我家，点个外卖边吃边聊？’距离感一下就被拉近了。”

去大排档“撸串 + 啤酒”的传统夜宵模式，如今已经被一个个“黄衣骑士”消解，取而代之的是一次次和亲戚、密友的聚餐。美团外卖在 2019 年公布的数据显示，1—6 月夜宵订单数量排名前三的城市是深圳、广州和北京。外卖赋能的城市夜生活中，凌晨 4 点夜宵外卖订单量排名前三的中国城市分别是深圳、广州和上海。你不一定看过凌晨 4 点的洛杉矶，但如果在凌晨 4 点睡不着时，你还能和亲友一起点个外卖，喝个啤酒，或许更能见证一种深透午夜的交情。

“现在，你会在越来越多的小区里，发现一群穿外卖服的骑手聚集聊天，来往行人不时对他们嘘寒问暖，或者开两句玩笑。”何建民说。他认为，走进社区的“流动外卖站”，激活了封闭小区里的某种人际关系。

根据相关数据的统计，2018年，国内的配送订单量超过200亿单。当热气腾腾的夜宵以外卖形式通过一双手递向一户人家时，何建民认为，中国社会传统的邻里关系被重新激活了，中国人逐渐丧失的那种亲密关系也被重新找回。

每座城市都需要一位“夜市长”

文/Junitaille

不论是纽约、伦敦、巴黎还是立陶宛的维尔纽斯，城市在入夜后都会遇到这样的问题：夜生活是一座城市的灵魂，但如何在抚慰都市人灵魂的同时，遵从业已形成的城市秩序？

在伦敦市政府的官网上，艾米·拉梅（Amy Lam é ）的头衔是“夜沙皇”（Night Czar）。和其他欧洲城市普遍使用的“夜市长”不同，英国人习惯避开night mayor的称谓——他们担心英伦三岛的各色口音最终会把这个词变成nightmare（噩梦）。

“夜沙皇”刚到伦敦时，这座城市还不存在夜生活。那是1992年的一个夏天，21岁的拉梅带了三个拉杆箱从纽约新泽西来到伦敦西区，夜晚11点后，伦敦一片漆黑，和她生活了21年的纽约形成强烈对比，“纽约灯火通明，伦敦死气沉沉”。

“死气沉沉”的伦敦，20世纪末依然处于撒切尔主义“入药”后的经济阵痛期。这里的夜间面貌延续着自“一战”起就定下的一道清规戒律：夜晚11点后，所有酒吧、夜店都必须打烊，否则将遭重罚。

20 世纪 70 年代，为改善城市中心区夜晚空巢现象，英国提出了“夜间经济”（night-time economy）概念。但直到 1995 年，英国才正式将发展夜间经济纳入城市发展战略。在此后的近 20 年里，伦敦为世界提供了一个可供参考和借鉴的城市夜经济样本，拉梅也成为负责点亮夜间伦敦的那个核心人物。用她的话来说，就是要在伦敦的夜里“喝最激烈的酒，唱最奔放的歌”。

走马上任的“夜沙皇”，加足马力的夜经济

拉梅主导的是一个旨在为伦敦提供 300 亿英镑经济总量的“城市夜间计划”。

在成为执掌伦敦夜生活的城市“夜沙皇”之前，她是一名并不出名的喜剧演员，在 BBC 和喜剧明星丹尼·贝克做过广播节目，还参与过 ITV 的《名人减肥俱乐部》节目。她真正被公众熟知是在 2010 年——作为伦敦西北部卡姆登区历史上的第一位女市长。被媒体和公众贴上“政客”标签的同时，她还是一名 LGBT（性少数）运动支持者。她在伦敦的第一份工作，是在伦敦苏荷区一家名为 Figure Out 的同性恋酒吧打工。

“在 Figure Out 的时光是悠闲的，它让我看到了一个不胆怯、不逃避的夜伦敦。夜晚 10 点以后，你可以去夜店蹦迪，也可以喝咖啡、翻杂志、回看一遍英超集锦（Match of the Day）。”

2019 年 3 月 1 日，伦敦，“夜沙皇”艾米·拉梅（左二）在进行夜间巡视。“夜沙皇”就是城市“夜市长”，把控城市在夜间的整体走向 （图 / Caroline Teo）

在撒切尔的铁腕政策后，梅杰政府在 90 年代中期开始对英国社会进行“舒缓疗法”，包括发展夜间经济。夜间经济逐渐成为这座城市的“第五产业”：根据经济研究咨询机构 TBR 的数据，逐渐发展壮大的夜间经济为伦敦提供了 130 万个工作岗位，年收

入达660亿英镑，占英国总税收的6%。

拉梅在Figure Out结识了一批夜间好友，这些人来自酒吧、俱乐部、餐馆、音乐厅和剧院，是每天晚上10点后最积极的工作者。“他们为伦敦维持了夜间的活力指数。”拉梅在接受《卫报》采访时说。

这也是她在2016年被选为伦敦“夜沙皇”的重要原因。当年8月，伦敦市长萨迪克·汗宣布，为了振兴伦敦的夜间经济，市政府将专门留出一个公务员岗位，招聘一名深谙夜生活的主管，这名被称作“夜沙皇”的夜间负责人的年薪为3.5万英镑，每周只需工作两天半，任务是“捍卫伦敦夜间文化价值，推动伦敦夜间经济发展和多样化”。

据拉梅介绍，2016年，伦敦酒吧、夜店的数量减少了25%，夜间草地音乐节的数量也比之前骤减35%，这极大影响了伦敦夜间经济的数据，所以市政府在当年下半年组建了一个“夜沙皇办公室”，不让伦敦走回20世纪90年代初“商铺夜店11点就关门打烊”的老路。

24小时地铁在伦敦的开通让拉梅看到了夜间经济重新复苏的曙光。2016年8月，两条24小时地铁线在伦敦正式投入运营。伦敦铁路局表示，通宵地铁可以给深夜下班的市民提供方便，例如轮班的医生、工人和保安人员，预计他们至少可以节省20分钟至1小时等候通宵巴士或的士的时间。

拉梅对公交路网的24小时运营感到满意。刚出任伦敦“夜沙皇”时，她曾在午夜搭乘地铁找人聊天：“有次遇见了两个结伴回家的女生，她们刚从东伦敦的酒吧下班。原本她们午夜回家一般搭公交车，路上至少得花3小时。24小时地铁让她们的回家时间减少了45分钟。这是快速回家的45分钟，也是降低安全隐患的45分钟。”

夜生活是推动经济的强力马达

和选出“夜沙皇”的伦敦一样，德国城市曼海姆在2018年找到了掌管城市夜间的主人——27岁的亨德里克·迈尔（Hendrik Meier）。他从包括餐厅老板、艺术家和音乐家在内的40名候选人中脱颖而出，成为德国第一位“夜市长”。出生于纽伦堡的迈尔在曼海姆求学，在获得创意经济硕士学位之前，他成为曼海姆夜间权力最大的人。

“我会利用这个头衔去做一些很酷的事。”迈尔说。从2018年8月1日起，他每个月花 50 小时来处理曼海姆的夜间纠纷并接待投诉群众，还得时不时充当酒吧、夜店、演唱会经营者和一般市民之间的“润滑剂”，考虑诸如“泡吧者把酒瓶扔在地上摔碎了，路人或拾荒者容易被碎片割伤”的问题，并在保证那些露天夜间音乐会不打扰年长者休息的同时，和曼海姆市政厅的安保人员一起去“扫街”，让曼海姆成为一个安全系数不断提高的 24 小时不夜城。

“夜市长”这个词最初源自荷兰，2012 年，阿姆斯特丹选出了“夜市长”米利克·米兰。据《卫报》估算，阿姆斯特丹光是舞厅的年产值就高达 6 亿欧元，创造了 1.3 万个工作机会，堪称一座潜力无限的不夜城。米兰就任阿姆斯特丹夜市长之后，在演讲中表示：“夜生活文化是推动城市经济的强力马达。”

他在夜间领着身穿红背心的政府人员巡街，在市中心伦勃朗广场附近为游客指路，也会在尊重对方的基础上，温和地劝导大声喧哗的夜店客“小声一点”“不要在街道上便溺”。

“夜市长”之风刮遍全球。在立陶宛的首都维尔纽斯，前市政府顾问马克·哈罗德表示，维尔纽斯要做照顾年轻人的“夜生友好城市”：“它一直以来都被看作一座科技友好型的创业城市，很多白领要么在不同时间为跨国公司工作，要么自己创业。我们非常关注这个庞大的群体。维尔纽斯希望让夜间变得温暖一点，为这些还在打拼的年轻人带去一些服务和娱乐。虽然位于东欧，但我觉得我们的城市在夜里的商业氛围已越来越西欧化了，年轻人可以在不同领域找到自己的兴趣，不管是新兴移民还是本地居民，他们都能很快融入维尔纽斯的良夜。”

城市夜生活：要沟通交流，不要粗暴管理

2018 年，伦敦“夜沙皇办公室”建立了一个子组织：女性夜间安全基金会。

所有旨在发展夜间经济的城市，都会不可避免地受到公众和舆论的质疑：当夜店、酒吧、咖啡馆和歌舞厅遍布城市街道和社区，随之而来的治安、卫生和噪音污染等问题该如何解决？

这也是拉梅创立女性夜间安全基金会的主要原因，“不管你在夜间是外出工作、去看现场演唱会、进行群体社交，还是抚养嗷嗷待哺的孩子，我们都希望女性这个弱势群体能在夜间有安全感”。

“夜生活是我们城市的灵魂。”这是纽约市长比尔·白思豪 2017 年的一句名

言。当城市灵魂遭遇安全拷问，如何平衡两方利害关系，成了城市铺开夜间经济计划的重中之重。

“夜伦敦”遭遇的最大争议是，那些涉及敏感话题的社会事件，往往伴随夜店的扩张和兴盛而浮出水面。2016年8月，两名18岁青少年在被称为“世界第一夜店”的Fabric里吸毒致死，这让伦敦市政府不断造势的“打造24小时不夜城”计划饱受诟病。

拉梅认为，伦敦应该尽快推动夜间活动的相关立法，这样才能在最大限度发挥城市夜间多元文化的同时，尽可能减少甚至杜绝夜间安全隐患。如今，“夜沙皇办公室”已有所行动，拉梅和她的同事会时不时外出排查那些夜店的安全隐患，并对一些群体聚集地进行安全系数评估。在那些因为地铁、酒吧和夜店的运营而受到影响的居民区，拉梅为市民和店铺机构搭建了沟通的桥梁，“城市需要释放夜间的自由度，但也必须对那些可能因此而被改变正常生活的社会群体负责”。

美国城市规划师简·雅各布斯曾说，城市是一个“生态系统”，它的活力就来自混乱。她的观点是：当烟杂店老板、没经验的母亲、街头玩耍的孩子和爱把身子探出窗户的好事者相安无事时，城市也就处于平和状态。有那些连续而短小的“街道眼”，城市就能保持自由的“舞步”。她给城市开出的处方，就是少干涉人们自然选择的生活。

这也是米兰时常思考的问题。在接受City Lab采访时，他说：“夜晚受到的待遇和白天很不一样，一旦出问题，市政府官员们的第一个反应是‘嘿，我们现在就得禁止这件事’，而不是让市民一起参与，想出一个解决之道。”

雅各布斯和米兰的话，或许能让城市未来“夜市长”和城市管理者们明白一个道理：当利益发生碰撞，非黑即白的“一刀切”管理模式已经过时，现代人向往自由的天性，敦促每一位城市夜间引路人去奔走、去思考、去博弈、去搭建沟通平台、去平衡多方关系，而不是一遇见意外事件和负面新闻，就用“终止”“取缔”或“罢免”等类似字眼对都市人的夜间活动进行粗暴干预。

行政化思维介入城市夜间管理，不只是现代城市治理的一次典型惰政，更关键的是，它将伤害一座城市内部潜在的夜间活力，以及一个个在午夜里向往自由的城市灵魂。

觉醒吧，“社畜”与“薪奴”！

文 / 阿饼

罗莎琳：我恳求你，请问现在几点钟？

奥兰多：你应该问我现在是什么时候；森林里没有时钟。

——莎士比亚《皆大欢喜》

“晚安。”输入这两个字，按下发送键，你就被“刑满释放”了——作为“社畜”与“薪奴”。

你卸下精致妆容与笔挺领带的“枷锁”，一头扎入了各式垃圾快乐中不能自拔，从这个屏幕到那个屏幕，我们把时间切割成越来越薄的薄片，直到它从指间流逝殆尽。尽管我们脑子深处还是有个时钟，或者说第二日“开机重启”的倒计时，正在滴答作响。

于是你采取反击：肥宅快乐水、甜食、肥皂剧、搞笑综艺、一人份豪华夜宵、酒精……这些物质让我们的血糖飙升，迎来多巴胺的温柔抚慰，并麻痹我们的烦恼、悲伤与忧愁，让我们遁入一个由化学变化所引发的幻想世界。在这个“欺骗性现在”的时间中，那恼人的“滴答滴答”似乎停止了，一切都令人欢愉惬意。

虽然最后你在沉沉睡去之际，脑里和胃里又一次充满了空虚与懊悔，像往常那样。“我发誓，”你分不清是梦呓还是清醒，“我明天开始一定要早睡早起……”夜复一夜，日复一日，周复一周，年复一年，从深夜到清晨，从幼儿园到退休，我们为了节省时间而匆忙过活。

只要生活在现代社会，我们的生命时间从一出生就已经处于经济法则——在时间经济学的支配下，每一个人生阶段都按照标准化履历表行进着：从何时起到何时止是儿童，从何时起到何时止是青年，从何时起到何时止是成年；哪些时间准备服役，哪些时间要用于孩子的生育和教育；什么时间离休或退休。从伦理上，你对这一套时间结构也再熟悉不过，听听：“什么年纪该做什么事。”

用线性的方式来体验时间——持续向前，持续做事和完工，持续忙碌，持续加速，持续增加动力，直到不晓得该如何停止——这套社会时钟而不是自然时间，最终把我们从“生活的人”（human beings），变成了“做事的人”（human doings）。

“休闲时间”：现代消费社会的腹黑心机

“996”“007”还是“247”？

不，这些咒语般的数字不是你考虑的范围。你能掌控的，只有今天是否再偷喝一杯珍珠奶茶（备注：少糖多料）、周末凑几个人开黑，或者趁“6·18”“双十一”去勇敢清空（小部分）购物车。

只是千算万算，你还是算不过这个现代消费社会的腹黑心机。根据马克思的观点，不是思想而是劳动将人与动物区分开来。人不是理性动物，而是劳动动物，其生命被分成两个区域：用于生产的时间和用于再生产的时间。就像一个硬币的两面，“周末”的概念依附于“工作日”，也就是说，周末是一种被动的消遣，却又是必须消磨和驱赶的，因为只有你休息好了，才能继续去上班——“周一忙 day，周二求死 day，周三未死 day，周四受死 day，周五福来 day，周六洒脱 day，周日伤 day”，网友的黑色幽默总是透露着事实的真相。

社畜的休息时间的价值还不止于此。法国社会主义者保尔·拉法格（Paul Lafargue）在 1883 年出版的《懒惰的权利》一书中提出了这样的理论：工业社会不仅依赖于生产，还依赖于消费。法国哲学家乔治·巴塔耶（Georges Bataille）则在 1933 年所写的《耗费的观念》一文中指出，每个社会都必须应付两大主要问题——用于自我保存的生产和用于种族繁衍的生产，这体现了所有社会体系发展的起始点——消费以及对剩余产品和能量的摧毁。

也就是说，所有所谓“休闲时间”——下班后、周末、年假、黄金周，除了作为让我们恢复劳动能力的时间而存在，其实是一种经消费社会精心算计的“专供消费的时间”。这意味着更多的日用品、休闲活动、娱乐项目、信息资讯竞相争夺人们膨胀的视野和扩张的时间。这些由我们在工作日生产出来的产品，迫切地要求我们在下班以后去消耗它们。每样东西都是为了被消耗而建设起来的，“一切坚固的东西”——从我们身上的衣服到织出它们的织布机和纺织厂、操纵机器的男男女女、工人们所居住的房屋和小区、雇佣工人的工厂和公司，一直到将所有这些人和物包容在内的城镇、地区——莫不如是。

消费与消耗就是生产本身。作为社畜，劳动越多，生产越多，我们的个人时间被压榨得就越多，消费得也越多。你会从有积蓄变成月光族，再从月光族开始欠花呗和信用卡，最终成为“隐形贫困人口”——每个月消费可能几千上万元，但是一分积蓄也没有。最终，我们每个人都是在空转，把属于现时的不安与欲望像垃圾处理一样寄存到“未来”，企图从那里透支一点个人时间自由。

时间加速之谬论

“没时间”“来不及”“再不……就老了”“感觉每天时间都不够用”……很多人一直追着时间的屁股跑，被带得气喘吁吁还要拼命追，但从来没有赶上过时间；他们总是在想办法节约时间，省下的时间却用来失眠、焦虑与彷徨；他们总是匆忙地从一个事件赶向另一个事件，从一个信息赶向另一个信息，从一个情景赶向另一个情景，走马观花般地穿梭于“生命的诸多可能性”之中。这让我们认定了一个“事实”：生活正在加速。

人们把加速解释成现代性的主要推动力，猜想到处存在着一个速度的提升，就像火车、网速与资本那样。随着这个加速，越来越多未来被消耗，而过去的贬值速度也越来越快。这种不断挺进的“创造性破坏”引起了另一种文明问题——过时，即技术老化、废弃物产生。

就像不断推陈出新然后被淘汰的数码产品那样，为了避免成为现代社会机器的“废弃物”，人类也必须活得更有弹性——必须不断重新学习，避免比我们自己生产出来的产品过时得更快；必须对职业变化与社会地位的起起落落提前做准备，因为“经验”越来越显得无用武之地……所有人都被卷入残酷的竞速赛道里。

但实际上，并没有什么在加速，这只是一种根植于“错失之恐惧”的疲于奔命感。正如时间本身不会不够，它自己也不会加速。诸事物加速是因为它们没有什么支撑，没有什么东西把它们保持在一种稳定的运转轨道上。一切就都拥挤到现时之中。这样的“现时”中就会形成诸多减慢效用的淤积。我们的时间像雪崩一般往各个方向溃散，带来了紊乱和不适感。

哲学家马丁·海德格尔将那种普遍的忙乱现象归结为这样一种无能："无法体会止息、悠远和从容。……时间由于缺乏意义上的重力和锚定，便永不停息地、没有目的地匆忙奔去。"只有时间上的完结形式才能创造出一种持续，一种有意义的、充实的时间。最终，睡眠——良好的睡眠也会是完结的一种形式。睡着的人其实可以说是一个时间的游戏者、漫游者，也是时间的统御者："睡着的人在一种自我环绕的圆圈中，使时间点的流动、使年代和世事的秩序紧绷起来。"（普鲁斯特《追忆似水年华》）

一场关乎时间主权的战争

对于两个世纪以前的人类来说，天空曾是唯一的日历。人类大多依照大自然的时间来运作，与黑夜白昼、四季、潮汐及其他天地的循环同步。我们也只有在身体出事的时候，才会注意到内在规律如何支配我们的身体——如果我们的生活违反了内在的"节拍器"，只遵循着外在的、社会的、抽象的时间，就会出事。

正是因为日益深刻地卷入全球统一时间，人们越来越清楚地意识到，不仅存在日历上的公共时间，而且存在个人感觉上的、身体上的私人时间。这意味着，我们希望能在一定程度上掌控时间的连锁进程，希望实现对自己的时间的"时间主权"。

德国政治社会学家彼得·格罗茨（Peter Glotz）在几年前就预测，未来西方工业国家的文化战争的战场，会在数字资本主义的不断加速与人们对于放慢脚步的要求之间拉锯。那关乎时间主权的利益，以及各种属己时间的捍卫。

我们必须开发且保护个人时间，也要和社会时间取得平衡。慢下来，并不是解决方案。很少人能够逃脱对速度的集体狂热，从这种狂热的观点看来，放慢速度的策略实际上既可悲，又是防卫性的。那些所谓放缓政策并不能消除这一时间危机，它们甚至掩盖真正的问题。

当然，在过去几十年里，中国人的职场生活显然变得更有弹性了。依据自己内在的节奏自由选择的空间越来越大，可我们能否善用选择空间，则不无疑问：对于属己时间，我们往往还是不够坚持。

柏林科学院哲学教授赫尔曼·吕伯（Hermann Lübbe）认为，对于发达国家的人们而言，他们有一种时间会越来越多，那就是“如果不自己做决定，就什么事也不会发生”的时间。也就是说，个人时间越来越多，却都被花在电视或网络上，被那里面的时间节拍器控制。当真正获得一种旷无边际的时间自由时，许多人或许更习惯待在集体时间的边缘，因为他们一旦走进个人时间的迷宫，可能看到令人心烦意乱且茫然若失的东西。

我们降生于一个时间结构本身不断变化的社会，要学习在社会时间中生存。我们需要的，是一场社会的时间管理革命。它涉及个人时间的保护及发展机会，不管是在心理、文化还是经济上。

就个人而言，其实可以做些什么，只要我们不再把“没时间”的问题推给客观世界的种种压迫。我们必须清楚自己为了什么东西而疲于奔命，是什么事情偷走了我们的时间，我们把时间浪费在什么东西上面，而我们原本应该把它用在什么地方，如何善用它、享受它，什么时候应该顺其自然。我们可以借此培养新的观照方式。

而社会层面，“浮士德式的发展模型”或许是一种解决方案——为了生产力的长期发展而不是为了眼前的利润。这种发展模型不让企业家和工人把自己的生命浪费在零碎的、片段的竞争性的活动之中，而要努力把它们整合在一起。它要在历史上创造一种新的私人力量与公众力量的综合。我们应当努力追求一种不稳定的变动中的平衡，这也是马克思主义理论家安东尼奥·葛兰西（Antonio Gramsci）所描述的“智力的悲观主义，意志的乐观主义”。

我会按时睡觉，但不是现在

文 / 卢楠

睡眠时间的摆动反映了个体深入社会的程度，更反映了其在社会分工的阶序上拥有多少自主空间、愿意为自己争取多少自主空间。

熬夜正日渐成为中国青年的主观选择。

2019年年初，《中国青年报》一篇报道用“报复性熬夜”指代明知危害、没要紧事做却依旧凌晨两三点还不休息的熬夜行为。称其为“报复性”，是因为这种熬夜行为作为白天被工作、学习、家庭琐事全面占用的时间的补偿，可以证明“自己仍是自由的，仍有能力安排和掌控自己的时间”。操作游戏的手腕越酸胀，紧盯屏幕的双眼越干涩，你才能越清晰地感受到作为独立个体的踏实感：我不是社畜，不是螺丝钉，更不是工具。

但拒绝按时睡觉所蕴藏的叛逆意味远比这个定义来得丰富——高考结束的暑假，你终于可以公然用“我几点睡和您有什么关系”正面迎战父母絮絮叨叨的早睡警告，作为宣誓成人的重要但不唯一仪式；12年后，你也可以用“夜晚才刚刚开始”揶揄11点半准时熄灯的同龄人，作为强行将自己滞留在青年范畴内的最后挣扎。最重要的是，当手机日历已然翻篇，你仍然可以用不合时宜的清醒编织长日未尽的假象进行自我安慰。这堪称针对时间流逝的终极抵抗——明明都还没睡呢，怎么能说今天结束了？

科学界对人类是否离不开睡眠、每天究竟需要多长睡眠时间一直存在争议，美国社会学家戴维·纽曼则在《欢迎光临社会学》一书中指出，怎样睡、何时睡、在哪睡、睡多久、与谁一起睡，是社会、文化、历史因素的产物。哲学家将嗜睡看作清醒、自制与理性的反面，一种“不够精英”的标识。休谟在《人性论》中将睡眠、发烧、疯狂、心情激动的状态判定为思维、推理的对立面，尼采也以嘲讽的语气讥讽睡眠：“困倦的人有福了，因为他们马上就会安睡。”

工业时代的来临，则意味着大部分人的身体与时间必须交付给生产、流通、消费的社会运作体系统一组织起来——即使闲着，也要通过消费创造价值。

夜晚因此而成为十分微妙的一种存在。根据“日出而作，日入而息”的规律，它理论上扮演着公共生活与私密生活的分界线，事实上则已成为纯粹的个体与其社会职能角力的前线。在这场角力中，原本处于对立关系的清醒与睡眠构成一个硬币的两面，一套涉及“积极自由”与“消极自由”的叙事：一旦睡着，你就处于绝对的不受宰制状态，叮咚作响的工作群对你不再起作用，非自愿的交际应酬可以暂时中断（例如，当深夜大尺度勾搭行为引发你的反感时，天亮后回复对方“不好意思，昨天睡着了”不失为一个妥帖的处理方式）；当然，你也可以用“把自己关机”的形式屏蔽购物网站的轮番诱惑。完成工作后不管多晚，你可以腾出手来潜心制造专属于自己的满足感，庆幸自己终于将如释重负的愉悦尽可能延长——尽管代价可能是黑眼圈、爆痘、肥胖或各种潜在疾病。

在庸常而羁绊众多、压力山大的生活面前，夜晚意味着自主安放灵魂的可能性。即使只是靠肥皂剧、八卦文、心灵健康食品或葛优瘫虚度光阴，比起枕戈待旦当“补锅超人”，或把喜怒哀乐一股脑地倾注到熊孩子令人随时原地爆炸的作业上，本质上还是为成全自我做出了些微小的争取。客观来看，睡眠时间的摆动反映了个体深入社会的程度，更反映了其在社会分工的阶序上拥有多少自主空间、愿意为自己争取多少自主空间。

所以，不要在强行熄灭你学霸室友的台灯后补刀一句“你白天怎么不抓紧时间学习”，或者用“没正经”指责那些深夜撸串、泡夜店归来的年轻人；也不要在朋友圈频繁展示凌晨4点的办公室并配文“生前何必久睡，死后必定长眠”，以“正能量”之名贩卖焦虑。生活如人饮水，冷暖自知，重要的是每个个体都有属于自己的度过夜晚的方式，每一个个体也都能够对自己的夜晚负责，正如对待工作时的每一分钟、生命历程中的几十年那样认真。与此同时，能尽可能多元化地提供夜间生活选择的城市，应该也是充满活力的。

最后，当夜幕降临，希望大家在睡与不睡的抉择面前，都有机会这样回答：“到时候我会去睡的，不过现在还不想。”

保卫头发

文 / 钟慧芊

每一根脱落的头发都饱含着无法逆转的绝情和悲悯，只能让一切随风而去。脱发话题发酵至今，已酝酿成一场巨大的生活危机：一种对生活力不从心的焦虑和恐惧。

脱发、肚腩、油腻，这三项基本中年指标，你占了哪几样？

微博上的段子说，再过不到5个月，“20后”就要出生了，他们看“90后”就像现在的“90后”看“60后”。原本还在享受年轻人红利的“90后”被提醒着即将进入而立之年，神情不禁忧伤起来。自2017年起，中文互联网世界便再一次陷入中年危机的舆论泥淖之中，“第一批‘90后’都×××了”系列在朋友圈中转发、评论、点赞、传播、共鸣。

从丧到佛系、从秃头到养生、从身体到精神，这股消沉的情绪未曾彻底消散。肚腩是我们走形的身体，管住嘴迈开腿，身材大可以挽回；油腻是我们油滑世故的精神面目，让冯唐老师教育一下，也未必不能避免。但脱发不同，每一根脱落的头发都饱含着无法逆转的绝情和悲悯，只能让一切随风而去。

脱发、秃头、谢顶、地中海、发量稀疏、发际线上移，我们对逝去的头发有多眷恋，我们对它的召唤就有多花样百出。网易新闻旗下的“浪潮工作室”发布的《第一批“90后”已经秃了》激起了这次发量恐慌的社会情绪，而话题发酵至今，已酝酿成一场巨大的生活危机：一种对生活力不从心的焦虑和恐惧。

脱发是生理性的，但脱发问题是社会性的

发量恐慌见诸各种媒体平台：杭州电商公司老板赠送员工“护发符”，鼓励他们克服脱发的心理障碍；日本泡面和生发厂家合作研发了一款拌面，吃起来是洗发水的味道；赴韩整容的中国游客越发减少，前去咨询植发手术的日见增长；小学生的口语交际练习题要求模拟安慰突然脱发的朋友。

中国健康促进与教育协会2016年的调查显示，和上一代人相比，现在中国的脱发人群年龄提前了20年；20年前，中国男人的平均脱发年龄是40—60岁，现在，30岁前脱发者的比例高达84%。脱发也不只是男性的烦恼。2011年的《中国脱发人群统计》显示，女性脱发者约0.7亿，约占当年总脱发人群的35%。

年轻人的脱发困扰也体现在消费上。《2019“防脱一族”消费洞察报告》指出，防脱发产品的消费规模近三年来持续扩大，“90后”“95后”成为防脱消费的主力军，线上此类产品消费占比合计超过40%，差不多是“80后”的2倍——“80后”的消费占比只有21%。根据天猫发布的数据，防脱发产品去年销售额增长率为100%，“双十一”期间，一瓶100元的生发液在两小时内销量便达到了4000多笔。

一项科学调查表明，现代高糖饮食让年轻男性的睾酮水平较30年前的同龄男性下降22%，精炼种子油和糖分摄入过多也提高了身体的慢性炎症水平。除了饮食油腻，睡眠缺失也是脱发的一大原因。《2018中国睡眠报告》显示，两大互联网城市北京和深圳分别是起床最早的城市和睡得最晚的城市。

还有更多方面的因素：遗传基因、污染、工作压力、亚健康的生活状态……这些是我们脱发"年轻化""低龄化"的罪魁祸首。脱发是生理性的，但脱发问题是社会性的。脱发成为我们生活危机的出口，宣泄着苦闷、不满、压抑、焦虑、烦恼——我们都有想不出东西而猛抓头发的经历吧？

以调侃的口吻讨论外在显露的脱发，反而更能引发共情

通往中关村的地铁上全是植发广告。

网上已形成一种迷思：互联网行业中的运营、程序员、产品经理，是脱发的高发职业。国家网信办发布的《数字中国建设发展报告（2018年）》显示，2018年中国网民规模已达8.29亿，互联网普及率达59.6%。为了让这台巨型互联网机器运转起来，互联网从业者达到1677万人的规模。

中国互联网进入下半场，很多事情在今年开始明朗化、白热化、公开化。首先是"996"工作制。"互联网+"不但改变产业形态，也势必改变工作姿态。上游的互联网巨头带动着下游的产业链，上游企业实行"996工作制"，下游公司也不得不改变作息，迎合生产节奏。客户爸爸说了算，这一切显得那么顺理成章。

其次是"结构优化"。去年年末，互联网企业在人事问题上动作不断，"正常人员流动""正常业务调整""正常末位淘汰"，互联网企业在经历了高速增长的发展阶段后，也不得不面对自身的"中年危机"。有如当年的国企改制，互联网企业也对冗余员工进行割除，减负前行。

前脚还在嘲讽甲骨文公司被裁的工程师们是温水中被煮的青蛙，"不值得同情"，后脚就被"优化""整合"的码农不在少数。他们年龄在35—50岁之间，依然年轻、依然力壮，却是互联网企业里不得不含泪告别的"中年人"。《财经》杂志的报道称，很多人为了不被优化而拼命努力："这是一种强烈的欲望，人们容易缺失安全感，更容易像抓住一根救命稻草一样抓住某种信仰。"

他们于是明白，公司抛弃自己时，连一声再见都不会说。

加班、熬夜、失眠、抑郁、压力、deadline。我们都明白，养生朋克只是个荒谬的笑话，可是我们身不由己。社畜需要安慰剂，更需要麻醉剂。颈椎病、腰椎间盘突出、直肠炎、痔疮、阳痿是不能为外人道的个人隐私，以调侃的口吻讨论外在显露的脱发，反而更能引发共情。

关于脱发的讨论，“很可能是建立在自媒体渠道和自黑文化下的一种信息增长，而非真正的人群增长”。

在光头还被B站网友戏称为“吴克”的时候，在霸王洗发液还在鬼畜区“Duang、Duang、Duang”地刷屏的时候，脱发还是一件羞于启齿的事情。

演员徐峥在《星空演讲》节目中谈到自己20岁就开始脱发的痛苦：“你们知道20岁秃顶跟45岁秃顶的区别吗？45岁以后开始秃顶，你仍然是一位优雅的男士，你秃得名正言顺、理直气壮，但是你20岁就开始秃顶了，你就是一个鬼鬼祟祟的小人，你做所有的治疗都是一个笑话。”

村上春树也曾经提到，比起脱发本身，更让他难受的是周围人的反应：“他者是很残酷的，本人越是怏怏不乐，他们越是呶呶不休，什么‘不怕的，近来有高档假发’啦，什么‘春树君光秃也有光秃的可爱之处’啦，如此不一而足。若是耳朵整个少了一只，大家自会同情，不至于当面奚落。然而脱发这玩意儿毕竟不伴随具体的痛感，几乎没有人真正启动恻隐之心。”

过去的年轻人在遭遇脱发问题时，只能像徐峥一样，躲在暗处涂抹生姜、在网站上搜索治疗偏方。现在的“90后”则主动将之转变成一个出口，调和这场生活危机的焦虑与恐惧。根据《头等大事：脱发青年自救指南》作者徐峰的观察，关于脱发的讨论，“很可能是建立在自媒体渠道和自黑文化下的一种信息增长，而非真正的人群增长”。

这是我们都很熟悉的话语策略：矮化、退让、调侃、自黑、戏谑、消解。

从这点意义上来说，是不是真的脱发并不重要，声称“脱发”却很重要。它是我们抱团取暖的一次自我排解，也是在文化反制上的一次精神胜利。

今天，我们还能对脱发或者灰心丧气或者调侃幽默，我们还能想象着用植发来挽救我们的形象、事业和生活。但要是你付出所有努力也不一定能拥抱美好未来，你还会在意脱发的自己吗？

保卫头发，就是保卫我们生活的决心。

那些脱发的年轻人

文 / 林雨翔

脱发面前人人平等。每个时代的脱发症患者都在以贴合自身的方式调整着头发状态，年轻人对脱发的担忧，催生了商家的生意。脱发，俨然成为当代压力的一个脚注。

在当下中国，有脱发焦虑的年轻人，其实际数量多得超乎外界想象。

有人初露端倪，睡觉前总要对着镜子，拿起小毛笔，认真地蘸饱“生发剂”，在额头拇指大小的一块“荒地”精耕细作；有人三十而秃，出门见人前需将头顶周边“散兵游勇”就地取材，挑起一绺，小心翼翼折到中央，喷雾抹平；还有二十多岁的年轻人，用生姜对准幅员辽阔的头皮搓搓搓，上演着人与自然的激烈对抗。

即便这样，关于年轻人脱发的统计数据依然触目惊心。中国健康促进与教育协会2016年公布的“脱发人群调查”结果显示，目前中国脱发人群约为2.5亿，其中男性脱发人数1.6亿，以20岁到40岁之间为主，30岁左右发展最快，和上一代人相比脱发年龄提前了20年。此外，脱发人群还在每年递增，甚至超过了糖尿病和高血压人群数量。

而根据尼尔森2017年发布的《中国市场消费者对掉发现象的认知研究》，多数受访者认为过重的压力已超越环境问题和家庭遗传，成为导致中国男性脱发的元凶。

头发，作为大自然的神秘馈赠，是时间之于生命的纹理。但脱发，却俨然成为当代压力的一个脚注。

生发、护发的生意

生发，就是一门玄学。

“不知道为什么突然就开始掉头发了。”换了几份工作之后，1989年出生的窦佼开始意识到自己发际线后退的问题，但他至今也想不出原因，毕竟也没什么明显的家族遗传脱发史。

窦佼猜测，脱发可能和压力有关。尽管医生告诉他“这种事情看轻松就好了”，但窦佼还是几乎一毕业就开始了全球防脱洗发水的品鉴之旅。日本某某洗发水标榜草本成分，据说控油无刺激，试试看；换德国牌子用用，貌似效果不错；某电商平台大促，花500元买个法国产的再试一下。可惜，从本土祖传秘方到外来无硅油，结果都是收效寥寥。

“从广州来北京工作后，每次去理发店，发型师都会提醒我这个问题，给我推荐各种头皮清洁、护理之类的产品。”窦佼说，发型师的理论是毛囊堵塞容易阻碍头发生长。

同样的建议，依依已经听得厌烦。这位姑娘在上个月索性买了把剪刀，从此让家人为自己剪头发，“有爱又省钱，还保护玻璃心。”依依说，父母都属溢脂性头皮，她是他们相加的产物，所以不敢掉以轻心，“毕业后工作了就尝试各种方法阻止自己的尼姑化进程”。

年轻人对脱发的担忧，催生了商家的生意。

“霸王”的销售额在10年前便已经超过14亿元，毛利高达9亿元。形形色色的生姜系和无硅油洗发水在超市大行其道，这个时代年轻人群对头发的自我养护已蔚然成风。

阿里健康于2017年发布的《拯救脱发趣味白皮书》显示，在零售平台购买植发、护发产品的消费者中，“90后”人群占36.1%，即将赶超占比38.5%的“80后”，成为拥有脱发烦恼的主力军。阿里健康发布的另一项健康消费报告也直白透露，“脱发”“失眠”等热点词汇成了“90后”最关注的问题。

根据国家卫生部门公布的数据，中国未来10年毛发健康产业还将以每年260%的速度增长，城市居民用于个人头部护理的消费正以每年30%的速度急速递增。有业内人士推测，2015年至2025年，将是中国生发、养发、植发市场爆发式增长的黄金10年，千亿养发蓝海市场正等待发掘。

是脱发，也是焦虑症

兜售“生发剂”的贩夫走卒言之凿凿地保证效果出众，但也有商家比较严谨，用“固发”“防脱发”来转换概念。事实上，从“章光 101”到“韩勇 9+9”，没有任何一瓶“生发剂”能成为令毛囊起死回生的神仙水。

“增发是不可能的”“市场上的所谓生发产品基本上都是忽悠人”。医院里的皮肤科医生大多对所谓生发产品表示不屑。

一般来说，头发会经历生长期、退行期和休止期三个阶段，生长期为 4 到 6 年，这是每根头发的正常寿命；过后，毛发会进入 2 到 4 周的退行期，变得细软，在生长期与休止期之间过渡；而在休止期，毛囊会在 2 到 4 个月内萎缩或脱落，但这仍属健康的自然状态。

肉眼可辨的脱发大体上分为两种基本类型：一种是由于毛囊受损造成的永久性脱发，比如雄性激素源性脱发；另一种是由于毛囊短时间内受损造成的暂时性脱发，比如精神性脱发，以及皮脂溢出过多的脂溢性脱发、骤然发病的局部斑秃等。

其中，雄性激素源性脱发与基因相关已是定论，脱发将在父子间薪火相传。除此之外，在医生眼里，压力和睡眠不足也是现在年轻人脱发最常见的原因。英国曼彻斯特大学的拉尔夫·保斯（RalfPaus）教授认为，压力会通过激素或神经向毛发传递压力信号，影响毛发的健康。

2019 年 6 月 10 日，浙江杭州，一家互联网公司举办了一场别开生面的发际线挑战赛，奖品是价值 5000 多元的网红植发套餐 （图 / 视觉中国）

有皮肤专科医生在接受采访时表示，现在每天去其门诊看病的脱发患者年龄大多在 20 岁到 40 岁之间，年轻人关注的脱发，除了雄性激素源性脱发和诸如哺乳期的暂时性脱发外，更多和紧张、劳累、休息不好、营养不良有关。不过，医生们也发现，相当一部分脱发的年轻人其实多少是有些“神经质”的：“看着头发很多，而且脱发的量也不是很大，愣是说自己每天掉很多头发。”但医生继续追问后发现，这些年轻人往往伴随着轻重不同的焦虑症或抑郁症。他们揪着头发的问题不放，“可能只是焦虑症的表现之一，并不见得就一定是脱发”。

前文提到的尼尔森报告称，通过对来自北京、上海、广州、深圳、成都、武汉等地的1800余位男性消费者进行调查，60%的受访者表示自己有头发健康问题，其中的54%已有脱发征兆，另外的6%严重脱发。在有脱发问题的受访者中，30岁前出现首次脱发症状的占50%以上，48%的受访者认为压力是脱发的元凶，超过荷尔蒙、遗传、营养、环境等因素，高居首位。

一般来说，人类头皮最终会长出约10万个毛囊，而身体其他部位则会长出300万到500万个。随着时间变化，根据每个人的体质，毛囊会出现不同程度的闭合，一旦闭合，将不可逆。但周期性脱发并不算在内。

常见的说法是，一个健康的人，每天会脱落50到100根头发。假如有一天脱落的头发超过这个数字，那么，我们的确该恐慌了。

“有的人天生头发比较稀，有的人天生头发特别密；有的人整个头皮毛囊中的头发数量仅8万根，有的人却将近15万根，两者相差接近一倍。对于后者而言，每天正常脱发的数量可能超过100根，但这些都可能是正常、健康的。”有医生介绍道，头发数量多少、直径粗细、生长快慢，大多由先天遗传决定。

对于精神性和病理性脱发，医生给出的对策是不同的。比如问一个脱发严重的年轻人是不是经常熬夜，如果他回答“不啊，我晚上12点就睡了”，那么，医生往往会建议其改变生活作息：“这种（脱发）不用医生来治，自己慢慢就会长出来。”但当有不健康、病态的因素干扰毛囊时，就需要通过减少病态因素来进行治疗，“而不是说在原来少的情况下给它增多，这是不可能的”——除非植发。

用植发对抗秃顶

植发，其实是“拆东墙补西墙”。

50多年前，纽约的皮肤外科医生诺曼·奥伦特雷发现，从头皮侧面移植到秃顶部位的毛囊，居然能够正常生长，这证明每一个毛囊都是独立的，不受其他毛囊的影响。由此启发，或许可以把身体其他部位的健康毛囊移植到脱发部位，以对抗秃顶。

这个重大发现直接催化了毛发移植用作治疗秃顶的方式。

早些年间，在移植毛发时，外科医生一般会从病患头发生长最旺盛的后枕部头皮切下薄薄一层，从中分离出一个个单独的毛囊，移植到脱发区。这种毛囊单位移植方案叫作 FUT（Follicular Unit Transplantation），但缺点是会同时留下一条带状疤痕，且可能伤及神经。

现在更常见的方案是 FUE（Follicular Unit Extraction），即毛囊单位抽取术，用外科打孔器直接提取一个个毛囊单位，每个单位由 1 到 4 个粘连的毛囊组成，移植后，可以在新坐标生长出与原毛囊相同数量的头发，这种方式虽然耗时久，但不会留下疤痕。这种方法，好比把花从一个花盆拔出，种进另一个花盆里。

英格兰前锋鲁尼是植发行业最喜欢拿出来现身说法的案例。这位足球明星因为几次植发，让稀疏的头顶重现了生机，也引起了媒体的疯狂报道。明星效应引发了外界对植发的关注。2015 年到 2017 年，百度与植发相关的搜索数量便增长了 114%。

植发技术在 1997 年进入中国，但直到近几年，雍和、科发源等植发机构才流行起来。“上午来植发，下午去上班”的植发机构，和“上午来种牙，晚上啃苹果”的口腔医院一起，纷纷挤进地铁和电梯间的广告屏，激发人们半信半疑的想象力。

有植发机构介绍，当前寻求植发的人群集中在学生、公务员、明星、金融和 IT 从业者。他们的需求显而易见，无论是求职、求偶还是求学，都蕴藏着年轻人对自我形象改善的动力。

1987 年出生的罗贝便是新加入植发大军中的一员。因为只有补发际线的需求，与动辄种 3000 到 5000 个毛囊单位的人不一样，罗贝只需要移 1200 到 1500 个后枕部位的毛囊单位到前额。“算是特别少的，所以只取了一个多小时，有的要移植好几千单位的，连取带种要一整天。”罗贝征询了旁人的经验，对方宽慰称植发并不疼，只是打麻药时会疼一点，不过可以忍受。“但是后来，整栋楼都听到了我的惨叫。”罗贝说。

市场调研公司 Market Research Future 公布过一份《全球植发市场报告》，预计2023年全球植发市场规模将达到238.8亿美元。虽然目前植一个毛囊单位的市场均价在10元左右，一次植发客单价以万元起，但行业盈利仍不明朗，原因之一是营销成本过高。

根据艾瑞咨询此前的报告，植发机构营销手段单一，一般会投入大量费用到搜索类广告上，但未来整体广告方式将会向线下偏移。

脱发面前，人人平等

历史证明，大概只要人类存在一天，脱发这种现象就不会消失，且脱发面前人人平等。每个时代的脱发症患者都在以贴合自身的方式调整着头发状态，毕竟，由一头秀发传递的社交信息与由一个光头传递的信息效果总是迥然不同。

当代人的幸运在于，除了证明何首乌、生姜增发并不靠谱之外，国际医疗界已经出现两种临床验证有效的促进毛发增长药物，一是口服的非那雄胺，一是外用的米诺地尔，后者在20世纪70年代时还只是一种治疗高血压的药物。

但这仅仅对男性有效。到目前为止，医学界尚未就非那雄胺对女性的安全性做出足够的证明研究。不过也有医生表示，女性其实大可以服用："在国外很多医生都给女性开这种药，但一定要和就医者说明FDA（美国食品药品监督管理局）并没有审批，现在还只是征用药；吃药期间一定要注意避孕，否则会导致胎儿畸形。"

时至今日，饱满的头发依然是审美主流。脱发的年轻人甚至艳羡古人的"首如飞蓬"，纵使它翻译成现代汉语叫作披头散发。

窦佼和几个要好的朋友有个微信小群，群里都是男生，最小的出生于1992年，最大的出生于1987年。过去两年，他们同样陷入发量的焦虑。

不知道从什么时候开始，他们的微信群默默改了名字，叫作"长发飘飘"。

（应受访者要求，文中窦佼、依依、罗贝均为化名）

清华大学教授汪民安：

脱发焦虑，来自头发上附着太多意义

文/孙琳琳

从常识以及长期形成的某种神话学来说，脱发跟衰老以及缺乏性感有关，短发跟自信和决断力有关。每一种发型代表的意义，都来自特定历史时期意识形态的规训和塑造。

头发，不仅关乎形象，也关乎个人如何在社会及时代中自处。发量焦虑成为当代年轻人的主要痛点和自嘲点。

为什么总拿头发说事儿？这种现象背后，有怎样的哲学、社会学和心理学动因？

2000年，文化学者汪民安曾对头发有精彩解读。在《我们时代的头发》一文中，他写道："头发是人身上最具可塑性的东西，也是最具象征性和表现性的东西。如果我们承认身体的符号性，如果我们承认身体的阶级性，如果我们承认我们有装饰、改造身体的本能，如果我们承认我们体内有一种自恋性的美学趣味，那么，我们也应承认，对头发的一种拜物教式的关注迷恋不是一时的心血来潮。在今天，在我们这个时代，这种迷恋扎根于某种符号崇拜和身体崇拜，身体崇拜使这种迷恋引向头发，符号崇拜则使这种迷恋引向头发的造型。"

2019年，关于头发的论据更新不少，于是汪民安重说头发的趣与殇。

《新周刊》：你曾说头发听命于身体，又溢出身体的总体性之外，没有快感也没有痛感。但为什么如今脱发却成为一个社会痛点？

汪民安：以前的人也脱发，以前的人也重视外在形象，但是随着经济发展和生活水平的提高，整个时代对外在形象的重视和要求变强了，对头发也就越来越重视——脱发一直是个痛点，不过现在人们更加重视了。

相对身体上的其他部分而言，头发就比较容易控制，可塑性更强。但是，脱发本身却很难控制和阻止，而且脱发是一个人的形象不可避免的损坏，这两点引起了大家的焦虑。胖一点、瘦一点，可以通过锻炼和饮食来控制。但一旦脱发就失控了，它是一个巨大的风险，所以脱发又被称为“头发的癌症”。

秃顶是建立在生理基础上的某种神话，它意味着衰老、性感的匮乏及魅力的损耗。之所以说它有生理基础，确实是因为人们随着衰老的到来，头发会稀少。之所以说它是神话，就是因为这些脱发的意义是人为添加的。脱发为什么就丧失魅力？完全是文化的原因嘛。比如说，在广告中，那些有魅力的明星都有浓密的头发，各种洗发水的广告人物都是拥有一头浓密的头发的人。人们对茂密头发赋予了太多肯定的价值和意义，一旦头发少了，自然就被赋予消极意义。但是，那些脱发的人跟同龄人在健康和价值观上真的不会有显著的差异。

《新周刊》：你曾说头发是麻木而沉默的，但现在头发开始造成痛苦了，这是为什么？它属于因社会压力而诱发的生理病征吗？

汪民安：脱发与压力肯定有关系，会出现一夜变白、一夜掉光的情况。但是脱发也有其他原因。脱发跟遗传就有很大关系，有些人并没有受到很大压力，但他还是脱发。一个家族中常常会出现多位男性脱发。

《新周刊》：如今假发制造成为热门产业，消费者不仅是发量减少的中年人，还有很多并没有头发问题的年轻人用发片来让自己显得更好看。

汪民安：假发成为一个帽子、一个装饰品，在你看来不是十分必要，但对于使用者来说可能是十分必要的。这有些是消费者有这方面的需求，有些是商家制造出来的需求。

《新周刊》：好莱坞曾有一波抵制假发的热潮，女明星们纷纷承认自己在电影里的飘逸长发是接发，然后剪去长发宣示反抗主流审美。这是审美变了吗？还是女权的彰显？

汪民安：发型的长短变化跟女性的社会地位有关。长辫子姑娘是农业社会和古典社会的美学要求。长发显得很柔情、很女性化；今天女性的社会角色变了，要工作就一定得是干练的，不能拖泥带水。女性要有决断权，要自信，要利落，长发的形象肯定不符合这个要求。很少有女性领导人留长发。默克尔、特雷莎·梅等人都是短发。

《新周刊》：你在《我们时代的头发》中曾说头发是身体的资产和产品，而器官是独一无二的，现在很多人通过手术改变了五官或身体，这时的身体还是独一无二的吗？

汪民安：那篇文章写得太早了。现在何止是换器官，技术完全可以组装出一个无器官的身体来。每个人最终都会是赛博格（Cyborg）。我不确定我们将来的身体跟现在的身体还有什么关系。今天的情况是，人们对肉身的任何一个缺陷都非常在意；将来的情况可能是，技术对你的整个肉身根本不在意。

《新周刊》：头发被认为是身体的多余物，是廉价的。很多人却通过剪发来表达决心，尤其是感情方面的，为什么？

汪民安：削发明志，一个人想重新开始，头发是最容易改变的，通常你不可能把手砍了表达一个意志（当然极端情况下也有）。而从头发着手，是一个非常现实的做法。从长发剪成短发，是告别了过去的新的开端，一个新的生长机会——这同人生重新开始的机制何其相似！

《新周刊》：洗头之交是为了见面特意洗头的诚意，不洗头之交是在好友面前不用洗头的随性。你怎么看洗头这回事？

汪民安：洗头是既让自己舒服，也让别人舒服的事情——它没有任何负面的东西。不愿意洗头的唯一原因，就是洗头是件麻烦事。

《新周刊》：头发能够进行情感表达吗？

汪民安：头发的性意味很强，年轻人感情萌动的一个可能因素就是头发。那么多情歌都在吟唱头发。当然我也看到过女性之间的厮打是互揪头发。

《新周刊》：长发、短发、卷发、染发……发型的流行总在变化，如今年轻人的发型与过去也很不同，为什么会这样？头发承载着怎样的精神含义？

汪民安：这大概就是所谓时尚吧，时尚的一个典型表现就是发型。一个时代有其时尚，当然就有一个时代的流行发型。它形成的原因多种多样。社会学家会有各种精确的分析。我不太关心时尚和发型的变化。但是，我觉得时尚是健康社会的标志性特征。一个社会有各种不同发型的流行，表明这个社会是自由和开放的。谁希望回到发型千篇一律的时代？

《新周刊》：如今这么多人尤其是名人剃光头以后，是否削弱了其中反主流的意味？

汪民安：光头有两种类型，一种是快秃顶了，干脆就把头发全部剪掉吧；另一种就是出于秃顶之外的原因剪掉一头茂盛的头发。相对于前者而言，后者有些抵抗意味。不过，不论是哪种类型的光头，总是偏离主流意识形态的。因此，我们看到坐机关的人无论头发如何稀少，都不会完全剪掉——稀少的头发和光头的意义完全不同。光头有一点决绝、对抗甚至挑衅的意味。不过，现在留光头的人越来越多了，对光头的束缚也越来越弱了，这样光头的挑衅性和对抗性反而减弱了。光头在今天与其说是一种对抗，不如说是一种新的时尚。

伦敦大学人类学教授艾玛·塔洛：
头发的故事，就是这个世界的故事

文 /Junitaille

现实社会里的头发，其实早已不是脱发、掉发、植发这么简单。通过头发，我们表达了对不同社会和文化的归属感、对宗教和政治的同情感，以及对家庭和审美的依恋感。

“你看我像恋发癖吗？”

2018年，伦敦大学人类学教授艾玛·塔洛(Emma Tarlo)在接受“人类学新闻”网站采访时，反问坐在她对面的记者。

塔洛也许是这个世界上对头发最感兴趣的人之一。2017年，她出版了《纠葛：头发的不为人知的一生》(*Entanglement: the Secret Lives of Hair*，以下称《头发》)，用400多页的篇幅，讲述了全世界范围内与头发和假发有关的故事。

这些故事和地球村里的所有国家或地区都息息相关，因为无论是假发产业链条的供应大国如印度、巴西和中国，还是这个链条的“接收后端”，也就是那些假发进货国（主要在欧美）里的消费者，都通过一束、一捆假发甚至一个包装，隔空发生了微妙的联系。

塔洛认为，那些关于假发的各种细节最吸引人，比如，中国虽然是人发进出口量最大的国家，但中国人的头发其实最干燥、最粗糙；巴西人的头发极具南美风情，也富有弹性；菲律宾人的头发自带光泽；印度人的头发总是与宗教和神秘相关……

“在中国，有人告诉我，有一个少数民族的习俗，是将一个人年轻时剪下来的头发放在房子最重要的地方，快死的时候才拿出来。这对于那些徘徊在生死之间、无法过渡的人来说尤为重要。

“在印度，长发被认为是美丽和女性气质的象征。在印度南部，很多女性每天都会在头发上插上新鲜芳香的鲜花。最受欢迎的花是茉莉花，因为它有纯洁的白色花瓣和醉人、持久的香味。

“塞内加尔人不仅发明了一种特别的盘发办法，他们还对‘天然头发’下了新定义。在达喀尔，当女性提到cheveux naturels（自然的头发）时，她们指的不是自己的自然状态下的头发，而是那些在过去五六年内可以买到的令人垂涎的头发。”

最令塔洛感到吃惊的，是她在缅甸为《头发》搜集素材时，偶遇的一位83岁老妇人。

“她就蜷缩在自家门口，正清理梳子上的垃圾，那些都是梳头时脱落的头发。在许多亚洲国家，长发女性会把这些头发储存起来，然后以小额的价格卖掉。头发被挨家挨户收集然后卖给商人，后者把头发分发到清理车间，其中大部分会被送往中国的假发工厂。”

令塔洛感到吃惊的是，这位清理梳子上脱落的头发的老妇人，竟然从来没有听说过假发：“她每天都在为一个自己一无所知的行业而艰苦工作，我当时的一个感觉就是，现实社会里的头发，其实早已不是脱发、掉发、植发这么简单。不夸张地说，头发的故事，就是这个世界的故事。”

《新周刊》：为什么会写一本和头发有关的书？

塔洛：十多年前，我见识了一件和头发有关的事：一个犹太教的拉比（犹太人里的特殊阶层，有“老师”的意思）代表团去了趟印度，回来之后就让犹太妇女把在市场上购买的产自印度的假发全部烧掉。

为什么要烧掉？我后来和几个犹太妇女聊过，她们说，很多假发的原材料来自印度的一些寺庙，那里的女性通常会剃光头来感谢上帝，而落下的这些头发就被加工成了假发，漂洋过海运到欧洲。

这在犹太人看来是不可理喻的。他们认为头发与神灵紧密相关，因此无法接受本族妇女把印度人不要的头发当作假发戴在头上。

我觉得很神奇，头发和身体的关系这么亲密，同时又能在族裔层面和宗教扯上关系。通过头发，我们表达了对不同社会和文化的归属感、对宗教和政治的同情感，以及对家庭和审美的依恋感。

《新周刊》：你在书里写到了头发在全球产业链中的一次“奇幻漂流”。

塔洛：我喜欢用“漂流”来形容对那些质感、颜色甚至气味不同的头发的探索。我想知道那些从头上剪下来的头发，为什么能让一个庞大的族裔如此不安，或者让一个拥有共同审美偏好的群体神魂颠倒。这些头发从哪里来，又要到哪里去？

《新周刊》：你的书名里用了一个词：纠葛（Entanglement）。为什么要用这个词？

塔洛：什么叫纠葛？纠葛就是联系、捆绑、纠缠在一起。

循着这些头发的踪迹，我去了印度、中国、缅甸、非洲、欧洲还有美国。

我在缅甸的大集市上遇见过很多卖自己头发的女人，也在印度见过批量生产头发以销往国外的大型作坊。

所有贸易商环环相扣，头发也由疏变密，从一小团、两小捆到成箱装货，最后这些头发被运往孟加拉、印度和缅甸等国的工厂进行整理再加工。那里的工人工资不高，劳动力成本低，因此成了头发加工产业链上的最后一环。

当一捆捆头发突破地理、财富和环境的局限被整合到一起时，它们原本的主人，其实也在世界的天南海北形成了一种关联性的互动。我对这段旅程、这种纠葛着迷不已。

《新周刊》: 头发能在全球形成一个庞大的产业链，是不是因为这个产业一直以来都存在稳定的供需关系？

塔洛: 是的。全世界的人都会因为各种各样的原因和头发说再见，比如在印度南部，一些长发女性会进行剃头仪式，用这种方式履行她们对神灵许下的誓言。这通常是对已经发生的好事表示感谢，也是一种挥别世俗的方式。

同样，在佛教和基督教的传统中，剃头是一种摆脱世俗的重要手段。信奉伊斯兰教和犹太教的人们，则把遮盖头发看作保持端庄的一种手段。

我们对头发的态度还和历史、政治息息相关。鉴于奴隶制和殖民主义的背景，非洲式发型不论从造型还是质地上来看，都和“低劣”“原始”这些字眼画上等号。这让人们将其与羞耻感联系在一起，并由此认为他们的头发需要驯服和改造。

所以我们会看到，黑人女性喜欢在头上绑小辫子，做各种花式发型，这是性别在介入公众形象时的一种自我解放。能戴着她们自己编织的头发，梳起自己认为最酷的发型，这不光是一种视觉解放，甚至和性别解放息息相关。

《新周刊》: 你在接受英国媒体采访时，曾谈到假发消费群体对来自不同地方假发的观感。你觉得他们更重视头发的产地还是头发的质量？

塔洛: 当人们看到那些贴有“巴西”“秘鲁”“印度”“欧洲”“欧亚”和“蒙古”等产地标签的一包包的头发时，大部分人会回想起自己对这些国家的第一印象。我觉得那些销往海外的头发，更多被当作一种异域风情的象征，而不是人们检验头发来源的一项指标。

《新周刊》: “由于人们对中国制造的产品持负面看法，在英国出售的头发几乎从未被宣传为中国制造。”这是你在书里写到的一句话。香港中文大学人类学教授麦高登在描述中国现阶段的贸易模式时，提过一个“低端全球化”的概念，你同意这个提法吗？

塔洛：我觉得这个说法是比较准确的。在英国，人们倾向于把“中国制造”与“低端全球化”联系起来，因为中国制造的很多产品虽然制作速度快，但质量却并不过硬。我和中国一些假发厂的企业家聊过这个话题，他们中的许多人也意识到了这一点。

但中国制造近年来的形象也在改变。我想，不论是头发还是其他产品，包括英国在内的海外国家对于中国制造的理解，仍然和一些特定历史时期所形成的偏见有关，比如20世纪初，欧洲人和美国人从中国进口头发做假发和发网，一方面，他们要靠这些头发继续做生意，另一方面，他们从不信任它，担心它可能携带某些疾病。

《新周刊》：在描述头发的种植者、消费者和中间商时，你用“信任”“隐形”和“谨慎”来形容他们。为什么？

塔洛：我很荣幸，自己有机会进入头发的世界。在这个世界里，我遇到了一些人，他们卖头发、捐头发、收集头发、使用头发、交易头发，有的还自己戴那些本属于别人的头发。

我感谢与我分享他们和头发之间故事的所有人：收集者珍藏他们和供应商之间的秘密，工厂主在为头发产业设计时心照不宣，因为贫穷而出卖头发的卖家守护关于毛发的独家隐私，那些交易者则一边向海外开拓市场，一边隐藏关于假发买卖的点点滴滴。在这个过程中，头发始终很清晰，但交易头发的人却很模糊，所以我想到了“隐形”；每一环都需要袒露心扉，所以需要“信任”；每个人对待头发都小心翼翼，所以是“谨慎”。

《新周刊》：脱发现象在中国中年男人中很常见，英国的情况如何？

塔洛：在脱发这件事上，天下真是“大同”。我曾经看过BBC上一个医生在谈脱发问题，他说，不夸张地说，50%的欧洲男人其实都有过严重的脱发体验，往下走就变成了秃头。

《新周刊》：从人类学的角度，你怎样看待脱发对社会以及现代人生活的影响？

塔洛：由于头发和身份、性欲、审美、健康、女性气质、男子气概以及青春这些概念紧密相关，这就造成了一种新型社会心态：头发没了，我们身上的某种气质或许就会遭遇社会性死亡，大家可能会感到羞耻、尴尬、失去自信甚至过度自卑。

比如一个头发掉光的人，大概率会觉得自己在性方面比不上那些拥有一头秀发的人有吸引力，这就会直接影响他与伴侣之间的日常关系。严重者甚至会阻碍现代社会的一些基本关系。

反过来看，脱发也可能会导致孤立感。我接触到的一些人认为，每次谈及脱发，他们的体会甚至比谈起自己患癌症更糟糕。

《新周刊》：你在英国和一些脱发的男人聊天时，能感受到他们的某种自卑感吗？

塔洛：我能感受到。大部分男人其实羞于谈论他们对自己脱发的看法，这点我认为全世界都一样。

很多人会因此而自卑，好像缺少头发就是自我价值缺失的一个必然信号。我至今还记得在伦敦的一次会面后，一位男士悄悄地告诉我，他每时每刻都在思考自己的脱发问题，“我现在都不忍心站在镜子前打量自己”。

《新周刊》：你去过中国做田野调查，在你眼中，中国人对待头发的感情是怎样的？

塔洛：所有人都对掉发恐惧，很多人也对失去的头发可能落入其他人之手（通过贸易的方式）感到担心。

但我在中国的一个直观感受是，头发也可以成为修行的一部分，成为一门手艺。我对中国古代人用自己的头发做刺绣的做法很感兴趣。在中国研究期间，我参观了温州的发绣研究所，那里的艺术家至今将人的头发作为绣线去制作刺绣，这太让人惊叹了。

我希望我的这本书能激发人们对他人生活的好奇心。在书里，你可以看到个人的抱负、奋斗、工作、痛苦、快乐和创造力的故事。我希望这种取自人类躯体的纤维——头发，能让人与人之间的联系更加紧密，让社会上少一些冷漠，多一些关心甚至怜悯。

我秃了，也变强了

文/詹腾宇

《少林足球》中的二师兄凭一招旋风扫堂腿享誉武林。可是他有个无解的人生巨问：为何我长得这样帅，但要掉头发？

事实证明，不只长得帅要掉头发，强更要掉。

那句振聋发聩的“我秃了，也变强了”，成为许多当世强者的有力佐证——无论二次元还是三次元，影视界还是体育圈，政界还是科学界，此理皆同。

为什么光头显得强？

因为“强者少毛，智者多秃”。西方世界中，光头多为身强体健的干练硬汉；东方文化里，光头意味着叛逆不好惹的恶人。但东西方文化自有共通之处：思越勤，脑越快，毛越疏。跑不了的。

因为生理原因。肌肉生长需要睾酮和雄性激素，激素大量分泌会导致脱发——无解，科学定理来的。

因为配合光头的其他元素。光头常与刀疤、文身、肌肉、络腮胡等代表力量或邪性的元素合为一处，予人一种超难搞的印象。有头发的千姿百态，光头佬则多不例外。有忠言曰，三种人不可惹：饺子耳、粗脖子、大光头。

因为玄学。比如光头可以减少阻力或亮瞎对手——可参见邓肯不慎被对手某枚光头晃了眼，又被光头裁判克劳福德判技术犯规的段子；或者《魔兽世界》里经典的“光头加暴击”梗。

二次元的光头强者

有这么个人：头如鸭蛋，头顶锃亮，眼神空洞，面无表情，漠然得似乎全无灵魂，看上去人畜无害甚至异常弱鸡，却是整个二次元理论上的最强存在。

他可以无视敌人一切攻击，淡定地等对方不厌其烦秀完肌肉后再面无表情一拳击飞——强得根本没有对抗可言，而他本人也感受不到战胜对手这件事有什么乐趣，大多数时候都摆着一副“真无聊啊”的面瘫模样。他的热情似乎和头发一样，早掉落干净了。

他是“一拳超人”埼玉。“我秃了，也变强了”的金句，高度概括了他无人可敌、无险可遇的索然无味。

有位热爱科学的少年，与超人是同班同学，两人起初关系不错。某天他邀超人到实验室参观自己研制的氪石解药，因过于兴奋不慎打翻烧瓶，引发火灾。超人试图用超级呼吸灭火，怎料用力过猛引发剧烈爆炸，少年一头散乱红发悉数焚烧败落，一朝成秃。夺发之恨，让少年骤然黑化。《超人》（*Superman Vol 1*）漫画 292 期中的描述颇为直白：“是什么原因让一名天才少年变成了世界最大的恶棍？”从此他将平生所学用于极恶之道，人生目标唯留两个：杀死超人、支配世界。

他就是超人的一生之敌莱克斯·卢瑟。他用一头消逝无踪的秀发为代价，证明了人类到底有多在意头发，以及由头发引发的怨念如何使人变得更强。

有一个平凡勤恳的人，因其平庸又多舛的命运屡遭嘲讽。他本打算当一名普通高中化学老师到老，却突遭罹患肺癌、妻子意外怀孕等重大变故，被迫走上与学生杰西·平克曼一起制造冰毒的不归路，从一个灰头土脸的窝囊平民蜕变成一代毒枭。在此过程中，他浓密却土气的一头棕发不断脱落，种种不堪也似乎随之消失，完成一次由身到心的彻底逆袭。

他是“老白”沃尔特·怀特。在他摆脱人生压抑、游走在道德边缘之时，既失去了头发，也失掉了最初的自己，变成了另一个人——复杂但充满魅力。

有一个不甘平凡的魔法师，本有麻瓜父亲遗传的俊美外表（棱角刚毅且有几分像超人）、超强魔力与一头金色秀发，但他痛恨抛弃他与母亲的父亲，因此对外形极为排斥。他在黑巫师的指引下服了无数魔药，将灵魂分解成七大魂器，最终如愿毁容，终成秃头、白面、没鼻子的恐怖模样——这反而让他觉得舒适无比。

他是伏地魔。毁容和秃头的自戕之举是他对自己的原生血统、自我认同（伏地魔本名汤姆·马沃罗·里德尔）和悲惨童年的深刻反叛。伏地魔选择凭绝对力量取胜的道路，疯狂屠杀他所痛恨的混血、哑炮和麻瓜。除了食死徒，他还

莱克斯·卢瑟（Lex Luthor）是DC宇宙中著名的超级反派角色，是超人的一生之敌，因被超人误毁头发而结仇。卢瑟由杰瑞·西格尔与乔·舒斯特创作，被描述成拥有高智力与惊人科技能力且着迷权力的邪恶科学家

成功策动了许多曾经的正义之士效忠自己——这比另一个著名秃头灭霸有勇有谋得多。

漫威世界光头众多，灭霸、X博士、天启、死侍都是狠角色，还有标准秃顶乌木喉先生，但此人还是显得尤为特别：他与黑暗维度统治者多玛姆战力相当，是会能量投射、穿透物体、催眠术、防护罩、炼金术、念动力、瞬间移动、跨空间传送、隔空召唤等超能力的魔法万花筒。

他是古一法师，奇异博士的师父，漫威世界第三与第四阶段交接，推动剧情走向高潮的关键人物。他在死后化为灵魂对奇异博士做出多番预知未来的指示，又在终局之战中将时间宝石赠予绿巨人扭转战局。

与之相对地，奇异博士倒是发量茂密。但奇异博士饰演者本尼迪克特·康伯巴奇在英剧《脱欧》中饰演英国脱欧运动策划主管多米尼克·卡明斯，却很英国地秃了。

游戏世界里，还有这么两位秃头大佬：一个是字面意义上神挡杀神的猛士，抡着各种钝器把希腊和北欧神话诸神杀得干净，直砍得满身血迹、日月无光（依然是字面意义）的宙斯私生子、半神奎托斯；一个则与奎托斯的风格全然相反——身着得体西装姿态肃然，擅长在神不知鬼不觉间取人性命后拂袖而去的克隆人杀手47。

余下的游戏圈光头强者，还有《虐杀原型2》的海勒、《质量效益2》的杰克、《鬼泣3》的阿卡姆等人——纵然兼具硬汉外形和逆天之力，但他们内心大都充满邪性与人性的冲突，饱受矛盾与痛苦。神通力量之下，深藏的是秃头们不为人知的悲情。

体育圈的光头强者

运动圈猛男众多，脱发者也多。

有这么个人：长着一张黑人中少有的帅气脸庞，却以衣品不好闻名于世。刚进 NBA 就是改变这项运动的存在。NBA 球员杰夫·穆林斯在 1983 年预言：“奥斯卡·罗伯逊和杰里·韦斯特是史上最伟大的后卫，但他出现之后……我们得改变这种想法了。”

在他 1984 年进入联盟之后数十年间，全世界球迷看着这枚光头一次次划破空气、擦亮天空，用惊叹和欢呼送他完成罚球线起跳扣篮、空中拉杆上篮，以及晃倒拉塞尔，用标志性的中投绝杀爵士等无数神迹。

他是非篮球迷也听到耳朵起茧的、当世无双的“飞人”迈克尔·乔丹。张佳玮写道：“如果这个世上，关于篮球的问题，还有一个人可以相信的话，那就是他：迈克尔·乔丹。”

有位视乔丹为偶像的天才高中生，从小便习惯完爆各路同级生，唯一困扰是长相太老（后来这个梗被长得更老的格雷格·奥登抢走）。高三毕业直接进联盟，长相比很多大四毕业的前辈还成熟，刚过三十岁便喜提“三旬老汉”雅称。打了几年，他发现发际线无可挽留地快速上移，发带已盖不住空荡的额头。他怅然在社交软件称“我梦见自己长出了浓密的头发”，醒来一照镜子——算了，还是去拿总冠军比较现实。

他是勒布朗·詹姆斯。他有多强无须赘述。简言之：比他高的没他快，比他快的没他壮，比他壮的没他能跳，在各个方面都能与他抗衡的怪物，可能得从 NFL 里找了——比如同是光头的跑锋阿德里安·皮特森。

有个阿根廷人，早年长发飘逸、面容俊秀，是 NBA 中很珍稀的长相周正的白人帅哥，可惜经过队里另外一位著名秃头长年累月不断摩挲，终于也秃了。自此阿根廷人长发变锅盖，与那位高大的秃子比翼齐秃，携手打造了一支纵横联盟数十年的黑衫铁军。他们是马努·吉诺比利和蒂姆·邓肯，马刺王朝的缔造者，NBA 史上最好的外籍得分后卫和大前锋之一。

视野转向英伦三岛。有个少年，自小生得腰大膀圆，尤其脚头异常硬朗，有一张看起来不太聪明且脾气不好的脸庞，且与许多英国同胞同悲，英年早秃。他 16 岁就在埃弗顿踢球，并一脚抡破英超最年轻进球队员纪录。当时他头上就没几根毛了；待到职业生涯全盛期效力曼联，头顶更是稀疏得如同他的老前辈博比·查尔顿爵士。

他是英国足球名将韦恩·鲁尼。但他在秃头界的资深程度，依然不及另外两位以秃为名的足球智者——一为西班牙人，球员时代是克鲁伊夫钦定的“4号”中场防守核心，退役后将其指挥力和大局观带到教练岗位，率巴萨、拜仁、曼城三队屡获佳绩；一为法国人，古往今来最好的中场司令塔之一，1998年世界两个头球顶飞巴西队，率队夺下法国队史上第一座大力神杯，他的秃头闪耀了法兰西和世界足坛的天空。他们是“瓜秃”何塞普·瓜迪奥拉和“齐秃”齐内丁·齐达内。

还有个刚刚退役的著名秃头，曾以一招无解的内切突破横行足坛。人们评价他“上帝给了他一条神奇的左腿，却收走了所有头发”。他年少早秃，面容显老，因此得了“罗老汉”之雅称。他的名字生来就是个梗：网友帮他P了不同发量的头发，分别称为罗本、罗硕、罗博——可罗本明明从未拥有“本科式发量”啊！

有一位力大如牛、奔跑如风的西班牙网球手，年轻时便以发量充沛著称，得用发带箍住奔放长丝；他发球前的必要步骤，是先扯出紧紧夹在两股之间的短裤，再整理左右两边垂下的长发使之不挡住视线。只是没隔几年，发带之上毛发渐稀，曾经的芜杂海草缩成鸟窝形状，早已无须拢起——他是纳达尔，现在只剩下扯裤子了。

影视圈、政界、科学界的光头强者

许多影星在成名之前有头发，不过维持时间不长。葛优在拍《初恋时，我们不懂爱情》时为角色剃了光头，后来参演《盛夏和她的未婚夫》时发际线已不幸后移呈M字形，待到《我爱我家》《编辑部的故事》等名剧时期，发型已散乱到无法控制，前秃渐成全秃，干脆剃光了事——这一剃，把葛优之前的邋遢土气一扫而光，变得愈加型格不凡；独有的慢半拍幽默也更运用得体，在贵气、匪气、市井气之间切换自如。且不说葛优全盛期标杆式的各色喜剧作品，即便是2019年春晚牛刀小试，也足以让当代诸多平庸的喜剧演员相形见绌。而葛优在小品《今晚我们相识》中的经典俏皮话“热闹的马路不长草、聪明的脑袋不长毛”，也让许多秃头找到了挺直腰杆的理由。

陈佩斯、郭达、徐峥等影视界大腕也是如此，秃是他们经受岁月沉淀的标志，让他们多了几分睿智幽默的加持，融成独特的个人风格。不过秃的加成并非人人奏效，比如曾经萌帅得让人过目不忘的新疆童星阿尔法，因为秃和胖，秒变油腻中年人——所有以样貌英俊和姿态年轻著称的明星都害怕难以抵御的“秃袭”。

再放大一点范围，政治界及科学界更是秃头重灾区。英国前首相丘吉尔、印度圣雄甘地，苏联历代领导人列宁、戈尔巴乔夫及现在的俄罗斯总统普京，和巴顿将军一起研究如何治秃头的美国前总统艾森豪威尔；人本主义创始人之一卡尔·罗杰斯、量子力学奠基人之一普朗克、量子物理学家尼尔斯·玻尔、理论物理学家保罗·狄拉克、发展心理学之父让·皮亚杰、工业心理学宗师闵斯特伯格、驯兽大师斯金纳，各站高位，各得其秃。

名人之中，发量与政商力、学识、见闻多成反比。所以说，如果你不得已真要秃了，那就该更努力成为更强的人——“一拳超人为何这么强”的官方解释如下：“他获得强大的同时他也秃了，还有因为那份强大同时带来压倒性的疏离感。”

反过来想，若又秃又差劲还与人疏离，就真的是极致颓丧，令人头冷了。

新周刊

NEW WEEKLY

2019 年度佳作

新青年进化论

2017年9月29日，美国泽弗希尔斯，一群翼服飞行员从1200米的高空跳下，背朝地面，面向天空。这是佛州一个跳伞中心举办的活动，吸引了众多翼服飞行爱好者参加（图/IC）

2019年，五四运动100周年。

100年前，新青年迥异于旧青年，人格自主，观念进步，人生进取，视野国际，伦理实利，常识科学。

100年后，我们该如何重新定义“新青年”？

鲁迅先生说过：“我一向是相信进化论的，总以为将来必胜于过去，青年必胜于老人。”

青年其实不论新旧，亦不以年龄区分。有的人还没年轻，就已经老了；有的人老了，却依然年轻。评判一个人是否年轻，要看四态：心态，是否有一颗好奇心；状态，是否勇于试错；姿态，是否忘掉年龄；体态，是否重视身体管理。

今天的新青年，是游牧世代、无性世代、前置消费世代、反996世代，他们讨厌同款、热爱国潮、谢绝代购、不立什么flag、不强求有效社交、不想吃得过分健康、不管别人也不想被别人管……

“青春不是指生命的一段时间，而是指一种精神状态；它并不是指红润的面颊、透红的嘴唇和灵便的腿脚，而是指坚强的意志、丰富的想象和强烈的感情，它是指生命的源头活水的清新之感。

“青春意味着在气质上勇敢多于怯懦，冒险进取多于舒适苟安。这在60岁的老年人中往往比在20岁的青年人中更为常见。人之变老不仅由于年岁的增长，我们之所以变老常常是因为放弃了对理想的追求。”（塞缪尔·厄尔曼）

100年后，我们如何定义青年？

文/谭山山

今天要鉴别一个人是否年轻，可以引入这四个标准：心态——始终对外界保持好奇；状态——保持开放的心态，勇于尝试；姿态——不因生理年龄而产生刻板印象，从而自我束缚；体态——进行身体管理。

又是一年“五四”时。

今年是“五四”运动100周年，这让人不由得想起《新青年》杂志，想起陈独秀，想起胡适……以及，被批为“世故老人”的鲁迅。

1918年，发表《狂人日记》时鲁迅已经37岁，比同时代的其他作家如胡适、茅盾、郭沫若、郁达夫等要年长10岁以上，在当时的年轻人心目中，他更像一个“长者”。但他说自己不做“青年导师”：“要前进的青年们大抵想寻求一个导师。然而我敢说：他们将永远寻不到。寻不到倒是运气；自知的谢不敏，自许的果真识路么？凡自以为识路者，总过了‘而立’之年，灰色可掬了，老态可掬了，圆稳而已，自己却误以为识路。假如真识路，自己就早进向他的目标，何至于还在做导师。”（《华盖集·导师》）

虽然如此，当时的年轻人仍然景仰他，因为，他将希望寄予青年——“我一向是相信进化论的，总以为将来必胜于过去，青年必胜于老人。”（《〈三闲集〉序言》）

100年后的今天，社会进化了，青年也进化了。新时代的青年，既是价值取向趋向多元、主体性和自我意识凸显的一代，也是反标签、反套路的一代。他们是行动家、创新家、生活家，并开始影响、反哺上一代。

“我是青年！”

南京大学教授周晓虹在论文《中国青年的历史蜕变：国家与社会关系的视角》中写道：“人们谈及‘青年’（Youth），常常都会将其自然而然地视为一个与生命成长相关联的年龄群体，一个与成年人相对应的社会范畴。但是，有关这一年龄群体的‘年龄’界定或者说‘青年’这一年龄群体的边界划定不断推后，却最清楚不过地显露出这一群体的社会建构意义。换言之，作为一种年龄群体，青年本身的出现、具体年龄的确定和变动都无一不是工业革命以来社会结构及其变动的产物。”

“青年”概念是近代的产物。在我国，“青年”概念的出现比西方要晚 100 多年，历史学家钱穆曾称，“青年乃民国以来一新名词”。陈独秀于 1915 年 9 月 15 日创办《青年杂志》并撰写发刊词《敬告青年》，开篇即比较中西方青年观的迥异：“窃以少年老成，中国称人之语也；年长而勿衰，英、美人相勖之辞也，此亦东西民族涉想不同、现象趋异之一端。”这篇发刊词被视为中国“青年”概念得以确立的重要标志。

《青年杂志》从第二卷起改名《新青年》，陈独秀在《新青年》一文中指出，所谓“新青年”，是区别于“旧青年”的——“自年龄言之，新旧青年固无以异；然生理上，心理上，新青年与旧青年，固有绝对之鸿沟”。

而“新青年”应该具备的特质，陈独秀在《敬告青年》中做了具体阐述：一、人格形态——自主的而非奴隶的；二、社会观念——进步的而非保守的；三、人生态度——进取的而非退隐的；四、民族视野——世界的而非锁国的；五、伦理尺度——实利的而非虚文的；六、常识标准——科学的而非想象的。

用当时就读于北京大学的杨振声的话来说，《新青年》杂志就如春天的响雷那样，把当时中国的青年从迷糊的状态中惊动醒来，让“他们首先发现了自己是青年，又粗略地认识了自己的时代，再来看旧道德、旧文学，心中就生出了叛逆的种子。一些青年逐渐地以至于突然地，打碎了身上的枷锁，歌唱着冲出了封建的堡垒，确实感到自己是那时代的新青年了”。后来，杨振声成为“五四”运动的中坚力量，两度被捕。

巴金的《家》则用文学手法描述了当时的年轻人“青年”意识觉醒的过程：“觉慧皱紧眉头，然后微微地张开口加重语气地自语道：‘我是青年。’他又愤愤地说：‘我是青年！’过后他又怀疑似地慢声说：‘我是青年？’又领悟似地说：‘我是青年。’最后用坚决的声音说：‘我是青年，不错，我是青年！’”

不是每个年轻人都有资格自称“青年”

一个人能不能被视为“新青年”“真青年”，与年龄无关，而是与精神面貌相关——陈独秀1915年提出的这一观点，在今天看来仍然具有启发性。他说：“吾见夫青年其年龄，而老年其身体者十之五焉，青年其年龄或身体，而老年其脑神经者十之九焉。华其发，泽其容，直其腰，广其膈，非不俨然青年也，及叩其头脑中所涉想、所怀抱，无一不与彼陈腐朽败者为一丘之貉。”（《敬告青年》）因此，“慎勿以年龄在青年时代，遂妄自以为取得青年之资格也。”（《新青年》）

鲁迅也表达过类似看法：“近来很通行说青年；开口青年，闭口也是青年。但青年又何能一概而论？有醒着的，有睡着的，有昏着的，有躺着的，有玩着的，此外还多。但是，自然也有要前进的。”（《华盖集·导师》）

“青年其年龄或身体，而老年其脑神经者”——这不正是近年来热议的“提前进入中年危机”？当代青年一方面希望青春期被后置（“我还是个宝宝”），一方面又不得不面对中年危机被前置（“‘90后’都开始脱发了”），于是造成了年龄、身份感的错乱，市场研究及营销咨询公司“青年志”将这一现象称为“年龄迷航”，并发布了一篇题为《消失的年龄坐标》的报告。

关于“青春期后置”，这个报告写道：“青春期被不断后置，从18岁到25岁，再到30岁乃至40岁。‘自我’前所未有的丰沛，也前所未有的复杂，拥有前所未有的多种可能性。人们希望自己一直是拥有无限可能与潜力的‘宝宝’，可以持续建构与丰满自我，不用成为循规蹈矩、毫无可能性的‘大人’。”

至于“中年危机前置”，报告指出：“（年轻人）感知到巨大不可控的潜在风险，却没有足够的安全感进行抵御时的焦虑与恐慌——我还年轻，为什么却被迫像一个中年人一样保守地担忧与思虑？”报告举了蒋方舟的例子：和徐静蕾在《圆桌派》对谈时，时年28岁的蒋方舟坦诚自己“担心嫁不出去”，调侃自己还有“男权遗毒”，难以摆脱社会主流价值对女性的苛求，“其言谈之间所表现出的担忧、焦虑和不自信，比40岁的徐静蕾看上去更接近‘中年心态’”。而这一结果反而呈现了蒋方舟真实的一面——“作为一名被不乐观的择偶现实和社会主流观念夹击的年轻人，比起事业爱情双丰收的徐静蕾，的确要面临更多的恐慌和困惑，只是有多少人敢于这样直接表达出来呢？”

《消失的年龄坐标》报告认为，时代的不确定性，正是造成“年龄迷航”的核心因素。一切坚固的东西都烟消云散了，我们进入了“风口时代”——高风险、不确定性与机遇、风口并存。这个时代不论出身，年龄、学历、资历统统不是障碍，人人都有入场一搏的机会（所以“00后”CEO的出现毫不出奇）。同时，这也是一个“后喻时代”，最具传喻价值的不再是长辈的经验，而是后辈对于社会的不断创造革新。长辈向年轻人学习共享经济，学习断舍离，学习享受各种“黑科技”，学习接受“液态现代世界”（英国社会学家齐格蒙特·鲍曼提出的概念）的不稳定性，学习不断探索这个世界，学习“健康而有益的文艺生活方式”……

鉴别一个人是否年轻，心态最重要

当年，陈独秀是从生理、心理层面来区分新旧青年的，今天要鉴别一个人是否年轻，我们可以引入这四个标准：一是心态——始终对外界保持好奇，乐于接触新生事物；二是状态——保持开放的心态，勇于尝试，哪怕失败、出错；三是姿态——不因生理年龄而产生刻板印象，从而自我束缚，比如摒弃“在什么年龄做什么事”这种想法；四是体态——进行身体管理，人到中年而没有大肚腩是一种美德（当然也不必一味追求所谓“少女感”“少年感”）。

其中，心态至为重要。职场社交平台领英（LinkedIn）2018年发布的“职场心态”调查发现，提到“年轻”，70%的职场人士首先想到的是“心态年轻，善于学习新鲜事物和迎接挑战”；“好奇”“学习”“开放”是人们提及“心态年轻”的高频词。只有40%的职场人认为自己拥有年轻的心态，而大多数人正被一些心态变老的“病症”所困扰，最普遍的三大症状体现为：做事变慢、工作效率降低（57%）；不再具有闯劲、瞻前顾后犹豫不决（52%）；害怕做出改变、渴望稳定（51%）。至于如何保持年轻的心态，职场人普遍认为这取决于能否经营兴趣爱好（63%）、社交圈子的影响（58%）、个人对自我的认知评价（52%），实际年龄则被认为是影响最小的因素，只占13%。

“青春不是指生命的一段时间，而是指一种精神状态；它并不是指红润的面颊、透红的嘴唇和灵便的腿脚，而是指坚强的意志、丰富的想象和强烈的感情，它是指生命的源头活水的清新之感。

“青春意味着在气质上勇敢多于怯懦，冒险进取多于舒适苟安。这在60岁的老年人中往往比在20岁的青年人中更为常见。人之变老不仅由于年岁的增长，我们之变老常常是因为放弃了对理想的追求。

“年岁也许会使皮肤增添皱纹，可是一旦丧失热忱，灵魂上的皱纹就会随即出现。忧虑、恐惧和缺乏信心会使人心灰意冷，意志消沉。”

年过七十才开始写作的美国作家塞缪尔·厄尔曼（Samuel Ullman）在《青春》（*Youth*）一文中这样写道。他想表达的就是：有的人很年轻，却已经老了；有的人很老，却依然年轻。

年轻的50个细节

文/钟慧芊、詹腾宇

“愿中国青年都摆脱冷气，只是向上走，不必听自暴自弃者流的话。能做事的做事，能发声的发声。有一份热，发一份光，就令萤火一般，也可以在黑暗里发一点光，不必等候炬火。此后如竟没有炬火：我便是唯一的光。”——鲁迅

1. 买衣服不如租衣服

囿于“啊啊啊我没有衣服穿了”的日常困惑，当下的最优解是在App上租衣服。从此告别衣橱，使劲美。

2. 穿紧身裤不穿牛仔裤

穿着紧身裤，时刻提臀、瘦腿、纤腰，一种“我爱健身，健身爱我”的大型心理暗示。牛仔裤看着就缺乏活力。

3. 以“国潮”为潮

余文乐在电影里手捧“硬通货”Supreme砖头自鸣得意的情节已经过时。现

在的剧情设计是男主角一身“国潮”，路人侧目：“飞跃哦！”

4. 讨厌同款，喜欢存款

讨厌抖音同款，讨厌明星同款，讨厌韩国东大门同款，讨厌一切以“同款”结尾的同款。喜欢银行储蓄卡里的存款。

（图 / Andy Singer）

5. 配饰里都是心机

女士是耳环、项链、戒指、手镯、丝巾，男士是眼镜、手链、手表、袜子。这是机巧，也是密码——一场小型“大家来找茬”的游戏。

6. 不是不喜欢奢侈品，我们想开开眼界

棋盘格、铂金包再金贵也会撞款，山和海另一端的小众品牌才会让人觉得自己睁眼看过世界，这是有钱都买不到的志气。

7. 最中意换发型，最紧要是有型

可以染发可以烫发但不可以没有头发。发际线被“996”推高了 2 厘米，让我们换个发型纪念逝去的光阴。

8. 坐地铁、滴滴或骑共享单车，绝不坐公交车

从前不坐公交车，是因为每坐一次就经历一场生存竞赛；现在不坐公交车，是因为我们已经习惯无现金出行——谁现在裤兜里还会装着零钱和公交卡？（好消息是，有些公交车可以刷手机支付了。）

9. 每天放飞灵魂换来每年一次出国旅行

旅行还需要意义吗？不要和我讨论形而上的思考，我只问一个形而下的问题：钱存够了吗？

10. 谢绝代购

我是出去浪的，不是给别人排队问价钱的（况且还不一定买）。现在海淘多方便呀。

11. 睡哪张床不能马虎

行政酒廊和恒温游泳池只对商务人士有吸引力。年轻人出国旅行的住宿准则是：预算豪华住精品酒店，预算管够住特色青年旅舍，预算够不够都要留出一天时间住当地民宿。

12. 错峰出游

一年365日，除了“黄金周”，其他时间都是出游的黄金时间——坚决支持错峰出行。

13. 租房不可耻

买了房没有想象中开心，笑别人没房比想象中更扯。租房没什么可耻的，有房却没生活才应该感到羞愧。

14. 大方谈性

要说便说，能做便做，藏着掖着反而猥琐。跟谈爱一样谈性就好，但请注意技巧和场合，不会说黄段子别硬说。

15. “有效社交”是啥玩意？

交朋友，开心就好。难道还要设KPI？

16. 不必吃得过分健康

枸杞泡水可以，餐餐全素就不必了。连做健身餐的商家都要满足广东人对米饭和肉类的需求，只要别整天赖在沙发上不动就行了。该吃吃，该喝喝，爱谁谁。

17. 严禁在朋友圈大规模杀伤性晒图或视频

晒娃、晒恩爱可以接受，但用旅行风景的打卡照疯狂刷屏就不能忍了。每一条动态都点赞很累的好么，更何况还都是大头照。同样道理，我也不想在朋友圈看完一整场张学友演唱会。

18. 拍点更出格的照片

除了别黑爬高楼，别瞎约“新锐”，各种新设备、新方式、新姿势不妨多试试——只要硬盘保管好，照片看到老。

19. 拍照姿势学其一：浪漫主义

“着最闪的衫，扮十分感慨，有人来拍照要记住插袋。”（《浮夸》）

20. 拍照姿势学其二：存在主义

“JoJo 立”。

21. 编程：从入门到放弃

C++、C#、HTML、CSS、Python、Ruby、JavaScript、Go 这些我都不会，但我知道“PHP 是最好的语言”。

22. 接机械键盘的电脑才有生命

笔记本电脑的原装键盘和组装主机随便搭着送的键盘是不能用的。用上机械键盘，不管是不是程序员，都可以学着感叹一句：“这就是敲击灵魂的触感呀。”

23. 在聊天中穿插不同方言，贯彻执行严肃文学

在输入法中键入“册那”和“靠杯”，连骂人都显得很温柔。一种日常的间离化效果思密达。

24. 我有知识我自豪

玩消消乐学英语，上 B 站看考研教学，反差再大的媒介平台一样可以挖地三尺找到知识点，有何不可？

25. 对无知这件事保持耻感

你的全部知识来源是百家号和今日头条？快醒醒。会为自己的无知感到羞

耻？这证明你还算年轻。

26. 追不动长篇美剧，吹爆短篇单元剧

动辄三五七季的长篇美剧太耗时间，2倍速也看不下这些21世纪的长篇小说。现在更当红的，是有话直说、有情节直接安排、有冲突直接开打的反转诗选剧。（别告诉我你不知道什么是诗选剧。）

27. 收藏自定义表情包达到上限的300个

人类说话的方式太不简单，于是互联网发明了表情包。总比傻呵呵的一串“哈哈哈哈哈哈哈”显得有内容。

28. 谁还不是个女装大佬

众所周知，萌妹子头像用户的真身是抠脚大汉。朋友，你第一天网上冲浪吗？

29. 不是不会“阅读空气”，而是“无视空气”

日本人将“懂事”“识相”“有眼力劲”形容为“阅读空气”，不过我们更愿意关起门窗回家做梦。

30. 结婚和生育，总有一个要延迟满足

生命苦长，婚姻已经是爱情的坟墓了，那么生小孩就是爱情的僵尸？好可怕……

31. 审美高低好坏我自己拎

“素颜出门不尊重人”“身材都管理不好何以管理人生”“你能穿得像个淑女一些么”——闭嘴吧您，我不需要审美官。

32. 听自己没听过的音乐类型

不要让抖音曲库或软件日推主宰你的耳朵，别觉得“这个我反正听不来”。尝试下新鲜的曲风，或许离颅内高潮能更近一步。

33. 换什么都可以

工作、住所、伴侣、设备、习惯……看透了就尽早换，过于谨慎在当代几乎等于抱残守缺。

34. 不要被人管，也不要管别人

先做好自己，每日三省吾身，OK？轻易奴化自己、肆意奴役别人，都是病，且没得医。

35. 把抛接梗当作日常

这是无梗不欢的年代。懂所有梗，挑好玩的适时抛出与人交流。如果你频频接不上梗、时常觉得莫名奇妙，最好反思一下自己日常到底在关注什么。

36. 人人都是孙笑川

网络时代，做人要有真·娱乐精神，享受亚文化里最有趣的部分，了解亚文化那些不可说的部分。

37. 不做扯线木偶

不尽信新闻和所谓名家观点，不被某种模因轻易洗脑，不随随便便就站队开怼，不迷恋讥讽别人的快感——即便你在第一时间确实很想骂人。

38. 玩游戏，别被游戏玩

要玩就玩出门道，否则别到处说你玩游戏。反正又不打职业，玩的门类尽量全一点，不只图个开心也能长长见识。

39. 再累也别忘了乐子

加完班回家得做点自己的事情，再累也要做。不然在“加班—睡觉—上班”的循环中过日子，不如死掉算了。

40. 自黑即自信

都 9012 年了，脸皮别那么薄。强行凹人设还怕被戳破，是中年人干的事情。有啥说啥，不懂就问，适度自黑比无脑死撑好得多。

41. 每天都更新自己

大到改善思维方式，小到用新的App强迫自己记点单词。停止更新自己与死亡无异。

42. 自带油腻探测器

不要成为自己最讨厌的那种人。骂别人等于骂自己的样子，实在是太矬了。

43. 敢于杠“996福报观”

除了杠马云老师，还要杠一切不把你当人，还要将非人三观宣扬成大型福报的毒鸡汤。当然，你也该明白自己到底要什么。

44. 把装修权握在自己手上

你那天天看战争片的爸和跳广场舞的妈，总会有很多对当年美好生活的向往想放到家装里。合理地拒绝他们吧。

45. 富得低调，穷得体面

再富不能乱招黑，再穷不能瞎对付。不管钱够不够花，捯饬出一个体面的自己都是必要的——无论是脑子还是身子。

46. 千金难买心头好

前提是你有很多千金。为自己真正喜欢的东西埋单甚至提前埋单，早买早享受，迟买也不会让你的积蓄暴涨。

47. 热爱不确定性

“我不知道接下来会如何”真是一句让人又爱又恨又难以割舍的日常用语。

48. 别口头健身

要么就安安心心做个快乐肥宅，要么就说到做到死磕自己，这两种态度都会让你快乐。而口嗨健身并不会，还会让人变得分外油腻可憎。

49. 拿作品说话

你可以夸夸其谈也可以少言寡语，没有人要求你必须成为职场交际花，但大多数人都要求你交出靠谱的东西。

50. 不定人生目标

要不然，完成目标之后你接下来干什么捏？

新青年社交人格：
不好意思小姐姐，忘了在朋友圈祝你生日快乐

文 / 宋爽

虚拟的线上社交已融入青年人的日常生活，这里有压力，有焦虑，有恐惧，但还有社会同构的新可能。

移动互联网时代，信息爆炸呈几何级数增长，科技巨变正在不断塑造人们的日常行为。

没有哪个群体像青年人一样更愿意接纳“科技改变生活”这句至理名言，他们的社交模式不再是简单地聚会、交谈、玩耍，而变得更加虚拟和多样化。

一个资质平平的网红店会在短短一个月内迎来数万青年人打卡；一条奢侈品牌广告在朋友圈评论区下有无数买不起它的青年人点赞。

十年前，健身还只是少数人的狂欢，现在男孩们做器械，女孩们练臀腿，而那些胆敢不健身的青年人已经被视作懒惰的异类。

更为虚拟的线上社交则融入青年人的日常生活，熟练运用并理解各种拗口的拼音缩写是不可或缺的网络社交技能。如果到了 2019 年，你还不知道 xswl（笑死我了）、bhys（不好意思）、xjj（小姐姐）、sk（生快）、pyq（朋友圈）、mz（秒

赞）、mdzz（妈的智障）、zqsg（真情实感）这些网络热词，那么恭喜你，你恐怕是个社交 zz（智障）。

我们可以这样造句："bhys 哦，xjj，昨天忘了在 pyq 上祝你 sk 了，今天我发了，绝对是 zqsg 呢！好多人都 mz 哦。"——看见这样一段充满 zqsg 的祝福语，真让人忍不住感慨 mdzz，xswl。

不过在另一方面，线上社交的即时性和互动性让人压力倍增，比如"群里说话没人理""即使无话可说也要回复嗯嗯或可爱的表情""红包到底要不要秒抢""发朋友圈之前再三确认可见的群，结果一不小心点成对以下人不可见""一句嗯令人一落千丈"，等等。

打卡化生存则提供了另一种行为准则："去旅游景点没发朋友圈等于没去""朋友圈没晒结婚证等于没结""读完一本书、看完一部电影不在豆瓣上打个卡等于没读、没看""不晒步数等于家里瘫了一天"。

不可否认，今天的很多社交行为不是出于自愿，而是因为群体压力过于巨大。这种情况在大环境发生剧变的时候尤为明显，比如刚刚入职的新人经常承受着巨大的同伴压力。

上个月刚从一家科技公司跳槽去金融机构的梁博文（化名）正在苦恼。他的新同事和旧东家那拨程序员大相径庭，曾经的工作环境充斥着格子衫、棒球鞋、外卖小哥、狼人杀和五环外的荒凉，现在的工作环境则被高级西装、金融街、红底高跟鞋、公司财报和人均 500 元以上的高档餐厅替代。

梁博文感慨自己以前土得掉渣儿，他打算"洗心革面，重新做人"："新公司的同事并不会明目张胆地排挤我，但这之间有一道无形的分界线，他们觉得我不属于这里。"

社交行为的一致性能带来身份认同的一致性，而在梁博文这里，身份认同更等同于业务能力的认同。在很多人看来，一个邋遢的程序员在精致的商业世界中举步维艰，此时此刻，梁博文已经没什么选择了。

他开始经营自己的朋友圈：蜗牛、海胆、米其林餐厅隔三差五出镜；年会费 5 万元的健身卡加私人教练，让他的腹肌在半年之后从一块变成了六块；优衣库已经被无情抛弃，他添置了新行头，从 BV 手包、德比鞋到普拉达衬衫不一而足。

便宜大杯的咖啡厅已经完全"配不上"他现在的客户，梁博文开始穿梭于行政酒廊和私人会所，沉醉于那些布局讲究的射灯、定制的香氛所散发的钱味儿。

梁博文擅于变通，不到一年，这个昔日的程序员已经是一名合格的金融商务人士。“我不觉得这是在谄媚谁，有些事情不论你认同不认同，它就摆在那里。人要学会入乡随俗。”

社交化人格的另一个极端，就是社交恐惧症。在豆瓣小组“社恐抱团取暖”的页面上，组员们却异常活跃，他们踊跃发言，讲述自己的难言之隐。有一位网友因为严重的社交恐惧症而失业，因为他要尽全力避免和同事接触，不得不等所有人都不在卫生间的时候才敢上厕所，中午吃饭要选择没人去的餐馆，茶水间的偶遇让他难堪不已，凡此种种。

社恐患者所面临的问题是，社会普遍给予外向型的人更多的赞美——“活泼”“热情”“健谈”“风趣”；相反，内向被看作笨拙、冷淡以及难以沟通。事实上，相当一部分内向的人更具有同情心和深层次的自我认知能力，但由于这些品质很难在短暂接触中被发掘，也就失去了重要性。

有趣的是，当社恐遇见同类，他们就不再社恐了。对于社恐来说，最大的噩梦就是他人对自己的胆怯、焦虑无法感同身受，而社恐之间完全没有类似的担忧，一旦出现害羞、逃避和尴尬的情况时，理解就会油然而生。

不论是社交达人还是社交恐惧症患者，所有人都适用英国学者阿兰·德波顿在《身份的焦虑》一书中的判断：“人类对自身价值的判断有一种与生俱来的不确定性——我们对自己的认识在很大程度上取决于他人对我们的看法。”

对于年轻一代来说，这种评价体系尤为“受用”，不论从财富、社会地位还是自我认知层面，青年人都处于探索阶段，他们较之年长的人更容易陷入迷茫的情绪，因此种种行为都需要来自周围群体的认同。反之，一旦掉队，他们就会焦虑而沮丧，觉得自己不够潮，不够合群，这种担忧促使他们更加积极地投入群体行为中。

不过从另一方面来看，向外界发出的这些信号并不见得完全是坏消息。某种意义上，打卡化生存也可能是社会同构的方式和手段，以此形成聚集效应。

举个例子吧，我们打卡晒出来的景点、餐厅会吸引大量人流和同好的关注，这是我们向同好们释放的秘密讯息——不然我们又该如何解释，有那么多的人朋友圈分组可见、朋友圈三天可见？

无可否认，科技让我们的世界越来越平。技术缩短了我们互相接触的物理距离，但反过来又拉宽了我们深入交往的心灵距离。

很大程度上，互联网时代的魅力就在于个体不再是孤单一人，而是通过科技手段、虚拟社交达成共识，发现同类，互通有无。

还记得大型 AR 手游 Pok é mon Go 吗？游戏把“宝可梦”安置在不同地点诱导玩家出击打卡，图什么？其实它就是个打着游戏门脸的大型面基交友 App。

无性世代：更多单身，更少欲望

文 / 李屾淼

爱情、婚姻、性、生育的成本足以消耗掉一个人大半生的精力和财富，为这些东西付出的理由似乎变得越来越少。

无性、独居、不婚、不育，成为当代年轻人的常见选择。新的个人主义思潮为他们提供了思想武器，使之具备更强的合理性，这已成为当今世界每个重要经济体都多少存在的情况。

生命力旺盛、经济高速发展、社会狂飙突进的年代往往伴随着欲望的激烈表达。比如天宝年间的长安、路易十四时代的巴黎、维多利亚时代的伦敦、20世纪初的纽约、20世纪中叶的东京和大阪……白天人头攒动热火朝天，夜里纸醉金迷男欢女爱。

所有盛宴都有结束的一天。战火、经济危机或下行，黄金时代总会以某种方式退出历史舞台，留下一连串繁花似锦的传说。

经历过20世纪末的人，亲眼见证了日本在二三十年间从号称“买下美国”“日本可以说不”走向极简主义的性冷淡风、断舍离和小确幸。今天看来，日本的故事很可能并非特例。

1986年至1989年，日本个人财富翻了3倍，东京的企业年底敢发十几个月的月薪做年终奖，昭和与平成在前所未有的辉煌中完成交替。平成元年（1989），日本股指高达38915点。很快，一切在平成三年(1992）随着股市暴跌化为乌有。

大公司开始号召员工一起节衣缩食，敬业奉献——要奋斗，要加班，谈奖金那就不是兄弟。大批企业宣布取消年终奖，并在此后持续取消这笔支出，直至20世纪结束。小企业呢？要么没了，要么快没了。1993年，日本减少了13万个工作岗位。就业人口锐减，理财产品爆雷，消费能力萎缩，房价从这一年开始连跌25年。

高端餐饮无人问津，人们开始收集优惠券，为低价套餐拉面排队，在快餐店咖啡厅里过夜，自杀人数翻倍；《东京爱情故事》过气，《失乐园》则引起轰动；没人再谈消费主义，断舍离盛行；结婚率和性生活次数断崖式下跌，离婚率上升，不婚不育主义盛行；年轻人开始撸猫……

2017年，日本厚生劳动省发布的报告显示，日本男性平均每4人中就有1人终身未婚；18岁到34岁未婚者中，70%没有谈过任何形式的恋爱。人们情愿养宠物也不愿养娃，生育率自1989年一路下降。2003年之后，日本儿童数量变得比猫狗宠物的数量还少。

单身经济成为新风口：更适用于家庭消费的传统大型超市营业额下滑，便利店崛起；便利店连锁集团针对单身人群提供家庭厨房、浴室等清洁和床上用品的洗涤服务；街头洗衣店针对单身公寓空间狭小的特点，推出衣物保管服务；“无印良品”推出适合单人用的小号烤箱、电饭锅、电水壶和榨汁机等厨卫用品；餐厅提供一人份餐饮，此外还备有陪吃玩偶，见你一人吃饭便放一个在你身边……

年过七十的昭和男儿北野武对这种蔫了吧唧的氛围百般不顺眼，特地自掏腰包拍了个励志广告，龇牙咧嘴地高呼：“年轻人，人生只有一次，拿出干劲来啊！”

不过这番豪言壮语连他的儿子都不买账。北野武一门心思要赚大钱买跑车，他儿子则对跑车不屑一顾，排队吃打折拉面，老父亲那种生猛到老的劲头完全没有遗传下来。

经济学家大前研一在2015年针对这种现象提出“低欲望社会”概念。他认为这代日本人和父辈相比，缺乏成功欲，难以拥有大志向，满足于温饱与小确幸。他也指出，在这种同质化且内向的社会中生存，虽然过日子一时半会不成问题，但是时间长了，国家与国民的整体竞争力将退化，最终导致社会与国家的衰退。

爱情、婚姻、性、生育的成本足以消耗掉一个人大半生的精力和财富，为这些东西付出的理由似乎变得越来越少。随着技术发展、商业的成熟与细化，其他选择却越来越多。

近日，腾讯理财通等联合发布的《2019国人工资报告》显示，近八成人工作10年月薪仍然未过万，过六成受访者工资不及预期。赚的钱不多，但花钱的地方少不了。过去10年里，因房价不断飙升，我国家庭债务增速年均高达30%。一场婚事，婚房和彩礼就能掏空祖孙三代的6个钱包，然而，这场婚姻的结果越发难以预料。北京大学社会调查研究中心发布的《2015中国人婚恋状况调查报告》显示，婚后3年到5年，夫妻双方幸福感及婚姻满意度降至最低值，11.1%的人表示，“下辈子拒绝和对方在一起”。民政部数据显示，2017年中国离婚率达3.2%，每天的离婚人数达到1.198万对。

10年前幼教很火，现在早教更火，“赢在起跑线上”已经过时，现在提倡的是“赢在射精前”。教育培训业成为21世纪朝阳产业之一，2018年中国教育培训产业的市场规模达2万亿元，市场化运作的培训市场规模约为9000亿元，行业保持着30%以上的高增长。公号文每天变着花样跟你说，“不会××的孩子将来会被淘汰”；孩子成绩一旦变差，老师便在家长群里点名道姓，下一代的培养教育压力不断向低龄阶段下沉。

从理性的经济角度来看，结婚生子无论如何都不是一桩划算的买卖，至今尚有人这么做，恐怕还要归功于人类的情感，以及尚未让人排除后顾之忧的社会保障。绝对的单身主义仍是少数人的选择，但这种新生活方式的成本正在不断被产业细化和技术更新降低，至少在可预见的未来，“少年夫妻老来伴”以及“养儿防老”这些观念大概率将沦为虚妄的上古记忆，婚姻制度的经济学价值在不断瓦解。

堕胎、避孕套、口服避孕药、皮下激素技术的发展的确解放了人类的身体，同时也赋予了人类躲避建立家庭、延续种群等种种责任的选择权。性爱的冲动代价得到有效控制，生育功能被弱化，变得更像一种兴趣爱好。

既然是爱好，也就意味着可以替换甚至取代。性学家潘绥铭公布的调查数据显示，2000年至2015年间，18岁到29岁已婚或同居的中国年轻人里，男性每月性交少于1次的比例从7.6%上升到10.2%，女性从3.1%上升到14.3%。而婚内自慰的比例上升明显，男性的比例翻了一番。更丰富的文化娱乐形式，让性生活的吸引力显得不再一枝独秀。

低欲望的无性世代是果而非因，也绝非人们某天顿悟后的主动选择。相对而言，生存压力在增加，上升通道变得更狭窄，人们不得不开始降低要求，降低期待，并就种种降级寻求一个能让自己信服的解释。

唯一不变的是，人们一直对当前状态感到不满。欲望泛滥的时期，我们痛感自身的贪婪迷失；而在欲望低沉的时候，我们又担心自己不够上进。看待欲望的方式，一直在左右摇摆。

弹性工作：办公室不是办公的好地方

文 /Junitail

拥抱自由、平等、包容、开放的工作环境，挥手和996说再见，这是当代青年的抗争，也是他们的觉醒。

一切都猝不及防。

按照设计师普罗普斯特的最初设想，员工不应该各自待在一个地方闷头工作，而应该尽可能地与外界发生联系，按照自己最习惯的方式办公，以此提高工作效率。

但这个以鼓励员工自由行动而闻名的设计师，还是在1968年设计了办公室格子间的雏形。30年后的1998年，在纽约、芝加哥、伦敦、东京，普罗普斯特看见了无数白领被禁锢在一亩三分地的格子间里，他无奈摇头，并留下了一句：“一切都变味了。”

在被称为“都市白领办公大本营”的格子间被创造出来的51年后，一群中国程序员在开源社区Github上建了一个名为“996.ICU”的项目，抗议国内互联网公司业已形成的“朝九晚九，每周上六天班”的加班风气。有网友调侃，当代中国企业的加班文化，倒逼最本分、最老实的程序员们打开电脑，一个代码一个代码地把自己的公司怼上那份旨在“惩恶扬善”的“996黑名单”。

美国软件工程师杰森·弗莱德曾在题为《办公室不是办公的好地方》（*Why*

work doesn't happen at work）的演讲中提到一个观点："在办公室办公，就像让员工走进一台榨汁机，一整天被榨成好几个片段，15分钟、20分钟、30分钟……一段段的零碎时间，太多外力因素干扰，要处理很多琐碎的事情，默默地，下班时间就到了，然后才发现今天一件重要事情都还没完成。"

就连在加班文化兴盛的日本，人们也开始反思加班的意义。日剧《我，到点下班》（又译《老娘不加班》）仅仅播出第一集，就得到了许多网友的共鸣：剧中女主角之所以选择现在这家互联网公司，就是因为这家公司鼓励零加班，也不会压榨员工。"我们不为公司存在，而是公司为我们存在"——看看人家的互联网公司！

如果说"996.ICU"项目引爆了各行业白领对当代工作模式的质疑，那么对自由工作的推崇，则促使那些"五讲四美三热爱"的新青年开始了一场"打碎旧制度，建立新秩序"的社会用工新实验。

当代青年对工作模式普遍有着清晰独特的认识，他们分得清什么是有效工作，什么又是无效工作。与宣誓效忠式的打卡坐班相比，他们更向往的其实是"双肩包走天涯"的远程办公模式：可以不出现，可以不签到，但一定会用最舒服、最合适的方式和办法，交出自认为最佳的文件/方案/设计。

作为互联网世界的常驻民，当代青年的沟通交流方式脱胎于虚拟世界，而一个不争的事实是：过去十年间，原有的掌控型办公室——通俗点说就是"格子间"，正在某种程度上趋向瓦解，取而代之的是更考虑员工自身需求、更为休闲和自主的办公空间。

自主办公空间（图/Tanawat Sakdawisarak,Kate Pugsley）

这种新潮的弹性工作模式，也是当代青年彰显自我的一个外在表现。所以在当代青年对待工作的概念里，通勤时间是不存在的，因为那些被耽误在路上的时间，完全可以直接利用于在诸如微信、Facebook、Skype、Telegram等社交平台上进行业务沟通；周末加班是不存在的，因为只要不被约束在固定的空间和范围之内，当代青年总能在规定时间内完成工作；996更是不存在的，因为在一个包容、自由、开放的工作环境里，所有青年都把工作当成乐趣，根本不会注意到，自己遵从的究竟是“朝九晚九，一周六天”的996，还是“一周到底，全勤无休”的007。

在谷歌做工程师的美国青年詹姆斯·乌士彻认为，当代青年是“拒绝陈规旧习”的一代。“我们不惧怕改变，惧怕的是一成不变的生活，以及一眼能望得见头的那种工作。我们希望和工作之间达成一种默契，这应该是一种相互成全的关系，而不是互相成为彼此的累赘。”

让工作的归工作，让生活的归自我。在当代青年的工作理念中，格子间是用来禁锢创意的“暗黑格间”，而以高科技为主要手段的远程办公，则是他们继续向上、向前的一块绝佳跳板。

拥抱自由、平等、包容、开放的工作环境，挥手和996说再见，这是当代青年的抗争，也是他们的觉醒。

“青年危机”，是从“青年”被赋予太多崇高意义开始的

文/卢楠

在颓丧、佛系、早衰乃至“精致利己主义”的表象之下，被舆论指责为“主动放弃抵抗”的中国千禧世代正面临前所未有的挑战。

对于中国“千禧世代”（英文媒体中特指1984年至1996年出生的一代人）而言，如果不煲剧、不玩游戏，深夜躺在被窝里摆弄手机的几十分钟或许是一天当中最丧的时刻。

信用卡、花呗账单如期而至，社交平台上的时尚KOL们一如既往地与购物网站联手撩拨消费欲，工资卡余额数目则没有变化；微信聊天列表悄无声息，叮

咚作响的只有工作群；有关“第一批‘90后’”的不友好公众号文章铺天盖地，记录生理期的App又发来令人窒息的推送——“女性一生约来400次月经，你已经历过216次”；想读个书、刷个新闻关注一下远方，却被“新穷人”“老后破产”之类代入感极强的时髦话题困扰得睡意全无，不自觉地陷入各种终极之问——“我到底在干什么？”“会一直这样吗？”……

当然，能体会到这种丧，证明你每天还可以保证自己到点躺进被窝。与那些把睡眠时间交付给各种突发状况的“工作狗”相比，你已经赢了。

属于他们的青年危机，更像是在与一座业已成形的囚笼持续角力

2001年，青年危机（quarter-life crisis）作为一个心理学/社会学概念正式亮相，但与之相关的讨论已经长达半个世纪。

“二战”后初期，美国精神分析学家埃里克森即提出，现代人主要有八个社会心理发展阶段，并可能在每次生命周期转换时遇上危机。而根据美国心理学家杰弗里·J.阿奈特在《长大成人》一书中的描述，年龄在18岁至29岁，处在社会与学校、家庭庇护过渡地带的年轻人，会经历一个“不稳定”“有夹缝感”“充满探索”的“成人初显期”。职业生涯、亲密关系、自我认同的混乱暧昧都可能引发焦虑。无论《毕业生》中频繁与半老徐娘约会的待业青年本恩，还是《迷失东京》中离开校园即为人妻、终日游荡在新宿街头打发时间的夏洛特，文艺作品中表现的青年危机典型，比比皆是。

不过，从脱发和“保温杯配枸杞”掀起的巨大狂欢到集体以“那些年”之名怀旧叹老，从加班猝死的程序员到因为抑郁症自杀的创业明星，从“人均负债12万元+，负债额达月工资18.5倍”到占某中部省会城市2016年上半年总离婚人数两成的“90后”，再到“不敢生病，不敢请假，不敢放肆”……中国“千禧世代”见证的青年危机，是另一种画风。

面对户籍、就业、收入、住房、婚姻、健康、子女教育压力等的围剿，这个在世纪之交一度高举“自我”大旗破土而出的新世代，客观上已不再拥有畅谈“自我”的空间。与传统意义上四六不靠却蕴藏着无限可能性的青春式迷茫相比，属于他们的青年危机更像是在与一座业已成型的囚笼持续角力，换言之，以“七年之痒”为代表的那些一度只属于人生深水区的困境，似乎提前十年降临了。

心理学科普公众号“KnowYourself”2019年2月发布的一份报告显示，学业与事业发展达不到预期、亲密关系不够理想、经济压力仍是当代青年焦虑的三大主要来源，并与个体对生活不确定性的感知度和容忍度紧密相关。但长期身陷稳定平淡、难言突破的“瓶颈期”，甚至像他们曾经质疑的父辈那样，在思想与行动上不自觉地顺从、默认这种“瓶颈期”，接受“人生可能不再会有变化”的现实，似乎更令“千禧世代”有危机感。

关于这点，主持人吴昕在《我家那闺女》中的矛盾表现，或许是个典型的例子：一面在化妆、护肤、吃保健品、看视频、拼乐高中闲适度日，一面为节目被砍崩溃大哭——“我在那档节目（《快乐大本营》）做得很差。我人生中的一个魔咒，就是特别怕听到一句话——这么多年一点没有长进。”

即将年满30岁的蒋方舟则坦言：“每次跟别人说自己没有困惑，别人都不相信。但这一两年我的负面情绪里确实只有悲伤和无奈，而不再有困惑和焦虑，这可能是提前到来的不惑之年。”

他们主动放弃反抗，只管自己，因为遇到的挑战前所未有

焦虑也好，早衰也罢，对于那些曾将青春挥洒在改革开放曙光中的“50后”“60后”社会精英而言，千禧世代以“青年危机”之名掀起的种种负能量喧嚣，最终都可以归纳为一个根本性症结——主动放弃反抗。

继“莫让青年染暮气”引发热议后，作家阎连科直言不讳地批评80后“懦弱”“没有想象中那样独立和反叛”“以自我为中心只停留在物质层面”。在他看来，鲁迅、郭沫若、巴金那一代人“说丢掉老婆、孩子就丢掉老婆、孩子，说不要家庭就不要”，才是真的反叛。然而，近一个世纪前的“出走”戏码在当代语境下是否还能复制，仍有待讨论。

在舆论预设中，与饱受政治动荡和物质贫乏之苦的父辈相比，千禧世代尽享稳定与发展的成果，并开始拥抱世界，但曾经或正在困扰发达国家的一系列难题同样落在他们头上：国民经济在经历高速增长后进入平缓阶段，竞争激烈和人才需求饱和成为各行业常态，越发庞大的高等教育体系却以平均每年20万的增量制造毕业生；千禧世代的大部分成员是独生子女，除了过度膨胀的房价，也要负担“4∶2∶1（或2）”式家庭的庞大开销。

最重要的是，即使“阶层固化”之说仍受到质疑，当个人上升空间被技术、

信息、观念的高频率更新急剧收窄，当互联网让那些“正在抛弃你的优秀同龄人”的生活状态大规模传播，千禧世代人生中的“死线”越来越密集，与中国40年来被高度压缩的社会变迁形成对应。他们并不是担心时间的流逝，而是担心在规定的时间内无法达到目标，无法获得与年龄匹配的资源，并由此而养成一种略显保守的人生立场——弥合能力与欲望间的差距已经很难，怎么还能把时间耗费在试错上呢?

从童年时将标准答案与老师表扬奉为圭臬，到成年后“顺从父母的意思”考公务员、尽早结婚生子，“不犯错”“不逾矩”贯穿着千禧世代的成长历程。对于他们而言，成功的标准只有寥寥数种，“一切严格按照规定程序进行”则是成本最低的实践法则。相比之下，叛逆不过是宣泄青春期过剩荷尔蒙的仪式，停留在染发、穿孔、文身、飙车、玩嘻哈、口出狂言的层面就好，没有必要“动真格”。

人类学家阎云翔这样描述“80后”:“他们从小生活在张力之下，在私人生活领域，表现出很强的自我主义倾向、对权利敏感并勇于寻欢作乐、追新逐潮;但在公共生活领域，却是安分的实用主义者，选择以最安全的方式来谋取考试分数、教育回报、收入、权力乃至声誉的最大化。”

从形而上的角度而言，中国千禧世代称得上真正意义上直面后现代境遇的第一批中国人。他们的身体裹挟在人口流动迁徙的大潮中，不断被塞入新的城市、新的群体、新的岗位，与原生家庭和最初成长环境的联系越来越薄弱，并最终被互联网区隔成孤立的碎片。他们的精神抽离于被国家、民族乃至整个人类命运走向难题困扰的大时代，在物质丰盈、消费主义盛行的小时代中各安其位，由此而造成的归属感真空却也亟待填补。在这种情况下，“管好自己”成为在一片缥缈中证明自身存在的最简单选择。

他们通过将自我置于崇高意义之前，不知不觉走出了别样的反叛步伐

一个极易被忽略的事实是，被反复强调乃至妖魔化的“青年危机”，是以被高估的“青年”作为基础的。

通过对历史文献进行语源学考察，法国历史学家菲利普·阿里耶斯发现，18世纪以前并没有出现“青春期”的概念，“童年”“青少年”“青年”的界限也不是非常明显。美国历史学家约翰·吉利斯则指出，作为社会学和政治学意义的

现代“青年”概念，大约 18 世纪 70 年代以后才出现。

当卢梭、歌德笔下的中世纪翩翩少年圣·普乐、维特沉醉于云游、恋爱、伤春悲秋，并释放锐不可当的自由力量，他们的同龄人已经穿着成人衣装工作、交际十多年了，就连宗教画像中的圣婴，也是一副老气横秋、指点江山的形象。由此可见，“青年”并不全然是生理意义上的，作为启蒙运动的产物，它更类似于一种社会建构。

在现代化进程起步较晚的东方世界，“青年”呈现出更加明显的社会建构意味。梁启超称“少年强则国强，少年智则国智”，而以年轻学生为中坚力量的“五四”运动被界定为现代史起点，中国青年在 100 多年来持续被寄予引领社会进步、实现民族崛起的宏伟愿望。

与之类似的是，19 世纪初，成批的埃及青年远赴法国学习军事、政治、科学，他们有机会聆听奥斯曼土耳其帝国驻埃及总督、现代埃及奠基人穆罕默德·阿里帕夏的亲自教导：“记住从外国技师那里学来的东西，以便将来取代他们。”

由于社会经验有限，在思想意识和人际关系上较少受到建制牵绊，青年群体成为政治动员的“兵家必争之地”，凝聚着一个国家展望未来的热切目光。扮演撬动旧世界的杠杆，承载时代精神的容器，也被自然而然地理解为青年存在的绝对意义甚至责任，他们的自我，则是相对次要的。

恰恰是最近 30 年，弗朗西斯·福山预言的那种战争、革命、社会运动全面退潮的“历史终结”状态多少成了现实，曾经被宏大叙事、整体意志和共同信仰统摄的抽象的“我”分裂成一个个具体的“我”，从成长经历、生活方式到价值观、政治立场，都可谓南辕北辙，像流行于网络的“百年女性”系列视频那样，用一种发型、一套服装描述一个时代，已经越来越困难。

在这种情况下，作为符号，与一系列优秀特质相伴的“青年”和真实具体的二三十岁的人的生活彻底解体，便也是意料之中的事情。

从逼迫自己上兴趣班的老爸老妈到天天紧盯 KPI 的“狼性”上司，中国千禧世代的生存环境确实可以用“束缚重重”来形容，但善于自我保护，强调责权分明，重视成本与收益的匹配，对任何形式的道德绑架和利益骑劫心存警惕，同样深深根植于他们的为人处世之道中。对于他们而言，没有什么是非执行不可的，也不是所有事实都必须与特定含义相联系。“五四”、西南联大确实都是属于中国青年的高光时刻，但若要强行将其推行为人人效仿的范本，在当下也是不现实的。

剥去颓丧、佛系、早衰乃至“精致利己主义”的表象，在看似一再退却的姿态下，千禧世代通过将自我置于崇高意义之前，不知不觉地走出了别样的反叛步伐。从心理上解决“青年危机”的启示，或许也正藏匿于这种别样的反叛步伐之中——15岁至35岁的20年时光，只是漫长人生中的一个阶段，即使什么都没发生，也不过是遵从了它的本来面貌而已。

而无论理想抑或成功，都是需要持续付出、反复试错才能抵达的彼岸，既不可能凭着青春热血，在几条“死线”的激励下一蹴而就，也不可能因为“年华老去”而烟消云散。相比拔地而起的巅峰，它们更像逐渐云开雾散的幽深小径，是靠耐心与好奇心才能走完的。

从这个角度来看，媒体人邹思聪在公众号“三明治”上引述的茨威格《昨日的世界》的这段叙述就显得十分应景：“在别人早已到了结婚、有孩子和有重要身份并且不得不集中精力进行奋斗的年纪，我却还始终把自己看作一个年轻人、一个初学者、一个在自己面前尚有许多时间的起步者；从某种意义上说，我是迟迟不为自己做最后的决定。”

每个人都可以平等地做梦

文/罗屿

在这个弥漫着“年轻崇拜”的现代社会，很多人为“年岁渐长”“衰老”“落伍”“风光不再”而苦闷。不过，青春只是起始，绝非生活这场马拉松中唯一的高光时刻。

咏梅凭借电影《地久天长》成为第69届柏林国际电影节最佳女主角之后，有人翻出她几年前发的一条微博：“我在等着那个属于我的角色，我不急，你也别急。”

获奖之前，咏梅已经演了24年女配角。她今年49岁，显然过了外界眼中“女演员最好的年纪”。但人到中年，她身上却有种静水流深的力量。她让人们看到熟龄演员本该有的岁月沉淀之美，也让更多人意识到，在我们的文化中，青春似乎过于理想化和浪漫化——年轻与活力成了无可替代的资本，在社会不同场合被反复强调。

人们崇拜年轻、在意年岁、惧怕老去，头脑中被植入“青春即是完美”的思想观念。很多青春不再的人会感到焦虑甚至恐惧——恐惧自己逐渐退到边缘失去选择能力，恐惧自己与这个更欢迎年轻人的世界脱节。电影《年轻气盛》中有一句台词诠释了这种心态：“你年轻时一切看上去都触手可及，你拥有未来。可是当你老了，看什么都觉得遥不可及，因为它们已经逝去。”

时光流逝的确不可逆转。我们终有一天都要面对镜子里那个皮肤松垮、眼角下垂的自己，面对由年轻一代的流行语言、时尚潮流构建的陌生世界。在《变老的哲学：反抗与放弃》一书中，哲学家让·埃默里就曾提到青春不再带给人的失落感：“他不再理解世界，他理解的世界已不存在。他被逼迫着理解无法理解的东西，这种逼迫就和过去的牢笼一样不放他走。”

美国疾病控制与预防中心的一份报告显示，在美国所有年龄层的人群中，40岁至59岁的女性患抑郁症的比例最高，达12.3%。在这个弥漫着“年轻崇拜”的现代社会，很多人不可避免地为“年岁渐长”“衰老”“落伍”“风光不再”而苦闷，但如何才能让自己远离这种负面情绪？埃默里给出了两种方法：一是“和年轻人一起保持年轻”；二是“从时间中抽身而出”，不靠追逐时间来肯定自己，也不因他人的评判否定自己。

从埃默里的建议不难看出，年轻的心态、积极的生活态度，某种程度上是年长者克服失落与被忽视感的良方。就如作家塞缪尔·厄尔曼在《年轻》一文中写道：“在你我心灵的深处，同样有一个无线电台，只要它不停地从人群中、从无限的时间中接收美好、希望、欢欣、勇气和力量的信息，你我就永远年轻。一旦这无线电台坍塌，你的心便会被玩世不恭和悲观失望的寒冷酷雪所覆盖，你便衰老了——即使你只有20岁。”

其实近些年来，有越来越多的研究指出，青春并不是生命中唯一和“活力”“美丽”“自由”这些词汇相伴的时光。现代神经科学表明，脑细胞的生长会伴随人类一生，也就是说，并不存在人到中年便智力下降的问题。美国心理治疗师罗比·路德维格在其著作《最好时光是现在》中分析：“我们在中年不仅保留着青年时的大部分认知能力，而且还会习得新能力。”

《女性第二次成年期指南》的作者苏珊娜·布朗·莱文同样写到，人到50岁时，大脑中负责连接过去经历、共情与衡量重要性的特定区域内会生长出新的神经突触连接：“这些连接会导致思维模式的重要重组：我们会在整合数据及解决问题时更加得心应手，也会更善于管理自己的情绪。有些人将这种新型的整合形式称作‘智慧’。”

在《中年的意义》一书中，英国剑桥大学临床兽医解剖学家大卫·班布里基甚至称赞“中年人的大脑是最具可塑性的思考机器”——在他看来，中年是人类生产力最旺盛的时期，同时也是最能把文化传承给别人的时期：“在古代，中年人拥有优秀的觅食技术和经验，这是人类物种存活和延续的关键……想想我们的古代祖先曾做过的一切高效的狩猎、采集和文化传播，并把它们和中年人对现代经济与政治世界的把控作比较。时代可能不同，但优势仍然相同，这主要取决于中年人的大脑。”除了拥有最强大脑，班布里基还认为，中年时人们利用能量的效率高得惊人；中年时人们认知与情感达到完美平衡；中年是人们精神稳定的美好时光……

历史上那些大器晚成的大师也都证明，人们的创造力与生产力并不会随着年龄增长而丧失，反而很可能在经过岁月磨炼与时间积淀后，在中年时集中爆发：《百年孤独》出版时马尔克斯40岁；《汤姆·索亚历险记》出版时马克·吐温41岁；亨利·米勒在43岁时写作了《北回归线》，五年后又写作《南回归线》；电影导演希区柯克的代表性作品如《后窗》《迷魂记》《惊魂记》等都是他在54岁到61岁之间完成；画家塞尚56岁才第一次举办个人画展，有人评价，他65岁左右的画作具有15倍于他年轻时作品的价值……木心曾形容自己年轻时“写的全是夹生饭”，幸亏没发表。在他看来，“不早熟，不是天才，但天才一定要晚成才好”。

天才晚成，可以让人对成功本身保持相对的冷静。就像银熊奖并没有打乱咏梅既往的生活节奏——她依旧会穿着黑色运动服去做瑜伽；每天看一部电影，读几十页的书；一个人开着高尔夫到拍片现场，摄影师调光时她就静静地站在阴影里等待……

如果生活是场马拉松，青春只是起始，绝非其中唯一的高光时刻，任何年龄的人都无须妄自菲薄，只需顺生而行。如同99岁出版处女作诗集的柴田丰奶奶在其小诗《别灰心》中所写：“阳光和微风，从不曾有过偏心，每个人都可以平等地做梦。我也有过伤心的事情，但活着，真开心。你也别灰心。”

新周刊

NEW WEEKLY

2019 年度佳作

速成儿童

速成儿童 （图/陈艺全）

如今的中国人，比任何时代都更看重孩子和教育。

家长希望孩子赢在起跑线、赢在胎教、赢在择校、赢在才艺、赢在外语，一心想让孩子成“才”，却不在乎他们是否成“人”。

望子成龙的中国家长播下龙种，收获的却可能是跳蚤。

孩子越来越忙，忙着上速成班，忙着上兴趣课，忙着集邮特长，忙着熬夜做作业，忙着从心智上、行为上向成人社会靠拢。他们的父母希望他们“赢在子宫里”，他们刚出生就被套上“距离高考还有6574天！”的枷锁，天天被批“你看看别人家的孩子”。他们放不开、睡不饱、玩不够，越来越像一颗颗“早熟的果实”。

“大自然希望儿童在成人之前就要像儿童的样子。如果我们打乱了这个秩序，我们就会造成一些早熟的果实，它们长得既不丰满，也不甜美，而且很快会腐烂：我们将造就一批年纪轻轻的博士和老态龙钟的儿童。”卢梭在《爱弥儿：论教育》中告诫，“应该教他成人后怎样保护他自己，教他经受得住命运的打击，教他不要把豪华和贫困看在眼里，教他在必要的时候，在冰岛的冰天雪地里或者马耳他岛的灼热的岩石上也能够生活。”

越是在成功学泛滥的今天，越是要把童年和自由还给孩子，让孩子成为孩子。

今年，博士问题成了大家的关注点，也是教育问题的一个焦点。只不过，今天人们的关注点不在博士的多少，而在博士的真假。

博士是谁？博士就是那个拿着入场券，在人类知识的最远边界独自钻牛角尖的人。

任何对博士的神化和异化终归是一场徒劳。

读博，或者不读博，成为博士，或者不成为博士，不过是人生的其中一种选择。

一个真正的博士，不必拥有头衔，却依然人人称之为Dr.。

是谁让孩子不像孩子?

文/谭山山

在万物中，人类有人类的地位；在人生中，童年有童年的地位。我们必须把人当人看待，把儿童当儿童看待。

中国的孩子很忙。

他们忙着学习、上各种兴趣班，也忙着从心智上、行为上向成人社会靠拢。他们是启蒙思想家卢梭所说的“早熟的果实”，而卢梭1762年在《爱弥儿:论教育》中写就的这段话，在今天看来也相当贴切:“大自然希望儿童在成人之前就要像儿童的样子。如果我们打乱了这个秩序，我们就会造成一些早熟的果实，它们长得既不丰满，也不甜美，而且很快会腐烂:我们将造就一批年纪轻轻的博士和老态龙钟的儿童。”

这是被“催熟”的一代。香港无线电视（TVB）2016年播出的纪录片《没有起跑线？》，揭示了香港孩子成长的残酷真相:还在妈妈肚子里的时候，就要接受胎教——比如听英语故事，这样出生后就不会抗拒英语；有些心急的家长，在孩子还没出生时就开始物色幼儿园，孩子6个月大就开始上游戏课，之后上早教班；而孩子上了幼儿园，早则K1、迟则K2（分别相当于小班、中班），家长就要谋划“幼升小”大事——会乐器成为必备才艺，香港有些小一的申请表直接问孩子会几种乐器，学钢琴、小提琴已经拿不出手，甚至“八级已经没什么用了，进小学前就要取得表演级”；上了小学，放学后的时间被各种兴趣班排得满满当当的，别人学10个兴趣班，自家孩子就要学20个，其中包括为“小升初”而上的面试课，由专人传授面试技巧和话术……

内地小朋友的“奋斗”轨迹，和香港小朋友大致相似。2018年年底爆出的“5

岁小朋友的豪华简历”，就是为“幼升小”准备的，其中的一些描述，就连大人都自愧不如，“英文（书）年阅读量超过500本”“去过国内外30多个城市”“4岁半开始学钢琴”，等等。此外，家长动用各种资源帮助自家孩子在班干竞选中胜出、以某些指标来完成跟“鄙视链”下层的“区隔”（不让孩子跟没有英文名的小朋友做朋友），以及小学要求小学生填写职业规划（“让孩子们的自我认识和社会的大环境逐步地建立联系”“提升学生对整个社会行业职业的关注度”）等，也是按照成人世界的逻辑“催熟”孩子的典型例子。

“现在的小孩子太累了，如果可以选，他们估计不想被生出来吧。”有人如此感叹道。

中国孩子没有多少时间让自己成为“一个孩子”

让我们看一组数据，感受一下孩子有多累：首先是平均每日在校时长——中国青少年研究中心“中国少年儿童发展状况”课题调研显示，2015年，小学生平均每日在校时长为8.1小时，初中生则为11小时，比一般上班族的工作时间都要长。其次是每周校外学习时间——国际学生能力评估计划（PISA）的数据显示，中国学生平均每周课外学习时间13.8小时，名列全球第一，加上校外辅导和私人家教，每周校外学习时间达17小时左右，远高于OECD（经合组织）国家的平均值7.8小时。其三是睡眠时间——中国睡眠研究会发布的《2019中国青少年儿童睡眠指数白皮书》显示，全国青少年睡眠状况平均分值为67.14分，刚刚过及格线；在6—17岁的孩子中，有62.9%睡眠时间不足8小时，其中13—17岁（初高中阶段）的孩子睡眠时长不足8小时的更高达81.2%；睡得最晚的是内蒙古自治区的孩子，有64%的孩子22点以后才入睡；起得最早的则是江苏省的孩子，有3.7%的孩子起床时间早于清晨5点，有54.6%的孩子起床时间在5至6点。其四是近视率——世界卫生组织（WHO）的数据显示，2017年，中国近视患者人数达6亿，青少年近视率世界第一，其中小学生近视率为约40%，高中生、大学生的近视率为约70%。

从前两项数据来看，在校时长加上课外学习时间，中国孩子平均每天的学习时间分别达到10.5小时（小学生）、13.4小时（初中生）。如果把学习视为一份职业，中国孩子的“工作”强度堪比“996”——“996”工作制好歹每周还能休一天，孩子们却是全年无休，天天如此。

德国《商业内幕》杂志2018年9月的一篇报道描述了重压之下的中国孩子的个案："晚上9点，13岁的兰兰（音）坐在北京一家咖啡吧里。来自美国的外教安娜正在进行40分钟的授课。兰兰在北京最好的中学之一上初二，她很少能在晚上11点之前睡觉，甚至周末还得补习语文、物理和数学。像兰兰一样，大多数中国孩子必须在空闲时间继续学习。他们没有多少时间让自己成为'一个孩子'。事实上，他们也没有多少时间睡个好觉。中国学生的'工作日'从一大早就开始，在深夜结束，甚至经常在午夜之后才结束。可是，许多父母认为，这是'为了自己的孩子好'。"

"赢在××前"

"加油！距离高考还有6574天！"

孩子刚刚出生，一位家长就给孩子写下了这样的寄语——显然，这位家长希望孩子"赢在出生后"。

出现在《没有起跑线？》中的二胎妈妈Irene则将起跑线的时间提前到孕期——希望自己的二胎女儿"赢在子宫里"。

Irene头胎是个儿子，最初她抱着不想做"怪兽家长"的念头，什么也不为儿子准备，直到他1岁半才开始联系Pre-Nursery（供2岁孩子就读的幼儿班），处处碰壁后，"才发觉儿子已经输在起跑线上"：别人家14个月的妹妹能背26个英文字母，自家儿子21个月大，还只会说字母B，这还是天天听大人叫他"BB"才记住的。怀上老二后，Irene挺着5个月的身孕提早物色幼儿班，"这次我一定要做足准备，因为我要妹妹赢在子宫里"。

而有些妈妈为了让孩子进只收1月出生的宝宝的名校，甚至把起跑线提前到备孕期——造人前算好时间，让孩子正好在1月出生。孩子的起跑线，从在子宫内孕育成一枚胚胎就已经开始了。

"不能让孩子输在起跑线上"这句口号，可以说是中国家长的育儿焦虑最集中的反映。不知有多少家长以此为信条，让孩子和自己投入"路漫漫其修远兮"的奋斗之路。

其实，这句口号并非出自教育专家之口，它最初是20世纪80年代一家企业为宣传自家产品（有说是奶粉，有说是"壮骨颗粒"）选用的广告语——"治疗儿童缺钙，不让孩子输在起跑线上"。2000年前后，时任教育部部长的韦钰提出

“中国教育不能输在起跑线上”，“起跑线”由此跟教育挂钩，并在商业力量的推动下（早教班、补习班等），被家长们奉为圭臬。

多年后，韦钰接受采访时澄清，自己当时提出这一说法，是基于这样的背景：脑科学研究的最新成果不断涌现，各国紧急调整了儿童早期发展政策。美国科学院院士福克斯发现，0到2岁是儿童发展的关键期之一。早期在托儿机构成长的儿童，由于互动交流的机会少，脑的体积比受到正常照顾的儿童明显来得小。2岁以前得到改善的，脑发育可以恢复；2岁以后再改善，脑的发育恢复就很难。因此，所谓“中国教育不能输在起跑线上”，指的是必须重视早期教育。具体到个体家庭的教育，家长须在这个关键期言传身教，完成对孩子的教养，这才是“不能输在起跑线上”的真正含义，“（它）绝不是指让孩子早些认字、背诗、读英语，更不是把小学的课程提前教给幼儿，这绝对是个误区”。

然而，这个提法以讹传讹，不断被演绎，将教育的标准直接与“输赢”画等号。“‘起跑线理论’将教育的功能简化为‘输赢’之争，这恰恰是当下社会崇拜竞争和成功学的一种病征。如果成年人之间的严酷竞争无限度地转移到初等教育、学前教育，甚至胎教阶段，那么整个社会就可能变成一个弱肉强食的丛林……其次，就算可以将人生比作一场赛跑，那也不是百米短跑，而是一场漫长的马拉松，最初的一点得失可能完全无足轻重。刻意夸大起跑线上的输赢，主张斤斤计较、分秒必争，会给孩子造成过度的负担。而失去了童心的童年，也很难有未来充满自由和想象力的成年。”这是学者刘擎的看法。

把童年和自由还给孩子

“儿童应当穿童装是非常新的想法。儿童的一举一动必须尽快学成大人的模样，太慢了不是父母而是教师要操心的事情。这是原罪的一部分，必须用教鞭把它打掉，腾出空间给有用的（也就是无用的）成人知识；这是迫在眉睫的任务，容不得孩子们把时间消磨在玩耍上。”安东尼·伯吉斯在《莎士比亚传》一书中这样写道。

在莎士比亚的时代，作为一种文化建构的“童年”观念并不存在。法国史学家菲利普·阿利埃斯指出，在14—15世纪的欧洲，儿童（enfant）一词与这些词汇同义：男仆、侍从、服务生、儿子、女婿等。这说明当时的人们并未意识到童年有足以将儿童与成人甚至青年区隔开来的特殊性质。到了18世纪，卢梭呼吁，应当尊重儿童期，因为它本身即具有价值，而不是对未来有价值。他说："在万物中，人类有人类的地位；在人生中，童年有童年的地位。我们必须把人当人看待，把儿童当儿童看待。"至此，童年的独立价值得到肯定，卢梭认为，它并不是作为成人期的准备，因此不应该用成人为儿童准备好的连篇累牍的现成知识技能武装儿童的头脑。

在《爱弥儿：论教育》中，卢梭指出儿童教育的误区——"由于大家不愿意把孩子教育成孩子，而要把他教育成一个博士，所以做父亲和做教师的不论骂他、夸他、吓他、教他、改他的缺点、答应给他东西和对他讲道理，都操之过急，做得不是时候。"换言之，教育儿童必须符合儿童身心发展的规律和年龄特征。至于应该教给孩子什么，卢梭是这样回答的："应该教他成人后怎样保护他自己，教他经受得住命运的打击，教他不要把豪华和贫困看在眼里，教他在必要的时候，在冰岛的冰天雪地里或者马耳他岛的灼热的岩石上也能够生活。"

在如今这个成功学盛行的时代，哪怕最与世无争的家长，在涉及孩子的教育问题时，总是不能免俗。艺评人鞠白玉有一个舞蹈家朋友，因为即将小升初的儿子没有报任何校外兴趣班，被老师叫去质问："你怎么那么不像海淀区的家长？太不思进取。"到底是随大流让孩子努力学学学，还是让孩子有个宽松愉快的童年？鞠白玉的看法是："把人还给人，把童年和自由还给这些早晚能做自我选择的孩子，别过早地规范什么是成功，什么是精英；不让那些没有温度的伪名词去影响孩子怎样接触真切的世界，怎样感受世间的情感；对事物的抉择不去功利地做判断，对理想和价值的追求发自天然，不过早地迈进那些世俗规则界定的残酷游戏，甚至不竞争，当你不主动跳进这个激流，多大的浪也伤害不了你。"

至于能不能做到如此通透，那就因人而异了。你会怎么选？

70 年来，中国孩子做过什么梦？

文 / 钟慧芊

孩子的命运常与家国期望紧密相关，他们的成长也反映着新中国建立 70 年来观念行为的种种变迁，他们的梦便包孕着未来中国的状貌。

在不同的研究体系之中，“中国”有着不同的面向。

本土社会学的传统是将中国区分为城与乡，今天的历史进程又逐渐在这两者之间分裂出一个迥异的新世界。知乎网友 @BBKinG 分享过他的一个小故事：2015 年，他应邀到北京四中做一个关于电竞的演讲，从联系到接待，都是学校国际部一群高中生全权负责。@BBKinG 说他加了这些高中生的微信后一直默默关注他们的朋友圈，“这个过程让我越来越恐惧”：他们都在准备出国，每天讨论的话题都是去哪个国家，几个月之后他们陆续收到国外大学的录取通知书，出席欧美式的正装晚宴。

@BBKinG 形容这是他第一次“体会到次元壁的时刻”。其实，海外留学“大众化”和“低龄化”的趋势已经低调地推进了好几年。北上广深一些重点公立高中纷纷开设国际班培养学生出国留学，家长在孩子读初中甚至更小年纪时就为他们寻找去国外接受教育的机会。2016 年开播的电视剧《小别离》就细致展现了教育中的阶层分化现象：新富阶层通过让孩子享受更优质的教育，从而让自己的后代和过去的城市中国、乡土中国形成切割，站在了更远的起跑线上。

这种海外留学“低龄化”趋势愈演愈烈，又反向推动了英语辅导班、课外补习班、兴趣特长班的进一步下沉和扩散。新富阶层希望通过这种方式实现阶层的代际优势传递和迭代，给他们的孩子提供一种与常规的高考不同的成长路径：上国际班、申请国外大学或者直接去国外读中学。这意味着他们的孩子需要按照西方的价值体系进行学习、应试、参加社会实践，从知识、能力到观念接受新的洗礼。

2015年上海市妇联发布的《上海儿童发展需求调查》显示，有高达三分之一的儿童觉得学习压力“非常大”或“比较大”。压力源不仅来自学校，还来自家长。而一个有意思的对照是，财新网在其名为《中国孩子留洋热》的报道中写到，许多家长表示让孩子出国留学的理由就是“中国孩子太累了”。

一部分孩子疲于奔波在非常规的成长路径上，但对农村和农民工家庭来说，义务教育制仍然是提升社会阶层的最重要的上升途径。电影《一个都不能少》所反映的农村教学条件在20年后并没有得到根本上的改善，师资匮乏、教学设施基础差仍然是目前乡村教育面临的主要问题。城市的教育资源远胜于农村，“好好学习”的潜台词是到城市开展新生活。既然如此，为何不干脆辍学到城市打工？

农村学生的辍学高峰在初中，一些地方的初中辍学率可达30%甚至更高。清华大学学者程猛和北京师范大学学者康永久认为，农家孩子会以“懂事”为理由自我剥削，以此缓和父母的经济压力：“如果农家子弟选择及时回馈，那么他们就会放弃学业，及早进入社会，自食其力，为父母分忧，成为‘做事的料’‘做工的料’。唯有‘不懂事’，他们才能走上这样一条通过教育向上流动的人生道路，成为‘读书的料’。”

“小皇帝”梦

历史的分歧点出现在20世纪80年代。改革开放于1978年开始推行；计划生育于1982年9月被定为基本国策；九年义务教育制度于1986年确认实施。

“80后”是第一代独生子女，城市家庭的中心开始出现向孩子倾斜和转移的趋势，当时的北京家庭中有70%的开销以孩子为中心。90年代，社会上有一些声音称呼这一群成长起来的孩子为“小皇帝”，批评他们懒惰、动手能力差、责任感弱、以自我为中心。由于被过度溺爱和喂养，这些“小皇帝”还容易超重乃至肥胖。

我们很容易就能在脑海里想象以下画面：城市孩子拿着零花钱在快餐店里手捧炸鸡和雪糕大快朵颐。但从另一个方面来看，消费也为城市孩子个人意识的崛起提供了支撑的基础。人类学家景军在接受媒体采访时解释，城市孩子获得权利和地位的过程与计划生育政策密切相关。这一代独生子女的家长有一种强烈的潜意识，认为国家既然控制着我们的生育，孩子需要得到什么照顾、得到什么权益，国家理所当然应该负起更重的责任。“儿童本身具有了权利，那教育儿童的形式就发生了变化，同时代际间的学习关系也会变化”。

社会学家郭于华在《喂养中国小皇帝：食物、儿童和社会变迁》一书中提到，不论是城市还是农村的孩子，他们都在一个消费文化中学习和成长：“当我在江苏农村做田野调查时，一个小女孩取笑了我，因为她发觉我竟然对某种流行的饮料一无所知。‘你连这个牌子都不知道？’她的口气暗含讥讽，‘每天都能在电视上看到的。’”这意味着一种权力关系和文化系统的扭转：孩子是老师，年长者变成学生。

第一代独生子女成长在中国经济开放增长的乐观主义情绪中，但等到他们成为家长，他们却不敢生育小孩了。2015 年，中国宣告开放二孩，此次改革预计将允许 1500 万至 2000 万对夫妇多生小孩，以遏制出生率大幅下降所导致的人口结构问题。不过，学者田梅（Margaret MihTillman）预测，即使放宽政策，今后的出生率依然会保持低水平。

英雄梦

第一代独生子女的父辈，大概率出生于 1949—1957 年的“第一次生育高峰”之中。他们是经历了当代中国各种坎坷的孩子：长身体时碰上困难时期，读书时碰上“文革”，工作时碰上上山下乡，生孩子时碰上计划生育，人到中年又碰上下岗潮。

在新中国前三十年，中国孩子是“早晨八九点钟的太阳，希望寄托在你们身上”。中国孩子是大写的，是现代国家、进步社会的隐喻和象征。他们被寄予未来主人翁的厚望，并抽象为一个个德、智、体、美、劳全面发展的理想儿童的典范形象：赖宁、小兵张嘎、草原英雄小姐妹、海娃、王二小、小萝卜头……

这和中国传统上的价值判断体系截然不同。台湾学者熊秉真在《童年忆往：中国孩子的历史》中谈到，中国传统的价值体系中有一套“成人中心”或“家长制”的设想：“古代文献中的儿、子、幼、童虽可意谓幼龄儿童，更常代表一种相对于成年、父母、师长的卑下的社会地位，或从属性的依附角色。”比方说，中国古代对孩子的最高评价是“少年老成”，所谓“童心”是心智未明的体现。

将孩子等同于国家的希望，则是“五四”学人的功劳（回想一下鲁迅先生的“救救孩子”），孩子摇身一变成为民族国家的希望，为“中华之崛起”而奋斗。顺理成章地，新中国建立以后，这种主张便进阶为做一个“对祖国建设有用”的人、“为祖国健康工作50年”。

神童梦

改革开放以后，孩子逐渐从“国家的希望”“民族的希望”的话语体系中剥离，但一转身，孩子又进入“家庭的希望”“家族的希望”的传统思维之中。中国人始终坚信通过教育改变命运，由此激活了“不能输在起跑线上”的全民焦虑。

2018年是中国科技大学少年班成立第40年。1978年，宁铂成为少年班第一个学生，他在当时被誉为中国第一神童，2岁能背诵30首现代诗，4岁认识400个汉字,5岁读小学,8岁已经会开中药药方。他与时任国家副总理方毅对弈围棋，两局全胜。

但故事的后续是，宁铂出家为僧，还曾公开抨击“神童崇拜”荒谬绝伦。少年班是中国教育从整体匮乏到过度焦虑的一个观察样本，它创办的目的是选拔、培养对国家有用的科技尖端人才，换言之，这些少年大学生承载的还是共和国前三十年“建设新中国”的理想。少年班的孩子们所具备的聪颖天资是全社会的共同财富，他们创造成果，另一些人研究他们，希望把握创造同等成果的方法。

但这是一种危险的误解：崇拜神童并不可能创造另一个神童。不依赖学校和家庭的社会资本、文化资本，仅仅凭借自己的天赋就能实现社会流动，想法很美好，但如果我们还愿意把孩子当作有自己思想的独立个体，就不应该将他们视为一种被引导、被投射、被想象的被动客体。

那么，我们日常可见的，那些奔忙于英语辅导班、课外补习班、兴趣特长班之间的孩子们，或许可以松口气吧。

数字公民梦

市场咨询机构Wavemaker于今年2月发布了一份《数字时代的中国孩童白

皮书》，报告显示，中国6—15岁的孩童多达1.6亿，他们大部分人在9岁以前就已经接触各种电子设备、电子游戏、社交媒体。这1.6亿孩子，是中国第一批拥有“数字童年”的群体。

1986年，美国国家科学委员会首次提出STEM教育理念——科学（Science）、技术（Technology）、工程（Engineering）和数学（Mathematics），后来有倡议者提出应该加入人文艺术（Art），组成STEAM。机器人教育、少儿编程是近年来STEAM教育领域的热门。央视前主持人张泉灵曾表示，儿子会编写类似《植物大战僵尸》的简单游戏，甚至还偷偷修改后台数据碾轧自己，这让她大感吃惊：“会编程的孩子太可怕！”

15岁的英国男孩本杰·费舍尔（Benjy Fish）退学成为游戏《堡垒之夜》的职业选手，他母亲不仅支持孩子的决定，还亲自担当经纪人。这种行为要是在将电脑游戏比作“电子海洛因”的19年前大概是不可想象的。但在今天，大部分孩子都在数字媒介的环境中长大，他们与数字媒介的熟悉程度早已超乎想象。从零花钱的金额到购买物品的渠道，他们拥有超越“小皇帝”的消费自主权利，也更早地具有全球化意识。

他们是全球化的孩子，价值观、成长环境、现实利益、对未来的构想都和全球化密切相关。但也正因为如此，全球化造成的信息区隔在他们身上表现得淋漓尽致：城市和乡土之间、中国与世界之间。他们有一部分人已习惯于躲藏在壁垒之后看待世界，习惯于不需要走出自己的圈地就能接触一切。

尼尔·波兹曼担心，儿童与成人共同沉浸在以视觉消费为主的娱乐文化之中，当代儿童所接受的文化训练越来越趋于娱乐化，从而导致今天的儿童“成人化”。但他没有设想到的一个情况是，当媒介技术构成区隔接触全球化信息的帮手时，这些孩子会变成什么样子。

他们需要谨言慎行、形象完美，不然某天被网络考古了怎么办？

不过，现在我们面对的悲剧是，全球化开始溃散了——木遥老师形容：“怎么讲，临高考了，换大纲了。”

心理学者叶壮：人生不止一条赛道，父母也不必过于着急

文 / 阿饼

“焦虑时代”之下，有什么样的中国孩子，就映射出什么样的中国家长、中国家庭与中国社会。

心理学者叶壮曾在知乎上答过一个问题——“你们家孩子让你最感动的一刻”，获得大量点赞。

当时他 4 岁 5 个月的大儿子安安因乙型流感发烧，为了不传染 6 个月大的二儿子，他把安安送去奶奶家隔离。看望安安时不能抱或亲，只能隔着窗玻璃看。

那天，安安正在被窝里看《牛津少年儿童百科全书》，这是叶壮 9 岁那年他妈妈用年终奖买给他的书——23 年后，他看着聚精会神的安安，“那个神态跟我当年一模一样”。

这是他有孩子以来被深深打动的一刻。“孩子能让你回头看到你自己原来是一个什么样的人，曾经想要的是什么，他能让你有一次实实在在的强体验的复盘和回溯，这样你会得到更多的成长力量”。

身为教育心理学研究者和工作者，叶壮接触过很多孩子和家长，也看到了好几代中国家长都有的通病：如果说孩子是父母的一面镜子，那么在“焦虑时代”之下，有什么样的中国孩子，就映射出什么样的中国家长、中国家庭与中国社会。

说彩虹像蛇，错在哪儿了？

在叶壮看来，中国低龄孩子的成长有三个典型的分水岭。

第一个分水岭发生在孩子开始说话时。在这之前，孩子做出的反馈信号源只有笑或哭，家长关心的都是孩子的生理问题。一旦孩子开始说话，家长会更明确知道孩子的诉求。

叶壮在养育安安时碰到最头疼的问题，就是安安在 1 岁 8 个月左右，学会了一个字并迫不及待地爱上了它："不"。这个自我意识的觉醒如此之强烈与明显，难倒了这位以教育心理学为业的新手爸爸。因为每个人的边界是不一样的，科学并不能给出答案。

第二个分水岭是孩子入读幼儿园时（3—6 岁）。这个阶段的孩子最需要掌握的技能是同龄社交。一个典型问题是，这些亲子班和训练营看似很有趣，但大部分是被定制化的。比如说乐高，还有比这更不定制化的游戏吗——"大家好，今天我们的主题是动物园，请各位小朋友来拼动物，这是长颈鹿，这是老虎……"

然后问题来了，一位老师问小朋友们："彩虹像什么？"小朋友 A 说"像桥"，老师说："不错，彩虹像桥。"小朋友 B 则说："彩虹像蛇。"这时老师就会说："不对，彩虹不像蛇。"

"但是，请你告诉我，说彩虹像蛇，错在哪儿了？"叶壮说。

中国父母在教育上存在的最大问题是——不给孩子留时间

出生于 1988 年的叶壮回想自己的童年时光，几乎都是在大院跟着几个五六岁的孩子满街跑，其中那个"孩子王"，也不过是个小屁孩。

"我们那时没有那么多的玩乐选择，和个尿泥都无比开心，但我们的成长很自由，没有一个'应该'或'对错'的形状。"

但今天的孩子几乎不存在这样被放养的自由，他们看似拥有了更多选择：钢琴、围棋、奥数、国学课、乐高班……课程几乎都是高度定制化的，老师取代了当年那个"孩子王"的地位，都背负着 KPI 的压力，对孩子进行高度约束和管理，教孩子知识或技能，最本质的动力可能是为了让家长交钱续课。

俗语说"4 岁的孩子猫憎狗嫌"，一个 3—6 岁的孩子恰好处于一个不断寻找自我与试探别人行为边界的阶段。"你看大马路上，哪个七八岁的孩子跑去撩女孩裙子的？都是四五岁孩子在干这样的事儿。因为他知道这样做你会不高兴。不高兴有两种结果，要么你生气地走开了，要么你崩溃地揍他一顿。他

2018年6月13日，江苏省淮安市洪泽湖幼儿园的小朋友在拍毕业照（图/视觉中国）

在不断尝试，看到底什么情况下他才会挨揍，并以此来确立日后的行为边界。”叶壮说。

对于家长来说，允许孩子闯祸，也是一个试错的阶段。前两天北京下雨了，安安去踩泥坑玩，叶壮没有阻止，结果安安发了四天烧。“他不一定认为这是错的，因为发烧就可以不上学。他可能下一次还会踩，但他会学会权衡，踩坑导致发烧和上学，哪个更好受？”

当然，试错的前提是有足够的时间和精力成本去承受各种可能的后果。“但今天你不付出这个成本，明天这孩子自己就得付出这个成本。”叶壮强调了“提前试错”的重要性。

意大利心理学家路易吉·佐伊（Luigi Zoja）有一次来北京跟叶壮聊天，提到“中国有些十五六岁的孩子因为失恋跳楼死了”，佐伊直言不讳：“如果哪个意大利年轻人因为失恋而跳楼，我们能笑疯。”

因为当这个意大利年轻人失恋时，他们的朋友、家人或长辈通常会出现，告诉他“这没多大事儿”：“我以前也搞过对象分了手，现在日子不还是过得好好的？”

反过来，中国的父母很多时候会对孩子说：“你不能让任何人碰你不该碰的地方，碰了会怀孕，怀孕会死的。”结果小女孩让人牵了一下手就陷入恐慌，这并不是正常的、符合人性的说法。这些看似保护孩子的教育方式，到最后很可能将孩子逼上绝路。

叶壮在前来咨询的太多家长身上看到了中国父母在教育上存在的最大问题——不愿等待，不给孩子留时间。

作为一名父亲，他也理解，孩子的事儿家长着急是上心的表现，有的不等待也是出于关爱：怕摔了、怕病了、怕不舒服了，急切希望孩子好起来。每个家庭都有各自的养育风险，但这些情况恰恰映射每个家庭长期存在的问题——玻璃心可能是孩子习惯了以负面情绪寻求家长的关注、开口晚可能是日常的语言接触量不大、孩子有暴力行为可能是对于解决冲突的认识有偏差……不深入探讨、详细沟通、稳步推进，怎么解决这些问题？但很多家长就是不愿意等，他们需要立竿见影地让孩子按照他们的期待发展——就算你这个急性的问题解决了，那慢性的问题还在，没几天就要换个方式爆发。

“赢在离开爸爸时”的说法纯属耸人听闻

低龄孩子成长的第三个分水岭，是小孩上小学，通常是 6 岁。绝大多数中国孩子在这时开始走一个标准化的发展路径，所有的生活都要给一件事情让路：好好学习。

对于“80 后”来说，“不要输在起跑线”的说法就是从这个阶段开始流行的。彼时就有家长开始抢跑，后来演变成你抢跑，我也抢跑，大家都忙不迭要抢跑，落后就要挨打——起跑线因此不断被提前。

叶壮回忆道，大概从 10 年前人们就开始在意幼儿园的择校问题；最近 5 年则出现了早教班和早早教班——孩子连爬都不会，爹妈就带着去做操；后来提前到胎教，从怀孕 4 个月开始就做各种“教育”了，买个几千块的耳机贴在妈妈肚皮上给胎儿听音乐。如今起跑线已被提前到“离开妈妈时”，还有人希望再提前——提前到这个孩子“离开爸爸时”。

但“赢在离开爸爸时”的说法，叶壮认为纯属耸人听闻。

“我们的传统文化里有个可悲的设定，就是认为啥都得有，也会有正确答案。例如这道语文阅读理解题：鲁迅家门口有两棵树，一棵是枣树，还有一棵也是枣树，请问鲁迅先生想靠这个表达什么？我想可能鲁迅先生自己都回答不了这个问题。”

在叶壮看来，这种观念会让我们认为，人也一定有一个“正确答案”式的发展轨迹。这也是“不要输在起跑线”这种话在中国流行的重要原因——起跑线本身就意味着存在一条赛道与轨迹，也就是所谓“什么时候就该干什么事”。

当大家都在抢跑，这条起跑线变得没法再往前提时，你就只有一个办法：比别人跑得更快。叶壮发现这又产生一个问题：很多孩子在二年级下半学期或三年级上半学期不约而同地出现了学习成绩大幅下滑的情况。原因在于，孩子在幼儿园已经学会了一、二年级的内容，但在这个阶段他没有养成良好的学习习惯，到了三年级学习就开始掉链子。

除了速度，知识储备是一个重要的比拼指数。但好奇心、审美力、专注度、抗挫力、创造力等这些不能被量化的软实力是不会被纳入赛道之中的。假设一个孩子在海边砌了一座很有意思的沙雕，玩得非常开心，但很少会获得父母的赞许，或被拿来跟邻居炫耀。因为，这世上可没有堆沙雕等级考试。

只有那些有具体标准的技能才会被重视，因为“赶时间”、害怕“输在起跑线”，家长们只会花钱让孩子学那些能立刻看到直观成果的技能，例如钢琴或舞蹈考级、背《弟子规》全文或圆周率到几位数、奥数考了多少分、学了几门外语……按照这个标准化的标杆尺度，学历、收入、职称、车房等指标比较就自然而然地伴随着这些孩子的一生。

后来，他们就成了每天为了完成KPI与PPT而焦虑不堪的我们，然后把这种人生观传递给新的一代。

真正的早教不是教孩子，而是教家长

“你家孩子在学校里考100分只能证明一点：他是一堆螺丝钉里最标准的那个。这有什么可高兴的？”在叶壮看来，近代才出现的工业化教育体系是为了保证快速、高效地输出标准化的社会人才，它并不需要个性化，每个人都是一样的才对。

叶壮夫妇不希望自己的孩子成为这样的螺丝钉。但即便如此，他们也还是决定把孩子送去公立学校。他认同类似华德福、蒙氏教育或瑞吉欧等教育流派的教育理念，但他也很清楚这些私立学园培养出来的孩子，最终还是要与公立学校接轨，当下教育体制的种种问题是无法逃避的——公立学校之外的选择，只是把这个时间延后了而已。

“说白了，我始终认为，真正的早教不是教孩子，而是教家长。你有了孩子，你知道遇事如何跟孩子沟通吗？你知道怎么给孩子提供安全感吗？你知道怎样帮助孩子培养好习惯吗？我认为，家长的相关学习，才是真正重要的。”

而把孩子送去公立学校，意味着孩子要学着适应这样的教育体制。“这是孩子在成长过程中需要面对的问题，我们有必要帮助他们，但没必要替他们搞定。”

越来越多的人在探讨“多样性红利”与“原子化社会”，呼唤自由化与个体差异，STEAM 教育（集科学、技术、工程、艺术、数学多学科融合的综合教育）也越来越流行。叶壮相信，今天这个时代，你比其他人混得好的主要原因，是你跟其他人不一样。

“所谓‘不要输在起跑线上’，它预设了两点：人活着就是跟别人死磕；人生是一条赛道，谁跑得快谁赢。问题是，这两点都是错的。若活着就为了磕死别人，那生命也太过可悲；而人生若是一条标准的赛道，那生命也太过枯燥。无论孩子还是父母，如果谁都不接受赛道的假设，那又有什么值得着急的呢？”

儿童文学作家殷健灵：
没有完美人生，也没有无缺憾的童年

文 / 罗屿

任何成年后无法解决的困惑和障碍，或许都可以在童年期找到成因和答案。人的一生看似是走向遥远的终点，本质上却是迈向生命的原点。

2016 年年底，作家殷健灵在新浪微博上发出了一封“重返童年”邀请书：“无论你处在生命中的哪个阶段，都可以接受我的邀请——与我一起重返童年。”

“人的一生最无法摆脱的是童年的原初记忆，你出身的家庭，成长中最刻骨铭心的印记，无法原谅的人和事，未被满足、耿耿于怀的愿望，无法弥补的遗憾，困厄时遇到的帮你摆脱困境的温暖，烛照过你成长的微光，倘若重新来过你最希望改变的事……假如你读过我的作品，假如你信任我，假如你有强烈的倾诉愿望，假如你认为自己的童年故事独一无二，假如你希望在倾诉的同时修复童年的创伤，或者希望以自己的经历警示后人……请你联系我，在之后几年，我会耐心地等待你，面对面地倾听你。”

此后，殷健灵收到了不少愿意接受访问的应答。她将这些人的故事，和自己多年来寻访、累积的“童年故事”一起收入在新近出版的《访问童年》一书。

对于从事儿童文学创作的殷健灵而言，“访问童年”的愿望由来已久。她说，阅读和写作的历史越长，越相信童年对于一个人的特殊意义。“你会发现，即便是再杰出的作家，他一生可能写了几十本书，但那些书很可能是一本书的种种翻版，他终其一生都无法消除童年在他心灵版图上打下的烙印。而心理学家告诉我们，任何成年后无法解决的困惑和障碍，都可以在童年期找到成因和答案。”

“访问童年”更像访问一个人的精神故乡，殷健灵说，这不仅是因为童年决定一生，更因为，一个人毕其一生的努力就是在整合他自童年时代起就已形成的性格。“人的一生看似是走向遥远的终点，本质上却是迈向生命的原点。通往童年之路，就是通向内心和自我之路。”

人被童年所塑造，人也注定向着童年争辩、反抗和逃逸

《访问童年》中有26个故事，来自26个不同年龄、身份的普通人的叙述。他们中的大多数人，从未和别人讲起自己的童年往事，殷健灵是他们第一个倾诉的人。

殷健灵说，在某种意义上，接受她的访问是痛苦的，也是勇敢的。“所有受访者都需要具备足够赤诚地面对自己，同时也面对他人的勇气”。

但勇敢地打开自己并不容易。殷健灵常常看着面前的受访者从轻松、平静、淡然到眼含泪光，甚至痛哭流涕，进而又慢慢恢复平静、微笑、释然……她则陪着他们一起喜悦欢欣，涕泪俱下，百感交集。

听完一位名叫徐晓放的受访者的讲述后，殷健灵忍不住拥抱了她。在殷健灵眼中，徐晓放阳光、练达、坚韧，性格里甚至还保留着一点涉世不深的单纯可爱。然而，在外人眼中这样的一个她，却有着一段近乎残忍的童年记忆。

1970年，徐晓放8岁，由于正值特殊年代，父亲在监狱服刑，母亲被关进牛棚，哥哥在乡下插队，年幼的徐晓放不得不开始一个人的生活。怕她寂寞，哥哥给她抱来了一只两个月大的小狗，徐晓放叫它雪虎。

每天上学，雪虎会护送她到校门口；放学，准时在校门口等她。晚上，徐晓放睡在床上，雪虎就趴在床下。她种的庄稼，雪虎也会帮她看守。

这个家成了徐晓放和雪虎相依为命的家，她俩形影不离地过了两年。

直到三年级开学不久的一天，放学后走出教室的徐晓放发现日日准时的雪虎竟然没在校门口等她。她疯了一样到处找雪虎。然而两天两夜过去，雪虎没一点消息。邻居见徐晓放不吃不喝，整天坐在院子里哭，给她哥哥打了电话。

哥哥从乡下赶来，他安慰徐晓放，雪虎恐怕是跳墙去隔壁体委大院了，自己现在就翻墙去找。然而在体委大院，哥哥却看到了这样一幕：雪虎雪白的毛皮，正平摊着晾晒在伙食班门口的台阶上。

回来后的哥哥谎称什么都没有发现，还有一件事他也没对徐晓放说，自己因为气不过，跑去了伙食班兴师问罪。

然而就是这个举动，引来了对方的报复。第二天徐晓放放学，远远看到楼下开了花的夹竹桃上有些异样，她上前一看，那上面竟然挂着一只血淋淋的狗头，那是雪虎的脑袋。

徐晓放跌坐在地，号啕大哭。

上初中时，徐晓放本应穿过体委大院去上学，但她宁愿选择绕路，体委大院是她心口不能碰触的伤。40 多年过去，雪虎的模样仍清晰烙在她的记忆里，一想起雪虎，她仍旧会浑身发颤。

也许回溯童年本身，对每个人而言也是一种治愈。就如作家李敬泽在《访问童年》的《序言》中所写：“把无以言表之事意识了一遍、说了一遍，这就像把此生从头又过了一遍，而这一遍过明白了，即使是失败和残缺也便释然了……人被童年所塑造，人也注定向着童年争辩、反抗和逃逸，人渴望与他的童年和解，所以人需要访问童年，在记忆、修复和创造中与自己、与世界和解。”

这个世界上，最容易被社会和家庭环境裹挟的，就是孩子

有些人的童年曾经因时代等原因而压抑、困顿、窘迫、束缚，而殷健灵发现，年代离今天越近，受访者所讲述的童年故事，越是和以下几个关键词有关：独立、自由、自我、幸福、宽容、释放、平等、开阔，等等。“这是一种理想的觉醒的状态。”

出生于 1999 年的鲍展鹏最初给殷健灵的印象是腼腆青涩、喜欢微笑，然而随着交谈深入，她发现这个男孩的精神世界或许会令很多在俗世中迷失的成年人自惭形秽。

生活于上海的鲍展鹏家世很好，从小随父母去过世界很多国家。高中时就

读于国际学校的他开始随老师、同学到国内各地考察，他们去了河南信阳考察20世纪50年代末的大饥荒，还到了安徽、江西、广东、吉林等地，去看现今中国最普通的乡村。

高二时，鲍展鹏开始读《共产党宣言》《资本论》，还参加了一个课外读书小组，小组成员每周聚在一起读马恩原文文本，以及列宁、卢卡奇和科尔什（左翼理论家）的著作。假期，鲍展鹏白天会到图书馆读法兰克福学派的书，晚上就和读书小组成员讨论西方马克思主义理论的发展和继承。

高二寒假，鲍展鹏和老师、同学一起到东北考察，他们选择乘坐春运时的硬座火车，一路看人情百态。访谈结束后，鲍展鹏还给殷健灵发了一封邮件，细述那次火车之旅。他说火车上有贫苦的农民和工人，有苦读法律和哲学的知识分子，有返乡的打工者，有扛着相机寻路中国的西方人，有口若悬河的推销员，有严肃而一丝不苟的乘警……“这里是最真实、最多元的中国。许多人总是认为他们所过的生活就是世界的全部，却不曾意识到当他们坐在高铁一等座的软椅上时，还有无数农民工在冰冷的车厢瑟瑟发抖，更不曾意识到农民工牺牲了家庭、挥洒着汗水，为城镇面貌的革新做出了不懈的努力。事实上，铁路的发展史从某种意义上来说就是一部活生生的中国现代史。”

殷健灵说，从鲍展鹏那些粗看琐碎却耐得住咀嚼的文字里，可以看到这个新时代男孩坦诚的表情、思想和心声。鲍展鹏也刷新了她对这一代孩子的认知。

作为“00后”的妮妮目前还无法达到鲍展鹏哥哥的思想高度，她纠结的是，如何跟班里会跳舞的娜娜搞好关系。她说自己有点喜欢娜娜，也可能是嫉妒她。娜娜是“班里职位最高”的人，担任大队主席的她很受男同学青睐，“他们看见她跳舞，都惊呆了”。妮妮掰着手指算，从小学一年级起，喜欢娜娜的男生至少有8个。

妮妮说，娜娜管理班级时样子很凶，仿佛一凶，个头都变高了。

妮妮曾试着和娜娜交朋友，但是没成功，对方赤裸裸地表示讨厌她。妮妮很伤心，体会了一把“弱者想靠近强者又被拒绝的感觉”。妮妮说，她还是更喜欢一年级时的娜娜，那时的她很温柔，胆子也小。“后来老师培养了她，她就有了竞争意识”。

妮妮和殷健灵说，自己从不会和妈妈提起这些烦心事，因为妈妈也不一定能理解。其实，她也觉得自己想得太多，“有时累得直想哭”。

殷健灵从妮妮的讲述里发现，也许我们每个人小时候都曾被那些比天空还要大的小烦恼折磨，“无论时代如何进步，孩子的小烦恼万变不离其宗——亲情、友情、自我认知、孤独、不被理解、被轻视、被排斥、愿望与现实的落差……”唯一让殷健灵感到新鲜的是，她在妮妮的故事里听到了一些成人世界盛行的词语：权力、压力、等级、阶层。“这个世界上，最容易被社会和家庭环境裹挟的，就是孩子。”殷健灵说。

《新周刊》：通过访问，你觉得经过了百年岁月，我们所有人的童年是否存在某些共性，且不以时代的更替而改变？

殷健灵：或许是人生的无奈和童年的无助。书里26个人的年龄跨度将近一个世纪，他们的童年小史从一个侧面反映了中国近一百年的时代变迁。然而我更感兴趣的，不是宏观的时代命运，而是不同时代和地域里孩子的心灵和感情。它们千差万别，却异曲同工；它们幽微渺小，却丰富而广袤。它们会颠覆我们的基本认知，童年不仅纯真无瑕、混沌无知，童年同样敏感脆弱、复杂多变、危机四伏。童年独立生长，可终究敌不过时代洪流、社会文化、家庭环境的裹挟和影响。倘若人生犹如危崖上的一棵树，童年便是根，在夹缝中求生存，靠着露水、阳光以及自身的力量枝繁叶茂。

《新周刊》：你说我们会在别人的故事里读到自己。这句话该如何理解？

殷健灵：正如我们在其他文学作品中读到了自己一样，《访问童年》关注的也是人的心灵和感情，阅读着他们的故事，仿佛陪着这么多人把他们的童年过了一遍。我们会在很多人身上依稀认出自己，然后，或许会发现，被我们遗忘的，竟被他人记起，原来，千万人的命运中就藏着我们自己。我们甚至会找到一些人生困惑的答案，探索了自我，并与自我和解。

《新周刊》：《访问童年》重要的内容之一是儿童与成人的关系。你觉得在这个时代，大人最应该给予孩子的是什么？

殷健灵：我不是心理学家，且个人的人生经验和视野有限，不能简单武断地判断他人。

为人父母者，本身童年有各种遗憾，倘若一味怀着弥补心，让孩子在成长中去补偿自己的童年缺憾，这并不明智，很可能走入另一种极端。

没有完美人生，同样也没有无缺憾的童年，如果能在孩子童年给予他爱与安全感，我以为便是最大的给予。

最高级的给予还需要智慧。

我们在一生的成长里，都在慢慢“悟”、慢慢“开化”。生而为人，实属不易。我们的孩子也不可能一路坦途，我们所能做的，就是给予他们在未来人生路上披荆斩棘的谋略和勇气，而不是为他们去铺平道路。

《新周刊》：多年来创作儿童文学，你有很多机会和孩子们直接对话。你觉得应当以怎样的心态与孩子们沟通、相处？

殷健灵：平等，尊重，同理心。我从未忘记自己孩提时代是什么模样，这让我和不同年龄的孩子交流时很少有障碍。

《新周刊》：在你看来，怎样才算优秀的儿童文学作品，我们又该怎样创作出好的儿童文学？

殷健灵：优秀的儿童文学，从来不惮于在作品里告诉孩子人生和世界的复杂和不美好，但在呈现这些复杂和不美好的同时，采用的是儿童能够接受的表现形式和表述方式，即便是揭露现实中存在的邪恶，也要融会贯通，让读者不受创伤。

儿童文学同样是表现人性、探索人生的，甚至，儿童文学有着比之一般文学的优越之处——我们的读者面对的一切都可能是新鲜的，因此，儿童文学更加负有发现人生、探索人生奥秘、叙写人情之美的责任。

即便这个时代文化多元抑或精神混沌，作为一个为孩子写作的人，更要有健全的目光，坚信爱、温暖和光明，若能写出冷漠中的温暖、狠恶中的柔软、毁灭中的希望，那么读着我们的作品长大的孩子，才有可能“身处淤泥心有莲花，沦为地狱向往天堂”。而由他们所支撑的未来世界，才可能拥有清明的精神之光的照耀。

我并不想夸大文学的作用，但是，一个孩子如果在成长的过程中受到文学的浸淫，可能会比一般孩子更加容易理解这个世界，在潜移默化中做好迎接这个纷繁世界的准备。

一个孩子从文学中最大的获得是：对未来的遭遇有了准备、有了理解，你可以更加客观冷静地面对未来，以及演好自己在人生舞台上扮演的角色。它会帮助你在成年后善待痛苦，容忍许多人无法忍耐的人和事，并且获得更多前行的动力。

没有焦虑的快乐教育，真的存在吗？

文 / 郑依妮

虽然许多父母欣赏华德福教育赋予孩子们的自由与温暖，但是进入华德福，便意味着至少在很长一段时间，孩子都与传统公立教育分道扬镳。一旦孩子在成长过程中摒弃传统教育的评判坐标，他们是否会在人生的航程中迷路？

下午 4 点，海容学校的孩子放学了。校门外没有挤在一起伸长脖子焦急张望的家长，没有举着写有托管中心名称牌子的阿姨，也没有堵得水泄不通的交通，清静得甚至让人难以察觉这是一所学校。几个家长不紧不慢地走进校园接孩子，看起来并不急着把孩子带去上补习班。家长们彼此认识，见面时会停下来互相打招呼，聊上几句。

海容学校是一所位于广州黄埔区长洲岛上的华德福学校，教育理念和全球畅销书《窗边的小豆豆》当中的主角小豆豆所读的巴学园很像。学校面积的三分之二是户外空间，目光所及都是郁郁葱葱的植物。它们没有太多人工修葺的痕迹，以原始的状态生长着。本以为下着雨，放学后也无法看到孩子们在校园嬉戏的场景。走近才发现，这场下了一整天的大雨丝毫不影响孩子们像往常一样到户外玩耍。雨水浸泡后的草地和沙池在他们眼中似乎更有乐趣了。

几个六七岁的孩子在雨中的球场踢着足球，年龄小一点的几个孩子穿着水靴、打着伞在小泥塘里跳泥坑——那场景就跟小猪佩奇跳泥坑的画面一模一样。他们的身上、腿上全是踩过泥塘后留下的泥巴，脸上却带着无比开心的笑容。泥坑旁站着几位家长，他们也在雨中撑着伞，一边看孩子们玩耍一边聊天，既没有制止孩子们嬉闹，也没有催促他们离开，似乎对这群孩子的“野”早已习以为常。

“在她成为一个成功的人之前，我希望她首先是一个快乐的人”

董慈将近4点半才来到学校，她的大女儿今年5岁，在海容学校读幼儿园。董慈介绍说，孩子的一天从晨圈开始，这是最受孩子欢迎的活动之一。晨圈的内容包括故事、诗歌、游戏、律动。对于幼儿园和小学低年级的孩子而言，他们需要运动帮助他们从一晚的睡眠状态中清醒过来。晨圈后，自由玩耍。随后，孩子们在主班老师的带领下开始上主课，包括语文、数学、历史、地理等。主课之外还有家政、英语、散步、手工等辅课。一个学期下来，孩子们把所学到的知识以自己喜欢的形式展出，就是他们的“期末考试”。

华德福认为，自然是最好的老师。幼儿园的孩子每天在户外玩耍的时间大约是普通幼儿园的两倍甚至更多，让孩子学会“玩”是非常重要的一课。对孩子们来说，在草地上打滚、爬树、观察昆虫、玩泥沙或者跳泥坑才是“正经事”。在孩子自由玩耍的过程中，他们会自然形成群体分工，找到自己喜欢和擅长的事情。老师则从旁观察每一个孩子的状态，只有在孩子们无法独自解决冲突时，才会出来干涉。在这里，快乐玩耍、分工合作、解决问题、互相照应这样的品格和能力，比早几年认字更加重要。

提起当初为什么选择给孩子入读华德福学校，董慈说：“我希望在她成为一个成功的人之前，首先是一个快乐的人。一所学校教育得好不好，最直观的体现是孩子的状态。我看到她在这里每一天都是快乐的，她的身心是舒服的，这一点最为宝贵。”

最初董慈的丈夫并不太认可这种教育方式，在他看来，这“和在乡下放养并没有什么区别”。当初他们就商量好了：大女儿年纪小，幼儿园玩一玩，到了6岁还是应该去读公立小学，毕竟“那才是正路”。

后来他们发现，原来活泼好动、很难服从管教的大女儿，逐渐养成了一股淡定的气质：带着她出去旅游时可以配合大人行动；在外面看到哭闹的小孩，她会上前安慰；看到小动物和小昆虫，她充满爱心；虽然现在只有5岁，面对成年人她能平和地沟通、好好说话；比起其他学校的同龄人，她有着更多的责任心和担当。

夫妻决定让孩子继续就读华德福小学。董慈说：“我是985大学毕业的研究生，从小到大接受的都是传统教育，但是这种教育方式并不适合我。我过去大部分的时间都在读书、考试，我受过的教育并没有教会我如何热爱生活，我甚至不知道自己真正喜欢做的事是什么。华德福出来的孩子不一样，他们眼里有光，他们充分感知着这个世界，那种状态着实让人羡慕。”

明年董慈的小女儿就满 3 岁了，她打算把小女儿也送去华德福幼儿园。

华德福里有 90% 的家长不支持孩子使用电子产品

由于海容学校位置远离市区且交通不便，不少家长为了方便孩子上学，宁愿把市区的房子租了或卖了，举家搬迁来岛上，租村民的房子住。可以说，整个长洲岛就是华德福的“学区房”。与普通学区房不同的是，这里并没有高不可攀的房价。一套 100 平方米的房子每月租金大概 2000 元，一栋 4 层高独立的房子只要 5000 元。

一年前，董慈和丈夫带着两个女儿举家搬来长洲岛。她把原来位于高档小区的房子以一个月 6500 元的价格出租，收到的租金足够她在岛上租一个带着 100 平方米大花园的两层独栋民宿。如今她的花园里养了一只鸭子和一条土狗，水池里养着乌龟和鱼，大院门后面还有一棵龙眼树，树下是一个木制的秋千。

雯雯是今年刚搬到岛上住的家长。她说：“搬家后，我每天上班路上大约要花 1 小时，先坐公交车，再换乘地铁，比原来多花一倍的时间。”尽管自己的通勤时间变长了，她和先生都认为这是值得的。“我们在这里找到了与自然同步的生活规律，以前全家都是夜猫子，现在每天晚上 9 点岛上就安静了，全家养成了早睡的习惯。”

长洲岛上多数房产都是无法交易的小产权房，因此在岛上甚至找不到一家正规的房产中介公司。欣欣妈是出了名的热心家长，为了帮新来的家长更快地找到合适的房子，她成立了一个海容租房群，让孩子毕业后需要搬出长洲岛的家长把他们的房源发出来。来岛上生活的家庭多了，自然而然就形成了一个圈子，他们称之为“海容社区”。

海容社区的家长有着同样的教育理念，和他们聊天的时候，某些特定的词语会高频出现，比如“观察”“状态”“感知”“能量”“生命”“平衡”。

华德福里有 90% 的家长不支持孩子使用电子产品，刘东华是那剩下的 10% 中的一位。他曾经在以物易物的微信群里发了一条求购二手 iPad 的消息，打算买给家里 6 岁孩子用。这句话让本来风平浪静的置物群突然炸了锅。家长们纷纷跳出来，对他要给孩子买电子产品的教育方式进行了一番口诛笔伐，还讨论起电子产品对儿童成长的危害。有人说："我家孩子一出生，我就把家里的电视卖掉了。现在孩子三年级，很爱阅读，阅读量比他的同学要多得多，相信这跟我家一直没电视、有大人给他读书有很大关系。"还有人说："游戏在消磨时间、消耗我们的身体，不要让孩子那么早接触电子产品，万一上瘾很难戒掉。"

刘东华回忆道："平时群里大家都是发布闲置物品，几乎不闲聊。那天是我入群三年群里讨论得最热闹的一天。我认为玩游戏的过程可以锻炼孩子的逻辑思维，但我不想直接和群里的家长们起冲突，每个人理念不一样。"当然，他最后也没有成功买到他想要的二手 iPad。

他们 18 岁以后的漫长人生，谁来让他们快乐?

其实华德福的教育理念并非没有争议。比如华德福家长们对电子产品的极度排斥，在很多人看来，就未免有些极端。

更关键的是，孩子在如此自由的环境下长大，未来是否会缺乏社会竞争力?

最明显的例子，就是日本有名的"宽松世代"，也就是在日本宽松教育下成长的一代。这一代人还有一个难听的称谓，叫作"平成废物"。2000 年之后，出于对填鸭式教育的反省和国际教育形式的判断，日本政府认为应该培养创新型人才，即从知识教育向创造力教育、创新教育的方向转型。日本政府从 2002 年开始全面推行"宽松教育"，内容包括降低课业难度，减轻学生负担，不公布成绩，不对学生进行排名，学习内容减少三成，上课时间缩减一成等。然而这种"宽松教育"在实施过程中演变成了松懈教育，其代价就是这一代人的行为和价值观都出现了问题。他们纵情享受当下，不关心明天和未来。他们只关心"以自己为圆心，半径 3 米内的事情"。他们不想工作、不愿奋斗，连恋爱都懒得谈，活得就像"废物"一样。

宽松教育、快乐教育的最大问题在于：它只适用于学校，而不适合这个社会。学校可以让孩子快乐，但社会不会。进入社会之后，上级领导不那么在意员工快不快乐，只会在意员工能不能干。这也是为什么那么多的企业在招聘启事中注明"抗压能力"。何况，现代知识的学习，本身就是一个反人性、反惰性的过程。

钱文忠教授说："凭什么教育是快乐的？我实在想不通，教育怎么一定是快乐的？教育里面一定有痛苦的成分，这是不言而喻的。"

事实上，华德福在中国经历了十多年的发展，依然非常小众。很多一开始非常热情的家长，逐渐变成了冷静的旁观者。

虽然许多父母欣赏华德福教育赋予孩子的自由与温暖，但是进入华德福，便意味着至少在很长一段时间孩子与传统公立教育分道扬镳。很多父母担心，一旦孩子在成长过程中摒弃传统教育的评判坐标，他们将在人生的航程中迷路。

华德福学校毕业的孩子一般有两种选择：一是在高考前一两年回到传统学校备战高考，进行有针对性的强化训练，这意味着他们可能承受比普通高中生更高强度的学习和压力；二是选择出国读书。

周豪的孩子可可在华德福读了一年之后，又转回公立学校就读。因为去了华德福，孩子变得快乐了，但是周豪变得焦虑了。他说："没有父母不希望孩子快乐成长。但所谓快乐教育，如果只能让0到18岁的孩子开心快乐，他们18岁以后的漫长人生，谁来让他们快乐？我会尽自己的最大能力，调动全部的知识储备和方法论，为他学习的过程减少些许痛苦，但我必须让他知道：教育不可能没有痛苦。"

以华德福为代表的快乐教育，能否成为中国家长摆脱教育焦虑的灵药，没有人能够给出百分百肯定的答案。但或许就像一位家长所说的："人生道路，其实是一个选择的过程，没有完美，只是权衡利弊。哪里有你真正需要的，就到哪里去。"

（文中采访对象均为化名）

中国孩子太多课，中国家长太缺课

文／詹腾宇

忙于培养孩子，不是放弃培养自己的理由。"好好做一个人"这个永无止境的课题才是我们和孩子共同的修行。

世上有这么一种职业：一到差不多的年纪，就有人疯狂催你上岗；且几乎是零培训上岗，上岗后不组织系统培训，全靠自学。学到什么程度全靠自觉，学到一定程度大都自动停止。可以不上进，但会理所应当地要求别人上进；可以愚笨，却要求别人世事洞明无师自通；示范种种错误言行却不自知，时常陶醉于关爱别人、牺牲自我的凛然大义之中。没有人能准确评估他们的贡献与过错，也没人能勒令他们引咎辞职。

很多职业符合上述特点，但最符合的，莫过于“家长”。

世上还有这么一种新职业：一到差不多的年纪，就有人疯狂催你报班，否则未来可能无法顺利上岗；且几乎是零培训上岗，上岗后便要应对来自社会、家庭等多方的殷殷期望。不能不上进，还要忍受别人的不上进；不可以愚笨和落后，还要在缺乏提点的情况下靠自己弄懂种种道理。成长被视为必然，错误则会被放大。太多机构和个人热衷于评估他们的能力与潜力，将他们进行严格比

2015年5月26日，河南安阳，一栋商业楼的窗户上贴满了辅导班的广告，从小学、中学的学习辅导到海外留学的培训应有尽有，甚至还有几家“培养情商”“开发脑力”的新型辅导班（图/视觉中国）

较并及早做出筛选。上述情况可能导致你对这份职业产生厌恶，甚至日后拒绝转职——以免贻害后人。

也有很多职业符合上述特点。但最符合的，莫过于“孩子”。

孩子本不是职业，揠苗助长的人多了，也就成了职业——一份高压力、高投入、回报不明的职业。当下中国，孩子提前上岗，入世加入战场；家长提前下岗，避世撒手不管。上一代的焦虑悉数下沉，两代新旧“职人”之间，映照着当今社会的残酷现实。

很多家长始终没想明白的一点是：家长首先是人，是成长中、不完美、独立的个体。家长只是一种身份，这个称号意味着一份重责，但绝不意味着相应的能力增长，更不意味着可以随意施展粗暴无礼的威权。

孩子的课满到溢出，因为“不能输在 ×× 线上”之类的鬼话；家长的课缺到触目惊心，却少有人认为这是教育问题的主因。情感博主琦殿总结道：“大多数情感问题跟‘爱不爱’一点关系都没有，只是人格发育不健全，脑子也不好使而已。”

那么，同样道理，大多数家庭问题跟“会不会做家长”一点关系都没有，只是身为家长的那个人，人格发育不健全，脑子也不好使而已。

忙于培养孩子，不是放弃培养自己的理由。教育本应该是一个人对另外一个人施加的积极影响，这个过程应该可以选择，而不是被身份绑定——我是因为仰慕你的才能、品行、操守、经验而自愿追随效仿，不能因为“你是我父亲”而无理由盲从。代际之间的相处与谈恋爱相似，大体是互相了解、互相影响、产生喜恶的过程，但因为它需要言传身教、率先垂范，又比相对平等的恋爱难上许多。

孩子对原生家庭的反叛，大抵也来自对“人”的认知的不断深化：我所认识和认可的好，和你教给我的好并不一致；若你平日缺课太多，为人处世漏洞百出，工作社交处处不讨喜，既摸不清人生意义与生活乐趣，也不曾掌握足够丰富的生存技巧，却强行要求我按着你的指引行事且不接受反驳，这如何得了？

关于当代中国家长在教养中存在的问题，北京师范大学教育学院教授钱志亮如此总结：“我们今天的家长重喂养轻教养、重认知轻运动、重物质给予轻精神抚慰、重智商开发轻情商培养、重智力开发轻涵养智慧、重知识技能轻社会适应、重外表技能技巧学习轻伦理道德灵魂塑造、重学习结果成功与否轻学习过程快乐与否、重规范轻道德。”

除此之外，我们常见的“中国式家长言行”还有：反正成功都是那几条路，没得选；盲从自己认可的理论，坚信孩子不听就废了；传递一种“我这辈子就这样了，你自己看着办吧”的消极人生观；对孩子，要么尬夸，要么无脑喷，只做朋友，或者永远不可能做朋友；说不清楚爱，说不清楚性，说不清楚人性；不相信也不接受孩子总有一天会超过自己。

总体而言，家长倾向于将孩子当成产品，把自己当成车间工；不考虑孩子感受，也不用在意自己是否进步、是否值得尊重，因此才会出现诸多机械填鸭、随意叠加压力的粗暴教育方式。家庭变成如教辅机构一般的“催熟剂”“增压剂”，而不是倦鸟思归的暖巢。

华裔歌手陈美龄培养出三个上了斯坦福的儿子，这佳话尽人皆知。但这并非一个简单的幸存者偏差的特例，陈美龄的成功自有内因：其一是坚持自我的勇气，她在日本携子工作、在美国读博时生了二胎，引发了社会上“美龄论争”，强调女性的价值与立场；其二是持续精进的自觉，经历过当红歌星的辉煌，还能耐住寂寞潜心求学，她清醒地意识到，前半生的辉煌不足以成为后半世活得明白的资本，拿来教孩子更是不够用；其三是完整的教育理念和过人的情商。陈美龄在书中写道：“教育，是一个教会孩子做梦的过程。告诉孩子世界上有许多可能性，给予他为实现梦想所需要的工具和知识，使他抱有朝着梦想大步迈进的勇气。并且教导他，即使遇到挫折也要有重新站起来的气势，即便达成了目标也要有不耀武扬威的谦虚。”既教技能，也教处世；既有宽容的心，又有宽广的眼睛——道理都懂，但做对、做全的人实在不多。

陈美龄的成功仰仗的是真正意义上的智慧与关爱，而不是“虎妈”蔡美儿式的压迫。实际上，“虎妈”也被误解了，她只是尝试将中国传统的高压纪律和西方常见的自由选择进行结合，而她的孩子长大后也感恩于此。这同样是一个不断修正理念达成共识的好例子，只不过它的表现形式相对粗暴，容易被误读罢了。

无论什么身份，我们终究是有局限的普通人，这一点不会因为婚嫁和生育而改变，我们终将要从为人父母或子女、为人领导或下属的角色中抽离，回到“好好做一个人”这个永无止境的课题。

而这，才是我们和孩子共同的修行。

让博士成为博士

文 / 谭山山

《自然》(*Nature*)杂志的调查报告称:“大多数国家建立了高等教育系统,并认为博士毕业生人数增加是经济增长的关键。”这个世界正在生产越来越多的博士,是时候停下来了吗?

“中国已成博士工厂?假的!”

这是《中国教育报》3 月 6 日一篇报道的标题,这一说法来自全国政协委员、西北工业大学党委书记张炜。在 3 月 5 日全国政协教育界别小组讨论会上,张炜表示:“每隔一段时间,社会上就会出现‘中国博士研究生规模全球第一’‘授予博士学位的高校数量世界第一’的说法。这可不是夸我们,而是借此说我们‘虚胖’,只图脸面,只要数量不要质量。但是这个说法,却彻彻底底是个谣言!我们作为教育界的委员,有必要加以澄清。事实上,我国的博士不是太多了,而是太少了。说博士研究生教育是短板也不足为过。”

从 2 月的翟天临“学术不端”事件、“中科大博士生失联死亡”到 3 月的“博士工厂打假”,接二连三的热搜新闻,都指向一个群体:博士。

在我国,能读到博士的人一向属于凤毛麟角

博士乃至知识分子群体成为公共热议话题,最早可以追溯到电视剧《围城》1990 年热播的时候。这部改编自钱锺书同名小说的电视剧,展示民国知识分子群像,同时贡献了“克莱登大学”(克莱登大学由此成为“野鸡大学”的代名词)以及“兄弟我在英国的时候”(出自剧中的教育部视学先生)等说法。

《围城》主要凭借演员的颜值和表演来吸引观众——陈道明（饰演方鸿渐）的儒雅，英达的美国派头（饰演赵辛楣），葛优的笑点（饰演李梅亭），以及两大女主李媛媛（饰演苏文纨）、史兰芽（饰演唐晓芙）一套又一套的时髦衣着；至于钱锺书在原著中揭示的高级知识分子圈的种种套路，在剧中则被弱化了。

很多人要在之后读到《围城》原著并在对学术圈有了一定了解之后，才领悟到小说的妙处。比如，苏文纨在法国里昂大学获得文学博士称号，主攻方向是中国现代诗研究。“学国文的人出洋‘深造’，听来有些滑稽。事实上，唯有学中国文学的人非到外国留学不可。因为一切其他科目像数学、物理、哲学、心理、经济、法律等都是从外国灌输进来的，早已洋气扑鼻；只有国文是国货土产，还需要外国招牌，方可维持地位。”

再比如，方鸿渐和韩学愈同样手握“克莱登大学博士”文凭（方鸿渐是花了40美元买的，韩学愈花了多少钱就不清楚了），方鸿渐深以为耻，不敢写在履历上，只能当个副教授；韩学愈则不仅有“博士”头衔，还有“著作散见美国《史学杂志》《星期六文学评论》等大刊物”（相当于今天的C刊）这一过硬条件加持，当上了历史系主任。然而，真相是：韩学愈的文字确实曾在这两本刊物上发表，但跟学术无关。他发表在《星期六文学评论》上的是一段广告：“中国青年，受高等教育，愿意帮助研究中国问题的人，取费低廉。”发表在《史学杂志》的则是一条资讯：“韩学愈君征求二十年前本刊，愿出让者请通信某处接洽。”

也难怪那时的人对以博士为代表的高知群体不甚了解。毕竟，在我国，能读到博士的人一向属于凤毛麟角：20世纪初到30年代，要读博只有留学一途，也唯有家境宽裕者负担得起（方鸿渐到欧洲留学的学费就是丈人提供的）。民国政府于1935年4月公布我国历史上第一部学位法典——《学位授予法》，采欧美通行的三级学位制——学士、硕士、博士。但随着抗战爆发，这一计划不得不延迟。新中国成立后，教育部门一度采用苏联的学位制——新中国第一位文学博士、南京大学教授莫砺锋回忆道，他的老师周勋初先生那一辈，当时读的是“副博士学位”这种源于苏联的学位称谓。直到1980年2月我国通过《中华人民共和国学位条例》、1981年1月1日起正式实行学位制度，并在1983年授予第一批博士学位，我国才有了国产博士。

“这个世界正在生产越来越多的博士，是时候停下来了吗？”

1983年5月23日，首批博士学位授予大会在人民大会堂举行，以新中国首位博士马中骐（他的博士学位证书编号为10001）为代表的18名博士拿到了学位证书。

据说，首批博士学位授予大会后，时任复旦大学校长的苏步青说了一句让人意想不到的话："这么多博士怎么办？"许多人不明其意，全国才刚刚培养出18名博士，怎么就多了？一位当时在场的《人民日报》记者回忆："他已经预感到将来我国授予的博士会非常多。"

苏步青的预感是准确的。1982年，我国共招收博士生302人；而2017年，这个数字达到83878人。还有一组对比数据也可以证明我国博士招生的"大跃进"：获得博士学位者突破1万人的规模，美国用了100年时间（1861—1961），中国仅仅用了17年时间（1981—1999）。中国教育在线网站发布的《全国研究生招生调查报告》（2019）写道："从1994年开始，博士学位授予规模呈现急剧扩大的趋势，到2015年授予博士学位总量超过66万人。从1994年至2007年间，博士学位授予数量以年均25%左右的幅度快速增长，其后博士学位授予数量增长速度放缓，2008年至2015年间年均增幅约4%。"

现在通行的"2008年我国超过美国，成为世界'博士大国'"的说法，来自国务院学位办。2008年4月，在首届全国地方大学发展论坛上，国务院学位办主任杨玉良表示："2006年美国培养出了5.1万名博士，中国大陆是4.9万名。到2007年，我们的博士人数超过5万人，2008年这一数字继续上升，超过美国成为世界上最大的博士学位授予国家。"

至于西北工业大学党委书记张炜不认同这一说法，可能是所采信的数据来源不一致造成的。对照美国科学基金会下属的国家科学与工程统计中心和社会、行为与经济科学学部联合公布的《美国高校历年授予博士学位数量（1957—2014）》及我国教育部发布的历年博士研究生毕业生（即获得博士学位者）数量，在2008年这个争议节点上，美国培养了约4.8万名博士，中国则培养了约4.4万名博士，基本持平；而到了2014年，美国的数字是约5.2万，中国的数字是约5.4万，仅从数量上看，中国确实胜出了。

博士数量持续增长，是一个国际性趋势。《自然》2011年5月发布的名为"博士工厂”（The Ph.D. Factory）的调查报告指出：“经济合作发展组织（OECD）一份研究显示，1998年至2008年科学类博士年增长率达到近40%，每年约增加3.4万人。没有迹象显示增长会放缓。大多数国家建立了高等教育系统，并认为博士毕业生人数增加是经济增长的关键。”为此，报告质疑道：“这个世界正在生产越来越多的博士，是时候停下来了吗？”

当博士成为“博士工厂”制造的批量化产品，其成色就难以保证了。武汉大学前校长刘道玉2007年发表《彻底整顿高等教育十意见书》，历数高校“大跃进”带来的一系列问题：教学质量严重下降，研究生泡沫化，学风浮夸和学术造假，教授和博士生导师素质严重下滑……针对研究生教育的问题，刘道玉的对策是：“凡是没有参加统一的严格入学考试、没有全程上课和通过全部必修课程考试、没有做出具有创造性的论文、没有经过正规的论文答辩者，应一律取消已授予的博士或硕士学位。对严重造假者，应追究刑事责任。”

让大学里的博士教育既“去魅”，也不要“污名化”

1987年6月，作为北大培养的首批文学博士，陈平原拿到了博士学位。他曾在文章中记述当时的经过：“我独自一人，骑脚踏车，来到未名湖边的研究生院，取走那张属于我的博士文凭。回宿舍时，顺道买了个西瓜，放在水房里冰着，准备晚上受用。给父亲挂了个电话，说‘东西拿到了’；电话那头很激动，叮嘱下次回家时一定带给他看看。那时年轻，看不起‘博士’‘硕士’等头衔，以为关键是有无真才实学。第二天，为完成下一个研究课题，江南读书去也。”

那个时代，北大乃至其他高校都没有隆重的博士毕业典礼，更没有穿博士袍、戴博士帽、导师拨流苏等仪式。很多学者像陈平原那样，以平常心对待博士学位——“不过是取得一张从事专业研究的入场券”。

陈平原认为，自己不是特别看重博士头衔，与专业方向有关。“回首百年中国学术，研究文史的第一流学者，大都没有博士学位——即便曾出国留学的（如陈寅恪、钱锺书等）也不例外。这一点，与经济、法律、物理、生化等专家大不相同。哲学家、史学家完全可能自学成才，法学家、数学家则很难回避严格的学院训练。”

20世纪80年代初，也就是博士学位制度刚刚建立、规章制度不甚健全的时候，博导们甚至不知道怎样教学生——正如莫砺锋所说，“那时没有课程体系，也没有学分制，学校连规章制度还没制定，导师指点你读什么书，你就去读”。那时候培养博士生的方式，类似于传统手艺人带徒弟，一对一，一个博导带一两名学生，言传身教。甚至有四个老师带一个学生的情况：带莫砺锋的，除了导师程千帆，还有导师的三名助手——郭维森、周勋初、吴新雷，四个老师管一个，把他管得“死去活来”。而如今身为博导的莫砺锋，他要带的博士生有60多名。

那个时代的文科博导上课，就是跟学生聊天——莫砺锋、陈平原都十分怀念当时那种氛围。“（王瑶）先生习惯于夜里工作，我一般是下午三四点钟前往请教。很少预先规定题目，先生随手抓过一个话题，就能海阔天空侃侃而谈，得意处自己也哈哈大笑起来。像放风筝一样，话题漫天游荡，可线始终掌握在手中，随时可以收回来，似乎是离题万里的闲话，可谈锋一转又成了题中应有之义。听先生聊天无所谓学问非学问的区别，有心人随时随地皆是学问，又何必板起脸孔正襟危坐？暮色苍茫中，庭院里静悄悄的，先生讲讲停停，烟斗上的红光一闪一闪，升腾的烟雾越来越浓——几年过去了，我也就算被‘熏陶’出来了。”陈平原在回忆导师王瑶时这样写道。

2013年，陈平原撰文提出“革新博士教育六建议”，其中一条建议是：改国家学位为大学学位——“像欧美国家一样，各大学对自己颁发的学位负责。经由一番激烈的竞争与淘洗，内行人很快就会明白，哪些大学的博士学位值得珍惜，哪些大学的博士学位白给你也不能要。”他对于博士教育的基本观点是：让大学里的博士教育既“去魅”，也不要“污名化”，这只是高等教育的一个特殊阶段，一个希望进入学界的人非做好不可的“规定动作”。

方可成：读博，让我重新认识世界

口述/方可成　采访/卢楠

能够接触人类最前沿的知识，了解到这个世界上最好的研究者都在关注什么，从而重塑自己看待世界的角度和思路，是我读博以来获得的最大满足。

采访结束后不久，方可成更新了朋友圈：“等到博士毕业的时候，就写一篇《读博士让我成为了一个乐观主义者》。”

2013年7月，方可成从《南方周末》离职，赴美攻读传播学博士学位，先后辗转于威斯康星大学麦迪逊分校、宾夕法尼亚大学两所顶级学府。从拿着数学竞赛一等奖保送北大新闻系的另类经历，到一反乐观情绪的深度报道《南科大内忧》，他留给关注者“特立独行”和“知识型媒体人”的印象，从这点来说，读博似乎不是意外的选择。

方可成则更倾向于引用来自高中同学的一个简单比喻，厘清“博士”与“思想”“智商”“才华”之间的必然关系，“就像马拉松，不需要速度，不需要爆发力，只要能坚持着一直跑就行。但前提是你得对这场马拉松有足够的兴趣与执着，而不只是做出一个参加工作的替代性选择”。

不过与这场马拉松的终点相比，方可成将目光更多投向横亘于学术精英与普罗大众之间的知识壁垒。钻研学术之余，他运营着公众号“政见”与“新闻实验室”，在中文社交平台上以深入浅出的方式对公共事务积极发声，甚至在某种程度上扮演意见领袖的角色。他致力于以这样的方式拆除这种知识壁垒，也深知其中的意义所在，“因为今天世界的面貌，都是前人做出的行动与选择导致的结果，而我们当下的积极作为，则很可能为后人营造更好的社会环境”。

博士并不是本科和硕士的延续

2013年，我从《南方周末》辞职，赴美读博。做出这个决定是因为自己的理想是成为一名学者，能做研究，当老师，但根本还在于兴趣。我在北大新传读的本科、硕士，后来做媒体工作，对于媒体在社会上发挥的影响力一直非常关心。研究政治传播和我的个人履历、兴趣存在着高度契合。

读博期间一直有人问我，你有过三年做时政记者的工作经验，会不会给研究带来一定优势？答案是肯定的。据我观察，在社会科学领域，许多拥有工作经验的博士生对社会上发生的事情有更多了解，也更善于发现问题，而这通常是进行研究的重要前提。与此同时，工作期间积攒的社会资源和人际关系网络也会为研究提供极大的便利。

但从根本上来说，做记者与做研究者的知识生产模式是完全不一样的。记者讲求快速、准确的事实呈现，并最终为真相负责，只要把来龙去脉弄清，一篇稿子就成功了。做记者的时候我经常会问自己，你花两三天时间去了解一个事情，真的了解清楚了吗？你就有信心对几百万读者说，这个事情就这样吗？我一直对此有些怀疑。

但是作为一个学者，当你把基本的事实弄清楚，你的同行会追问一句——So what（然后呢）？亦即你所呈现的这些事实如何为人类的学术理论大厦添砖加瓦，做出贡献？这就需要你通过大量阅读文献，广泛了解现有的研究成果，要提供更扎实的数据，采用更科学系统的方法论，与先人的理论实现对话。

相应地，检验这些努力的周期也会更加漫长。以发论文为例，你会在等待发表的至少两年时间里收到匿名评审的意见，经历烦琐的修改，这和做记者的时候在编辑的要求下改稿子完全不是一个量级的。即使如此，你的论文读者可能也只是数量有限的同行。

在这套全新的思维方式和行动规则面前，不仅记者经历无法直接转化成生产力，就连本科和硕士阶段积累的一点撰写论文的所谓“学术训练”，也已经统统归零。归根到底，博士并不是本科和硕士的延续，而是一份独立的、专业的学术研究工作，“零经验”是需要以坦然心态面对的一个事实。

摆在博士面前的更大困境是应对孤独

值得庆幸的是，美国的博士培养模式不会假定你在被录取的时候已经是一个可以进行独立研究的“熟手”，所以你有机会在前期通过系统的课程打好基础。当然，这也就意味着博士候选人资格考前的两三年时间会在学业繁重的状态下度过。

一般来说，博士阶段一次课时约两个小时，以学生讨论为主，教授不会过多发言。为了保证课堂参与度，你必须在上课之前读完教授布置的至少 5 篇论文，以一篇平均 20 页至 30 页计，每周一门课的阅读量会超过 100 页。对一个没有海外学习经历的国际学生来说，这是相当难以应付的挑战。但通过密集的文献阅读，你会渐渐熟悉研究路径，在尝试实践的过程中也能方便地找到模仿对象。

所以，到了做论文的阶段，你会非常怀念有课可上的日子。因为同理工科博士那种一个导师带着一个研究团队做实验、联合署名发文章的模式截然相反，人文、社科类研究是单枪匹马的孤独的战斗，导师只可能在忙碌之余给你一些有限的帮助，从拟定研究计划、选择文献到掌握论文进度，大部分的探索只有依靠自己的力量完成。

在这种状态下，你必须培养更强的自制力，与拖延懈怠作斗争。对于国际学生来说，时间拖得太长意味着你很可能失去奖学金，签证也会出问题。一般人总觉得美博拖七八年毕业是正常现象，其实完成论文远不需要这么长的时间，真实情况通常是，撰写研究计划的时候抱着“开天辟地”的雄心壮志，又不断受到现实因素的干扰。

关于这个问题，很多前辈给出的建议是用“早点行动”取代“完美主义”。毕竟博士论文放在那里，没有几个人真的会来读，而如果还想就相关话题进行深一步的探索，你的学术生涯中其实还有另外的机会，但这一切都建立在付诸实践的基础上，而且会越来越顺畅。我对自己的提醒就是——开始去做，写完就是胜利。

与之相比，摆在博士面前的更大困境可能是应对孤独的、与世隔绝的生活状态，对于国际生来说尤其如此：没有本地朋友，没有社会支持网络，和国内的生活圈子隔着十几小时时差。我印象深刻的是一位台湾博士的回忆文《行路难》。他提到：“如果没有课的话，你可能一天都不用说话。如果偶尔说两句话，可能是买咖啡的时候和店员说的。”人是需要交流的社会性动物，如果这样下去，也许很快就会滑向一种软弱颓丧的境地。在我认识的博士中，受心理问题影响的比例非常高。我觉得和这种状态有很大关系。

比起“有观点”，我们更需要知情的公民

读博以来，我一直运营公众号，在社交媒体上很积极地写文章，现在还开始做视频，很庆幸通过不断表达和接受反馈，有效避免了困扰博士的那些心理问题。当然，我本身也不想做退守在象牙塔里的那种与世隔绝的学者。我给自己的定位，是要扣住当下社会最现实、最紧要的议题，并希望自己的研究能够影响他人。其实学术界有相当一部分学者倡导知识分子的公共性，就是要面向公众，和社会各界产生互动。从这个角度考虑，我正在做的事情和之前做记者时做的事情，本质上没有区别。

客观上看，我所处的时代为践行这种知识分子的公共性提供了条件。十年前那批以中老年男性为主体的知识分子更多地在提供观点，且很多时候是常识性、重复性的观点。抛去由此而引发的尊重与争议情绪，称得上是时代的必然产物，谈不上孰优孰劣。相比之下，新一代的青年学者可以去欧美国家的顶级学府接受最好的学术滋养，受到更专业的训练，并与全球的学术前沿保持接触，所以有条件带来常识性、重复性观点之外的东西。

与此同时，新一代的青年学者是被社交媒体包围的。以我为例，就算没有记者身份，仍然可以对着很多人说话，所撰写的文章也并不会比在《南方周末》时拥有的读者少。但中国的 8 亿网民构成了一个非常复杂的舆论生态系统，简单地贩卖观点并不能奏效，往往还会导致“一地鸡毛”式的无谓争吵。这其实并不只是中国的问题，我导师最著名的一部作品就是讨论美国人究竟了解多少政治知识。他提到有一半以上美国人不知道副总统是谁、本州的参议员是谁，联想到 2016 年特朗普的当选，这种情况可能同国内对美国人“民主素质”的那种浪漫化、理想化想象截然相反。

我从中得到一个相当重要的启发——比起“有观点”，我们更需要知情的公民，而“知情”的基础无非在于更优质的信息与更科学的方法论。所以作为一个博士，我反而在公众号“新闻实验室”里提供着更基础的内容，比如说大家如何辨别假新闻，如何筛选有意义的信息，去训练大家的批判性思考能力。我想只有当批判性思维成为一种共识、一种基本素质，才好去讨论具体的问题。

运营公众号“政见”也秉承类似的出发点。不过在“拆解知识的高墙”方面，它的方式更为“高冷”一点——定期以学术专著、期刊作为素材向公众介绍海外社科领域的前沿研究成果，供稿者也大多是博士或青年教师。这个想法从我在《南方周末》做记者的时候就已经产生，主要是觉得公众因为极少有机会阅读专著、论文，从而与研究领域最前沿的知识、最新锐的视角擦肩而过，是件非常可惜的事情。但究竟做到多大众，采不采用“标题党”那样人们喜闻乐见的形式，在热度与内容准确性之间如何取舍，也是一个矛盾所在。

回归到自身来看，能够接触人类最前沿的知识，了解到这个世界上最好的研究者都在关注什么，从而重塑自己看待世界的角度和思路，是我读博以来获得的最大满足。前段时间我写过一篇引发热议的《百度之死》，这与我长期跟进美国学界对科技公司、互联网平台的讨论与反思息息相关。我希望把这些讨论和反思引入中国当下那种崇拜商业成功，但较少讨论企业责任及社会影响的氛围，也坚信今天如果多写一些针对科技平台的监督文章，可能十年之后，下一代人所面临的互联网环境就会好一点。与之类似的是，读博以后，我发觉自己对身处的世界与社会的来龙去脉有了更加清晰的认识。看得更清楚，才会更有力量、更不迷惘。

若读博士，莫问前程

文 / 李深水

说白了，读博只是种活法，甚至只是做学问的其中一种做法。所有的入坑与弃坑，都值得理解和尊重。

憋着一泡尿，撒尿叫作必需，而去哪个厕所撒尿叫作选择。

博士就是一种选择，一个墙纸糊得比较好看、喷了香水、放着轻音乐的厕所。对，有人可能会觉得在这里排泄更舒适，甚至有人执着于这种仪式感，但不要忘记你的目的只是撒尿。在一个厕所排队的时候，忽然想换一个厕所不是什么丢人的事，也谈不上半途而废。

研究一辈子诗歌的博士，对文学的贡献可能还不如一辈子只写了一首诗的人。也不曾有一个寿司学博士学位，可用来表彰举世公认的寿司之神小野二郎。

说不定你换一个厕所，发现那里虽然没有香水、墙纸或音乐，却供应免费糖果。

读博可以说是个相当中国式的执念。自古以来国人的知识分子崇拜，与当前对于博士的误解混杂，让博士学位在中国变得更加光芒四射。

现代意义上的博士作为一种学习水平标准存在已久，但在中国其实仍是个颇为年轻的概念。在中断了几十年后，1980 年我国才恢复学位制度；1983 年新中国建立后的第一批博士正式毕业，共计 18 人，他们的学位授予仪式在人民大

2015 年 3 月 27 日，广州，中山大学量子物理学教授何广平（中）与乐队一起表演摇滚音乐 （图 / 视觉中国）

会堂举行。

对于博士的理解似乎也还徘徊在初级阶段。一个古老的汉语词语套用在一个西方舶来的学术等级概念上，翻译的一时偷懒，制造了之后很多误会。按照博士教学设置的目的和内容来看，博士须在一项专门的学问中进行极为深入细化的钻研，以获得某种原创性成果，进一步拓展这一特定学问的知识边界——所以博士并不博，它只要你专。

美国犹他大学教授马修·迈特（Matthew Might）如此解释“什么是博士”：人类的所有知识可以比喻成一个大圆，小学毕业时只懂得圆心的一点……硕士毕业后，仍然不断阅读科研论文，到达人类知识的最外沿，也就是圆周，“你专注在一个点上，咬紧牙关使劲推上几年……直到有一天，你将人类知识的边沿推出了一小包。这个你捅出来的小包，就叫博士（Ph.D.）”。

这其实是个比较客气的解释。事实上到了知识门类繁多、高度细化的今天，很多博士并没有成为捅出人类知识大圆的小包。很多人咬紧牙关折腾几年，只是让人类知识大圆变得更拥挤冗杂。

但人们顾名思义地觉得博士应当是知识渊博之人，且对博士寄予了很多与之并不相符的期待。

比如三甲医院现在大多明文指定招博士甚至博士后当医生，但一个一直在读书、实验、写论文的医学生在治病救人上很可能不及一个临床实践经验更丰富的医学生。不少国有企事业单位的招聘启事里，也体现出对于博士的执着偏爱。

并没有证据显示学历高的人能力更强，但博士学历在很多地方不仅能让你多拿一些工资，甚至还成了升迁任用的一大参考标准。

最初对于博士的憧憬为博士在社会上带来了不少功利层面的回报，这些回报又反过来吸引更多人读博。读博一定程度上异变成了功利者的牌照、虚荣者的门面、逃避者的去处。

但当一个人动机不纯，或缺乏对纯粹知识追求的高度虔诚时，读博是很痛苦的，拿学位是很艰难的，中外皆然。我国每年近三分之二的博士研究生不能正常毕业；美国加州大学伯克利分校一份针对博士生精神健康的调查显示，有47%的博士生患上抑郁症，更有10%想自杀。

正路不好走，自然有人要开辟邪路。只是造一个伪博士的邪路并不好走，比方鸿渐那个信息不畅、难于查证的年代要难上许多。你需要足够硬的后台，开足够多的后门，找到一个合适的代写，然后花不少钱发核心论文……好不容易把学位搞到手，还要时刻忐忑处处小心，避免如翟天临般被一句不经意的话打回原形。

纵然黑白两道都不好走，博士数量仍在持续增长，容纳博士的地方开始变得不够用。

供需失衡带来的冲突也让博士面貌光怪陆离，他们从曾经光芒四射的高级知识分子，变成人们眼里高分低能的呆子、孤立自闭的怪人、高不成低不就的失意者。

博士头衔甚至能让女性沦为相亲角的底层。方鸿渐父亲那代人的观念直到今天都有市场："女人念了几句书最难驾驭。男人非比她高一层，不能和她平等匹配。所以大学毕业生才娶中学女生，留学生娶大学女生。女人留洋得了博士，只有洋人才敢娶她，否则男人至少是双料博士。"

光环在衰退，功利的回报也在锐减。首先工作就不好找，大多数岗位并不需要博士级别的专业知识，博士的能力和年龄不占任何优势。美国国家科学基金会（National Science Foundation）的数据显示，美国新毕业博士的就业状况20年间每况愈下。1991年有51%的博士能在毕业时找到工作，2011年下降至37%。

博士的收入也并没有高人一等。2011年北京大学出版社出版的《中国博士发展现状》一书的调查数据显示，博士平均每月可支配收入低于3000元的占37.5%，3000元至4999元的占40.9%，5000元至9999元的占16.1%，高于1万元的占2.3%。

若读博士，莫问前程，读博不再是鸡犬升天的阶梯，而是需要你全身心投入且不计回报的信仰。如果没有这样的觉悟，你大可以另觅他途。

新周刊
NEW WEEKLY
2019 年度佳作

游戏化生存

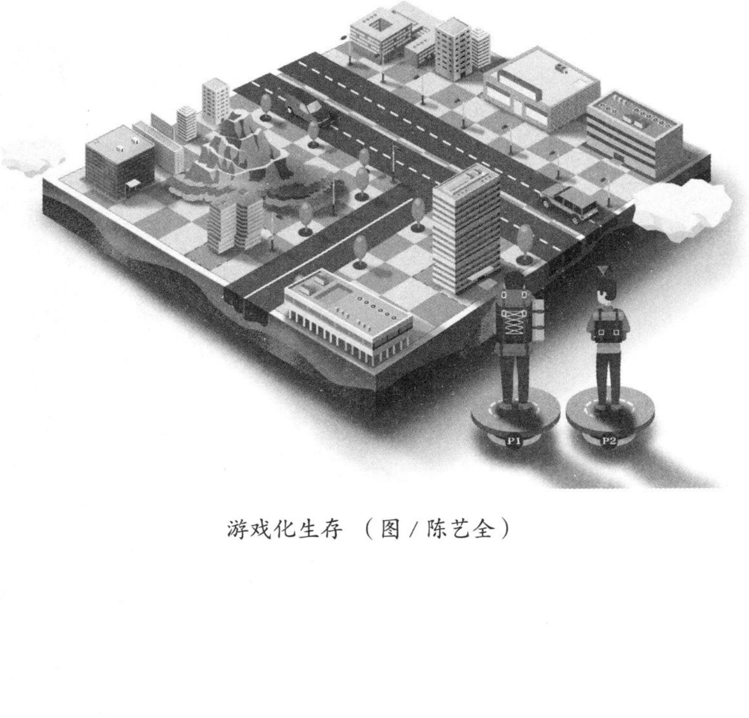

游戏化生存 （图 / 陈艺全）

这是“互联网 +”时代。

这是“游戏 +”时代。

一切皆是游戏，一切皆可游戏化。虚拟世界和现实世界的界限趋于消融。

外交成了游戏，战争成了游戏，贸易成了游戏，体育成了游戏，文字成了游戏，商业成了游戏，消费成了游戏，社交成了游戏，生死成了游戏，感情成了游戏……

游戏现实化，现实游戏化。正如《经济学人》预测的那样，“日常生活将开始变成一个超长的电子游戏”，游戏语言、游戏思维、游戏逻辑内化成我们的日常语言、日常思维、日常逻辑。现实世界也建立起了一整套“游戏化”的组织机制：点赞、打卡、签到、积分、排行、彩蛋、砍一刀、刷火箭、手气最佳、打败了 90% 的用户……

“游戏的本质是失败。你在游戏的过程中会经历失败，但因为你总是可以重新开始，所以失败感永远没有那么沉重。”（凯文 · 韦巴赫）

人生就是一个不断打怪升级的过程，与打游戏不同的是，人生从来没有重启键。

在游戏世界和现实世界里，皆有生存法则，最大的赢家既不是通关者，也不是找到了 bug、掌握开挂或氪金技能的人，而是那个制定游戏规则的人。

游戏即生活，生活即游戏

文/谭山山

虚拟世界与现实世界的分野开始模糊，人们不再倾向于在游戏里过“第二人生”，而是希望让生活变得像游戏一样，这就是所谓“游戏化”(gamification)。

在《游戏改变人生》(*Super Better*)一书中，身兼游戏开发者、未来学家、心理学家等多种身份的简·麦戈尼格尔讲了这样一个真实案例：安东尼奥是某《财富》500强企业的资深销售主管，他有一个13岁的女儿茱莉亚。茱莉亚在学校遭遇了冷暴力——她的几个朋友决定不再跟她做朋友，并选择无视她。这让茱莉亚闷闷不乐，甚至一度不想去上学。

有一天，安东尼奥送茱莉亚上学，到了学校门口，她突然说了这样一句话：“爸爸，你知道我会怎么做吗？我可以穿上盔甲。”

茱莉亚所说的盔甲，是她正在玩的游戏《我的世界》(*Minecraft*)里的设定。在《我的世界》里，有着不同危险等级的怪物，如史莱姆、女巫、岩浆怪、烈焰人、僵尸猪人等，玩家需搭建房屋、自制盔甲，以此保护自己。

在茱莉亚看来，在游戏里，只要穿上盔甲，怪物们就没法伤害自己；在现实世界也一样——显然，《我的世界》给她带来了一种思考现实问题的思路。“我告诉她，这么想很棒。‘你今天要穿上钻石盔甲，别人对你说什么都无所谓。它会从你身上反弹。’”安东尼奥说道。

将在游戏中学到的东西运用到现实世界，也就是现实的游戏化，正是简·麦戈尼格尔在《游戏改变世界》《游戏改变人生》这两部著作中反复强调的观点。

第一批“游戏原住民”的诞生

1996 年，互联网先驱、电子前沿基金会（Electronic Frontier Foundation，EFF）创始人约翰·佩里·巴洛基于人们的数字素养，提出了“原住民”（natives）和“移民”（immigrants）的说法。前者指在数字媒体中浸润、成长的新一代，他们是数字时代的原住民；后者则是出生、成长于前数字时代的人，他们须不断努力，才能以移民的身份融入不断迭代的技术世界。

到了学者韦斯莱·A. 弗莱尔（Wesley A. Fryer）那里，数字时代的阶层划分更加细致，在数字原住民、数字移民之外增加了数字窥视者、数字难民这两个阶层。所谓数字难民，即漠视或拒绝新技术的那一拨人，对数字媒体有着诸多误读与偏见。

游戏学者孙静把这一阶层划分标准套用到游戏人群上，将他们区分为游戏难民、游戏窥视者、游戏移民和游戏原住民：游戏难民拒绝游戏体验，且时不时为电子游戏贴上“玩物丧志”“电子海洛因”等标签；游戏窥视者的态度较为缓和，他们是典型的“休闲玩家”，浅尝辄止，不会投入过多时间和精力；游戏移民成为游戏“真爱粉”的原因各自不同，但他们忠诚度很高，愿意为游戏氪金；游戏原住民则是伴随电子游戏出生并成长的游戏世代，对他们来说，游戏即生活，生活即游戏。

在 1985 年写就的科幻小说《安德的游戏》（*Ender's Game*）中，美国作家奥尔森·斯科特·卡德预言了第一批“游戏原住民”的诞生：在不久的未来，地球被外星智慧生物——虫族（bugger）入侵。为了拯救地球，一批天才儿童被送往太空战斗学校，通过玩游戏的方式学习战斗技能，而安德·维京就是他们当中的佼佼者。

对游戏研究者来说，安德·维京是那种理想的玩家：一方面，他在游戏模式里遵照指令一丝不苟地完成任务，对敌人毫不留情；另一方面，在现实模式里他很清醒，且保留了善良的天性，不像他哥哥彼得那样因为沉迷战争游戏而变得残忍滥杀。

在游戏和现实这两个世界之间，他来去自如。

“游戏会鼓励他们不断尝试新的、不同的甚至疯狂的玩法”

早在电子游戏诞生之前，以荷兰学者约翰·赫伊津哈为代表的学者就开始讨论广泛意义上的游戏与现实的关系，他们的结论是：游戏世界是一个与现实隔绝的“新世界”，玩家可以在这里创建另一个自我。在这方面走得最远的，是林登实验室2003年发布的《第二人生》（*Second Life*，简称SL）。

SL构建的虚拟大陆，一度是繁荣的网络第一大虚拟经济体，微软、IBM、英特尔、可口可乐、丰田等大公司相继入驻，甚至路透社也在这里开设了线上办事处。推动SL经济增长的两大要素是土地和房产——正是导致外部世界崩溃的因素，和现实世界不同，SL有着取之不尽、用之不竭的土地资源。

但好景不长，SL开始出现各种问题，并随着Facebook、Twitter等社交媒体的崛起渐渐退出历史舞台。曾参与《模拟人生》《风之旅人》等项目的游戏设计师罗宾·胡尼克说，社交网络本身就是一个游戏，“鼓励我们扮演那个最机智、最热心、最风趣幽默的自己”。由此，虚拟世界与现实世界的分野开始模糊，人们不再倾向于在游戏里过“第二人生”，而是希望让生活变得像游戏一样，这就是所谓“游戏化”（gamification）。

即便是《魔兽世界》这种看似最脱离现实的奇幻类游戏，也无法完全游离于现实之外，这是学者邓剑的看法。“其中的金融体系会服从现实世界的货币规律，而此游戏中广泛存在的跨国金币农夫（Gold Farmer）则是全球经济与分工的不均衡性在游戏资本主义（Ludocapitalism）框架中的具体症候。”

在《游戏化思维》（*For the Win: How Game Thinking Can Revolutionize Your Business*）一书中，同在宾夕法尼亚大学沃顿商学院任教的凯文·韦巴赫、丹·亨特列举了游戏化思维在现实中的应用，书中写道：“游戏的本质是失败。你在游戏的过程中会经历失败，但因为你总是可以重新开始，所以失败感永远没有那么沉重。在大多数电子游戏中，你可以赢，但你永远无法永久、彻底地赢。如果游戏设级是有效的——不是那么的难，也没有想象中的容易，玩家就会更加积极地提高自己的技能。游戏会鼓励他们不断尝试新的、不同的甚至疯狂的玩法，以找到更好更快的过关方法——这非常适合当今快速变化的商业环境对不断创新的要求。”

游戏机制及规则，正在渐渐渗入并塑造现实世界

有些游戏本身就具有现实指导意义——比如，有些家长会让孩子玩《大富翁》，让他们感受金钱世界的运作法则。

《大富翁》的要诀，不外乎买地盖房，出人头地。但实际上，它的前身即《地主游戏》（*The Landlord's Game*）的初衷，是批判资本主义的产权制度。《地主游戏》发明者伊丽莎白·玛吉生于1866年，她除了对当时的性别政治深感不满，还决定挑战产权制度，于是发明了这款游戏。

她的灵感来自亨利·乔治的经典著作《进步与贫困》中的一句话："平等使用土地的权利就像平等呼吸空气的权利一样明确；只要作为人而存在，便拥有这种权利。"

因此，她在游戏中假定所有房子、公共设施都由政府提供，玩家须向政府缴纳税款，政府则将之用于公共建设或者平分给市民，以保障所有人都拥有土地使用权。游戏设置了两种模式：一为繁荣模式，即通过税收解决不平等的土地问题；二为垄断模式，即我们所熟悉的《大富翁》的规则，玩家努力挣钱，让其他人破产，成为游戏中的赢家。

一个名为查尔斯·达罗的玩家将修改后的《土地游戏》当作自己的发明卖给帕克兄弟公司，也就是后来《大富翁》的专利所有者。此公司保留了其中的垄断模式，并将之更名为"Monopoly"（即垄断之意）重新推出——这其实完全违背了玛吉的初衷。

另一个具有代表性的游戏是《模拟城市》（*Sim City*）。曾任加州坎贝尔市议员、现为非营利性组织硅谷领导力集团交通和运输副总裁的杰森·贝克，其人生轨迹就深受《模拟城市》影响：他在上大学时接触到《模拟城市》，并在一篇论文中讨论虚拟城市如何发展，"我不是那种喜欢让哥斯拉穿越并摧毁城市的玩家，我更喜欢让城市良好地运转"。这让他意识到地方政府的重要性，并最终以此为职业。贝克是这款游戏的数百万玩家中的一员，有很多玩家和贝克一样，由此对城市建设的种种问题产生兴趣。

美国一家名为Game Academy的非营利性组织则希望强化玩家在游戏中发展的一些"软技能"——包括团队合作、任务规划以及应变对策等，并将之运用到职场当中。这个组织会定期开设课程和活动，通过分析玩家的游戏习惯，为他

们提供定制化的培训。其联合创始人戴维·巴里说："为什么我们不能在简历上写上自己的游戏经验呢？如果一家公司对求职方的领导力有需求，我是不是可以写上自己拥有多年《魔兽世界》带团下副本的经验？"

游戏机制及规则，正在渐渐渗入并塑造现实世界。正如书目治疗师会通过推荐图书来治疗失眠、焦虑等现代人普遍面临的困扰，有学者正在尝试通过游戏的"好玩规则"来治疗拖延症这一当代顽疾。此项目的研究人员认为，顽固性拖延症是一种"自我设障"，此时需要转换一下思路，将工作清单上的事项标记为"好玩"或"令人愉悦"，人们就能投入更大的热情和积极性，从而缓解拖延症。

当然游戏化并非包治百病的良药，已经有学者忧虑游戏化会彻底改变人们的思维习惯。挪威科技大学学者卡米拉·达尔斯托姆担心人可能会被一个游戏化程序控制，更容易因为奖励去做一件事，而不是出于对其价值的考量。但可以肯定的是，在游戏与现实二者之间来去自如的人，能从建构而非单纯的解构角度去看这个世界。

所谓快意人生，就是开挂、氪金、找 bug

文/詹腾宇

中国游戏发展三十余年，游戏概念和相关用语频频出圈。这些打通次元壁的词语勾连了虚拟世界和现实生活的情绪，成为大众生活、流行文化和社会议题的重要成分。

一款网络游戏火了，以难以置信的速度席卷全球，玩家数量暴涨，主播趋之若鹜，日活千万，无人不知，连平常不玩游戏的人，都动了心念想尝试。若连听都没听过，就可能跟不上热梗，寻不到乐趣，产生被娱乐潮流抛弃的无力感。

但当它成为街游之时，也可能是它绝命之始。因为有个严重的问题往往随着热度而来——是的，外挂。

外挂简史：偷看答案和公然作弊

外挂，是通过修改游戏数据为玩家谋取利益的程序或软件。它通过修改客户端代码甚至修改操作系统或驱动程序，改变数值，进而改变游戏中的人物能力、环境和资源设定，等等。

游戏制作组设定的关键数值，若有玩家觉得太难、太容易、太不合理，大可以动手把它改成自己想要的模样。

单机游戏时代，开挂行为并没有引发过多的道德争议。

玩家都被游戏虐过。若单机游戏难度大到离谱（比如人神共愤的魂系游戏、东方系列的全屏弹幕、各种体育游戏的名人堂等），普通玩家会被气到摔键盘。在难度失衡的情况下，用 S/L 大法、背版、利用 bug、做再多肌肉记忆的练习，都无济于事。

此时，若有程序员弄一个修改器，就能让玩家长出一口恶气。单机时代的修改器，名字也很有年代感：金手指。金手指可以让主角变强、boss 变弱，增加金钱数和经验值，或者干脆锁血无敌。

因为报复对象是没有生命的电脑、一堆离开实体就毫无意义的数据，所以单机时代的开挂仅仅是玩家针对不公平的虚拟世界的反击而已——难道只许你离谱作弊耍无赖，就不许我涂抹窜改报大仇？

但网络游戏时代情况就不一样了。如果说单机开挂是解不出题时偷看答案，那么联机开挂就是考试时公然作弊；前者只是限制了人的成长，后者则是结结实实地妨害了社会的公平正义和他人的权利利益。

开挂者几乎没有意识到，每个网络虚拟 ID 的背后都是一个个活生生的人，而时下最流行的多人在线游戏，近似于一个规则相对宽松的陌生人社会。这个社会允许你做很多事情，但最大的底线是不能破坏基本的公平道义——我和你要比个输赢，得在一个相对公平的环境之下展开；如果你开挂虐我、愚弄我，这会影响我在这个虚拟社会的生存体验，甚至让我怀疑自己有没有必要在这个不公平的世界继续活着。

这就好比你竭尽所能复习后参加了一场考试，却输给了一个公然作弊的家伙；你的笔试面试都拿了第一，最后某位关系户踩在你头上进了单位。当你失败后，他还满不在意地嘲讽倒在地上的你，告诉你“有挂不开是傻子”。在开挂者眼中，结果至上才是王道，自己爽了才是真的。

令人悲哀的是，无论在现实生活还是虚拟世界，这种只顾自己利益和快感而无视他人感受，认为开挂再正常不过的人，还是多得让人触目惊心。

中国玩家为什么爱开挂？

中国玩家@LeHsynthe在Reddit论坛上解释“中国玩家为什么爱开挂”：其一，虚荣心太强，只在意力量和输赢，不在意道德；其二，盗版文化深入骨髓，白嫖成风，没有为优质内容付费的习惯，也很难尊重游戏创作者和其他玩家；其三，生产力过剩，外挂易做易卖、利润奇高又很难依法责罚，吸引了许多在线卖挂的黑心商人和为虎作伥的程序员。另外，使用外挂并不违法，不会受到任何实质性惩罚。

我们习惯了在比较的压力中长大，不优秀便是原罪，没有道德瑕疵是基本要求，成为“别人家的小孩”则是终极梦想。我们要赢、想赢、急着去赢，但很快赢过大多数人，总是一件难事。

如果此时有人告诉你，破坏规则可以让你干掉很多人，一步登天，你开不开这个挂？

在开挂这件事上，许多中国玩家的道德感非常淡漠——这与我们社会文化中对灰色地带的宽容有关。历史学家吴思在《血酬定律：中国历史中的生存游戏》一书中写到，灰色手段本身违背道德，但是通常很有效率；倘若收益足够巨大，很多人愿意铤而走险。

2019年的大热游戏Apex便被外挂折磨得苦不堪言，开挂者有八成以上来自中国。负责Apex开发的重生工作组工作人员说得直白：“中国外挂产业已经超越了这边公司对外挂问题的理解。”

欧美日韩是世界游戏重地，游戏产业之于这些国家和地区，是有传统和传承、有文化意味和积极意义的事，开挂者也常有，但不至于泛滥。但在中国社会传统观念中，游戏从来不是正道。它与艺术文化无关，更不可能成为职业，只能算一种易沉迷的消遣——生于20世纪五六十年代的父辈这么想，70年代的人也有相当一部分这么想，即便现在已经是科技昌明、兴趣多元的9012年。

此外，这么多年以来中国单机游戏发展缓慢甚至不进反退，盗版泛滥是主要原因。早期国产游戏厂商制作的游戏多被盗版扼杀了生路，后果是进一步减少投入、粗制滥造，继续被盗版侵袭，背上“劣质产品”的骂名。盗版成风、厂商难活的恶性循环背后，是国人对这个市场既定规则的漠视和破坏。

所以，在这种随手可得、随意玩乐的平台上，经常可以听到这样的论调：用挂改善一下我的游戏体验不可以吗？这就是虚拟玩物和虚无世界，跟我谈什么道德呢？开挂怎么了，玩游戏嘛，发泄就完事了啊！

在物质日益丰裕的当下，我们应该正视低素质、缺乏道德感的现象，而不是试图回避。从建立健全制度开始，以培养契约精神为长久目标，让我们相信这个世界有真正的公平公正——无论是真实的世界，还是真实世界的人创造出来的虚拟世界。

另外，“挂”也并非全是贬义，它在当代汉语语境也能引申出积极意义。挂代表着“不切实际的强”，有一类人被称为“人形自走挂”：无师自通佛挡杀佛的天才、毅力耐力惊人的常人、含着金汤匙出生的富人、逆天改命的穷苦人、拿奖拿到手软的牛人、领先于时代并创造新时代的神人，都拥有开挂般的光环。所以，如果你要开挂，何不试着开这一种？

不充钱怎么变强，没有 bug 怎么圆满

除了开挂，制造虚荣另有方法：氪金。不充钱，怎么能变得更强呢——小马哥的金句言犹在耳，中年人的银子流水滔滔；看页游手游盆满钵满，望长城内外皆是土豪。

中年人的消费习惯你根本不懂。你不知道他们为什么会热衷于买 2 万元但造型老土的 8848 手机，为什么会对同时露出啤酒肚和爱马仕 logo 有谜一样的执着，为什么在直播间兴之所至便挥金如土；你当然也不会懂，他们为什么会被 low 穿地心的广告吸引，从而为一款自动砍人的粗糙页游充上数十万元。

是的，页游，那个屠龙刀点击就送、一头猪砍出神装的页游。页游公司请来的中年明星们（最近连李连杰都入了坑）有多缺钱，目标玩家（看着中年明星们长大的“70 后”们）就有多不缺钱。

中年人在社会上摸爬滚打，积累了财富，丢掉了青春。反应慢了，不可能磨炼游戏技术；时间少了，不可能为游戏熬夜来练级。页游这种一刀 999、充钱就变强、挂机就能升级的简易设定便在这一人群中大行其道，击中了他们的中

年危机——我变老了，但我要证明我依然很强；我的精力不济，能力退化，但我的钞票还能买来一声声“大哥带我”的仰视。花点钱就能找到我想要的感觉，为什么不呢？

粗糙的胜者为王的价值观依然会延续，正如那些逝去的青春能用钱赎回的错觉。有文章写道：试想一下，多年后《绝地求生》或《英雄联盟》早已停运。某天，已经是中年的你在上网冲浪时突然弹出一个小窗，50岁的鹿晗穿着铠甲对你说“久等了，新版英雄联盟，皮肤全免费，一局即可凑齐所有符文，首充3元称爸，5元做爷，10元当祖宗，我在召唤师峡谷等你”时，你沉寂许久的心，是否会因为这些青春的回忆而跳动呢？

另一个打通现实与虚拟的词是bug。整个世界可以视为一个超高自由度的游戏，游戏是程序，是程序就会有优秀的设计和糟糕的bug——二者相辅相成，构成了我们的生活和游戏。

游戏中最著名的bug事件当数《魔兽世界》的堕落之血事件。游戏中出现了与现实中类似的大瘟疫，导致百万玩家“死亡”——对很多视ID如命的玩家而言，这与真正的死亡无异。为此，美国疾病控制与预防中心跟暴雪公司索取样本，以研究现实世界的疫情。以色列内盖夫本－古里安大学流行病学家兰·D.巴利瑟表示，电子角色扮演游戏可以提供高级的研究平台，用来创建传染病传播的研究模型；塔夫斯大学（Tufts University）公共健康与家庭医学助理研究教授尼娜·费佛曼则呼吁对游戏和现实中的瘟疫相似性进行研究。

bug的积极意义则在于，可以从错误中找到积极的改进空间和创造灵感。《侠盗猎车手》能成为颠覆现实世界规则的经典之作，是因为早期版本中出现了“警察开车碾人”的bug，这一预期之外的场景反而刺激了游戏创作者——既然可以如此颠覆地表达规则的重要性，为何不在游戏中强化这种“破坏规则”的感觉呢？让你体验自由破坏、混沌无序之后，重新审视现实世界规则时，或许另有一番体验。

而对于生活在这个世界上的bug，知乎网友“扎破历史的车轮”有精妙总结：比如人类模型设计时可替换部位太少，导致某个零件坏掉不能及时更换，导致全身出问题；造物主发现做整个宇宙太麻烦，干脆先做好地球再做别的星球，且把距离做得足够远，让玩家看不见，只能靠观察和想象，为未来做完整个宇宙争取了时间；主线任务不明、客户端存储设计不足、剩余游戏时间查询入口过少，让玩家在这场人生游戏里时常找不到目标、记不清东西、不知道还能玩多久；天气系统没做好，导致地球至今依然受各种随机的极端天气侵袭；平衡性不佳，人类太强也太自负，而其他物种都没有进化到人这样的程度，导致种族不平衡；系统居然有成千上万种不同语言，很多玩家之间无法顺利沟通。

而且，这个满是 bug 的系统居然很久都不更新一次——这才是最让人绝望的吧。

游戏化生存报告之社交：

谈谈情，说说爱，交交朋友

文 / 陈泊

老一辈对“电子游戏”的概念还停留在初级阶段。可是，电子游戏的魅力早就不只是“玩起来爽”了。在游戏宅眼里，游戏中的人际关系——无论是和真人玩家还是虚拟的 NPC——都远比现实生活中有意思。

“今晚上线吗？”一个很平常的下午，朋友在游戏群里问了一个很平常的问题。大家很平常地回复：“是吃鸡《绝地求生》还是挖矿（《深岩银河》）？”二者皆不是。这位老哥很认真地宣布：“‘怀旧服’今晚要开了。”

我盯着这句话出神，但直到当晚，朋友圈的游戏玩家纷纷晒出排队进服务器的截图，我才回想起来——《魔兽世界》！上一次排队进服务器是多少年前的事了？要在晚上的黄金时间进入《魔兽世界》怀旧服还是一件不容易的事，人品不够还得排上个把小时。

顾名思义，“怀旧服”指的是专门还原早期《魔兽世界》的游戏版本，供怀旧玩家玩乐的服务器。现实中，这一版本诞生于 15 年前，最早的一批玩家如今都过了而立之年，囿于柴米油盐厨房与爱了，还能挤出时间回艾泽拉斯？这足见《魔兽世界》在他们心中的地位。

《魔兽世界》往事：组队、刷副本和瘟疫

得益于电子游戏技术的飞速发展，被3A大作和主机大作们惯坏了的年轻人已经很难被《魔兽世界》的"古早欧美卡通画风"吸引了，但在15年前，这个游戏的硬实力远超同时代的竞争者，足以让只识《热血传奇》的游戏宅们惊艳不已。每一个老玩家都会不厌其烦地告诉你初进艾泽拉斯时他们有多震撼，接下来他们则会说，让自己留下来的，其实是其他玩家。

早期《魔兽世界》的玩法相当硬核，赶路只能靠坐骑蹦跶，有的副本需要盗贼开门，释放复活和开传送门等便捷技能还需要搜集专门的道具。彼时大家级别不高，数据爆炸、"高玩"所向无敌的情况还没发生，这就给了玩家们广泛发生联系的机会：做任务、刷副本，组队是必须的；在赶路的时候碰上敌对阵营的玩家，可以在公共频道上呼叫同一阵营的帮手支援。独行侠作风？那你就等着糟糕的游戏体验吧。

（图/李雄飞）

15年前的《魔兽世界》赶上了中国社会城市化和原子化的双重转变，当时的玩家中有相当一部分人是城市中的"80后"独生子女，他们长期生活在缺乏兄弟姐妹和父母陪伴的环境，从小便习惯了父母外出挣钱、自己留守看家的节奏。"城市生活"于他们而言，只意味着读书上学。

可一旦登录《魔兽世界》，他们不但可以组队爬山、在湖畔钓鱼、打猎烹饪，偶尔还能参加游戏中的节假日庆典，这些都是现实生活中十五六岁的他们难以体验的生活乐趣。9012年过分发达的社交软件在当时还处于萌芽阶段，人们对"生活在别处"的向往还无法寄托在精致博主的视频博客和美照中，《魔兽世界》恢宏的世界观设定和鼓励社交的玩法，刚好弥

补了他们在现实生活中缺少的团队合作与冒险经历。

许多老玩家在回忆早期《魔兽世界》中的人际关系时，总会有意无意地美化它。2005 年 9 月《魔兽世界》发生过一次震惊世界的游戏事故。当时游戏上线了一个新副本，其中需要玩家组队对抗的 boss“血神哈卡”有一个让玩家感染瘟疫并缓慢掉血的技能，为了增加副本的攻克难度，这个瘟疫同时还被设定成可以传染给邻近的其他玩家。玩家身上的瘟疫会在离开副本之后消失，但因为游戏设计人员的疏忽，玩家的宠物却可以携带瘟疫源离开副本。

玩家在聚集区域召唤感染了瘟疫的宠物时，就会造成无辜玩家被感染甚至血量减至零的惨剧。“哈卡”原来被定为副本强力 boss，极具威力的瘟疫在副本外的游戏世界传播甚广。为了挽救濒临崩溃的游戏服务器，暴雪公司主导了一系列隔离措施，不少玩家也自发释放带有 debuff 效果的技能抢救中招的低级别玩家，可依然有相当数量的好事者不断进出副本，在游戏中的各大区域主动散布瘟疫，导致“疫情”持续了相当长时间，给其他玩家带来巨大困扰。最终，暴雪不得不直接取消了这个技能的传染效果，重置了游戏服务器，才让《魔兽世界》回归正常。

《星战前夜》往事：军团、海盗或“自愿无聊”

这样的“好事之徒”在线上游戏中不在少数。哪怕《魔兽世界》的整体基调和游戏规则再怎么宣扬人性光辉、鼓励玩家向善，运营方也无法杜绝这类“恶行”。而在以高自由度闻名的《星战前夜》里，人际关系就更加复杂和险恶了。

《星战前夜》的“高自由度”，最直观的体现是大多数玩家需要的资源都无法从 NPC 中直接获得，而是需要他们自行开采、研发或者交易。游戏设计了一套非常自由的经济系统，然而，随之而来的，是无数次人与人之间的利益纠纷、团体和团体之间的利益纠纷。游戏确实提供了一片浩瀚的星海，但今天《星战前夜》中存在的各大势力和它们内部制定的规则，则是无数玩家自行博弈的产物。

《星战前夜》的核心规则之一就是严苛的失败惩罚，一旦飞船被击毁，玩家就只能重造。渴望群居的普通玩家组成既是商业组织又是战争机器的军团和联盟，在冰冷的宇宙中一刻不停地上演着攻伐和败亡、吞并和破产；而那些向往自由、桀骜不羁的玩家则组成海盗或自由军团，过刀尖上舔血的生活。这简直就是未来的狂野西部。

军团或联盟凭借财力优势，可以给旗下玩家发放补偿，而海盗这类小团体经济状况大都堪忧，还往往被人们通缉。他们专门伏击运输热门稀缺货物的玩家飞船。收取保护费后放行的都算盗亦有道了，人船不留这类堪称恐怖袭击的行径也并不少见。游戏运营方对此却限制甚少，这是《星战前夜》高自由度的另一体现。

你可能会好奇，有没有不愿战斗的另类玩家？《星战前夜》中还真有热爱探索宇宙的玩家，他们中的一部分人组成了“信号集团”（Signal Cartel），专注于探索未知星系。《星战前夜》中的一些未知区域只能通过随机产生的虫洞前往，在上千个星系组成的已知地图中，要想第一时间获得虫洞出现的信息，就需要放置海量的虫洞信号探测器。“信号集团”便极善于搜集虫洞信息，并对被困在虫洞的玩家施救。

无论是探索未知星系还是救助遇难探险者，均不会给玩家带来任何实质上的奖励，可就是在这样一个高度商业化、鼓励战斗的游戏社会里，依然有这些“自愿无聊”的玩家，试图拓展不一样的游戏意义。

今年早些时候，太空探险游戏《精英：危机四伏》的玩家还自发组织了一场耗时超过三个月的救援行动，前往游戏中的银河系边缘，拯救一个素昧平生的路人玩家。这位热衷于在游戏中挑战飞船里程极限的玩家，花了42天航行到了距离太阳65788光年的星际空间，成功地刷新了游戏中的最长航行纪录，但也因为冒险过于深入，耗尽了燃料，无法返航。得知他的遭遇后，其他玩家组织了4个船队，以接力的方式成功将补给送达。

这场史诗级的救援行动赢得了许多游戏玩家的赞叹。更令人惊讶的是，这些救援者在游戏中属于一个专门搭救其他遇险玩家的组织，他们自愿牺牲自己的游戏目标，在黑暗寂静的宇宙中耗费数天乃至数十天埋头赶路，只为尽早赶到需要帮助的陌生人身边。

《劲舞团》往事：在赛博空间谈情说爱

但即便硬核如《魔兽世界》和《星战前夜》，有一种特别重要的社会关系仍然是它们无法提供的，那就是虚拟婚姻。

2005年前后，《劲舞团》成为热门网游。除了“斗舞”，它最大的特色就是可以结婚。在即时通信和社交软件尚不发达的21世纪初，这种游戏给寂寞男女提供了一个可以谈情说爱的赛博空间。此外，“华丽”的日韩非主流画风也比《魔兽世界》这种根植于“龙与地下城”的欧美奇幻更能吸引中国年轻人，我们熟知的“杀马特”代表“葬爱家族”便诞生于《劲舞团》。

有趣的是，《劲舞团》的“离婚率”相当高，有的玩家声称自己一个月换一个老公，只是因为对方不上线或者没话聊。更有意思的是，过分强调社交属性既催生了“葬爱家族”这类互联网亚文化群体，也放大了人与人之间的冲突——唾手可得的假性亲密关系反而让玩家不再重视情谊，导致这些“家族”需要不停面对内部的分裂问题。冲突如此剧烈，以至于过了15年，《魔兽世界》的许多公会历史仍然有迹可循，而“葬爱家族”的源头却已不可考。

游戏中的人际关系远比现实生活的更有意思

早期互联网游戏中的人际关系，大都是和线下生活分开的，即便是和现实中的好友一同游戏，也仅局限于小团体。这当然是中国的游戏环境使然，毕竟当年能玩上电子游戏的人并不多。今天，电子游戏已经成为人们日常的消遣娱乐活动。几乎每一个游戏都打着社交旗号，而人际关系也常常在线上线下交替延伸。然而，MOBA（多人在线战术竞技游戏）的火热在当下不见得一定是好事。“和男朋友打游戏因为太菜被骂”之类的事总能引起大家的共鸣，可见这种情形的普遍程度。

在竞争激烈的排位赛中，人们惯于苛求自己和队友。按照黄执中的说法，玩MOBA就是为了赢，而思考怎么去赢就是游戏的乐趣，这是MOBA的本质。它并不适合任何人在任何场景下游玩。可话说回来，MOBA又能反映一个人的许多特质：是否临危不乱，是否足够有耐心，是否能在团队中担当重任？这和MMORPG（大型多人在线角色扮演游戏）组队刷副本有相似之处。所以，如果你的男朋友在游戏中和你产生了沟通不畅的问题，相信我，这种问题还会在游戏以外的地方发生。与之相对，既能互相开玩笑又能互相指出错误，并最终“大吉大利今晚吃鸡”的队友，现实生活中也更易成为铁哥们。

老一辈对“电子游戏”的概念还停留在《红色警戒》《星际争霸》等单机RTS（即时策略游戏）上，甚至是《雷电战机》《超级马里奥》《连连看》这样的“低阶”游戏。可是，经过近20年的演化，电子游戏的魅力早就不只是“玩起来爽”了。在游戏宅眼里，游戏中的人际关系——无论是和真人玩家还是虚拟的NPC——都远比现实生活中有意思。

游戏化生存报告之性别：不再取悦男人，我就是女王

文 / 蒋欣

随着大量女性玩家涌入游戏市场，主导游戏话语的不再是男性。“她”成了游戏中重新被定义和诠释的符号，折射着社会的性别观念与喜好更迭。

关于女性与游戏话题的探讨，从未停止过。

女性在游戏中的角色，从过去的宣传点缀、性感花瓶、男性角色的附庸，到如今的女主角、女战士以及可同时坐拥 4 个男朋友、掌握自己命运的年轻女孩……随着大量女性玩家涌入游戏市场，主导游戏话语的不再是男性。“她”成了游戏中重新被定义和诠释的符号，折射着社会的性别观念与喜好更迭。

但若是追根溯源，会发现情况或许没有那么绝对和简单。传统与当下、性别诉求与社会默契成为两股互相牵扯的力量，或对抗，或接纳。

女性与游戏的未来，仍充满着许多意外、惊喜以及不确定性。

女色时代：玩家性别分野，被建构的女性角色

从诞生之初，电子游戏似乎就被刻上了“父胎孕育”标签，女性在其中从未缺位，但女性话语权始终是缺失的。

作为新时代的产品，游戏本身的高科技性质决定了研发人员和玩家都需要较大的体力与脑力输出。基于先天基因影响与历史社会因素的双重作用，男性在这方面更占优势。因此，绝大部分游戏设计者和玩家是男性，这从根本上决定了绝大多数电子游戏带有浓郁的男性化色彩。

早在40年前，女性在游戏中就已成为被建构的一方以及吸引男性玩家入场的噱头。1971年11月，美国弹球场出现了一种名为“电脑空间”（Computer Space）的街机。这款游戏设计十分简陋——玩家只需操纵火箭击中飞船，即可获得胜利。它的宣传海报上，一个穿着暴露的美女手扶一人高的游戏机，以“花瓶”形象出现。

（图／李雄飞）

事实证明，这样的游戏宣传手段屡试不爽，甚至被沿用了十余年。1982年发布的街机游戏《丛林之王》的海报上，仍可见到穿着比基尼的性感女郎。

与此同时，聪明的游戏制造者们发现，比起将女性放在游戏机旁，将她们放在游戏里，吸引男性玩家的效果更为显著。

前些年，美国游戏学者安妮塔·萨克希安制作并发布了一系列短视频，专门讨论游戏与性别的关系。在视频中，她将游戏中涉及的女性刻板类型分为三种——落难少女、冰箱中的女人、性感女汉子。

任天堂早期多款广受男性玩家喜爱的游戏，打造的就是拯救“落难少女”的英雄梦。无论是《超级马里奥》还是《塞尔达传说》，都是年轻漂亮的女孩被怪物掳走陷入险境，最终被男性英雄解救，成了英雄的奖品的故事。

相比之下，“冰箱中的女人”则成为游戏进度的牺牲品。这一词组原指在漫画故事中以女性角色伤亡作为桥段推动情节，达到让男性角色出彩的目的。游戏设计者们将这一桥段搬运到游戏中，被伤害或杀害的女性成为没有感情、温度的NPC（非玩家角色），沦为处罚男性主人公下一步行动的边缘形象。

心理刺激和视觉刺激是一个双管齐下的过程。20世纪90年代末，随着电子游戏技术和设计意识的拓展，女性在游戏中的出场率大大提高，女性角色的“胸部物理”时代到来。

英国 Core Design 公司 1996 年发布的动作冒险游戏《古墓丽影》成为这一时期的经典制作。游戏中的主角劳拉有着漂亮的五官、火辣的身材、暴露的穿着，尤其是巨大的胸部，整个人物角色造型夸张地突出女性特征，劳拉也因此被玩家誉为游戏界“第一女士”。

但玩过这款游戏的玩家会发现，劳拉其实也属于“硬汉集团”，她体格健硕，行动敏捷，富有智慧，叱咤于原本属于男性的探险、搏斗等领域，成为由性感女性躯体与男性行为模式组成的综合体，让男性玩家同时拥有操作快感和视觉体验。

在这样的游戏中，女性失去了本该具备的个性特征，仅仅作为一个视觉符号存在。在长期的女性角色塑造过程中，女性的符号特征不断被强调，“男尊女卑”成为男性玩家的默认共识。这种观念甚至波及女性群体的心理，造成一种“大众集体无意识”状态。

女孩时代：需求与歧视共存的较量

意识的觉醒似乎是一个需要被刺激的过程。

娱乐工业化和移动信息化时代双双降临，让游戏不再是男性的专属品，更多女性涌入游戏市场，抢占话语权。

2014 年的相关数据显示，美国的女性玩家一度高达 48%，英国更是有 52% 的玩家是女性；而伽马数据发布的《2019 年中国游戏产业半年度报告》显示，女性玩家在中国游戏市场占比 46.7%。伽马数据首席分析师王旭告诉记者，他们研究过一些纯做女性向游戏的公司，发现其中有些公司女性职员占比超过 70%。

宏观数字趋于平衡的同时，一些从游戏内到游戏外的实际较量也在进行。

北京大学信息科学技术学院副教授陈江分析，从性格与基因影响上看，男性玩家似乎更热爱在打斗、竞争、策略游戏中收获快感，女性玩家则更钟情于养成、休闲、装扮、社区类游戏。

但就在市场逐步摸清男女玩家对游戏的选择使用习惯，从而细分游戏市场时，女性向游戏诞生，也让游戏鄙视链在无形中形成。

手机换装类系列《暖暖》就是一个典型案例。这款游戏自 2012 年上线以来，赢得 18—35 岁年轻女性玩家的青睐，其第二代《暖暖环游世界》、第三代《奇迹暖暖》更是一度登顶中国 App Store 免费下载榜第一。今年 8 月，3D 版手游《闪耀暖暖》刚开服 10 分钟，就因涌入玩家太多而挤爆服务器。

二次元萌系的长相、各式各样漂亮的公主裙、闪亮的水晶高跟鞋、可爱的宠物猫……游戏中的几乎所有元素，在满足女孩“公主梦”的同时，也表达了女性“衣柜里永远少一件衣服”“收集满暖暖5000件衣服”“天使脸孔魔鬼身材”等情感诉求。

“把女性玩家与《奇迹暖暖》画等号，是男玩家对女玩家最大的误解，妹子不是只喜欢换装、萌物和无脑的。”同时用一个微信号登录《奇迹暖暖》《王者荣耀》《和平精英》三款手机游戏的张沫曾在游戏论坛上试图为自己辩解。她认为，给暖暖换装打扮的同时，并不耽误自己在海岛跑图吃鸡。

因在《反恐精英》时代就有游戏经验，张沫在《和平精英》中战绩颇佳。但当她把连胜10把的纪录晒到论坛，收获的是“妹子找的代打吗？”“有小哥哥带你吧？”“骗人的小姐姐请到隔壁暖暖了解一下”等类似声音。在游戏中她也经常被队友质疑：“你是变声器吗？”“男玩女号？”

传统正在被打破。王旭提供了一组最新的研究数据：女性日常在射击类游戏上花费的时间是35.7%，男性则是50.1%；而在类似《王者荣耀》的MOBA类游戏上，女性玩家花费的时间也已超过了休闲益智类游戏。“这似乎很难想象，可现实就是如此。”

但对于整个游戏行业而言，要挪动偏见大山并非朝夕之事。

2014年，《刺客信条：大革命》制作总监亚历克斯·阿曼西欧（Alex Amancio）就曾向媒体表示，这款游戏没有一个可操控的女性刺客角色，因为创造她们“实际上是一项需要付出许多额外工作量的制作工作”。同年在美国引发巨大争议的“玩家门”，也让人看到游戏赋能的女性在现实生活中的境遇。

2013年，饱受抑郁症困扰的女性游戏制作人佐伊·奎因想帮助有同样问题的玩家解决心理问题，设计了一款名叫《抑郁探索》的独立游戏。

质疑声很快袭来，许多男性玩家指控奎因用不道德的方式推广游戏，一时间尖锐批评声发酵至失控状态，直指女性游戏制作人的无能、不懂游戏、欺骗玩家情感。奎因持续受到来自男性玩家的恶性攻击，包括辱骂、寄恐吓信、人肉甚至死亡威胁，事件最终演变成一场臭名昭著的性别歧视运动。

女王时代：女性游戏市场成“薛定谔的猫”？

但从利好层面看，近年来，游戏中的女性形象整体上有了极大改变。

在2015年12月发行的《古墓丽影：崛起》中，新版劳拉的变化十分明显。对比曾经的劳拉，新版劳拉没有那么硬朗、勇猛、矫健、刚强，她变得凡俗，被赋予了更多血肉，一言一行更像个真实的人。在突发的灾难面前，她会惊魂不定；从高处跌落时，她会灰头土脸，发出痛苦的喘息。她有着自己的痛苦和脆弱、过去与未来，曾经的疏离感在角色的重塑中化于无形。她承载着喜怒哀乐，成为艰难岁月中试图掌控自己命运的坚强女孩。

掌控命运，也成为游戏中的女性角色步入女王时代最为重要的“卖点”。陈江说，女性在游戏上强大的消费能力，决定了这个“时代”巨大的潜力。

近年来在国内外颇受都市白领玩家喜爱的明星养成游戏《金·卡戴珊：好莱坞》(以下简称《好莱坞》)就是如此。2014年发布以来，这款游戏曾摘得21个国家App总下载榜单桂冠，仅2015年就实现7180万美元收入，截至2017年2月，这款游戏的原型——卡戴珊获得约8000万美元分红。

可以决定自己的未来是这款游戏最大的特色。在游戏中，玩家可以选择样貌、身材、肤色，通过充值推进剧情，决定想发展的明星路线，拍摄的广告、电影，想约会的好莱坞男演员，将自己从默默无闻的女孩逐步打造成时尚的宠儿、社会关注的焦点、名利双收的梦想家。此外，游戏角色还能体验名媛的生活，出入各种社交场合、高档精品店和豪华住宅，享受好莱坞明星的奢靡生活。

很多人曾疑惑，为何成年女性会如此青睐这些游戏。1908年，弗洛伊德在《创作家与白日梦》一文中提到的一句话或许可以解释，成人在虚构的艺术中如何实现梦想——“他现在做的不是‘游戏’了，而是‘幻想’。他在虚渺的空中建造城堡，创造出那种我们叫‘白日梦’的东西。”

近两年来大热的“超现实恋爱经营”手游《恋与制作人》运行的底层逻辑也是如此。

女性向恋爱类游戏起源于日本的“乙女游戏”，游戏中的男主角长相俊俏、社会地位优秀，与女主角的恋爱情节浪漫感人，场景华丽优美，讲述了女性玩家在偶像剧般的剧情中与优质男性发生浪漫完美的爱情故事。

而在《恋与制作人》中，玩家扮演的女主角继承了一家影视制作公司，在制作节目的过程中，女主角需要寻求四个不同类型的男性角色的帮助，并与他们发展虚拟的恋爱关系，交往期间男女双方会发短信、打电话、朋友圈互相点赞。

“花钱养四个野男人”一时间成为沉迷于这款游戏的女孩们的口号。相关数据显示，2017年12月20日上线的《恋与制作人》，一个月内安装用户数量达到

700 万，日活用户数量达到 200 万，其中女性用户占比达 94.2%，游戏月流水或在 2 亿元到 3 亿元之间，单日最高流水在 2000 万元左右。

但在《恋与制作人》火爆的同时，一个个历史性问题再次被提出。

游戏中的性别语境是否已经反转，从而进入“她时代”？

游戏中男性角色长相、身份的设计，一定程度上也在取悦着女性审美，这是否也是物化男性的标志？

此外，女性在游戏中如此渴望获得情感与社交探索的体验，是否反映了现实生活的困境所在？

沉浸在游戏角色中的嬉戏快感进入现实后，是否很快转变为自我理想破碎的痛感？

被时间检验过的男性游戏市场曾给出答案，但女性向游戏是否会重蹈覆辙，或许也是所有游戏设计者、玩家、市场运营者在未来需要考量的重要问题。

这个装着“猫”的盒子，有待打开。

游戏化生存报告之奖励：
在氪金的世界里，消费才是王道

文 / 邓剑

出商业游戏的资本逻辑，重返非货币化的奖励——在游戏奖励机制逐渐被现实世界规则侵蚀的同时，或许我们应该重新审视游戏与现实的边界。

自人类社会进入科技时代以来，人们为了取悦自己，发明了形形色色的娱乐技术，比如营造梦幻仙境的迪斯尼乐园、展现速度与激情的 F1 赛车、按摩大脑的肥皂剧等，而其中最便利也最受欢迎的技术装置，恐怕要数晚近才出现的数字游戏（下文简称“游戏”）——只要打开游戏程序，登录游戏账号，你就能遁入游戏世界中，酣畅淋漓地享受一场愉悦的盛筵。

我们不由得思考，是什么样的力量诱使人们近乎贪婪地沉浸在游戏世界里？或许一千个玩家眼里有一千个哈姆雷特，我们很难用统一的标准来衡量所有玩家：细腻的人为《仙剑奇侠传》中李逍遥与赵灵儿温婉凄迷的爱情故事悲恸不已，征服欲极强的人在《帝国时代》《三国志》《文明》里纵横驰骋、一统天下，《明星志愿2》的玩家则幻想主角方若绮能代替自己实现儿时的明星梦，等等。

纵使玩家们具体的需求千差万别，却有一点是共通的：你必须一步一步地循着奖励机制来玩游戏。

游戏≈奖励装置

换言之，任何游戏都可以被视为一台奖励装置，是一系列奖励机制的集合；玩家必须在奖励机制的引导下才能完成游戏。

归纳起来，林林总总的奖励机制大致可分成如下两类。

一是过程性的直接奖励机制。游戏中的奖励以可见形式融入游戏流程中，经典FC游戏《超级马里奥》就是这类奖励机制的代表。被玩家操作的马里奥就像巴甫洛夫的狗一般，只要看见挂在空中的金币就会自动产生跳过去把它“吃掉”的条件反射，整个游戏过程可被视作一连串吃金币（吃掉奖励）动作的组合。

所以在大多数玩家的儿时记忆中，《超级马里奥》似乎不是一部击败龟族救回碧姬公主的少年英雄传奇，而常常被简化成“吃金币的小矮子”的跑酷游戏。

二是条件性的间接奖励机制。这也是目前最为普遍的奖励机制。简单说，就是玩家必须达成某些条件后才能获得奖励。这些条件可以是击杀怪物，例如在近日重启的《魔兽世界》

（图／李雄飞）

60 年代经典怀旧服里，只要击杀拉格纳罗斯（MC 老 10）就有极低概率爆出萨弗拉斯之眼；或者完成某项任务，比如玩家在 AR 游戏《一起来捉妖》中完成擂台挑战任务后，就可以获取相应奖章；还可以是达成某项成就，譬如在《恋与制作人》中点开“成就图鉴”获得一系列成就奖励；等等。

正是这千变万化的奖励机制构成了现代化的游戏装置。于是玩家的游戏过程就可以被简化理解为接连不断地获取奖励的过程——当玩家获得一个奖励后，会自动搜寻下一次奖励的坐标，而游戏就在这样的连续不断的行动过程中继续着。由此可见，游戏中的奖励机制自然成为此游戏能否吸引玩家、留住玩家的关键设定。

奖励的货币化

事实上，与其说玩家是在争取奖励，不如说他们是希望自己在游戏中的付出得到相应回报——甚至，因为游戏程序是充满无限可能的虚拟世界，玩家会更期待从中获得超值回报。

五花八门的奖励机制，正是实现这种“付出—报偿”模式的最佳手段，正如符合预期的薪资水平是能否留住员工的决定性要素，合适的“付出—报偿”模型也是一款游戏能否留住玩家的关键——没有员工愿意拿着卖白菜的钱操着卖白粉的心，当然也没有玩家可以忍受花费巨大心力击杀火龙王（《奇迹世界》里最强大的 boss 之一）后，却只获得一把最普通的新手武器。

在前网络游戏时代，游戏中的奖励机制（或者说“付出—报偿”模型）比较侧重于实物折算。例如在经典 FC 游戏《魂斗罗》中，玩家打到 2 万分就可以奖一条命；街机《三国志 2》中，玩家取得 30 万分也是奖一条命。不过更重要的是，这些实物奖励可以引起玩家情感共鸣，协助玩家获取自我肯定的价值感的精神奖励。例如，玩家好不容易在《炉石传说》的天梯排位里冲上了“传说”，但比起由“传说”带来的卡牌、奥术之尘等实物奖励，玩家其实更在意的是橙黄色的六边“传说”标志所带来的荣誉感——这意味着，自己终于成为《炉石传说》最优秀的玩家了。

有意思的是，在 21 世纪网络游戏的时代里，游戏的奖励机制迎来了转型。这些机制也如现实世界中的薪酬制度一般，越来越多地被设计成复杂的通货体系，把奖励折现为游戏世界中形形色色的货币。这些货币可以是《非人学园》里的硬币，也可以是《完美世界》手游里的银币，还可以是《新天龙八部》里的铜钱，甚至是《流放之路》里颇为复杂的23种通货，等等。玩家使用这些可以进入流通领域的货币奖励，在游戏世界里购买心仪的装备、宝物、练级用的药水。

整个游戏世界因此一度呈现朝气蓬勃的局面，非常像现实中充满烟火气的小集市：夕阳的余晖下，玩家们开设各式摊点，将一天辛苦奋斗得来的货币及实物奖励用于简单交换，换取那些对明天的冒险有用的补给品。接着整装待发，迎接第二天冒险的来临。

不难看出，这些由游戏奖励而来的虚拟货币构筑了游戏世界的经济/金融体系。且这个体系的重要性与日俱增，它的健康与否甚至在很大程度上直接决定了一款游戏的生命周期。譬如《地下城与勇士》（DNF）这种十余年来屹立不倒的游戏，其走向成功的最大秘诀或许就是它可以长期维持一个充满活力的经济/金融体系。而那些曾经被应许为“永恒”的游戏乌托邦，它们最终走向幻灭的直接原因也是经济/金融体系的崩溃——高度的通货膨胀导致了游戏的“死亡”。

走向奖励的异化

奖励的货币化最终走向了制度化，人们对于奖励的追逐也就被异化为对货币的贪婪。一方面，不少玩家开始对自己在游戏世界中的窘迫状态感到不满，他们希望使用现实货币购买网络游戏中的“虚拟货币”，以在游戏世界中复制现实社会中那些对自己有利的权力关系。

这大大刺激了整个游戏世界对“虚拟货币”的需求。另一方面，为了回应这样的需求，现实世界里自然衍生了一系列助力虚拟货币生产与流通的附属设施。例如，5173.com这样的专业游戏金币交易平台、引起广泛关注的金币农夫工作室等。游戏逐渐成为一部分人谋生的工具，而这一部分人又成为另一小部分人发财的工具。换言之，以作为奖励的游戏货币为媒介，虚拟与现实之间的次元屏障已经被打破了。

也正是在上述奖励的“货币化”过程中，游戏世界的内部逻辑发生了巨变：玩家越来越重视游戏中的消费行为，轻视“付出—报偿”的游戏奖励对于游戏本身的意义。不少玩家开始用消费来取代游戏。而为了迎合这个游戏时代的新变化，国内各大网游运营商亦纷纷效仿《猎人MM》等韩国网游最先端的免费游戏模式，开启了中国“游戏时间免费，增值服务收费”的免费网游时代。

正是在这样的大背景下，游戏商城逐渐成为各大网游的标配。这些商城向玩家兜售可让玩家立刻变强的各式增值道具、装备、皮肤等符号化的数字商品，不停地念叨着消费主义的咒语。由是，氪金成为游戏里的圣经，游戏越来越像金钱游戏，许诺玩家只要充钱就真的会变强，而你之所以还没有变强是因为你充值不够。

例如在《征途》这样的氪金游戏里，无论免费玩家如何拼命打怪，都不及人民币玩家从腰包里掏出一叠真金白银甩向电脑屏幕时的轻蔑与爽快。不难看出，在氪金的世界里，只有免费玩家是在玩游戏，而人民币玩家所玩弄的，正是那成千上万的免费玩家。

可是充钱就可以得到所有想要的吗？这似乎与游戏精神背道而驰。玩家本应在游戏中释放被日常生活的辛酸所压抑的天性，从游戏许诺的乌托邦世界里寻得真正的“美丽新世界”。然而游戏商城的出现，将玩家的游戏冲动转化为消费者的消费欲望，一面鼓动他们享受消费的快感，一面瓦解游戏的本来意义。

这就是当下游戏世界的核心资本论，也是现实世界的一种价值观。玩家不再为了击败 boss 而刻苦钻研《只狼》虐人的战斗技巧，或者不再愿意为了解谜《古墓丽影》而绞尽脑汁，而是企图通过消费的方式让一切难题迎刃而解。这类玩家彻底将自己变成消费的奴隶而非快乐的主人，在与现实世界同构的资本逻辑里满足那被异化了的游戏趣味。

如何才能在这世上真正愉悦地活着？或许只能是走出商业游戏的资本逻辑，重返非货币化的奖励。

游戏化生存报告之生死：

像苏格拉底那样敬畏生命

文 / 蒋欣

当游戏“start”（开始），玩家追逐着纯粹的娱乐与快感；而当游戏失败，“game over”画面出现时，另一场“理解死亡”的游戏才刚刚开始。

游戏是一个被建构与设计的世界。在这里，现实生活中所有为生命、死亡、复活所困的命题都能得到全新的阐释。游戏可以被理解为人类填充想象力的空间，或者放大人性内在畏惧与欲望的反光镜。生死是现实中极为沉重的话题，在游戏里则有更为轻松而丰富的阐发角度。

“胜败乃兵家常事，大侠请重新来过”

游戏的死亡环节设计经历了一个递进发展的过程。在游戏发展早期，玩家对死亡的概念并没有直接的感受。

最早的游戏受限于机能和卡带的储存容量，对角色背景和剧情的刻画往往相对薄弱，更注重操作回馈体验。早期游戏角色在诞生之初往往自动携带三条命，每当丢掉一条命，马上复活衔接关卡，让玩家甚至来不及反应，死亡已经发生——耳熟能详的《魂斗罗》就是其中典型。主角一旦死亡，立马会有一个一模一样的小人从屏幕左边跳出继续冒险。

彼时，为了弱化游戏中死亡发生对玩家造成的心理负担，游戏制作者们在让玩家“避免死亡体验”这件事上下足了功夫。

《波斯王子：时之砂》中就巧妙用沙子隐喻时光，并做了“时光可以倒流”的设定。当玩家在游戏中即将死去时，主角会跳出来说：“稍等片刻，事情不该是这样的。”随即沙子将时间倒转至角色死亡之前的某个时间点上，继续游戏——这个设定很像即时的S/L大法（存档/读档，单机游戏时代无人不知的法宝），当游戏角色死去，游戏读档，宛如时光倒流，一切便重回那个被保存的时间点。

传奇游戏《仙剑奇侠传》也采用了可在一条时间线中反复切换时间的设计，施展S/L大法反复挑战，而“胜败乃兵家常事，大侠请重新来过”的文案也成为众多老玩家心中的经典。

资深游戏玩家、游戏媒体从业者孙汝亮始终认为，因为游戏将道具、金币、一段剧情、一条情感线作为玩家的奖励，相对也需要有恰如其分的惩罚，让玩家在游戏中感受到竞争与对抗。惩罚力度越大，当胜利和奖励来临时，玩家所获得的满足感和成就感越高。死亡就是最管用的惩罚工具，也是最好的发掘潜力、锻炼技能的助推器。

当然，在角色触发死亡行为到实际死亡发生之间，也有大量功课可做。挣扎是每个人面对死亡黑洞时都具备的应激反应，玩家默认“我不能轻易死去”，所以“抢救死亡”无形在游戏与玩家之间构建默契。

《魔兽世界》的玩家都曾被一个自救系统——跑尸虐过。当游戏角色受到致命攻击后，灵魂会脱离肉身，玩家需要操纵灵魂找到尸体才能复活。

相比之下，一些游戏中的队友互救系统则显得友善许多。近两年大火的《绝地求生》和《第五人格》就是如此：当玩家被对手打倒时，会进入“死亡倒计时”的爬行状态，如果在有限时间内玩家得到队友有效救助（玩家喜欢称之为“拉人”而不是救人），便可重新站立加入战斗，反之则彻底死亡。

教会全世界“死”字怎么写

（图 / 李雄飞）

死亡在早期的游戏中成为一种司空见惯的设定机制，同时几乎褪去了真实死亡的沉重感。游戏表现力飞跃之后，简单的游戏死亡逻辑和表现手法已无法满足玩家寻求刺激和猎奇的心态，于是，将多重死亡方式集中在游戏角色身上，放大死亡所带来的感官和精神冲击，成为游戏设计者们新的尝试方向。

2015 年推出的《古墓丽影：崛起》一度被玩家戏称为“劳拉的 100 种死法”，比如被雪崩冲下悬崖、落入布满尖刺的陷阱、被钟摆机关刺穿、被黑熊扑杀、被水淹死、被敌人割喉……游戏还放大了劳拉在遇见死亡时的挣扎过程，角色死亡后，画面还会在已经失去生命颜色的躯壳上停留一段时间，加深玩家对死亡的直观感受。

在互动恐怖游戏《直到黎明》中，8 位角色有超过40种死亡结局。“这款游戏十分惊悚，不要独自一人或在深夜里尝试它”成为玩家们奔走相告的温馨提示，被怪物拧下脑袋、撕掉下巴、开膛破腹，被斩首、爆头、割喉、插眼……画面的逼真程度让每个“劫后余生”的玩家不禁感叹：活着真好！

关于死亡，绕不开宫崎英高打造的魂系游戏。这一系列至今发售了6款游戏，包括《黑暗之魂》《血源诅咒》和最新的《只狼》，均是游戏难度高、剧情晦涩难懂、画面黑暗唯美的作品。在魂系游戏中，死亡乃是家常便饭，最终的胜利要建立在无数次绝望的死亡体验之上。游戏地图中几乎处处是危险区，每个敌人都具备杀死你的能力。陷阱致命、存档点少，一旦死亡就要重新来过，所有货币也都会遗失，被玩家杀死的敌人还会复活。

宫崎英高因过于抖S的游戏制作风格，被很多玩家怒斥为“宫崎老贼”。他曾直言不讳地说：“复活机制不是为了让游戏更加简单，相反它会让游戏变得更加困难。”“想让大家体会到比以前更频繁死掉的真实感。”

《只狼》中，主角死亡后屏幕上会出现一个巨大的红色“死”字。死得多了，连外国玩家都认识了这个字——这可能是很多外国人认识的唯一一个汉字，于是有人哭笑不得地发问：“宫崎英高是在教全世界人民写‘死’字吗？”

当体验死亡已成为获取游戏快感的重要因素时，虚拟与现实的矛盾是否会越发突出，打破某些边界？

苏格拉底曾说，在死亡面前，我们要思量的不是生命的空虚，而是它的重要性。游戏中的死亡虽是一种惩罚，所付出的代价也仅仅是等待复活的数十秒或重新开始一局的几分钟，但游戏嫁接到现实中的认知错位，是否也会让某些玩家越发对死亡麻木？

北京大学信息科学技术学院副教授陈江认为，游戏开发商制作一款游戏最终的目的还是商业化。“没有一个游戏公司希望有玩家因为自己的游戏出事，对吧？”他提到，随着游戏设计技术提升，细节越丰富、画面越逼真，玩家在游戏中体验到的真实感越强，适度范围内的死亡体验，可以让玩家产生对生命的敬畏感，“但仍需在屏幕内外划定重要的界别，给玩家一个清醒的认知”。

永远别想战胜死亡，永远不要放弃新生

游戏作为一种承载价值观的媒介，将“死亡”这一生命议题放入其中的意义，还可以被不断延伸。比如近年来出现的死亡模拟游戏《殡葬师的故事》。

在这款游戏中，玩家扮演成一位在殡葬馆工作的人员，对死者的尸体进行

防腐处理或者火化，还要参加葬礼，听取死者亲人们的故事。

游戏网站 Gamasutra 的编辑亚历克斯·沃罗斯试玩后表示："在美国，人们十分忌讳谈论死亡，而这款游戏中对死亡的各种处理方式令人惊奇、反胃，但又给人一种意外的美感。"

沃罗斯曾通过畅销书《好好告别》了解殡葬师的日常工作，此书作者是 35 岁的美国殡葬师凯特琳·道蒂，她在书中记述了自己在火葬场从业 6 年的经历。

她在书中提到，美国每年的死亡人口总量达 2500 万。"但死者被巧妙地隐藏起来，以至于生者很难察觉这一数量变化。"伪造的担架、地下秘密停尸房都在巧妙地掩盖着死亡，让死亡远离大众视线。因为，"如果生命是一场派对，你可以从后门溜走，但不要扫了别人的兴"。

《殡葬师的故事》的设计师盖希试图通过设计死亡游戏在前门开一个窗口，但他也很清楚，每个环节的设计，几乎都在试探玩家的心理防线。

为了避免玩家在游戏中因角色过于真实而产生反感，陷入"恐怖谷陷阱"，整个游戏采用单色调来模糊死亡，尸体上不会出现血、内脏或液体，尸体的身体比例也进行了调整。"处理一具真人尸体和偏卡通风格的尸体，带来的感觉完全不一样，更别说在游戏中加入《好好告别》中讲到的婴儿遗体、给尸体穿尿布等细节。"

在美国上线后，《殡葬师的故事》得到追捧，发行仅一天的收入就超过了盖希预期的一个月收入。两天后，盖希收到了许多积极的反馈。"人们喜欢我们的游戏，喜欢用这样的方式谈论和接近死亡。"

2019 年发布的动作冒险游戏《星际拓荒》也解构了游戏中的死亡，甫一发布就在游戏权威媒体 IGN 上获得了 8.4 分。玩家在游戏中扮演一个宇航员，一次灾难性事件后，太阳发生爆炸，所有人都死了。而宇航员陷入了不断循环的时空中。每个循环拥有 20 分钟的限定时间，玩家选择太阳系的一个星球展开探索，以寻求拯救世界的方法。

在探索过程中，玩家会逐一发现每个星球的生命消失的秘密、留下的遗产，还有对后人的警告——"永远别想战胜死亡"。随着限定时间结束，玩家死亡，但新生命仍在诞生，这个世界依然运转。死亡并不意味着结束，而可能是某个更具创造性的开端。

有玩家在体验过此游戏后感慨："这很像生命的旅程。在一个特定的循环中，你可以去任何地方，看到各种景象，即便你肯定会错过世界上某些地方的壮丽景象，但可能你所面对的也正是一些伟大之物。你可以静若磐石，也可以星火燎原。”

游戏制作人陈星汉：
洞察人性比创造世界更有意思

文 / 詹腾宇

“我希望在退休之前，如果你跟别人说你是游戏设计师，就像今天说你是建筑师、电影导演、作曲家或者医生一样，会得到全社会的尊重。这是我最大的梦想。”

秋天一到，整个城市便咳成一片。哮喘成了早发的流行病。一个男孩躺在医院病床上咳嗽，窗外的城市在 PM2.5 的灰霾里静默。在男孩印象里，这座被钢筋水泥填满的城市鲜有明亮的色彩。

男孩偶尔看窗外的树，看阳光透过叶子穿进来，看天上的云和鸽子白成一簇。“如果我能飞出窗户，飞到天上，跟云和鸟儿玩耍，那该多好啊。”这段记忆和想象至今依然清晰。在男孩创作的游戏《云》（*Cloud*）中，白云与乌云相融可以降雨，雨水会将城市洗刷干净。楼房慢慢添了颜色，似乎还能闻到泥土的芳香——就像男孩小时候在雨后闻到的那样。

男孩的名字叫陈星汉。

2003 年，陈星汉离开生活了 23 年的上海，到美国南加州大学念互动媒体专业。大二那年，学校开设了一个奖学金项目，主题是设计一款与《侠盗猎车手》系列等崇尚暴力的主流大作完全不同的游戏。陈星汉决定参加。他希望做一款没有暴力、不上瘾、有娱乐性的游戏。

游戏的灵感来自陈星汉的日常。洛杉矶是一座沙漠城市，寡雨少云。有一天陈星汉穿过街道时恰巧撞见了难得的雨后蓝天、云彩盛放——他突发奇想：或许可以做一个创造云彩，并用云彩画画的游戏？

陈星汉自小热爱绘画，曾梦想到皮克斯做动画。他希望自己在美国做的第一款游戏也以画为媒，展示一种纯净的、充满生命力的美。但他的游戏设计导师特雷西·弗雷顿提出质疑。她问道："游戏的主角是谁？"陈星汉并没有仔细想过这个问题："一个能操控大气的人？一个外星人？""这没意思。"弗雷顿坚决地否定，并给出了建议，"我觉得，主人公可不可以是一个能操控云朵的小孩？"

童年时的那段影像撞入了陈星汉的脑子——如果主角是童年时的自己，是一个渴望自由，渴望飞上蓝天、肆意作画的小男孩，用云朵碰撞出雨水，洗净被污染的城市，让钢筋水泥获得生机……更接近"创意媒介"（creative medium）而非游戏流水线产品的《云》诞生了。

《云》很陈星汉，这是陈星汉游戏美学之路的开端。

《浮游世界》："这游戏很危险，玩之前最好空出足够多的时间。"

《云》让许多玩家感动落泪，也让更多人发现：为什么游戏非得是非生即死、暴力破坏、分个输赢？为什么不能是这样操作简单、创造美好的互动空间呢？

玩家纷纷致信陈星汉，希望这款游戏尽早商业化；导师则希望他以游戏的制作思路为基础，完成毕业论文。但此刻的陈星汉早有了新主意。他观察到，许多人因为没接触过主机游戏、不熟悉操作方式而错过了许多好作品，"于是我在想，能不能做一个项目，让不同背景的人用不同的方式和速度进入游戏。菜鸟可以循序渐进，核心玩家则可以一下子跳到有难度的地方"。

这一理论被称为"动态难度处理系统"（Dynamic Difficulty Adjustment）。陈星汉开始招募团队，在慕名而来的研究生和本科生中召集了 12 人。但一年过后，团队只剩下一个人。

两个人、三个月，要实现超过百万用户的目标，这听起来是天方夜谭。压力之下，陈星汉果断选用了极简风格——他们决定做网页 flash 游戏，现学现做，《浮游世界》就此诞生。

《浮游世界》的设计思路很简单：浮游生物通过吞食光球进化，并不断游入下一个场景进行挑战。很快游戏收获了超过 600 万玩家，许多人反映："玩着玩着一眨眼三个小时就过去了。""这游戏很危险，玩之前最好空出足够多的时间。"《浮游世界》成为《愤怒的小鸟》《植物大战僵尸》出现前的第一拨病毒式传播的游戏，同时也是后来陈星汉参与《孢子》游戏制作时的灵感之源。

《花》："搜寻现代人对于环境的不安。"

毕业后，陈星汉与同学凯莉·圣迪亚戈共同创办了游戏公司"thatgamecompany"。为拿到美国工作签证，他跑到艺电（EA）旗下的游戏公司Maxis兼职，参与游戏《孢子》的制作。他每天在旧金山上班，创业伙伴则悉数留守洛杉矶。他几乎没有在旧金山结交新朋友。

那段日子，陈星汉经常驾车在洛杉矶和旧金山之间往返。连接两地的5号州际公路两旁是一望无际的草原。"就像一个一直生活在内地的人第一次看见大海，非常震撼。"自小生活在钢铁森林里的城市男孩陈星汉被这片平坦而广袤的绿色穿透了，他迫不及待地向家人和朋友分享这种震撼，下班就回家画画，再现记忆中的景象。

画着画着，陈星汉觉得场景总是过于孤独：无垠的草地固然很美，但显得过于空洞单调。于是他加入了自己熟悉的城市群。在不断填补、修正画面的过程中，陈星汉意识到，童年的咳嗽与孤独、对窗外蓝天白云的向往、对家乡的眷恋、对未知的自然风光的想象等场景早已刻在他的脑海之中。画作里混合着新生的激动和念旧的寂寥，而这种矛盾感受交织的结晶，即是陈星汉的第三部游戏作品《花》（*Flower*）。

将近一年半的开发时间里，陈星汉和团队尝试了12种玩法，舍弃了连击操作、时间限制等可能给玩家带来负面情绪的设计，才最终将《花》定型为一款全无压力、不会给玩家带来焦躁感的游戏。游戏的第一关是嘈杂的城市，花带来了宁静；第二关是灰蒙蒙的城市，花给城市涂上了色彩；第三关是"如上海一般湿热、空气凝固"的夏天，一阵清风吹散了城市的沉闷；第四关是没有路灯的昏暗夜晚，花瓣翻飞着点亮了城市；第五关如同一场噩梦，布满了陈星汉童年记忆中上海高压电线桩的吱吱噪声，"好像某一天就能电到我"。

在最终章里，所有的花都回到了城市，"让一座只有高楼大厦的城市充满了色彩"。这些篇章像各自独立又紧密关联的散文诗，寄托了陈星汉将新际遇和熟悉的成长环境融合的愿望。《花》被华盛顿特区博物馆作为艺术品纳入收藏，这也是史上第一款被收藏的游戏。《连线》杂志专栏作家克莱夫·汤普森如是形容："英雄对破碎故土的追寻与疗伤，搜寻现代人对于环境的不安。"

《风之旅人》："两个人去共渡一场史诗级的磨难。"

完成《花》的开发后，陈星汉希望做一款能让人在情感上互相依赖、建立真正信任的游戏。当时业界都在说"社交游戏是游戏的未来"，但陈星汉认为，很多社交游戏延续了只在意输赢的传统设计思维，缺乏信任、温暖和爱。如何建立真正的信任和感情交流？他的答案是："两个人去共渡一场史诗级的磨难。"

陈星汉以"统一神话"的故事架构制作了代表作《风之旅人》（*Journey*）的框架，玩家在游戏中可以自由组队、离队，在遇见跟自己步调一致、喜好一致，能互相信任的人之前，玩家都可以选择一个人冒险。只有互相认可对方行动的两个人，才可能达成真正的合作，一起共渡难关。此外，在《风之旅人》里，角色之间不会发生碰撞——因为游戏设计取消了碰撞设定，从规则上避免了攻击甚至杀死其他玩家的可能性，接近的两个人可以互相充能，传递友善的态度，而不是挑衅和争斗。

陈星汉曾在接受采访时表示，游戏制作人决定了虚拟社会的法律和自然法则。"当你改变了（虚拟世界的规则）之后，人可以在游戏世界里变得更加残忍，也可以更加高尚。如果你设计的游戏是让小孩子来玩的，你就有更大的责任。"

制作过程中，团队也经历了种种磨难：发行商表示资金不够，"只能先给两年的开发经费，第三年再看"；索尼公司被黑客攻击，PlayStation 游戏机销量连续 6 年败于微软的 Xbox 之手；团队成员意见不合，公司最终被迫解散，有一半员工离职，项目被迫重新融资。

游戏制作和公司内部事务的纠结之外，陈星汉和母亲又相继遭遇病痛，"当时我妈妈来美国动手术，身上所有现金都拿出来了，那时候真的是一穷二白"。陈星汉还一度怀疑自己得了脑瘤，花了一个半月才等来医生"并无大碍"的确诊，等待期间常有"自己可能活不长了，只能认认真真再继续做几个月游戏"的悲壮感。

《风之旅人》的遥远征途和陈星汉团队在现实中的磕碰重合。游戏中踏沙飞行的旅人和游戏的创作者一样经历着跌宕起伏和人生百态，最终才抵达那个休憩的站点和重生的起点。"回想这个游戏制作的过程，真的像我们的人生一样，要面临生老病死，要遭遇各种痛苦，但是最后反而因为这些'濒死体验'而升华了。"游戏很成功，得到了许多人的喜爱。

陈星汉表示，可能是这种误打误撞但又异常契合某种心理需求的设计，才给了玩家强烈的情感共鸣，而这些自然迸发的真实情感，正是他最想通过游戏分享给世界的东西。

《Sky 光 · 遇》：好好做一个能够打动人、引起情感共鸣的故事

陈星汉花了7年时间才创作出最新作品《Sky 光 · 遇》，“相当于我过去所有游戏制作时间的总和”。陈星汉形容，《Sky 光 · 遇》的制作过程是一段类似《风之旅人》的、经典好莱坞三幕式结构的“英雄旅程”。

项目伊始，陈星汉便以主机游戏的创意标准要求自己的手游团队，交出来的首批游戏原型“起码领先现有的游戏两个世代”。团队甚至为触控屏而开发了新的触摸交互方式，而这个交互方式一研究就是3年。3年过去，手游市场的格局和趋势已然与《Sky 光 · 遇》开发初期不同，开发方向转为做一款千万级玩家的免费游戏。

团队内部再次出现了分歧——一批人与陈星汉意见相同，坚持继续做最擅长的“感人的故事”；另一批人觉得故事讲一次就完了，不具备重复玩的价值，这样在商业上绝对会失败——这批员工最后集体辞职，对项目开发影响甚大。但陈星汉始终坚持着自己做游戏的初衷：不做快节奏的枪、车、球，不与当下流行的游戏类型近似，好好说一个能够打动人、引起情感共鸣的故事。

在补齐人员后，陈星汉和团队做了各种各样的游戏原型，包括真人版《狼人杀》、类似《黎明杀机》的不对称多人游戏等，最终于第7年从低谷中爬出。

《Sky 光 · 遇》是《风之旅人》的姊妹篇，二者在社交理念上高度统一。开发《风之旅人》时，陈星汉经常玩《魔兽世界》，但其他玩家在《魔兽世界》里聊的大多是怎么打怪、怎么分装备，而且还时常因为对方的背景、种族、年龄、性别产生偏见。陈星汉希望在游戏中尝试他所认可的陌生人社交，但因为机能限制，《风之旅人》只能做到一对一的随机匹配，留有遗憾。

移动互联网语境下的《Sky 光 · 遇》能更好地表达陈星汉的游戏社交理念。一位67岁的夏威夷老奶奶因为“画面好看”而入坑，许多热心人牵着她，陪着她一点点探索游戏世界。在暴风眼遇险时，游戏里的好友为她而牺牲，她哭了——她从来没想过到了这年纪还能被游戏感动至此，也没有因为自己的年龄、身份受到忽略和歧视，同时明白了如何爱人和爱自己。

不断地吸收和创造，是游戏带给现实世界最大的启示之一

很多人都曾质疑陈星汉：为什么要做一个看起来根本不存在市场的游戏类型，如何确保你的游戏能卖得足够多？

陈星汉认为，正是因为“这个市场不存在”的想法，才凸显了他的作品的唯一性和独特价值。他希望自己能像偶像库布里克和宫崎骏那样“开疆拓土”，而不是随大流，利用人性的弱点赚钱。

陈星汉表示，游戏必须扩大情感的覆盖范围，让尽可能多的人特别是成年人了解到，游戏是和电影、音乐及书一样的媒体，能够解决成年人的情感需求，而不是与他们无关的、可以随意丢弃的消遣物。“做成年人认可的东西”一直是陈星汉努力的方向，而游戏制作人对他而言则好比作家、导演。他希望用恰当的形式表达严肃的东西，让更多人沉浸在积极的情感之中。

“现在人们说起游戏行业，都会说这行很赚钱。但是人们从心底尊重你吗？我觉得不是这样的。”陈星汉在一次演讲中谈及社会对游戏制作人身份的认知，“我希望在退休之前，如果你跟别人说你是游戏设计师，就像今天说你是建筑师、电影导演、作曲家或者医生一样，会得到全社会的尊重。这是我最大的梦想。”

与电影早期的发展轨迹类似，陈星汉认为当下是一个“author”（作者 / 创造者）的时代，比如只有小岛秀夫才可能做出《合金装备》这样的杰作，一提到宫本茂就让人想到《塞尔达传说》和《超级马里奥》，制作人的风格、精神和美学指向深刻地影响着游戏本身，也在各个层面上深刻影响着这个时代与社会。他表示，当未来一切琐事都将由自动化或 AI 完成时，人类只能也只需专注于两件事：其一是观察、体验和吸收不同文化娱乐形式中的精华，其二就是创造更多有魅力的世界，供大家去观察、体验、吸收。不断地吸收和创造，才是人之所以为人的最重要的理由所在，也是游戏带给现实世界最大的启示之一。

陈星汉补充道，做游戏最兴奋的是其间对人性的观察与把握：“不管是通过单人游戏的设计机制发现‘原来玩家都是这个样子’，还是通过多人游戏发现‘为什么玩家与玩家之间会发展成这个样子’，在不断和玩家互动、游戏迭代的过程中，你会发现人性中的真谛。所以有趣的不仅仅是创造一个世界，更是在不断的互动中学习如何认识和解构这个世界。”

电竞简史："不务正业"的青年偶像们

文/李岫淼

国内曾经的社会观念中，游戏是邪门，电子竞技自然成了歪道。在李晓峰成为SKY的15年之后，电竞行业展现了积极和繁盛的一面。

除了经典得不能再经典的《魔兽争霸》和《星际争霸》，暴雪的贡献还有革命性的网络对战设计：一、推出可接入全球玩家联网对战的"战网"（Battle Net）；二、为《星际争霸》提供地图编辑器，供玩家自由设计战局；三、在战网上举行比赛。

自此，全球能上网的玩家都能在战网上竞技并形成排名，排名前列的那批人中涌现了最早的职业电竞选手。随后，《雷神之锤3》和《反恐精英》让电竞之火蔓延全球。

这，便是如今庞大繁盛的电子竞技行业的开端。

从网瘾少年到世界冠军

早期的电竞三大赛事CPL（职业电子竞技联盟）、ESWC（电子竞技世界杯）和WCG（世界电子竞技大赛），先后于1997年到2001年间在欧美和韩国问世，它们奠定了电子竞技最早的赛事制度和商业模式。

其中作用最大的首推韩国办的WCG。金融危机后的韩国急于寻找新经济增长点，将文娱、游戏电竞产业上升到国家战略层面，电竞比赛也不再是爱好者重在参与的儿戏，而是成为一项需要选手付出极大代价，跟运动员一般进行高强度、长时间专业训练的运动项目。

《星际争霸》的明星选手李永浩因为长时间握鼠标导致肌肉变形，手臂上留下一条很长的手术伤疤，他说，这是荣誉。

2000 年，韩国政府和三星联合举办 WCGC（世界电子竞技挑战赛），这一比赛次年改名为 WCG，影响力迅速扩大，很快被视为电竞奥运会一般的存在。

第一届 WCG，中国选手韦奇迪、马天元等分别在《星际争霸》和 FIFA 项目斩获两金一铜，但此事在国内几乎无人知晓。当时河南汝州的中学生李晓峰是了解此事的少数人之一，且为此激动不已。他因为沉迷《星际争霸》，成绩一落千丈，中考全线挂科。家里条件不宽裕，但做医生的父亲还是设法走后门把李晓峰送进一所医学类大专。

同学平均比自己大三四岁，交不上什么朋友，基础差听不懂课，学医还晕血……郁闷之余，李晓峰每日跑网吧玩《星际争霸》。在战网上李晓峰叫“SKY”，由于电脑配置差，游戏中人口过百即卡顿，他不得不采取前期暴兵持续压制一波速推的打法，争取在人口上百前解决战斗。

小有所成的 SKY 开始参加各种赛事，终于在郑州一所技校里获得了自己的第一个电竞冠军，以及 300 元奖金——要是拿不到这个钱，他就没法买车票回家了。

同一时期，父亲被判无期徒刑、初中辍学的四川青年孟阳在网吧里无意间打开了《雷神之锤 3》，很快展现出过人的天赋，不久后在成都办的一场《雷神之锤 3》比赛中挑落一众高手拿了亚军。他感觉这条路可以继续走，2001 年辗转进了一个北京的职业战队，

2018 年 6 月 23 日，《王者荣耀》KPL 东部赛区决赛在上海静安体育馆举行，正在场上比赛的是 BA 黑凤梨战队（图 / 视觉中国）

并在当年拿下 WCG 的中国预选赛冠军以及 2.4 万元奖金。这是他第一次见到那么多钱，有报道称，他反复数了三次。

中国的游戏人口随着互联网、网吧和个人电脑的普及快速增长，但游戏的名声一直一言难尽。中国最早的一批职业电竞选手大多出身贫寒，学习、工作之路走得相当不顺，身上背着“网瘾”“沉迷游戏”等负面标签，阴错阳差地走上前景不明的电竞之路，且不得不“一条道走到黑”，反而激发了更强大的战斗力。

孟阳在 2004 年的 CPL 冬季锦标赛获得《毁灭战士 3》（老牌 FPS 游戏）的世界冠军；wNv gaming 战队在 2005 年 WEG 大师杯夺得 CS 冠军，战队排名升至世界第一，举国 CS 玩家为之沸腾；被俱乐部逼着改打《魔兽争霸 3》的李晓峰在 2005 年、2006 年连续两年拿下 WCG 世界冠军，成为一代青年偶像。

李晓峰的父母仍没搞清他的工作性质，但开始反复在报纸、电视上看到自家儿子，并收到了他寄来的十多万元奖金，终于意识到电竞这事是一个超出自己认知的存在。这是中国电竞的第一个黄金时代，铺天盖地的媒体报道让全中国都接受了一次电子竞技的普及，对游戏的固有偏见也开始松动。

新时代的电竞行业：更蓬勃、更多元、更从容

中国的电子竞技产业链长期未能形成良性循环。虽然游戏人口规模全球最大、世界级选手层出不穷，但投资者、俱乐部和选手都没能赚到该赚的钱，以至于资方跑路、俱乐部断粮、选手维权讨薪的事多次发生。

官方对电子竞技的态度一直摇摆不定。2003 年，国家体育总局宣布将电子竞技运动列为第 99 个正式体育竞赛项目，业界为之一振。次年，全国电子竞技运动会（CEG）举办，由国家体育总局支持，举办方也是相关投资公司。但开赛不到半个月，一纸《关于禁止播出电脑网络游戏类节目的通知》，要求电视台停播电竞节目。

之后的十多年里，支持和反对的力量反复拉锯。2017 年亚奥理事会宣布电子竞技成为 2022 年杭州亚运会正式比赛项目，但针对游戏电竞对青少年产生负面影响的批评仍不时浮现。2018 年国际奥委会主席巴赫一度表示，电子竞技“提倡暴力和歧视”“与奥林匹克价值观不符”。

电竞产业在纠结中逐步做大，大到已经无法再被忽视。有数据指出，中国

电子竞技用户规模接近3亿人，2018年市场规模突破880亿元。波兰老工业基地卡托维兹（Katowice）靠承办电竞赛事转型为欧洲电竞中心的成功经验，让国内不少地方看到了新的经济增长动能。线下赛事以及赛事衍生的培训、IP转化、俱乐部入驻等，都能转化为实在的收益。大城小镇都在进行电竞特色领域的探索，一时间“电竞小镇”或“电竞之都”遍地开花。

十多年里游戏项目经历了多次洗牌，《魔兽争霸3》已成追忆，而当年那个无人问津的游戏自定义地图DotA获得玩家热捧，独立成为新游戏。DotA2首次开创众筹赛事奖金的模式，奖金连年递增，到了今年举办的第九届国际邀请赛（TI9），奖金累计超过2亿元。

DotA原制作团队分家出来的一批人做了一个叫《英雄联盟》的竞品，被腾讯收购，并启发腾讯做了《王者荣耀》，分别在电脑和手机两端收割了全球数以亿计的玩家。

CS系列仍继续以新作坚守在设计类游戏赛事项目的版图上。《绝地求生：大逃杀》《守望先锋》《堡垒之夜》这些融合了新玩法的后起之秀也不断涌现，成为新的赛事项目。

新游戏项目问世，直播等新内容载体出现，新一轮资本入局，游戏人口规模进一步扩大，再加上政策扶持等诸多因素，烘托出电子竞技在中国的新一轮黄金时代。

而相比起接近3亿人的用户规模，真正的电子竞技从业人员还很少。2019年6月28日，人社部发布的《新职业——电子竞技员就业景气现状分析报告》显示，目前我国正在运营的电子竞技战队（含俱乐部）多达5000余家，电子竞技职业选手约10万人，加上相关从业人员，超过50万人。

报告还指出，目前只有不到15%的电子竞技岗位处于人力饱和状态，预测未来5年电子竞技人才需求量近200万人。86%的电子竞技从业者的薪资是当地平均工资的1—3倍。职业选手的主要收入包括底薪、奖金、绩效奖金，有能力的还可以接广告代言、签约直播等，顶尖电竞职业选手年薪基本都能达到百万元以上。

正因为这种巨大的需求空白，老牌战队Newbee的FIFA项目选手兼分部经理沈荣杰（ID：LOT29）对于如今电竞选手的转型颇为乐观。“以前比较迷茫，打得好有前途，打得不好怎么办？现在毕竟产业链更完善，打得不好可以转行，做直播、解说、幕后领队教练、经理等。有专业知识的，还能做媒体运营。”

在沈荣杰看来，更好的产业和社会环境让今天的职业选手进退有度。“现在的选手大多兼职，边读书或工作边打电竞……也有选手打职业也不出来，走回传统的路，都是可以的。”

上了点年纪，突然因为爱好或希望体验生活，转来做电竞的也大有人在，沈荣杰便是其中之一。他在30岁左右入行，队友大多小自己一轮。“当时自己在开公司，工作收入稳定，出于兴趣才选择做电竞选手。当时也有评估过，觉得不是做全职，时间规划得来，可以试试……我有个朋友，以前拿过全国前几名，现在是个公务员，跟我差不多年纪，还在兼职打职业。”

某俱乐部二线战队的队员火箭（化名）并不担心自己将来打不出成绩：“我知道自己跟高手差多少，我肯定不是冠军那块料。”除了战队的常规训练，他将更多精力放在自己的游戏直播上。“主播玩游戏，人家看你还真不是冲着你玩得多好——当然技术不能太渣。你要么能说，要么是美女，我就属于能说的。”火箭透露自己在战队的月工资不过六七千元，“跟朋友喝几顿酒就没了”，到手将近六位数的月收入，还要靠游戏直播。

至于未来必然要面临的转型问题，火箭觉得想太多没用。“当然也不是毫无准备，现在也会有意识买点理财产品什么的，但以后要干什么真不是想得出来的，还是先干好现在的事……难道说现在去写字楼坐办公室，就叫稳定职业了？”

现实面前，人人都是玩家

文/钟慧芊

游戏现实化，现实游戏化。游戏不再满足于模仿现实、隐喻现实，“我们饿了，就用游戏来得到满足”。但借用《冰汽时代》的话说——这一切值得吗？

1972年10月19日晚上8点，月光还徘徊在加州帕洛阿尔托山脚下，美国斯坦福大学人工智能实验室内却满是热情和亢奋。

半明半暗的控制室内，里里外外站了20多名学生或年轻研究员，他们5人一组，轮番进行比赛。控制室旁边的大厅中放置了一台硕大的PDP-10型电脑，正在运行游戏《太空大战》（*Spacewar*）——它由麻省理工学院学生史蒂夫·罗素于1962年开发，参赛者将分别操控太空船在阴极射线管显示屏上发射炮弹进行攻击，直至其他人被悉数消灭。

这是世界上第一场电子游戏竞技比赛。不过，时人对电子游戏的认识却寥寥。雅达利公司此时才创立不到4个月，而距离它发布世界首款商业电子游戏《乓》（*Pong*）还差6周。活动的组织者是斯图尔特·布兰德，他在一年前结束了《全球概览》的出版，正在为《滚石》杂志撰写一篇关于计算机如何激发社会创造力的专题特稿，而电子游戏是他眼中最能体现这场变革潜流的科技创造。

“这似乎非比寻常。现在想看电竞的观众挤满了每家体育馆，但其实这是1972年就可以预见的完全合理的结果。”2016年，布兰德在《滚石》杂志上回忆这次“太空大战”比赛的前后故事时，依然对人们和游戏的深度互动感到惊讶：“我看到他们有某种灵魂出窍的体验。他们的大脑和手指完全投入，在愉快的相互厮斗中洋溢着运动员的激情。”

如今，这种灵魂出窍的激情已然是我们的日常体验。在不到50年的时间里，电子游戏不断进化，从家用主机到电脑再到手机，从单一载体到互联网络再到云端，它演进为市值1521亿美元的巨大产业（据Newzoo《2019年全球游戏市场报告》），并成为目前世界上最大型的娱乐项目和娱乐方式。

游戏现实化，现实游戏化。游戏和现实的边界日渐模糊，游戏语言、游戏思维、游戏逻辑构成了我们的日常语言、日常思维、日常逻辑。你应该看过不少“现实就是一场游戏”的类比吧？反过来说，现实面前，人人都是玩家。

还记得2016年夏天风靡全球而且还闹出不少奇怪新闻的《精灵宝可梦GO》吗？白亮的屏幕里混合着现实的背景和虚拟的“精灵宝可梦”，每一只高举的智能手机似乎都在呼喊：“白洞，白色的明天在等着我们。”《精灵宝可梦GO》将AR游戏推向大众视野，也为我们展示了一幅游戏侵入现实的实际图景。

《精灵宝可梦GO》的开发公司Niantic预计于今年年末推出新款AR游戏《哈利·波特：巫师联盟》，街头巷尾都在讨论的5G技术亦将为AR和VR游戏的进一步普及增添力量。有乐观的声音指出，5G技术将实现更高水平的游戏体验。

我们甚至可以期待,《刀剑神域》中的“Sword Art Online”、《头号玩家》中的“绿洲”等流行文化中设想的虚拟世界早日成真。

将游戏定义为隔离于现实之外的乌托邦的想法已经落伍。荷兰学者约翰·赫伊津哈在写作《游戏的人》时并未预见电子游戏的破坏力和创造力，在他的设想中，游戏能让玩家摆脱现实，遁入只有游戏规则的“魔环”之内。但这种二元对立的观念在今天看来无疑是一种保守主义。

从1958年的《双人网球》(*Tennis for Two*)开始，我们就在将现实元素植入游戏世界。无论是世嘉于1999年推出的动作冒险游戏《莎木》，还是林登实验室于2003年发布的《第二人生》，抑或是近两年来最热门的《塞尔达传说：旷野之息》《荒野大镖客：救赎2》，游戏都在仿照现实，塑造一个更自由、更真实的开放世界。而到了《精灵宝可梦GO》，游戏更是直接在现实之上添加图层。

所以，电子游戏既是现实的拟仿(让·鲍德里亚说的)，也是现实的延伸(麦克卢汉说的)。现实的规则在变动，游戏的规则则相对保持稳定。电子游戏在逼近现实的同时，为我们提供了一个抽象但简化版本的现实：寻找规则，然后解决问题、达成目标，并获得奖赏。这便是游戏化的思维和逻辑。

点赞、打卡、签到、积分、排行、彩蛋、砍一刀、刷火箭、手气最佳、打败了90%的用户……现实已经建立了一整套“游戏化”的组织机制：复杂行为被分解成一个个简单零碎的任务，通过反复的即时性激励引导人们以打怪升级的热情去做任何事情。正如《经济学人》杂志所预测的，“日常生活将开始变成一个超长的电子游戏”，它希望你“上瘾”，希望你“疯传”，希望你“刷屏”，希望你保持“黏度”，希望你不断“增长”。

现实浸入游戏，游戏则不再满足于模仿现实、隐喻现实，它要替代现实、成为现实。但这不是游戏的锅。2010年，游戏设计师、《游戏改变世界》一书作者简·麦戈尼格尔在TED的演讲中形容：“在现实生活中拯救世界就像在网络游戏中拯救世界一样容易。”她相信，游戏化将让现实变得更美好，劳动也将变得更有价值。但她更说对了另一句话：“我们饿了，就用游戏来得到满足。”

在游戏化的旗帜下，我们需要和其他人竞争，但更重要的是，我们要和自己竞争。《卫报》记者萨拉·梅森分析，尽管网约车司机这类“零工经济”(Gig Economy)看似由自己灵活掌握工作时间和工作地点，但在算法管理的制约下，司机每天都要面对突如其来的差评和即时更新的里程数挑战。游戏化对劳动者的操控达到新的高度，游戏化的现实生活成为一套控制行为和情感的系统。

早在2008年，美国加州迪斯尼度假酒店便使用游戏化工具监控员工的工作效率。管理层在诸如洗衣工厂等地方装配上计算工人工作效率的记分牌，如果工人能跟上设定的工作目标，其名字将标记为绿色；如果放慢了速度，其名字会变成黄色；如果进度落后，其名字则会以红色警告。这便是为人诟病的“电子鞭”（Electronic Whip）系统。

有员工代表指出，在引入新系统之后，工人因为互相竞争而感到不安，压力巨大，受伤的概率也变得更高：“记分牌能激励人类的斗争心，让我们好像想在游戏之中赢得什么一样，但其实你本身并没有这个念头。”游戏化的目标是让员工在松散的管理环境下保持高度积极的工作情绪，但借用《冰汽时代》的话说——这一切值得吗？

另一个问题由Vice作者刘阳子指出。他认为，前不久蔡徐坤和周杰伦的“流量圣战”，究其本质是“意识形态之争”，从小在MMORPG文化中长大的年轻世代已经深度浸入游戏化思维：“你能看到饭圈的组织方式有着明显的‘公会’特征，占领超话就像日常打boss，互相聊天就是发站内PM（Personal Message，私信），饭圈党同伐异的行为在现实中很奇怪，但在网游里再正常不过。”

这里传达了一个讯号：或许，未来我们将会看到更多“控评”、更多“打榜”、更多“反黑”、更多“互撕”、更多“出征”、更多“举报”。现实已经告诉我们这种趋势，不过，这恐怕不是我们乐于看见的明天。

新周刊

NEW WEEKLY

2019 年度佳作

2019 现场

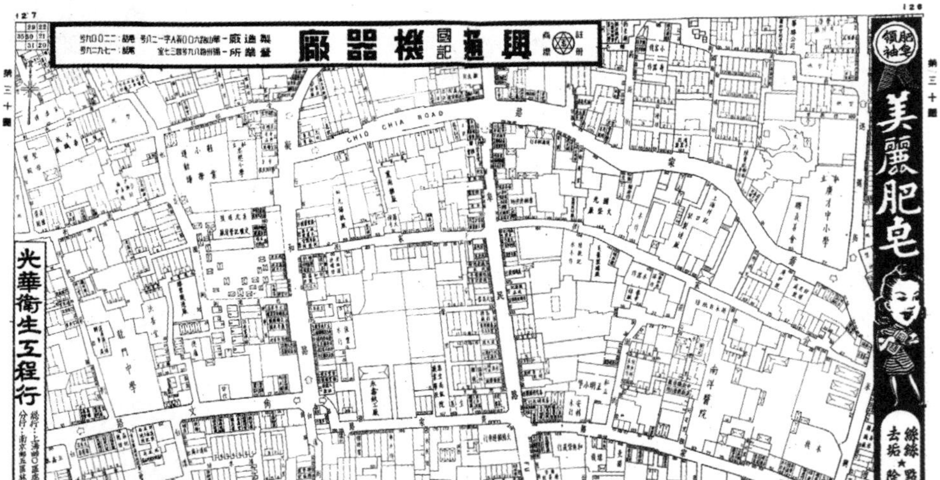

1947 年出版的《上海市行号路图录》。这本还原老上海生活百态的图志，让不少里弄街区走进了上海的历史中

2019年1月1日，《中华人民共和国电子商务法》正式施行，通过出境“买买买”快速赚钱的时代即将终结，代购们正面对一场抉择。

当全球变暖、食物短缺、动物疫病、肥胖问题等日益严重，人造肉的研发和消费成为新风口。人们能否接受这一“美味欺诈”行为？他们又是否真的甘心将味觉交付于这些肉类替代品？

登上珠峰这个世界之巅，不仅是一种虚荣，也是一场最危险的奢侈旅行。这门20万元起步的生意，不应该成为死亡率畸高的旅游奢侈品。

产科医生从不会把生孩子这件事看得异常轻松，在他们眼中，那可能是会经历险滩暗礁的一次冒险。产房内外上演的一幕幕人生百态中，可看到医生的抉择、患者的无奈、医疗体系的创伤，以及医患关系的苦楚。

AI换脸技术这在变成一门大生意，而这种技术应用越广泛，意味着它带来的隐患越棘手。技术的发展甚至让群众面临着睁眼瞎的危机——当眼见不再为实，整个社会的思维方式、价值认知和道德观念都会遭到不同程度的撼动。

在城市犄角旮旯里漫步，这是一次重返历史现场的回顾，也是一种对城市考古的尝试。

代购之死

文 / 卢楠

2019 年 1 月 1 日,《中华人民共和国电子商务法》正式施行,通过出境“买买买”快速赚钱的时代即将终结,代购们正面对一场抉择。

如果条件允许,留学生马小寒很想用手机拍下 2018 年 12 月 13 日早 7 时浦东国际机场 T2 航站楼的情形。

当时,她正由巴塞罗那经苏黎世中转回国,一落地就遭遇了“原因不明的排大队”:两台 X 光机都处于工作状态,行李箱、背包、提包都得过机查验,只要屏幕上出现“排列整齐的块状影像”,就被要求进行人工查验。

或许是还没到上班时间,执行操作的只有两个海关工作人员,被查扣的物品却已经在他们面前的桌上码放成 2 米长的小山。

“大概有 1.2 米是装在防尘袋里的欧洲名牌包,其余的都是化妆品,比如十几盒一组的阿玛尼粉饼。”据马小寒形容,那张桌子密集展现了她对奢华生活的全部想象,“像看昆汀的 cult 片一样魔幻”。

久居海外的马小寒并不知道,9 月 28 日夜,一场类似的严查在相同的地点发生:一个起飞地为韩国的航班有上百名代购排队补税,化妆品、护肤品总补税额以万元计,更有随身携带总价 178 万元名表的男士在海关办公室下跪求情。“感到很困扰”“算了吧”……事后提及这场“血洗事件”时,亲身经历过的代购都不愿再复述细节。

海关查控收紧,被看作《中华人民共和国电子商务法》(下称《电商法》)生效的前兆。这部于 2018 年 8 月 31 日通过、2019 年 1 月 1 日正式实施的法律在代购圈中掀起巨大波澜,也宣告了依靠出境“买买买”快速赚钱的时代即将终结。

如今，代购间通行的“通关诀窍”，只会令他们更快暴露身份

9月初，在美国洛杉矶给女儿当PhD“陪读”的金莉就从朋友圈里嗅出了某种微妙氛围。

“发广告的明显少了很多。当你表达对某种商品的兴趣时，大家的回复倒都像往常一样热情而迅速。然而不会有人再直截了当地承认自己是代购——‘只是比较懂’‘早不做了’，或者就是嗯嗯啊啊地含糊过去。”

两年前，女儿的同学找到金莉，希望她“帮忙带一些蒂芙尼首饰给国内的亲戚朋友”。跑了几趟后，她发现“亲戚朋友”的邮寄地址各不相同，便猜到了对方的真实身份。不过联想到女儿在海外读书的不易，她也没有把这层窗户纸捅破。“可是现在代购的性质似乎发生了本质性转变——不只是‘灰色地带’，而是在法律方面‘碰线’了。”

金莉的感觉是准确的。根据《电商法》规定，通过互联网等信息网络从事销售商品或者提供服务的经营活动的自然人、法人和非法人组织，要依法办理市场主体登记并纳税，代购、朋友圈微商等被纳入监管对象。

“最直观的感受是门槛一下子起来了。如果拿《电商法》的要求来比照目前代购圈的通行做法，简直处处雷区。”兼职代购的留学生张天舒说。

张天舒注册了一个公司，寒假一到，她就会从美国飞回中国办理相关手续。《电商法》通过审议后不久，她收到了自己店铺所在的海淘App发来的内部公告，称今后只有在国内注册的公司才能获得运营资质，否则就将强制关停店铺。

2017年11月7日，新国新泽西（图/IC）

和许多尚不能决定去留的同行相比，张天舒已经被“管了起来”。

“要有运营公司的经验，要雇会计报税，要想办法合理避税，很难想象单打独斗的小代购怎样做下去。”张天舒说。

出于类似的原因，许多兼职代购赶在《电商法》生效之前果断“洗手”。不少人此前正是利用频繁出境的工作便利完成采购。一名刚刚终止代购生涯的导游表示，对她而言，代购只能被称为创收手段，而非本职工作，因为“持牌上岗”是不现实的，而一旦被海关截获或遭到举报，便很可能丢掉工作，同时影响以后的职业道路，“我们行业明令禁止从事代购，仔细考虑一下，不想留污点”。

与之相比，专职代购们一面在朋友圈发出类似“最后三个月”“最后三十天”“2019不再见”的状态，提醒买家抓紧时间囤货，一面在愈加严峻的形势下，尽可能地寻求生机。但监管力度的加大，已经成了一种不可逆转的趋势。

于是，“9·28浦东机场事件”开始在越来越多的机场上演，代购出行频繁的日韩航班被重点排查。一个代购称，“只要不是七老八十拎不动箱子的，见人必开箱，开箱必‘有奖’”。有的海关工作人员甚至直接进免税店“捞人”。深圳海关在E道加装人脸识别系统，在大数据分析的支持下，过客过关时间、次数与退港记录等信息一览无遗，通过转运公司让货物取道香港入境的策略开始行不通。

两年前，自称“通关菜鸟”的金莉尚可以把项链、手镯随便掖在箱子的角落里，连包装盒也不用拆，如今，代购间通行的“通关诀窍”，只会令他们更快暴露身份。

“双十一”当晚10点，代购梁爽乘坐的从韩国首尔返回的航班，一降落在浦东机场，就毫无例外地撞上了大排查。依照以往的经验，她和朋友会进女厕暂避一阵，然后混进一群来自欧洲的通关旅客中。谁知敏锐的海关工作人员一眼瞄到了她们的行李牌：“韩国的怎么现在才出来？请这边开一下箱。”梁爽给出了一堆理由——身体不舒服上了个厕所、不想排队等，对方始终面带微笑，用下巴点着她的行李箱：“打开它！”

“根本逃不掉。虽然最后没罚多少，但案底在那儿，下次再被抓，就该‘血洗’了。”回家之后，忧心忡忡的梁爽联系了她的同行，发现被代购们视为“眼不见心不烦”的直邮行当也传来了坏消息：好几个人收到了包裹被查扣的短信通知，要提取只能自行前往机场处理；许多物流一听说目的地是中国，都拒绝发货……

由于非本国产品只能在机场提货，以往只有必须“人肉通关”的韩国行才会令梁爽感到心中忐忑，但当直邮也不再安全，出境“血拼”便演变为一次冒险。梁爽这时想到了“双十一”当晚，她在女厕里遇到的一个清洁工给她的劝告，宛如自己当下处境的写照：“姑娘，你就出去吧。他们都查了一整天了，摆明是冲你们来的。”

“无论你结没结婚、生育了几个孩子，做代购机会是人人均等的，比起职场女性受到的歧视，可以说相当正能量了”

梁爽的朋友圈拥有一个代购的标准配置：每日平均更新15条；“亲测有效”式文案中夹杂着大量emoji，配图的主角跨度极大，从颇占空间的小家电到“鸡零狗碎”的牙刷、发绳、安全套，从价值不菲的珠宝手表、名牌鞋包、高端化妆品到10多元一条的润喉糖……已经俨然一座小型百货商场了。“单子统统丢过来吧！只要不是带女优，都想办法满足你们！”在一次奔赴日本前的“召集令”中，面对覆盖吃穿用度各个领域的购买需求时，梁爽这样吼道。

2008年，“三聚氰胺事件”爆发，焦虑的妈妈们远赴香港、荷兰、澳大利亚抢购奶粉，代购服务应运而生。逐渐成为消费主力军的“80后”中产对境外商品的胃口却远不止于此，正如梁爽的朋友圈所展示的，他们秉持的是与老一辈截然不同的生活态度：优质、有品位、注重细节，价格务求合理，选择必须多元。

“化妆品、护肤品只在原产地买；母亲节期间台湾一年一度的‘大打折’绝不能错过；最重要的是，我必须通过一些因为购买频率高而拥有VIP身份的人，才能拿到想要的限量款包包……”生于1982年、坐标“包邮区”二线城市的蒋蔚选择代购的理由，几乎和她的“代购经”一样丰富。

对于被互联网武装起来的“80后”而言，做出“最优选”的过程轻而易举。因附加了关税、增值税和消费税而价格昂贵的进口商品、自己所在城市奢侈品店中有限的款式，早已不能满足他们的需求。

与此同时，越来越多的签证与便利的交通，也在降低出境购物的成本——一本护照，一张机票，几只28寸行李箱，便可以换回丰厚的利润。一些廉价航空提供购买行李重量的服务，即使一个女生的行李达到其负重能力极限，也只需多付500元，几乎可以称作“上不封顶”。

代购至此进入了“全民上马”时代，在异国读书或处于毕业与求职“间隔期”的留学生、辞职在家却急需奶粉钱的“新晋妈妈”、远嫁国外而因为种种限制不能就业的全职太太则是代购大军的主力。对他们而言，做代购是做出进一步人生规划前，能够迅速自食其力的上佳选择，梁爽则从中找到更为抽象的意义：平等。

“无论你结没结婚、生育了几个孩子，做代购机会是人人均等的，比起职场女性受到的歧视，可以说相当正能量了。”梁爽说。

然而“躺赚”也并非事实。为了确保第一时间拿到货，许多韩国代购会在免税店晚7点下班之后，带着棉被和小板凳占位等候，乃至后来发展到雇佣留学生代为排队，每次得支付后者1000元上下的酬劳。

对于自称“佛系代购”的菲菲而言，这些在朋友圈里就可看见的疯狂让她觉得“不值得”。即便如此，一趟韩国行潜伏的困难却绝不止于惊心动魄的“通关半小时”：订机票时，除了考虑价格，还得研究代购群内部流传的一张浦东机场海关排班表，以避开因作风严厉而被大家称作“魔头”的几个海关工作人员的当值时间；天不亮就出门，深夜回到旅馆，一天只吃一餐或者干脆不吃，这是采购日的常态，而一次在首尔站的换乘通道遇上行李传送带故障，两只塞得满满当当、怎么拎也纹丝不动的行李箱令她产生“想死的感觉”；归国前提到货后，坐在机场出发大厅里拆封、打包的代购“满地都是”，“稍不注意就会被人偷走东西”……这让菲菲不得不感叹：“太辛苦了，要不是想着完成重体力劳动后吃顿正宗的烤肉犒劳一下自己，真不愿意再来。”

在这种背景下，交易顺利与否往往取决于代购、买家之间的相互信任。按照菲菲的描述，“比起别家便宜几十块钱的价格优势，买家更认准你这个人的名声”。

作为“资深剁手族”的蒋蔚以“专业、知根知底、随时听候差遣”为准则，筛选向她兜售奢侈品的代购，希望他们“不要像我老公、亲戚和某些闺蜜一样，要么多跑两家就叽叽歪歪，要么彻底买了个错的款式回来，我还得强颜欢笑说谢谢”。

张天舒也在以各种方式筛选能够理解她们劳动价值的买家——“只做200块钱以上的产品，就能自动淘汰掉一批反复无常的低素质买家”“有心询问我们欢迎，杀价太狠恕不伺候”。当然，对于买卖双方而言，代购名声中分量最重的那块“压舱石”，是货真价实。

但在代购们看来，《电商法》中关于“代购必须申请买卖两国执照”的有关规定，却在无形中破坏这种默契。

“这相当于一招封杀了一大批人在海外、切切实实可以接触到正品却没有条件回国办理执照的真代购。”张天舒感到颇为不忿。

去日本、韩国“血拼”时，梁爽的微信不时会收到添加好友的请求，都是些拥有当地永久居留权的中国商贩，称手头有大量免税店里难以抢到的紧俏货可以出售给她。“光看东西的品相和低到不正常的价格，就知道肯定是假的。”她以前总是一口拒绝，现在却会时不时担忧以后的事情：当像她这样永远亲力亲为的“人肉小代购”因为无法拿到卖方国执照而遭淘汰时，为中国小中产们“带货”的，会不会就是这群人呢？

“代购只是消费市场的一个补充，不是产业升级的主力，扶持力度和转型前景都不会像预计的那样理想化”

即使《电商法》没有出台，代购们的生意也会越来越难做，因为跨境电商和海外网站在中国的兴起，分流了代购的客户；而在加强管控的同时，官方也推动了多轮降低日用品关税的工作，在2015年至2017年两年内，覆盖了300种日用消费品……在“蛋糕”逐渐变小的同时，分食“蛋糕”者却在增加。

“美国线在代购圈里业绩一直算好的，但干这行也真是不挑人，吸引了很多没底线、没原则的大妈。她们集体行动，杀价的时候出手特别狠，把整个同行的价格都拉低了。”张天舒遇到的情况并不是个案，在澳大利亚墨尔本，在《电商法》生效前的最后几个月疯狂“扫奶粉”的正是一群中国大妈，在“联合起来可以决定墨尔本奶粉现货价格”的宣言之下，代购变成了某种垄断和囤积。

而在金莉女儿的印象中，那些靠代购赚外快、过“间隔期”和自己同校的“中国小孩儿”，频繁通过请病假、休学主动制造“间隔期”，为照顾生意赢得时间。“做代购的人越来越多，想保持竞争力也越来越难，必须马不停蹄地跑商场、做直播、回答问题。那些来买东西的都不傻，手里握着好几个代购，提个要求你没及时接话，生意就凉了。”

入行3年以来，菲菲不像朋友圈里的一些同行那样采取激进的扩张路径，即便如此，以往她飞一趟日韩，净赚1万余元的收益还是可以保证的。2017年以后，这笔收益逐渐缩水成“赚个机票钱”，并终将被《电商法》中“两头纳税”的规定抹平。

据上海亿达律师事务所律师董毅智的估算，如果在实施严格规管的情况下补回关税、消费税，并加上上升的物流成本、汇率损失等，代购手头经营的一些高税收商品，如化妆品等，价格上升50%并不夸张。

同违法风险相比，彻底丧失价格优势正是许多个人代购决定另谋出路的重要原因。

“代购毫无疑问是游走在违法边缘的‘灰色职业’。但中产群体的消费需求在增加，优质国产替代品相对缺失，这两个问题不解决，代购就会有存在的理由。”提及《电商法》，好几位代购都做出了与蒋蔚如出一辙的表态。

董毅智十分赞同这种说法，但他认为，解决问题的关键恰恰在于走向代购的反面——合法合规。“不妨采取一个更加宏观的视角——无论个税改革还是娱乐圈的补税风暴，更加严格地强调合法合规，是可以清晰感知的趋势。”

董毅智预测，在《电商法》的引导与规范下，物流、支付、税制、持牌等目前为公众关心的细则，会在一个动态的过程中慢慢落实，并同时引发行业阵痛，这都是合法合规的必要成本。只是，当个人代购迎来体量上的萎缩，被董毅智称为“《电商法》受益者”的海淘平台，同样会遭遇大面积淘汰。

“说到底，代购只是消费市场的一个补充，而不是产业升级的主力，无论扶持力度还是转型前景，都不会像预计的那样理想化。”董毅智说。

回国转战快时尚领域之前，唐雅曾在澳大利亚从事过多个欧洲奢侈品牌的销售工作，其中一家法国奢侈品牌以对代购“黑脸”著称，从“价格协调”到欧洲门店内保安的不友善态度，一度在国人中引发热议。但见识过进入闹市区门店“精准提货”，一句交流也欠奉的“土豪”，以及在机场免税店里提起两三条项链，“看也不看便去付款”的旅行团老阿姨后，唐雅觉得中国人与奢侈品之间的互动关系其实有很大改善空间，而代购则是一种不理想的媒介。

“很多中国顾客对欧洲奢侈品牌的印象，通常是被有限的几种爆款包、鞋塑造出来的。代购的职责在于以高效、省力的方式让客户获得这些爆款，无形中也在强化客户们的刻板印象。其实每一个品牌都是一个完整的时尚体系——无论是设计、做工的学问，还是在店铺中参观和被服务的体验。所以，当朋友们拿着在代购那儿买的包让我鉴定真假、判断性价比时，我会感觉我们精心打造的品牌理念被直接忽略了。”唐雅说，比起提升销量，她希望有更多中国人在店铺中驻足，并因为对品牌的了解与真心欣赏而成为稳定客户。

很多个人代购已经无暇思索类似的深重命题。对于他们而言，代购只是人生中的过渡区域。从香港到纽约，从留学、就业、结婚、生子到再次走进校园，张天舒过去“转折无数”的五年时光，与她的代购事业相伴相生。“但如果毕业后事业稳定发展，应该也会逐步放弃。”相比之下，尚未想到下一步的梁爽有些迷惘，“那就顺势而为，做好当下吧”。

（应受访者要求，文中的个人代购者均为化名）

风口上的人造肉

文 / 路遥

当全球变暖、食物短缺、动物疫病、肥胖问题等日益严重，人造肉的研发和消费成为新风口。人们能否接受这一“美味欺诈”行为？他们又是否真的甘心将味觉交付于这些肉类替代品？

今年 5 月，人造肉企业 Beyond Meat 在纳斯达克上市，首日股价暴涨 163%。它不仅是“人造肉第一股”，同时也创造了另一个新纪录：本世纪以来上市首日涨幅最高的股票（公司市值 2 亿美元以上）。

“令人难以置信！”其创始人兼 CEO 伊桑·布朗（Ethan Brown）也怀疑自己看错了。上市当日，伊桑·布朗穿了一件黑 T 恤，上面印有 Beyond Meat 的标志性 logo——披着英雄披风的绿色公牛。

如其所愿，上市以来，Beyond Meat 的市值“牛气冲天”，已飙升至 101.77 亿美元，分别是深耕美国市场数十年的汉堡连锁企业 ShakeShack 和 Wendy's 的 4.6 倍、2.3 倍。Beyond Meat 并非首家被资本青睐的人造肉企业，全球人造肉行业已有 10 余家公司获得了巨额融资，资本市场对人造肉领域展现出空前的热情。

在纳斯达克的风向下，中国A股市场也迎来一波人造肉概念股的行情。被吹起来的国内人造肉股对此的态度截然不同：有企业立刻澄清与人造肉无关，比如维维股份、北大荒等；有企业在股票涨停后立刻宣布入局，比如成功研发新蛋白产品、开始人造肉研发的双塔食品。

一股人造肉投资风席卷全球。

人造肉正流行

Beyond Meat是风暴的中心。除了比尔·盖茨（现已退出）、莱昂纳多·迪卡普里奥这些投资者，好莱坞女星、"劳模姐"杰西卡·查斯坦也是其投资人之一。她入股的原因很简单——Beyond Meat太火了！作为素食主义者，人造肉的火爆程度远远超出了她的想象：在快餐连锁店A & W的门店里，人造肉汉堡只要一上架，就被迅速抢购一空。连续4个月都没买到、多次空手而归的劳模姐马上决定入股。

人造肉的出现，最早缘于环境压力。肉类资源有限，英国经济学家托马斯·马尔萨斯曾警告称，人口增加的速度最终会超过食物生产的能力。联合国粮农组织预测，2050年世界人口将达90亿，肉食需求将增长73%，每年肉产量将增加1.6亿吨。而如今，全球农业生产温室气体排放量中80%以上来自肉类生产，国际环保组织"野生救援"的数据显示，牲畜产生的温室气体占总量的14.5%以上，超过所有交通工具的排放总和。与此同时，禽流感、疯牛病以及非洲猪瘟等动物疫病，也使得人类对肉类安全失去信心。

寻找更环保的肉类代替品迫在眉睫。目前，人造肉分为两类：植物肉（Plant-based meat，或可译为"素肉"）和试管肉（Lab-grown meat）。植物肉从豆类中提取植物蛋白，从椰子油等中提取植物脂肪，然后从小麦、土豆、红菜头等植物中提取淀粉及血红素，最终通过加热、冷却、加压等方法制造，代表企业有Beyond Meat、Impossible Foods等。试管肉则利用细胞培养技术，通过糖、氨基酸、油脂、矿物质和多种营养物质，在试管里培育动物干细胞，直至其长成肉块，代表企业有Mosa Meat、Memphis Meat、SuperMeat等。不过，试管肉仍被素食主义者视为"肉类衍生物"。

吃人造肉要比吃真正的肉效率更高？

退回至10年前，37岁的伊桑·布朗绝对想不到人造肉这么火。当年，他刚刚在靠近洛杉矶的埃尔塞贡多创办 Beyond Meat，一直亏损至今。但坚持是有成效的，6 月 7 日 Beyond Meat 上市后的首份财报称，2019 年第一财季净营收 4020 万美元，同比增长 215%；全年收入将超 2.1 亿美元，同比有望增长 140%。这个消息使得 Beyond Meat 的股价在美股盘后交易中一度飙升 25%。

在招股书及之前的一些外媒采访中，伊桑·布朗介绍了自己的经历及创办公司的原因。在华盛顿特区长大的他，有很长时间是在自家位于马里兰州西部的农场度过。那里的小伙伴、谷仓和牲畜，树林、溪流及池塘的野生小动物让他流连忘返。他的哲学家父亲彼得·布朗（Peter G. Brown）主要教授环境伦理，关注人类与环境之间的伦理关系。受父亲的影响，伊桑·布朗从小就关心环境、农业，长大后成了动物爱好者和素食主义者。

目睹英国根西岛一头奶牛因为断了腿被宰杀后，伊桑·布朗深陷困惑："人类永远不会因为宠物狗断了腿而杀了它。"学校教育学生不要因为外表而种族歧视，但人们对待狗跟奶牛的态度为什么大相径庭？伊桑·布朗对农场动物的生存困境深表同情，长大后的他常年支持农场动物庇护所（Farm Sanctuary）等动物保护组织，希望能以此拯救鸡、猪和牛的命运。

入行之前，拥有公共政策硕士学位和哥伦比亚大学 MBA 学位的伊桑·布朗曾在燃料电池公司 Ballard Power Systems 供职 10 年。他受到环保学家罗伯特·古德兰（Robert Goodland）和杰夫·安杭（Jeff Anhang）论文的启发，认为温室气体排放的主要来源是肉类屠宰和生产业。在投资了几家华盛顿特区的素餐馆后，伊桑·布朗想制造更清洁、更健康的肉类替代品。

"如果能从植物中提取相同的物质，为什么要吃肉？"伊桑·布朗认为，肉的成分比如氨基酸、脂肪、矿物质、维生素等，完全可以从植物中提取。他翻阅了大量文献，终于找到了研究植物蛋白重组十余年的密苏里大学生物工程和食品科学教授谢富弘（Fu-Hung Hsieh）。谢富弘认为，通过吃肉获取蛋白质费时费力。目前，很多素食者都与谢富弘持相同观点，认为吃肉是一种"二手"营养获取方式，远不如吃植物或其提取物效率高。

在美国农业部的资助下，谢富弘和密苏里州自学成才的工程师哈罗德·赫夫（Howard Huff）合作，尝试利用豆类蛋白生产出类似鸡肉的植物肉。在超过 15 年的努力后，他们终于研制成功，攻克了最难的一关：模仿鸡肉纤维的耐嚼感。2010 年，他们将技术授权给 Beyond Meat 的母公司 Savage River Inc.。2012 年，Beyond Meat 的首款素鸡肉条 Beyond Chicken 面世，并于 2013 年 4 月在美国

Whole Foods 超市销售。

人造肉能不能征服人类的味蕾？

Beyond Meat 几乎全方位还原了真肉，尤其是与全球香料行业龙头公司瑞士奇华顿（Givaudan）合作，还原了香味。比尔·盖茨早先在产品抽样时发现，Beyond Chicken 和真鸡肉无法区分。

此后，Beyond Meat 不断推出新品，目前产品线主要分为两条——新鲜产品（Ready-to-cook）和冷冻产品（Ready-to-heat），前者包括旗舰产品 Beyond Burger（素肉饼）和 Beyond Sausage（香肠），后者则包括 Beyond Beef Crumbles（牛肉碎）和 Beyond Chicken Strips（鸡肉卷），并提供多种口味。B 站博主“笨神神聊 CosyBen”上传了一条在家里烹饪 Beyond Burger 的视频，据他介绍，闻起来像狗粮罐头，比真牛肉饼软，无法分熟度；煎好后肉质弹性、口感完全与真牛肉一致。

人造肉的价格比真肉更贵。试管肉自不必说，2013 年世界上第一块试管牛排的价格高达 25 万欧元。植物肉亦然，如 Beyond Burger（227 克）售价为 5.99 美元，同样的价格能买到约 600 克的真肉饼。所以，谁会花比肉贵的钱去吃素、吃仿真肉？似乎只有素食主义者。

中国的植物肉，正是从素食发展而来的。目前，国内宣称从事人造肉的企业，几乎都在植物肉领域，领军企业主要有深圳齐善食品（1993 成立）、宁波素莲食品（2010 年成立）和江苏鸿昶食品（2011 年成立）三家，涉及的产品有素丸子、素火腿肠、素牛排等。

齐善食品品牌部与产品部经理周启宇两年前从快消行业跳槽时也曾心生顾虑，觉得素食行业很小众。齐善食品从原料种植开始推广素食，曾在云南、广西、广东等地教当地村民如何种植魔芋、九层塔、香菇等植物，以及如何提取原料，并开始研发人造肉菜肴，比如素鱼、东坡肉等。

2003 年，齐善食品首款植物肉产品小黑椒牛排诞生。因疯牛病的影响，英国的百货公司找到齐善食品，希望用植物蛋白萃取技术合作研发植物肉牛排。“这款产品一直销售至今，质量很稳定，是最早的植物肉雏形。”周启宇说。

事实证明，看上去很“素”的植物肉并非只能吸引素食者，比如劳模姐在家用 Beyond Meat 做的美食，同样征服了她非素食的丈夫及朋友们的认可，Beyond

Meat 的市场表现也进一步证实了这一点。目前，齐善食品也在国内积极推广产品，如参加肉类节、开快闪店、孵化外卖店等。

齐善食品与素食餐厅青苔行星合作，进行了“人造食物实验室”快闪店的尝试，青苔行星是国内唯一引入 Impossible Foods 素汉堡 Impossible Burger 的素食餐厅。快闪店开业一周的数据显示，96% 的顾客都不是素食主义者，复购率达到了 43%，其中老客户的比例只占不到 10%。顾客以“90 后”为主，且收入较高。调查显示，顾客没有认为自己在吃素食，相反，他们认为植物肉是全新的食品。人造肉也能征服中国人挑剔的味蕾。

吃人造肉能让我们更健康？

美国《新闻周刊》近日报道称，在过去 50 年里，人类变得越来越胖。植物肉，听起来感觉很健康，但“笨神神聊 CosyBen”在 A&W 官网查询数据时发现，Beyond Burger 这款素肉饼主要使用了植物纤维，原料有红菜头、椰子油、黄豆、绿豆、石榴、米、土豆淀粉和苹果等，成分表也显示，这款素牛肉饼中的脂肪含量并不低，每 270 克中含有 18 克的脂肪。此外，其中还含有淀粉、果糖等，并不适合减肥。

渥太华大学的肥胖专家向公众提出警告：植物肉的钠含量更高。以 Beyond Burger 为例，虽然饱和脂肪只有真牛肉的一半，但含钠量是真牛肉饼的 5 倍。另外，营养学家也提出两者的热量差不多，但真牛肉的蛋白质含量更高。

此外，因为植物肉是新生事物，大众需要足够的时间去了解和接受它。齐善食品目前有 500 种产品，其中 328 种在售。充足的经验也无法避免失败，齐善食品每年研发的 50 种新品，最终推向市场的不超过 3 种。

“尝过的人都说好。”周启宇很喜欢自己公司去年研发的素酱牛肉，口感与真酱牛肉一致，在营养成分上还更胜一筹——剔除了胆固醇，且增加了纤维素。但正是这款公司非常看好的产品，惨遭了滑铁卢。新潮的产品看上去很酷，但谁都不愿意“以身试险”。提倡消费降级的中年人和节衣缩食惯了的老年人，更是不愿意为比真肉还贵的“豆制品”消费。消费者的种种顾虑，使得齐善食品迟迟无法向市场大规模推广这款产品。

即使产品研发失败率高，龙头企业连续亏损十年，人们对人造肉行业的市场预期依然乐观。Beyond Meat 的招股书显示，植物肉的市场约为 350 亿美元。投资公司 FAIRR 发布的报告显示，2010 年来植物肉的年销售额平均每年增长 8%。目前，植物肉增长率约为加工肉类产量的两倍，年销售额约为 20 亿美元，预计到2020年产值将达到52亿美元，到2050年则将占市场的三分之一。

在遥远的未来，环境不断恶化，人类必然寻求更环保的肉类替代品。伊桑·布朗说，我们每日都有三次机会来做出对环境更好的选择。

20万元，登一次珠峰

文/徐倩影

登上珠峰这个世界之巅，不仅是一种虚荣，也是一场最危险的奢侈旅行。

5月28日，世界第一高峰珠穆朗玛峰（以下简称“珠峰”）北侧海拔8000米的“死亡地带”出现大拥堵，大批登山者排起长龙等待登顶，排队时长达3小时。由于消耗体力过多，加上高寒和缺氧，据尼泊尔媒体《喜马拉雅时报》披露，2019年登山季，登顶珠峰前后死亡人数为11人，去年这一数字为6人。

珠峰拥有两条成熟的商业登山线路，分别是位于西藏的北坡线和位于尼泊尔的南坡线。每年四五月，珠峰大本营里，来自世界各地的登山冒险家云集。

根据喜马拉雅登山论坛的数据，2019年春季登山季，尼泊尔针对外国登山者发放了382张登山许可证，针对本地的夏尔巴人发放了390张协作和工作人员证，合计登山人数约700人，比2018年增加137人。按每个许可证1.1万美元计算，尼泊尔政府本季度仅此一项就收入849.2万美元（约合人民币5833.97万元）。

毋庸置疑，登顶珠峰是旅游中的奢侈品。

登珠峰耗资巨大，不是普通人几年积蓄就可以做到的

4月7日，国航CA437航班在加德满都上空盘旋一小时，中途急速下降，当

飞机安全落地时，机舱内响起掌声。31 岁的周天敏搭乘此航班飞到加德满都，只有一个目的：登珠峰。这是他第一次登珠峰。

周天敏是一位民间登山爱好者，攀登过四姑娘山、玉珠峰、罗布切峰、慕士塔格峰。他很清楚，登珠峰不是儿戏，得找一家靠谱的登山公司。多方比较之后，他最终选择了价格略高的中国登山公司。尼泊尔的廉价登山公司珠峰报价最低为 3 万美元（约合人民币 20 万元），而中国登山公司南坡线的报价平均高出 30%。

在喜马拉雅登山论坛工作 8 年的 Mintina 发现，近 5 年来，以往登珠峰的主力——欧美登山者逐渐远离喜马拉雅山区，填补市场空缺的是亚洲、南美洲的商业探险客户，而参加廉价公司组的团登珠峰的，多是印度人和中国人，每年达到数百人。

在尼泊尔，新手登山者很难在众多登山公司中做出选择，这些登山公司提供相同的登山服务，包括登山许可、路线向导、煮饭、搭帐篷、氧气供应、物资运输和线路搭建等一系列服务。向导由登山公司指派，登山者没有选择权，有的公司甚至说到了山上再安排。

尼泊尔是高山王国，拥有 8 座海拔 8000 米以上的山峰。2018 年尼泊尔游客数量首次超过 100 万，旅游业收入占 GDP 的 8%，其中登顶珠峰是最赚钱的旅游产品。

新疆凯途高山户外运动有限公司（以下简称“凯途高山”）创始人罗彪说，尼泊尔的珠峰大本营商业化条件完善，“就是一个大市场”，拥有通信帐篷、炊事帐篷、个人帐篷、医疗帐篷，洗澡、上厕所都能满足。

但对周天敏这样的登山者而言，这里没有美味的食物，没有舒适的帐篷，每天都在疲惫和痛苦的训练中度过。攀登珠峰耗资巨大，不是普通人几年积蓄就可以做到的。在大本营，网络流量 1G 收费 50 美元，一瓶氧气 600 美元，还要给厨师小费，要不然别想吃好。如果有幸登顶，还要给夏尔巴向导至少 1500 美元的小费。

登珠峰报价悬殊，差价竟达 25 万元

2019 年，凯途高山珠峰南侧线的报价为 4.6 万美元（约合人民币 317791 元），西藏圣山登山探险服务有限公司珠峰北侧线的报价则为 458848 元，价格悬殊。

新手登山者很容易被廉价登山公司迷惑。北坡线明确要求登山者须有8000米以上登高证书，像凯途高山这样经营南坡线的中国公司，也要求登山者提供登山海拔高度证明。而在尼泊尔，登珠峰处于无门槛状态。西藏户外协会常务理事十一郎说：“在尼泊尔，哪怕你只爬过香山，都可以去登珠峰。”

尼泊尔廉价登山公司如何赢利？罗彪举例说，3.5万美元的登峰报价，其中要向政府缴纳1.1万美元的登山许可证费，修路费、联络官费1500美元，向导的正常费用为7000—8000美元，剩下1.5万美元，登山者要用来雇佣背夫、后勤人员，还要支付在加德满都吃喝住、吸氧气、坐直升飞机以及在大本营吃喝住两个月的费用。对专业登山公司来说，这些钱远远不够。而廉价登山公司为了节省成本，只能在向导、餐饮的质量等方面“缩水”。

去年，一名18岁的夏尔巴向导在高海拔位置差点出现意外，还有登山者在珠峰上亲眼见到有的向导不会换氧气瓶，他们明知攀登者可能遇险却难有作为……并不是每一个从小生活在喜马拉雅山区的夏尔巴人都是优秀的高海拔登山向导。虽然工作流程都是帮客人搭帐篷、背氧气和行李、辅助高海拔行走，但在海拔8000米以上，向导的每一个决定都与你的生命安全相关。这时候就会发现收2000美元的向导与收10000美元的向导的不同。

简丹于2017年登顶珠峰。她经历过非常痛苦的50天。她选的是廉价登山公司，不得不忍受7位中国登山者每顿饭只有3盘菜的伙食待遇。无奈之下，她只能去隔壁有中国人的帐篷蹭饭吃。“在珠峰，大多数人会患上昆布咳，出现炎症。如果无法保证饮食，保持良好的体力，会给冲顶带来致命的危险。”

不设限的登山人数和没有证的登山公司

2019年1月16日起，中国实行珠峰垃圾清理计划，禁止任何单位和个人进入珠峰国家级自然保护区绒布寺以上的核心区域旅游；每年仅限春季开放攀登，登山人数控制在300人以内。

北坡线的价格逐年上涨，南坡线相对便宜，因此有越来越多登山爱好者涌入尼泊尔。登山公司则像贩卖旅游产品一样贩卖登山服务。

5月中旬，因飓风盘踞在南亚次大陆，大本营冲顶计划一拖再拖。海拔一旦达到5000米，人类就容易出现高山病。登顶前，周天敏出现了昆布咳、呼吸道感染、发烧等症状。5月18日，大部队从大本营出发，前往C4营地，准备冲顶。

此时，身体疲惫不堪的周天敏质问自己：为什么要来？吃了一堆乱七八糟的药后，他与夏尔巴向导 Kaji 继续前行。从大本营到 C4 再到登顶的 50 多天里，周天敏与 Kaji 成了患难之交。

珠峰登顶者善瑜说过，因珠峰而被世界熟知的夏尔巴人，有很多已从探险队中的背夫转变为知名登山公司的老板。

2014 年，珠峰发生山难，15 名夏尔巴人遇难，引发了夏尔巴人的罢工事件。自此，大量夏尔巴人开办的登山公司涌入市场，取代以往的西方登山公司。他们占领市场的重要手段之一就是廉价。

一部分廉价登山公司为了吸引客户，许诺给予中间人高额回扣，甚至在一些登山群赤裸裸地群发“介绍一个客户可得 1 万元”。这在登山圈被称为“倒卖人头”。

2019 年 5 月的此次山难，与尼泊尔旅游局一起被指责的，还有尼泊尔良莠不齐的廉价登山公司。2014 年山难后，尼泊尔政府将登山许可证费用从 2.5 万美元下调至 1.1 万美元，而且不限定登山人数。夏尔巴人开设的商业登山公司也迅速崛起，控制了 80% 的市场份额。十一郎说，2017 年，具备政府颁发的珠峰许可证的尼泊尔登山公司顶多 30 家，而实际运营的登山公司有 2000 家，鱼龙混杂。

虚荣登山者与廉价登山公司的危险关系

5 月 18 日，寒风击打着护具，海拔 8600 米以上的每一步都十分艰难。登山者尼马尔·普尔亚（NirmalPurja）在距离顶峰不远的希拉里台阶拍下了命名为“堵车”的照片。

周天敏说，仅容一人通过的危险路段，拥堵着一些缺乏攀爬经验、准备不足的攀登者。他在“死亡地带”希拉里台阶堵了一个多小时。8 次登顶珠峰的 Kaji 说：“珠峰登顶基本每年都是这样子，只是今年的人数好像比往年更多。”

当地时间 5 月 22 日早上 8 点 55 分，周天敏成功登顶，比预计时间晚了 4 个小时。“登顶之后，就想着赶紧拍照，赶紧下撤，心态就是这么简单。”在珠峰上，登顶并不能证明什么，活着返回才是关键。

珠峰登顶拥堵并非新鲜事，在 Mintina 看来，2016 年和 2017 年也出现过拥堵。本季度，因缺乏攀爬经验、准备不足的攀登者人数急剧增加，死亡人数也有所上升。

十一郎说："所有生意里，唯有商业登山最特殊，登山者把钱给了登山公司，同时也把命交给了登山公司。"

登山者着急出成绩、刷存在，廉价登山公司希望薄利多销、挤压专业登山公司的空间，二者的结合，就意味着出事概率提高。登珠峰每年都会有人遇难，往年平均遇难人数为六七人，今年遇难人数属于偏高。舆论呼吁尼泊尔在发放登山许可证上做出限制。尼泊尔旅游局局长吉米雷在接受媒体采访时表示："尼泊尔政府不会改变许可证的发放数量。除非我们限制登珠峰的人数或者提高登珠峰的费用，只要登山者按照程序申请登珠峰，我们就不能阻止他们。"

周天敏艰难地下撤、返回大本营后，花50美元打开网络报平安。当时他并不知道已经有9人在南侧遇难，在下撤过程中他只见到了一位遇难者的遗体。5月25日，他从南坡大本营直飞加德满都，返回北京。珠峰"大拥堵"成为世界性新闻，他作为亲历者之一接受了很多媒体的采访，向记者们讲述遭遇拥堵时的状况和细节：在海拔8300米，他将自己的氧气让给一位严重的肺水肿登山者。

十一郎说，尼泊尔山区距离成熟的商业社会还有很大的差距，政府部门或者行业协会有必要花费更多的时间和精力进行管理，在各个登山公司之间建立统一协调的预警机制和救援体系。

登顶珠峰这门20万元起步的生意，不应该成为死亡率畸高的旅游奢侈品。

女货车司机的日与夜

文/卢楠

如果没有成为货车司机，王金芝的一生将像老家黑龙江阿城的许多女人那样，从自家的炕坐到邻家的炕，消磨于漫长又寒冷的冬季。如今，她心底依然渴望"踏实日子"，但常年奔波形成的某种游牧气质，早已深深浸染在她的血液中。

涮完碗筷后，盛废茶水的不锈钢盆变得滚烫。

“酒要快喝，菜要快吃。”

王金芝捞起放在盆里的玻璃杯一仰脖，面前的青岛啤酒瓶迅速见了底。

2019 年 3 月 10 日，陕西西安绕城高速汉城服务区，王金芝在夜幕下启程前往新疆（图 / 阿灿）

货车司机王金芝要再度上路了。这次摆在她面前的，是两个“并不理想”的选择：南下 2000 公里运快递去南宁，可以随时上路，但“摆明是赔钱的买卖”；北上 2000 公里运水果去新疆，或许能勉强赚 5000 元，但出行计划遥遥无期，可能出现的“回程空车”也是个不得不考虑的问题。

今年过年时，王金芝开货车运葡萄去云南河口的中越边境，没想到收货的越南人变卦了，她临时帮货主找了个代卖，这才迅速脱手，但其间却耗了 9 个整天。“少跑了两三万块的活，生意一直难做，头痛啊！”

王金芝认为的“好日子”还得再过上几个月：以初夏为起点，西北的粮食、蔬菜、水果会依次迎来丰收，要车的人一多，青黄不接的阶段就算熬过去了，只不过，和可以通过“快吃快喝”牢牢把握的当下相比，所有关于“好日子”的想象，都显得那么遥远而漂浮不定。

不眠之夜

2019 年 3 月 10 日 18 点 30 分，汽笛一声长鸣，王金芝上路了。她的汕德卡 SITRAK C7H440 马力牵引车行驶在西安绕城高速上，明黄色的车身在高速路上颇为“拉风”。

那些来自北美的蓝莓、新奇士橙与来自赤道附近的杧果、山竹、菠萝、龙眼、金枕榴梿在车后的冷藏集装箱里相遇，结伴挺进冰雪覆盖的亚洲内陆，如果一切顺利的话，48小时后，它们会准时出现在乌鲁木齐各大超市的货架上。

以3000万卡车司机作为载体、纵横交错的公路网作为纽带，地域之间的奇妙碰撞在960万平方公里的土地上生生不息，缔造了普通中国人联系越发紧密、同质性越发显著的日常生活，也成为新经济持续活力的来源。

然而，在年均运量330亿吨的庞大数字背后，与这种碰撞相关的因素瞬息万变，一些司机或通过挂靠公司解决找活的后顾之忧，或采用运作机制类似于“滴滴”的车货匹配App接单。考虑到稳定工资的代价是被抽成“扒皮”、被限制行车自由，又不想卷入“赔本赚吆喝”的恶性竞争中，王金芝最终做出了一个选择——自己单干，只与熟人合作。

她在新疆的水果生意就是在老搭档毛哥手上突然出现转机的。

10日凌晨，因为惦记多次合作的交情，运营货栈的毛哥连夜把货配齐。经过大半天的装卸，王金芝得以重新坐进驾驶室。从集装箱锁扣被一根铁杆拴住到抵达乌鲁木齐之前，她大部分时间都将保持手握方向盘的姿势，来一场与人体作息规律抗争的战役：热汤热饭被饼干、馒头替代，每餐只吃到半饱，一是减少上厕所的次数，二是防止瞌睡；夏天把挂车和牵引车连接的空隙处用布帘挡上，再给储水罐安上喷头，可以进行简单的“淋浴”，但通常因为步骤过于烦琐而被直接省略；“通宵开工”成为必须遵守的纪律，装咖啡和功能饮料的易拉罐像空弹夹一样塞满驾驶座右侧的垃圾桶，即使之后难得能睡一次“回笼觉”，时常也会被严格压缩在两个小时内，“否则不出活儿啊，耽误事”。

虽然高速公路上随处可见“禁止疲劳驾驶”字样的提示牌，长途卧铺客车也出于相同原因，在凌晨2点至5点限行，但面对货主给的时限，面对夜间的一马平川，面对那种极少交警、路政出没的“黄金行车状态”，没有货车司机愿意把精力浪费在睡眠上。

20多年的货车司机生涯，把王金芝锤炼成了一台随时拧紧发条的机器，她对此有一套与众不同的解释——“上了路就别指望能找到地方踏实睡觉”。

按下货车司机最为忌讳的拥堵、事故、限行、极端天气不表，人烟稀少、畅行无阻路段往往埋伏着各种“碰瓷的”。

她还记得自己经历过的“最难缠的一次”：三个大汉把一辆小轿车横在王金芝的货车前，称王金芝货车上飞下的石子打烂了他们车的后窗玻璃，边抽烟边向她要“赔偿金”。

“你们几个弟兄过会儿再说是别人弄的，一宿不也能整几个吗？”只答应出

200 元的王金芝，这样用“江湖话”与对方周旋。她心里明白，报警完全于事无补，只能想办法“智取”。

被常人视作“港湾”的服务区也是鱼龙混杂。王金芝曾在保安眼皮底下被“油耗子”抽走一整箱油而浑然不觉，也曾与试图用螺丝刀撬开自己车门行窃的小偷狭路相逢，当时她打火按下汽笛，看见三条穿黑色背心、用口罩遮脸的“鬼影”在大灯的照射下“飘”向其他货车，“如果不塞个几十块钱打好招呼，保安和小偷其实完全是一伙的”。

自此，王金芝对“安稳”与“动荡”的定义也完成了一次微妙的对调：只有把全须全尾的运费放进口袋，才能真正称得上踏实，也就是说，“能不停车就尽量不停车”是杜绝变数的最直接办法。

“你一个女的，咋干了这个？”

王金芝身材中等。

在陕甘界收费站，因为无法把车挪上运送生鲜专用的绿色通道，她下车挨个“游说”排队等待的司机。她的背影很快就被几十辆重卡形成的“钢铁丛林”吞没，不过嗓音却依旧具有穿透力：“大哥，能麻烦借个过不？”一位山东司机回应倒十分爽快，但却露出一副难以置信的表情：“这么大个车，你一人开的？！”

这是一个由男性主导的货运江湖。社会学者沈原在《中国卡车司机调查报告》中提出，卡车司机是一个以男性为主的职业，这个职业对高技术、强体力、应对事故风险与处理复杂人际关系能力的要求，使得一种特殊的“男性气质”作为文化符码，贯穿于劳动过程始终。

2018 年起，这条规律被开始活跃于短视频网站的“美女货车司机”颠覆。在直播中，她们妆容妩媚，衣着亮丽，在挂挡和换挡中切换，并通过超车收割粉丝，甚至把“我开卡车养你，你给我爱情就好”的横幅挂上货车。她们或是“卡嫂”，或出身“货车世家”。和“有家底”的女司机相比，身后并无男性作为庇荫的王金芝成了一个异类。56 岁的她搞不清“网红”和“流量”，但她明白被别人用异样眼神关注时的感受：准备考驾照时，她已人到中年，天天被差不多小自己一轮的男同学“怼咕”着表演难度颇高的坡道起步。

“如果不是平时喜欢借别人的车来琢磨，我就会妥妥地成为一个笑话。”

刚入行时，她开高栏车，那时超载还抓得不严，最夸张时，她试过 140 吨的载重量，手上拎着铁棍和绳子，在4米高的货物堆里爬上爬下，盖篷布、雨布，磨得满手起倒刺。某次遇上一个交警，交警一边翻她的驾驶证一边感叹："我和你同岁，你一个女的，咋就干了这个？"

遇到难以渡过的坎儿，王金芝也自问过类似的问题。

2019年年初，宁夏突降暴雪，高速公路封闭，深夜行车的王金芝被赶到了位于六盘山深处的国道上。当天晚上，山坡上覆盖的坚冰令车轮不住打滑，下行的货车左摇右摆，随时都有迎面相撞的风险。

王金芝用一种几近冒险的态度，在试探中不断前进。有一刻，她叼着电筒、捧着脸盆，在男司机们"看耍猴儿似的"目光里，一次又一次地从路边铲回泥土垫在车轮底下。

那种错位感，在心里瞬间蹿升到了极限。

"我当时告诉自己，过了今晚，就再也别做这么荒唐的事情了。"

但在画风刚硬、粗犷的公路江湖中，女性面孔自带的反差效果会激发好奇心与交流欲，从而转化为一种特殊优势。王金芝时常会被例行检查、执法的交警拉住"唠家常"。或许是独自跑车的勇气与艰辛确实具有感染力，她总能拿到"宽容牌"：安全带、大灯、反光条引发的罚款几乎从没降临在她身上，有的交警甚至竖起拇指向她高呼"厉害了，我的姐"。

王金芝也格外注重货运过程中与人有关的每一个细节：她小心维护和货栈老板的关系，送烟、请客之外，也捎去老家带来的米和油，"无论回报如何，让他们明白有你王金芝这号人在时刻惦记他们"；她主动给装卸工买饭送水，因为"货没码整齐，在四五千公里以外的地方颠碎了，你就知道这百十来块钱不能省了"；请人吃杧果，她会先小心翼翼地用刀在果肉上划出若干小格，再往对方手里一塞："来！可劲儿造！"

她一直在努力维护身上这股被自己称作"人气儿"的烟火气息。在她看来，"人气儿"与性别、年资无关，却如某种难以言喻的自信，支持一个司机在车轮滚滚中独来独往。

"别人看你认识这么多人，总有人围着，自然而然就不刁难你。"

榴梿的滋味

早晨7点30分，王金芝行车到达"新疆东大门"星星峡。天色昏暗，连霍高速从东海之滨延伸至此，已是茫茫戈壁。

王金芝按要求打开冷藏集装箱，一缕特殊的“臭味”逃逸出来，又迅速隐匿在凛冽的寒风中。检查站工作人员皱皱眉：“车里有榴梿？”“没有，是热带水果放久了。”王金芝答得坦然，对方不再疑虑，将脸转向同事：“你吃过榴梿没？听说那东西巨贵。”

根据国家政策，整车合法装载鲜活农产品运输可享受“绿色通道”待遇，不收通行费，榴梿则不在豁免之列。每次出车，王金芝都会嘱咐装卸工将盛榴梿的纸箱码放在集装箱最内层，当下的幸运却不是常态：“味道挺明显的，搁广东、上海一定混不过去。可能也是因为在内地，难得看到这么多新鲜玩意。我如果不出来干货运，也不能知道啥是榴梿。”

王金芝喜欢榴梿“奶油点心一样”的口感。为了解馋，她在随车携带的小型冰箱里备了好几盒，一撕开塑料薄膜，肥腻的气息马上与驾驶室里养着的一大桶粉色百合散发出的幽香交织在一起。王金芝说，这是她心目中南方的气味，“春暖花开，水果成熟，总之，是‘活着的味道’”。

老家黑龙江阿城留在王金芝味蕾上的记忆恰恰相反——苞米茬子粥冒着热气，冻白菜、冻萝卜片刚从油锅里出来，抹着辣椒酱。天寒地冻时，在屋子里“猫冬”，从自家的炕坐到邻家的炕，炒一把瓜子慢慢磕，半年的光景便在不知不觉中飞逝。

“不用考虑超过院墙范围的任何事情，就寻思着那几棵大果树今年能挂几颗果呢，得每天检查一遍，不能叫人给偷吃了。”

因为家境清贫，王金芝从小便被“当小子养着”，赶马车、抹墙盘炕、摇四五十斤重的柳罐斗子、从井里打水浇菜，她以一种“虎劲儿”同生活角力，但并未做过真正意义上的抗争。

16 岁那年，她父亲去世，她拿不出学费，“考试从没跌出过前 5 名”的求学生涯也戛然而止。班主任去地里劝说她，未果后留下一句诤言——你将来要后悔。

18 岁那年，亲戚给她介绍了月收入 300 元的自由市场售货员工作，拍电报催促她“马上出发”，因为母亲不应允，她把自己反锁在柴房，大哭了好几天后突然生病。她最终也没能鼓起勇气从家里溜走，像想象中那样逃票挤上一列南下的列车。

到了适婚年龄，因为住怕了屋顶漏风的土房子，也因为实在向往布票、粮票、肥皂票一应俱全的殷实日子，她嫁给了“家里吃供应粮的”，以为人生从此便平淡顺遂。做乡村教师的丈夫在城里读师范学院，心态也逐渐发生变化：从“小三”登门摊牌到收到离婚起诉书，她描述那“只是个捅破窗户纸的过程”，而当分居时刻真正来临时，她拎起个酒瓶躺在新挖的苗圃里，用枕巾遮住脸，“觉得天仿佛塌了”。

少女时代，王金芝总背着自家种的玉米、豆角去哈尔滨卖。她喜欢扒上火车站停车场的大墙，欣赏里面排列整齐的货车。与调理家里那匹“脾气上来就尥蹶子，怎么跑都撵不上”的老马相比，彼时的她更愿意幻想自己开着四五米长的小双排客货车东奔西跑，却未曾料到这难以企及的“拉风画面”会成为离婚后自己与儿子的经济支柱，甚至成为某种宿命。

她同样未曾料到的是，30年后第一次出省去河南运花生的自己，会在卸货之后当场拆光高栏车上的部件“卖铁”，然后火速置换了一台可供运输生鲜的冷冻集装箱。同行都认为“这娘们儿疯了”，王金芝却早已拿好主意：“我想走远点，去外面的花花世界看看。”

她觉得自己这种“拍脑袋做决定”的洒脱与果敢，正是公路生活中积攒的“见识”给的。她善于从失误中探索规划未来的密码：在绥芬河中俄边境，因为弄乱了即将报关出口的货物，她只好专门雇了翻译协助自己整理，那笔1000元的高额支出，竟然成为日后咬牙送儿子去俄罗斯学俄语的最初动机，“就觉得来钱怪容易的，需求还大”。

“见识”还以形式各异的磨砺的形式在生活中体现。王金芝见过零下40摄氏度的海拉尔，一个“趴窝”的沈阳司机在路边烧杂物取暖，两只耳朵冻得全是水泡；也见过货车在哈密的狂风中“跳摇摆舞”……“那个平坡限速70码，多少人栽在这里，我也搭进去6分。”

货车经过甘肃省张掖市山丹县丰城出口时，她的目光无意留恋窗外“平沙落日大荒西”的风光，而是停留在前方被称为“货车司机杀手”的连霍高速2047公里处指示牌。十几趟新疆跑下来，“西渡流沙”的浪漫想象早已消失殆尽，只剩下玩游戏般升级过关的紧迫感。

但王金芝感觉到了自己的变化。如今交付完货物，她习惯在洗浴中心里请技工搓几遍澡，而再也不会像少女时代那样，连坐在城里的饭店吃饭，都会本能地选墙角躲着，只用眼角的余光瞟一瞟四周。

从上海郊外的第一茬野菜到广东海鲜市场里的梭子蟹，从西安回民街的羊肉泡馍到吱吱冒油的新疆红柳烤羊肉串，姿态各异的“活着的味道”在她的脑海中持续勾勒出关于人生的另一种叙事：柔软，开阔。无论如何，与北国边陲那个承载无数伤心往事的闭塞村庄相比，已经换了一个世界。

“老伴儿”

2016年，王金芝在秦岭遭遇一场意外。

为了弥补两次拥堵耗费的8小时，她加高了挡位，导致下坡时货车刹车失灵，像“整毛了的马”那样，凭着巨大的惯性疯狂冲撞，四只轮胎全被白烟笼罩。她往头顶浇了一整瓶矿泉水，凭借本能扭转方向盘，试图让货车沿“Z”形行动轨迹逐渐降速。

惊心动魄的30分钟后，货车一头扎进缓冲带，猝然停止了“挣扎”。王金芝往车轮下塞了块大石头，口中不自觉地喃喃自语起来：“老伴儿啊，这次是我不好，早该在出发前调了刹车的。儿子上学需要钱，千万不能再出事了。拜托啦！”念着念着，许多方才未及思虑却令人后怕的深重命题陆续浮现在脑海中，让她有些愣神。

每每被人问及为何不重组家庭时，王金芝总开着玩笑回应：“货车就是我老伴儿。我俩走南闯北，从来没出过差错。找个男人还有拌嘴的时候，哪比得上货车对我这么好，一心一意围着我转。”

话虽如此，她还是参加了一档电视相亲节目，“穿着大裙子和高跟鞋，披肩发吹成波浪式，眼皮抹得像熊猫”。主持人说“有请17号女嘉宾”，她扭起编导事先教好的猫步，“嘚嘚瑟瑟”地走到舞台中央转身亮相，灯光熄灭，又赶紧换上便鞋，气喘吁吁地坐回事先准备好的小马扎。第二天去市场拉大米，平日熟络的货车司机迎上来打趣：“‘17号女嘉宾’你够可以的！”她拒绝“接梗”，却也乐在其中。

几天后，一个退休大学老师联系了王金芝，说被她身上“敢想敢干的东北女人味”折服了。“跟了我，你再也不用遭那份风里来雨里去的罪，就做个全职太太，好好在家里待着，散散步，遛遛狗，收拾收拾屋子，做好饭菜等我回来。”见面的时候，大学老师向她描摹起未来的“二人世界”，但对王金芝而言，那种相夫教子的田园牧歌式幸福，听上去遥远又陌生。

王金芝并非没有渴望过“踏实日子”。在协议离婚的持久战中，她找人做了一份不能生育的证明，这才争取到儿子的抚养权。拿到驾照后不久，她前往哈尔滨加入“倒短”大军运水泥，每天得来回奔波十趟。疲劳时，她就趴在方向盘上打盹，有时隐约中听装卸工招呼一声“王姐，可以走了”，立刻条件反射般起身踩油门上路，“就像被电脑程序设定好似的”。直到攒够钱完成首付，她把儿子从哈尔滨郊区的合租大杂院里接出来，搬进被建筑工地包围的新房，连装修过后留下的刺鼻气味也未及散去，“就希望天黑的时候把灯一拧，知道自己‘到家了’”。

母与子

但她不曾料到，自己一次次把“等到儿子工作、成家”“等到车贷还完”“等到60岁驾驶证降级”作为回归“踏实日子”的分水岭，常年奔波形成的某种游牧气质却早已浸染于血液中。

与儿子一同逛街时，她三番五次地自我检讨“妈妈又不讲文明了”，但走路时却依然践行她牢牢把握当下的“快吃快喝”理论，不知不觉地嗑掉整包瓜子。她有时觉得，为了三五万元的月收入天天伤筋动骨实在不值，她想过换一份“更适合女人的和开车有关的工作”，甚至尝试开货栈，但见过开出租的“屁股非得天天黏在椅子上才能赚钱”、开旅游巴士的“被公司和游客耍得团团转”，也见过转做货栈的同行被挂假车牌的“货车司机”骗走价值30万元的货物，觉得还是眼下的这份辛苦钱赚得来去不羁，“命运是牢牢握在自己手里的”。

她仍然像所有上了年纪的女人那样爱热闹，心思重，既会把对儿子的无条件付出称为“该他的”，也会在儿子交了女朋友之后主动减少互动频率，只在微信上留一句酸溜溜的“不打扰你们”。但不禁想起自己还在“倒短”的时候，儿子最喜欢将手机偷偷设置成静音，藏在枕头、被子里，“不让那些讨厌的电话把妈妈带走”。

王金芝说，儿子留学俄罗斯时，曾计划和当地人合伙做毛皮保养生意，想把她也接出国帮忙，“一家人齐齐整整”，但被她拒绝了，理由是不能让儿子随意规划人生的自由被一个小老板困住。

或许是聚少离多的缘故，二十多年来，她和儿子的关系多少比一般母子“客气”，凡事总商量着来，与其说是“相依为命”，不如说更像一根藤蔓上结出的两颗遥相呼应的果实，既以平等的姿态携手前进，又成全彼此的自由与独立，正如她与儿子的约定："以后像朋友那样多走动，但不要黏在一起，更不要纠缠在类似婆媳关系的家庭纷扰中。那是你的事，我也有我的事。"

惊蛰刚过，宁夏黄河沿岸进入春耕高峰。从高速公路向下望，能看见散落在田间奔忙不止的拖拉机，新翻的土层裸露在阳光里，厚重而明亮的黄色如波浪般起伏。这种情景会令王金芝短暂地想起阿城，想起与眼前如出一辙的、在无数个体身上循环往复过的命运，但酝酿在此间的情绪，已经与思乡关联不大。

如今被人问起来自何处，她更倾向于回答"山东栖霞"。那是三年严重困难时期父辈走破六双布鞋努力逃离的地方，与她在漂泊和迁移中度过的大半生时光构成承上启下的关系。阿城则仿佛只是一道山丘，翻过去了，走出来了，才能离内心的归属越来越近。

她已经规划好了心目中的理想家园，仍然与公路紧密联系："在南方盖一幢三五层的小楼，种些瓜果蔬菜，养些牲畜家禽，好酒好肉地款待过路的货车司机。过年的时候杀一头猪，热热闹闹地炖一大锅子，让大伙儿吃饱了心里敞亮。"

王金芝特别强调，届时她也许会把东北油润的黑土运到自己的菜园子，还要在池塘养上曾让她拍过很多照片的那种江南园林里的荷花，"被称为'家'的地方，必须是自己喜欢的样子"。

产科医生田吉顺：
产房内外的生死时速

文 / 罗屿

产科医生从不会把生孩子这件事看得异常轻松，在他们眼中，那可能是会经历险滩暗礁的一次冒险。产房内外上演的一幕幕人生百态中，可看到医生的抉择、患者的无奈、医疗体系的创伤，以及医患关系的苦楚。

直到妻子因为剖宫手术后大出血被推进产房ICU，田吉顺才猛然意识到，造成产妇死亡最重要的原因之一——产后出血，竟然发生在自己至亲的人身上。

进入ICU后，妻子被接上心电监护仪，接受了颈静脉穿刺……这些抢救流程，对身为产科医生的田吉顺而言再熟悉不过。最初，他还可以相对冷静地在医生和丈夫两个角色间转换，然而随着出血量增加，他发现自己的思考发生了混乱。

“我知道每一项治疗、每一步操作意味着可能发生哪些风险。比如如果对产后出血的保守治疗不理想，可能要切除子宫以止血……”

田吉顺不敢想下去。

之前，田吉顺参加过很多次产科抢救，也不止一次拿着手术知情书找产妇丈夫签字。很多丈夫签字时，手都在抖。田吉顺每次都会和那些丈夫讲：“我理解你现在的心情……”然而，当妻子虚弱地躺在ICU里，他才发现，那些所谓理解，是多么苍白肤浅。

已近午夜，“已经没有办法再以一个医生身份做出决策”的田吉顺拨通了上级霍主任的电话。看到霍主任匆匆赶来时，田吉顺感受到“作为一个患者，看到他信任的医生时，那种心里有了着落的安全感”。

霍主任决定进行切除子宫前最后的保守治疗尝试——宫腔填塞，就是把大量纱条填进宫腔，压迫止血。田吉顺站在旁边，拉着妻子冰冷的手，告诉她：“没事，马上就会好起来。”其实田吉顺并不清楚宫腔填塞能否成功，他只是想和妻子一起面对“那个强大、冷酷、无常的自然”。

抢救进行了整整一夜。妻子的子宫保住了。

然而，这并不是故事的结束。

填塞的纱布要在48小时后取出，取出时仍有继续出血的可能。妻子取纱布后，果真又继续出血。这时妻子的好友打来电话，她不停质问田吉顺：“你不是产科医生吗？不是你做的手术吗？怎么就大出血了？”

面对妻子朋友一个又一个问题，田吉顺忽然觉得自己紧绷的神经绷不住了，他一个人在办公室里，对着电话哭出声来，不停重复着一句话：“我不知道……”

最终，幸运之神再一次眷顾了妻子，几个小时之后，血渐渐止住。

在《产科男医生手记》一书中，田吉顺回忆了6年前妻子生产时的种种惊心动魄。

现任丁香医生医学总监的田吉顺，曾在浙江大学医学院附属妇产科医院从事临床工作 10 年，处理高危孕产妇及难产患者逾万例。他见过宁可舍弃生命也要保住试管胎儿的高龄产妇、痛失子宫的年轻妈妈，也见过还未来得及啼哭就死去的新生宝宝、未来到这个世界便夭折在妈妈腹中的死胎……

他说产科医生从不会把生孩子这件事看得异常轻松，因为“那可能是会经历险滩暗礁的一次冒险”。

有时，穿过生门之时，也是生死无常、命悬一线之刻。

“坚强什么？打完针，眼泪就已经流光了”

田吉顺毕业后到妇产科报到的第一天，就感受到了肾上腺素飙升的紧张感。

那天，他正在产房听前辈医生徐子龙进行讲解，突然听到一声尖厉而刺耳的嘶吼：“徐子龙！”喊声从产房 ICU 方向传来。田吉顺随徐子龙冲进 ICU，只见病床上躺着一个孕妇，脸到脖子已经发紫，双眼微睁，全身正在急剧抽搐，很明显已经丧失意识。

此情此景，让田吉顺惊得一句话说不出。他只听到徐子龙问护士：“子痫发作？”

徐子龙判断准确。这是一个 32 周的孕妇，在急诊时被诊断为重度子痫前期，家属还在办住院手续，她的子痫便发作了。

重度子痫是妊娠期比高血压更严重的类型之一。对于发生过一次子痫抽搐的患者，唯一有效的治疗手段就是终止妊娠。

在田吉顺看来，这位子痫抽搐患者已算幸运：“即使马上进行剖宫产终止妊娠，以她 32 周的孕周，孩子的存活率还是比较高的。”此后，他所遇到的那些妊娠期高血压患者中，还有更虐心的故事。

一个发病时只有 23 孕周的孕妇，尽管医生给了各种药物控制，但只过了一周时间，她的病情就急剧加重。这种情况下，继续妊娠极有可能危及母婴两条生命。

孕妇最终接受了医生建议——打针、引产，放弃腹中 5 个多月的孩子。

当胎儿顺利娩出，孕妇问田吉顺：“我能不能看看孩子？”

最初田吉顺是拒绝的，他觉得太过残忍。但孕妇再三要求。最终，田吉顺把盛放小尸体的小盆端过去，掀开盖在上面的布。孕妇表情平静地说：“医生，帮忙放在我旁边吧，一小会儿就可以了。”

他看她轻轻抚摸孩子，低声和孩子说话，当听到她唤“宝宝”两个字时，他实在忍不住流泪，低头走出分娩室，直到平静后才又走了进来。

“你真的很坚强。”田吉顺说。

“坚强什么？”孕妇回他，“打完针，眼泪就已经流光了。”

在田吉顺看来，死神手下有几个向医生宣战的顶尖级杀手，而每个产科医生脑子里，都装满了对付这些杀手的惯用招数，等待它们随时过来挑战。但有时，即使医生再谨小慎微，也可能难逃遭遇不良结局的厄运。

那是霍主任的一个患者——孕38周、身体各项指征极为正常的孕妇。最后一次产检时，霍主任还祝福她：“你就等着做妈妈吧！”然而，就在产检后三天，孕妇体内的胎儿胎心消失了。

田吉顺忘不了霍主任在看过病例之后，脸上掠过的茫然与无助的表情，那是几乎从未在她脸上出现的表情。

为什么？这不仅是孕妇的疑问，也是霍主任这个经验丰富的医生的疑问。

事后，霍主任翻阅了医院10年来的病例资料，找到所有足月或近足月胎死宫内的病例进行研究。她发现有大约70%的情况是胎盘、脐带因素。比如脐带打结、脐带扭转、脐带脱垂、脐带绕足，而这位孕38周的孕妇胎死宫内的原因正是脐带绕足。

“我们了解脐带的情况，更多是通过B超检查，而B超其实仅能发现脐带绕颈，却不能发现其他异常。”在田吉顺看来，很多产妇把希望寄托于定期产检，而忽略了自我监护，比如监测胎动。“其实医生使用的方法可能并不比监测胎动准确多少。如果霍主任那位孕妇在感觉胎动减少时就来医院，也许结果会完全不同。因为从胎动消失到胎心消失还有一段时间，可以让医生抢救胎儿。”

他来到这个世上，却消失得那么干脆，甚至都没有哭过一声

虽然是小概率事件，但在产科工作，总是逃不掉要面对那些让人心塞的意外。

田吉顺记得有一位产妇，产程非常顺利，然而宝宝产出后却不会哭。

助产士一边进行常规刺激，一边紧急呼叫新生儿科医生。

新生儿科医生赶到，进行简单处理，情况毫无改观。孩子本来还皱皱眉，似乎想哭却哭不出，然而慢慢地，就一点点软下去。

新生儿科医生立即决定进行气管插管。意外再次发生——气管插不进去。气

道中间仿佛有个东西卡在那里。

“快，帮我叫人！”新生儿科医生紧急呼叫自己的上级医生。

上级医生赶到，气管仍旧插不进。所有人都不甘心放弃，大家不断尝试，却不断失败。最终，孩子没能抢救成功，他来到这个世上，甚至都没有哭过一声。

参与抢救的助产士在和田吉顺描述当时的情景时，显然还没有从打击中缓过来，她一直和田吉顺强调：“就是不行，就是不行……一个孩子就这么在你眼前没有了……消失得那么干脆。让人有一种突然被夺走全部的落空感。”

然而，据说产妇在整个抢救过程中却出奇平静。也许是她看到所有医护人员的竭尽全力，也许是她事先就猜到了结局。

尸体解剖结果显示，孩子先天气道阻塞，也就是恰好有东西在气道里堵住了气管插管的通路。

这位产妇孕期并不在田吉顺所在医院产检，宫缩发动后才临时赶来分娩。产妇事后表示，自己在其他医院产检时就发现了胎儿异常，所以才特意选择到浙江省最好的妇产医院分娩，她期待有奇迹发生。之所以不在分娩前告知医护人员实情，是担心大家了解孩子先天缺陷后，不愿全力抢救。

听闻这一消息，新生儿科医生只说了一句话：“如果早知有梗阻，我们就不会尝试气管插管，那根本就是浪费时间。或许一开始我们就可以切开气管，或者直接做好手术准备，结果就不是这个样子。”

新生儿科医生的话让田吉顺想到自己曾经收治的两个孕妇，一个是妊娠合并系统性红斑狼疮患者，一个是先天性心脏病患者。这两个从医学角度而言不适合怀孕的女人还有一个共性：整个孕期都拒绝产检。她们的理由很简单——到医院，医生一定会让她们把孩子打掉。两个女人都是在病情严重到无法忍受时才到医院求助，但任医生怎样努力，也回天乏术。

田吉顺理解这两个女人结婚生子的渴望，但她们的以身犯险却是在挑战科学、挑战生命。媒体报道中的确不乏某些高危产妇化险为夷，或者极小孕周新生儿抢救成功的正能量新闻，“但这样的个例之所以被媒体关注，正是因为罕见。要知道那些美满结局背后，是更多人失败的泪水”。

田吉顺觉得，从这些极端个例身上还可以看到医患关系的脆弱。“如果患者相信医生，而不是想当然去揣测；如果医生在沟通时多一些解释和耐心——结果或许会完全不同。正是大家相互误解、沟通失灵，才最终酿成悲剧。”

有时治愈，常常帮助，总是安慰

临床工作10年，田吉顺曾遭遇质疑与不被理解，也体会过与家属谈话被偷偷录音的复杂心情。但也有很多理解与善意一直留在他心中。一位41周的孕妇因为超预产期一周，进行普贝生引产，然而引产后B超显示，胎儿出现颅内出血，没有人清楚出血是在引产前还是引产后发生。面对这个突如其来的打击，孕妇在冷静了几分钟后，表情诚恳地对田吉顺说："我决定剖宫产，拜托医生！"一个怀孕26周的孕妇，早产生下一对双胞胎男孩，孩子的父亲——一个有妇之夫——却在产后忽然消失，是两位素昧平生的比丘尼默默支付了两个早产儿的所有治疗费用。一位剖宫产产妇，产后发生严重的产褥感染——脓毒血症。虽经院内讨论，作为主刀医生的田吉顺并无差错，但他仍被内疚感久久折磨，尤其是每次与家属谈话，产妇的丈夫和母亲都会说："这些天辛苦医生了。我们相信你！"

还有一次在产房门口，田吉顺看到一对夫妻拥抱在一起，然后丈夫微笑着向妻子举了举拳头说："加油！"然而，这位产妇生产时突然出现胎心减速，且情况越来越严重，田吉顺马上决定以拉产钳的方式尽快结束分娩。他到产房外和这位丈夫交代病情与风险，对方只是默默抿着嘴，边听边点头，最后说了一句："拜托医生！"

产钳拉完，孩子顺利产出，田吉顺来到产房外，发现这位丈夫还站在刚才的地方，还是刚才的姿势。当得知母子平安，他的身体才松弛下来，并深深向田吉顺鞠了一躬。之后有护士告诉田吉顺，在妻子生产的一个小时里，这位丈夫一直以同样的姿势、同样的表情站在同一个位置，如雕像一般。

同为人夫、人父的田吉顺理解这位丈夫等待时的焦虑、无措与不安，更深知他那句"拜托医生"的分量。田吉顺始终觉得，修复医患关系，拥有处方权、建议权的医生应当迈出第一步。"你要理解患者，同时让他信任你，这是医生的职业要求，是义务。"

作为患者，需要了解的则是医学本身的局限与不确定性。"但凡对自然有一些敬畏之心，就会知道有人力不能及的地方。特鲁多医生的墓志铭大家都耳熟能详：有时治愈，常常帮助，总是安慰。"

医学归根到底是针对人的学问，它不仅要解决躯体上的不适，还要顾及人的思想。如果说医生与病人之间存在一条隧道，理性与爱也许才是照亮黑暗的那些光。

重返历史现场，来一次城市考古

文 / 赵景宜

在城市犄角旮旯里漫步，这是一次重返历史现场的回顾，也是一种对城市考古的尝试。

一场两小时的城市漫游就要开始了。

上海杨树浦路地铁站外，聚集了 20 位参与者。其中有 3 个外国人、一些在上海工作的年轻人，更多的则是本地人，年龄在 20 至 50 岁之间。这群人有一个共同目的：了解这座城市不为人知的一面。

几栋写字楼坐落在大马路上，这里从来都不是上海的核心区域。100 年前，这里聚集了毛纺、丝织、造船、自来水等 40 多家大中型工厂。

“很多人想到杨浦区，就想到大工厂、破房子，其实这里是很丰富的。”导游松松开始了今天的介绍工作。每个人都会领到一台听讲机挂在脖子上。这群人很安静，不时会停下脚步驻足观望，并倾听松松的介绍。

这个被称为“历史漫步”的活动由松松和徐明创办。他们希望把这种在城市犄角旮旯里漫步的经历，纳入“城市考古”的宏观体系，于是，近一年多时间里，他们开辟了 30 多条线路，包括苏州河沿线工业遗迹、老城厢的明清建筑、侵华日军在上海的慰安所……他们把更多线路放在了上海的东北角——虹口区与杨浦区，不仅因为这里很少被人关注，也因为当地政府对此地的历史建筑经常展现出反常规的“拆迁动作”。

“我们想打破外界对上海的刻板印象。人们一提到上海，就想到原先法租界范围内的漂亮别墅，或者像南京东路这样的商业街，但其实上海所呈现的城市内涵比这些丰富很多。”

想象的电车之旅

这是一趟有轨电车之旅。

走到杨树浦路与平凉路的交会处时，松松展示了一张老地图，上面标记着当年的有轨电车线路。

“当时电车收班后，需要停回这里的电车场内。”松松说。在他面前，是一片现代住宅小区，围墙另一侧是西式红色花园洋房，参与者不得其解，很难想象出这里是旧日里电车停靠的终点站。

1908年，从静安寺通往外滩的6公里长的首条电车线正式通车，此后，这条线路再次延长，新的线路也陆续开设。全盛时期，一共有8条有轨电车线贯穿在旧日上海的各个角落。到了1960年，上海逐步废除有轨电车线路，最后一条线路在1975年被拆除。

这其中有一条线路的最西站点设在外滩十六铺码头，最东边就在这群人所站立的位置。“历史离我们并不远。”松松拿出一张老照片，照片上有一个穿制服的外国年轻人。如今除了右侧的洋房，所有场景都变了，“根据照片后面的字迹推测，1910年时，这个年轻人在英商上海电车公司工作。”

松松和徐明的工作接近于“考现学”。考现学起源于20世纪30年代的日本，指以考古精神面对日常平凡事物的路上观察行为，但在上路前，需要做更细致的文献考据工作。松松收集过大量有关老上海的票据、照片，以此来比对今天的上海变化与留存。

在曾经的有轨电车场不远处，是近代民族实业家严裕棠的旧址。这是一个隐蔽的独立花园式住宅，临街有一排平房，要经过5米深的弄堂才能到达。院前原本有几棵水杉树，“树本来可以很好地遮挡房屋，后来因为现在房子里的居民认为高大的树木遮挡了阳光，很难晾干衣服，所以就把树砍去了”。松松提醒大家，不要进到房子里，以免打扰居民的生活。

1948年，严裕棠和家人去了香港，几个不同的家庭现在居住在其旧屋。不过这个故事并没有结束，松松展示了当年苏州河畔的工厂以及严裕棠之孙严凯泰的照片：“去年冬天，严凯泰去世，他是台湾裕隆集团董事长。严凯泰的父亲最初在台湾也以纺织厂起家，其后进军了汽车制造业，开创了台湾本土的汽车制造工业。”

杨树浦路一带的工厂和风云人物已经成了历史，不过当年留下的员工宿舍依然有人在使用。走进自来水厂宿舍区，你能闻见桂花香。一排排石库门房屋的最深处，还留有一个英式足球场。场地开放时，自来水厂的职工们就在满是碎石子的草坪地上来来回回追着一个足球。

在这个宿舍区的不远处，有一个规模更大的纺三小区，为日商修建，入口处是一栋英式三层独栋洋房，外立面由鹅卵石铺设，一度作为日军许昌路宪兵司令部。

“很多人提起杨浦，都觉得没有好房子，很破。但今天我们也看到了，杨浦也有摩登、洋气的一面。”松松说。

有轨电车之旅的最后一站，是许昌路上的英商电车修理工场。这是一幢三层楼的砖混结构房屋，外立面保持完好，不过内部已空无一物。

“今天上海市区只有无轨电车，保留有轨列车的记忆，讲的就是情怀。上海希望成为文化上与众不同的城市，讲点电车情怀碍着谁了？”松松说。

“什么时候拆？”“明天！”

10 月 4 日下午，松松带队探访位于虹口区北部的江湾镇。早年间，淞沪铁路在此设立了江湾车站。如今除了遗留的铁轨线，已很难寻回当年的痕迹。

江湾镇是曾繁华一时的千年古镇。经由车站西路，走到万寿街，就进入古镇区域。松松希望让参与者辨认江南水乡的肌理，但实际上这座千年古镇已经融入快速发展的现代城市躯体，人们需要像破案一样，慢慢寻找古镇的痕迹。

据说有人问过路的当地居民：“这里什么时候拆？”对方的回答非常干脆：“明天！”

松松拿出一张谷歌卫星地图展示给参与者：“从上面我们可以看到哪一片是新公房，卫星图上它看起来显得较为齐整，老宅区域则显得密度较为紧凑一些。我们现在站的地方，过去是桥所在的位置。”

河滩西路上有一栋房屋的屋顶呈方拱形，位于三条路之间。松松拿出一张 1930 年的老照片，以这栋房屋作为点位的坐标，能看到左侧万安路上的明清建筑里开有茶楼，行人、小贩在路上漫步。如今的万安路上则挤满了六层小区楼住宅。

沿万安路继续往西走，紧贴河道走马塘，松松说这里是过去江湾镇最热闹的地方。现在这条老路上饮食店、五金店、生鲜店比邻而居，吸引下班的市民来这购物。“你们看五金店的摆设，有种80年代感觉，就好像时间的冲刷没有波及这里。”

这个昔日的江南水乡小镇，仅存的古迹，可能是靠近“镇中心”的韶嘉桥。它原来是个三拼的石板桥，现在虽已修成了新桥，但其中一段旧时的桥梁上刻的字显示了它的年岁：清朝同治年间。这一大片区域马上要面临拆迁，古镇隐藏的纹理或将消失。旧时万安旅社的楼上挂有一条醒目的标语：“支持旧城改造工作，共创美好和谐城市。”

过去一年多时间里，松松和徐明在制定路线时，常发觉他们要不断做减法，因为“拆得太快了”。

松松把《上海市行号路图录》的电子版展示给参与者看，并在上面标记当年的银行、商铺、学校等位置信息。这是一份1947年出版的上海商业地图。从地图上看，过去的马路看起来犬牙交错，他指着四川北路说：“这个地方伸出了一块，放在今天肯定会把路拉直，但当时房子是私有产权，不能随便动，很多路会跟着房子来建。”

1900年前后，原英公共租界工部局开辟的安庆路，两旁是石库门里弄，弄口对弄口，呈现一种丰字形结构，街道能和里弄互通有无。过去，松松常在安庆路这一带活动，这条东西走向的路上看不见高楼，他觉得如果拍历史电影，只要换个招牌就能直接过去取景。这里的石库门建筑跨越了30多年，涵盖中西风格，但这里也拥有活生生的上海老派弄堂生活。

松松很喜欢安庆路的街道格局。“假如我住在明德里7号，要去天目西路，可以直接从弄堂里穿过，不需要经过安庆路。这种通达也不是毫无边际的，在弄口和弄底可以装铁门，晚上关掉，这种半开放格局也考虑到安全，不是阿猫阿狗都能来。”

他为眼前的区域即将被拆而感到可惜：“这个地方可以说是民间版外滩。如果没拆，在这条路上我们可以开辟一条漫游线路。城市管理者总会产生一种错误认识，那就是那些被放置于他们理解范围以外的上海历史，比如石库门里弄、开埠前的老城厢，是绝不能在今天存留的，于是说拆掉就拆掉了。”

“如果上海变得像浦东新区一样，那还有什么意思？”

徐明称自己是“马路记者”。他特别喜欢那些城区交会的三不管地带。每当一方城管前来，他总会看到小摊贩们跑到辖区的另一边，“这体现了人的灵活性，也说明了这些所谓非法经营实际上是有需求的”。

他不喜欢现代小区住宅，认为那些有围墙的地方，外面的人进不去，住在里面的人也不大想出去。他觉得宁波有些地方很像20世纪90年代的上海：道路不太宽，但沿街之处流露的是生活的气息。

“过去虹口的海宁路只有四车道，现在扩宽到了八车道，北边的人不愿意去南边，生活半径变小了。如果上海变得像浦东新区一样，那还有什么意思？”

大学毕业后，徐明在日本做了5年摄影记者。2013年回到上海时，他发现这座国际大都市的房价正在飙升，到处都在大拆大建，盖高层写字楼。他很想了解这些变化，就开始记录这些拆迁中的街区。

徐明喜欢杨树浦港的一条小河，虽说只有5公里左右，却形成了好几片私房集中的棚户区。

“那些地方没出过什么名人，也没什么保护建筑，但它是自发生长的。住在里面的居民，关系都很密切，很多需求在内部就能解决，比如有马路菜场、老式澡堂，有些人就可以脱离淘宝。万一你不小心摔了一跤，医院的拐棍太贵了，旧区里会有工匠专门做这个。”

河沿线一带的棚户区这些年已被全部拆除，这让徐明多少有些痛心：“默默无闻的棚户区被拆掉，我其实是难受的，但完全没人研究它，它消失后就像没有存在过一样。官方认为它没有保留和研究价值，但鉴定标准过于简单化，太一刀切了。”

他很喜欢作家王占黑写的《街道江湖》，小说透过各种细节，描述了上海街坊生活的消失。徐明对定海路449弄印象深刻：“住的都是国棉十七厂的，回到生活区域也在过集体生活。他们说只要铁门一关，打死老虎，不管谁来，都干不过他们。”

徐明现在住在一栋高层的临街旧公寓，多年下来，他并不认识太多邻居。“居住面积有限，空间需要分享和协调，比如你想装遮雨棚，要伸多远，会不会影响邻居，这些你都得去协商。很多老住宅区外表看起来乱，内在却很和谐。”

一年多前，他认识了对上海历史同样感兴趣的松松。松松当时刚结束在悉尼的15年生活。松松曾用数码相机记录上海老街区与历史建筑，直到现在，他还在随时对这个影像资料库进行更新。两人都是上海人，都是“80后”，少许交谈后便一拍即合，计划把这些年对城市的观察升级为不同的线路，带着普通人去游览。

他们都对上海这10年间的变化不满意。松松觉得上海在一点点失去自己的认同：“陆家嘴的三个地标，如果放在深圳、放在雅加达，我觉得都可以，但我觉得上海发展得有点过头了，大量拆迁旧区，人口往郊区移动，市中心感觉成了半荒芜的空城，就像一个橱窗。它能代表上海吗？”

徐明也觉得，曾经的老街区才更具人情味：“以前外地人到老城厢谋生，做小生意，两三代人都在菜市场。在过去，上海一直是包容的。但现在，似乎只有上了上海户口，你才算是上海人。”

“当代中国社会的高速发展，让人产生了一种迷失感和焦虑感。我觉得化解它的途径之一，就是回到过去的现场，进行一次皈依。”

两人希望来参加“城市考古”的人，走一圈下来后，可以回头想想，为什么有些地方不被保留。“所有人都可以问问自己，这里到底是谁的城市？我的城市我做主，现在真的要这样发展吗？光看主流的叙述，永远都在说上海在变得更好，但这真的是好的吗？”